HISTOIRE
DES
GIRONDINS
ET DES
MASSACRES DE SEPTEMBRE

D'APRÈS LES DOCUMENTS OFFICIELS ET INÉDITS

Accompagnée de plusieurs fac-simile

PAR

M. A. GRANIER DE CASSAGNAC.

DÉPUTÉ AU CORPS LÉGISLATIF, MEMBRE DU CONSEIL GÉNÉRAL DU GERS

TOME SECOND

PARIS

E. DENTU, ÉDITEUR

LIBRAIRE DE LA SOCIÉTÉ DES GENS DE LETTRES

Palais-Royal, 13, galerie d'Orléans.

1860

Tous droits réservés.

HISTOIRE
DES
GIRONDINS
ET DES
MASSACRES DE SEPTEMBRE

II

Paris.—Imprimé chez Bonaventure et Ducessois,
55, quai des Augustins.

LIVRE QUATORZIÈME

DICTATURE DE LA COMMUNE DE PARIS.—ELLE IMAGINE ET RÉSOUT LES MASSACRES.

Origine de l'organisation de la Commune de Paris.—Changements que la Révolution y apporta.—Elle usurpe tous les pouvoirs à la chute de Louis XVI.—Insolence de sa dictature. —Elle suspend le tribunal révolutionnaire du 17 août.— Opérations de ce tribunal.—Le bourreau se tue.—Émotion du peuple aux premiers supplices.—Les massacres sont résolus.—But des massacres de septembre.—Explications qu'en donnent leurs apologistes. — Opinions de Robespierre, de Petion, de Collot d'Herbois, de Barrère, de Marat.—Ils furent un acte politique et prémédité.—Preuves.—Petit nombre des tueurs.—Ils ne sont que 187.—Ceux qui ont résolu ces massacres avaient fait sortir leurs amis des prisons.—Précautions qui annoncent les massacres.

1

Tant que Louis XVI resta sur le trône, les Assemblées délibérantes furent l'un des grands pouvoirs de l'État, et le plus grand de tous. Le jour où Louis XVI fut renversé, non-seulement l'Assemblée législative n'hérita point de sa part de puissance, mais elle perdit la sienne propre ; et elle ne fut plus qu'une machine à décrets, fonctionnant sous la pression de la Commune de Paris.

Quelles étaient l'origine, l'organisation, les fonctions de cette célèbre et redoutable Commune, qui fut, du 10 août 1792 au 9 thermidor an II (27 juillet 1794), le foyer de l'activité révolutionnaire et le point d'appui du gouvernement de la Convention?

La Commune de Paris était, sous un autre nom, ce qu'avait été avant la Révolution l'Hôtel de ville ou l'Échevinage.

Dans l'ancienne organisation de la France, les Mairies, Échevinages ou Hôtels de ville étaient de véritables seigneuries, ayant, comme les seigneuries ecclésiastiques et laïques, une juridiction qui comprenait la haute, la moyenne et la basse justice, c'est-à-dire une juridiction en matière criminelle, civile et de simple police.

Vers le milieu du XVIe siècle, une école de juristes ayant fait prévaloir l'opinion que toutes les justices seigneuriales étaient un démembrement et une usurpation de l'antique autorité royale, Charles IX, conseillé par Michel de l'Hospital, rendit, en 1566, la célèbre ordonnance de Moulins, qui retira, par l'article 71, aux maires, échevins, consuls et capitouls, la connaissance des instances civiles, et ne leur laissa que la juridiction en matière criminelle et en matière de police.

Néanmoins un grand nombre d'Échevinages et d'Hôtels de ville résistèrent à l'ordonnance de Moulins, alléguant et prouvant que leur juridiction civile, loin d'être une usurpation sur l'autorité royale, était de plusieurs siècles antérieure à l'établissement de la monarchie, et remontait à l'époque de l'administration romaine. De ce nombre furent les Hôtels de ville de Reims, de Boulogne, de Calais, de La Rochelle, de Bourges et de Toulouse. Un grand nombre de villes, appartenant à des provinces qui n'étaient pas encore réunies à la couronne, comme la Flandre, la Lorraine, les États de la maison de Béarn, échappèrent à l'application de l'ordonnance de Moulins et gardèrent, dans les *Coutumes*, le nom de *villes de loi*.

Il y avait donc, au moment de la Révolution, un très-grand nombre d'Échevinages possédant leur justice seigneuriale complète. On peut citer parmi eux Wissant, Marqueterre, Saint-Omer, Aire, Lens et Hesdin, au nord; Strasbourg, Béfort, Brissac, Haguenau, Munster, Schélestadt, à l'est; Châteauneuf, Issoudun, et en général toutes les municipalités du Berri et du Bourbonnais, au centre; les jurades de la Guyenne, du Béarn et la Navarre, à l'ouest et au midi [1].

L'Hôtel de ville de Paris fut traité encore plus

---

[1] *Coutumes* de Calais, art. 1;—de Wissant, art. 1;—de Marqueterre, art. 5;—de Saint-Omer, art. 1;—d'Aire, art. 1;—de Lens, art. 36;—de Hesdin, art. 1;—de Châteauneuf, tit. III, art. 23, 24;—du Bourbonnais, art. 1, 2, 3, 4;—Boulainvilliers, *État de la France*, t. IV, p. 404;—t. VII, p. 120;—Remontrances du Parlement de Paris contre l'établissement de la Cour plénière, 19 juin 1788.—(*Introduction au Moniteur*, p. 348).

durement que les autres : indépendamment de la juridiction civile, qu'il perdit par le fait de l'ordonnance de Moulins, il perdit encore la juridiction criminelle, absorbée par le prévôt de la Vicomté de Paris, représenté, au moment de la Révolution, par le lieutenant civil, séant au Châtelet, de telle sorte que l'Hôtel de ville de Paris, considéré comme tribunal, n'avait plus, en 1789, que la juridiction en matière de police.

En même temps qu'il était un tribunal, l'Hôtel de ville de Paris était une administration, comprenant les subsistances, les domaines de la ville, les établissements de travaux publics.

Enfin l'Hôtel de ville de Paris était encore, et spécialement, une grande institution financière. Lorsque se formèrent, sous François Ier, les premiers éléments du crédit public, les emprunts de l'État furent faits par l'intermédiaire de l'Hôtel de ville, sous sa garantie et par son administration. Tout ce qui concernait la dette publique : rentes perpétuelles, rentes viagères, pensions sur l'État, se réglait et se payait non à l'hôtel des finances et par les soins du contrôleur général, mais à l'Hôtel de ville, par trente payeurs et quarante-trois contrôleurs [1].

Au point de vue administratif, l'Hôtel de ville de

---

[1] *Almanach royal* de 1789, p. 452, 453.

Paris comprenait, au moment de la Révolution : un prévôt des marchands, nommé par le roi, pour deux années ; sept échevins, dix conseillers, seize quartiniers, soixante-quatre cinquanteniers et deux cent cinquante-six dizainiers [1].

Au point de vue judiciaire, le prévôt des marchands faisait fonctions de président ; et sur les sept échevins, quatre faisaient fonctions de juges, un faisait fonctions de procureur du roi, un autre faisait fonctions de greffier, le septième était trésorier. Le tribunal tenait ses audiences à l'Hôtel de ville, le mardi et le vendredi, de dix heures à midi ; et il connaissait des poids et mesures, des impositions de la ville, des octrois, des marchés, des domaines municipaux, de la voirie, des ports et de la police des quais. Ce tribunal avait sa geôle, comme toutes les juridictions du royaume.

La Révolution trouva l'Hôtel de ville de Paris en l'état dont nous venons d'indiquer les traits principaux. Elle n'y changea rien d'essentiel. L'administration financière persista et fonctionna, jusqu'à l'établissement régulier du grand-livre de la dette publique ; l'administration proprement dite ne fit que s'étendre ; et, quant au tribunal, il persista jusqu'à la destruction de la Commune de Paris et à l'établissement des douze mairies.

[1] *Almanach royal* de 1789, p. 436.

Quelques noms furent changés; le prévôt des marchands prit le nom de maire de Paris; les échevins, quartiniers, cinquanteniers et dizainiers s'appelèrent officiers municipaux, et le procureur du roi s'appela procureur de la Commune jusqu'à la révolution du 31 mai 1793, qui lui fit donner le nom d'agent national.

Au moment où nous sommes de l'histoire de la Révolution, Petion était maire de Paris, Manuel était procureur de la Commune, et Billaud-Varennes son substitut. On sait que la Commune insurrectionnelle du 10 août les maintint dans leurs fonctions.

Deux circonstances contribuèrent à donner à la Commune de Paris la terrible influence qu'elle usurpa le 10 août : la publicité des séances de son Conseil général, et la formation de son Comité de police et de surveillance.

Il y avait dans la Commune, telle qu'on l'avait organisée depuis la Révolution, trois corps distincts : le bureau municipal, composé de seize administrateurs; le Conseil municipal, composé de trente-deux officiers municipaux et de quatre-vingt-seize notables, et le Conseil général de la Commune, composé de ces cent quarante-quatre officiers, réunis sous la présidence du maire. Ce Conseil général fut, à partir du 10 août, une Convention au petit pied: ses séances étaient publiques et permanentes; le public y assistait dans des tribunes ouvertes à tous venants, et c'est là que parurent les premières tricoteuses, mégères accourues des quartiers populeux avoisinant l'Hôtel de ville, et qui ravaudaient ou tricotaient des bas dans les tribunes, pendant les discussions orageuses du Conseil général. Marat avait un bureau dans la salle, et il fut le journaliste officiel de la Commune jusqu'à sa mort [1].

L'organisation spéciale de la Commune de Paris lui donnait des attributions immenses; elle avait la pleine et entière disposition de la force armée, dans l'étendue du département, et l'action de sa police n'avait pas de bornes. Ainsi, on verra la Commune de Paris exécuter des opérations considérables, et à main armée, jusque dans les départements voisins : à Saint-Germain-en-Laye, à Chantilly et même à Orléans.

Il est indispensable, pour l'intelligence de ces opérations de la Commune, d'avoir une idée exacte de la topographie des diverses divisions dont elle se composait : ainsi la division des subsistances siégeait rue de Vendôme, au Marais, et la division des établissements publics, rue Vieille-du-Temple; les payeurs de rentes continuaient d'avoir leur domicile dans tous les quartiers de la ville [2]. La police, la

---

[1] A la séance du 23 août, le Conseil général arrêta qu'une tribune dans la salle serait ménagée pour M. Marat, lequel fut chargé de rédiger un journal des arrêtés et de ce qui se passait à la Commune. (*Procès-verbaux*, Séance du 23 août 1792.)

[2] *Almanach national* de 1793, p. 415, 416, 417.

mairie, et leurs bureaux, avaient leur siége, non point à l'Hôtel de ville, comme on pourrait le croire, mais à l'hôtel du maire, qui fut, depuis le mois de juillet 1789 jusqu'au mois d'avril 1792, l'ancien hôtel du lieutenant de police, ou l'hôtel récemment abattu du ministère des affaires étrangères, rue Neuve-des-Capucines; et qui était, à l'époque du 10 août, l'ancien hôtel des premiers présidents du Parlement, ou l'hôtel actuel de la Préfecture de police, rue de Jérusalem.[1].

On ne comprendrait jamais à quel degré de délire s'éleva la dictature de la Commune, après la révolution du 10 août, si l'histoire n'avait pas une source de renseignements irrécusables dans les procès-verbaux du Conseil général.

D'abord la Commune commença par s'installer le plus commodément qu'elle put, en faisant enlever dans les propriétés de l'État, dans les hôtels et châ-

---

[1] La lecture de tous les documents relatifs au 10 août, aux massacres de septembre et au 9 thermidor, est pleine de ténèbres, si l'on n'a pas nettement dans l'esprit cette distinction de l'Hôtel de ville et de la mairie, qu'en général les historiens de la Révolution n'ont pas faite quoiqu'elle soit indiquée partout.

Pour ne citer qu'un exemple entre cent, Mathon de la Varenne dit, dans *les Crimes de Marat et autres égorgeurs*, p. 11 : « Des renseignements dont j'avais besoin, dans une affaire à laquelle je m'intéressais, m'avaient fait passer l'après-midi du 24 d'Auguste 1792 *tant à la mairie qu'à la Commune.* »

Dans sa relation sur les massacres de septembre, l'abbé Sicard dit : « Je monte à cette grande salle, qui, dans le temps où *l'hôtel de la mairie était occupé par le premier président du Parlement,* servait de grenier à foin. »

teaux des émigrés, et enfin dans les églises, tout ce qui fut à sa convenance, en fait de meubles, d'étoffes précieuses et d'argent.

« Des individus revêtus d'une écharpe municipale, disait Roland dans un rapport à l'Assemblée, en date du 16 août, se présentent dans différents hôtels appartenant à la nation; ils en font enlever les meubles et tout ce qu'il y a de précieux. Dans une seule maison, on a enlevé pour cent mille écus [1]. »

Le 23 août, les commissaires de la Commune ordonnançaient un mandat de 117 francs au voiturier Collet, pour ses trois voitures, attelées de trois chevaux, venant de Chantilly, *chargées des dépouilles de M. de Condé* [2].

Le 20 septembre, un commissaire du Conseil général délivrait au sieur François Marie un mandat de 31 francs, *pour solde de ce qui lui était dû, comme employé au déménagement des maisons des émigrés* [3].

Les propriétés nationales, les maisons des émigrés ravagées, la Commune passa aux églises. Un arrêté du Conseil général, en date du 30 août, « autorisa les commissaires des sections à enlever, dans toutes

---

[1] Prudhomme, *Révolutions de Paris*, t. XIII, p. 459.
[2] *État des sommes payées par le trésorier de la Commune, pour dépenses occasionnées par la Révolution du 10 août*, p. 307.
[3] *Ibid.*, p. 321.

les paroisses de la capitale, tous les objets d'argenterie, et même les chandeliers, *tant sur les autels que dans les sacristies desdites paroisses* [1]. » Le produit du pillage des églises dut être immense; car il résulte d'un mandat délivré le 19 septembre, au voiturier Picard, qu'il fallut quatre chevaux pour traîner l'argenterie de l'église de la Madeleine-la-Ville-l'Évêque [2].

Que devint cet amas de richesses entassé dans les salles de la mairie et provenant de toutes les sections de Paris, argent, assignats, bijoux, linge, chandeliers, ostensoirs, calices? Il fut en très-grande partie volé par les administrateurs, ainsi que le constate un rapport officiel fait au Conseil général de la Commune, le 27 novembre 1792, par une commission nommée le 19 octobre et chargée d'examiner les comptes du Comité de surveillance du 10 août.

« Le conseil préposé pour l'apurement des comptes, après avoir délibéré, considérant que *les soustractions, dilapidations, malversations que présentent les résultats des comptes, contre les citoyens administrateurs du Comité de surveillance du 10 août et jours suivants;* que *les scellés* apposés sur partie des effets déposés audit Comité, *ont été pour la plupart brisés;* que les réponses des administra-

---

[1] *Procès-verbaux de la Commune de Paris*, Séance du 30 août 1792.

[2] *État des sommes payées par le trésorier de la Commune*, etc., p. 331.

teurs, entendus contradictoirement, sont en opposition les unes avec les autres, *et présentent un ensemble de violation de dépôt et d'infidélité;*—arrête que le tableau de la situation des comptes du Comité de surveillance de l'époque du 10 août, ensemble copies des pièces justificatives déposées dans le registre du Conseil général, seront renvoyés au conseil exécutif[1]. »

Ces soustractions, dilapidations, malversations, bris de scellés, violations de dépôt et infidélités, n'empêchèrent point Marat, Sergent et Panis, membres du Comité de surveillance, et Tallien, préposé à la garde des objets volés[2], d'être nommés députés à la Convention nationale.

A partir du moment où la Commune du 10 août fut installée, l'Assemblée législative disparut en quelque sorte ; le pouvoir passa du Manége à l'Hôtel de ville ; et il faut, nous le répétons, l'autorité des procès-verbaux officiels du Conseil général, pour comprendre l'effroyable dictature dont la Commune s'investit elle-même.

---

[1] *Rapport des commissaires vérificateurs des comptes du Comité de surveillance, fait au Conseil général de la Commune le mardi 17 novembre 1792, l'an Ier de la République,* imprimé par ordre du Conseil général. Un exemplaire de ce rapport se trouve aux archives de la Préfecture de police.

[2] Un bon du 18 août, de la somme de 30 livres, signé Tallien, fut payé à lui-même pour l'acquisition d'un coffre-fort destiné à assurer la conservation des dépôts qui lui étaient confiés. (*État des sommes payées par le trésorier de la Commune,* etc., p. 307.)

Le 10 août, elle mande en ces termes Roland, nouveau ministre de l'intérieur : « M. le commandant (Santerre) a été autorisé *à faire chercher* le ministre de l'intérieur ; et, à défaut du ministre, à faire venir son premier commis [1]. »

Le 11, elle destitue de sa propre autorité Duport-Dutertre, président du tribunal du premier arrondissement, séant aux anciennes Requêtes du Palais, par cet arrêté : « Sur la motion d'un membre, l'Assemblée déclare que M. Duport a perdu la confiance *de la nation* [2]. »

Le 12, elle supprime plus de la moitié des journaux et distribue leurs presses et leurs caractères aux imprimeurs *patriotes*. « Sur la proposition d'un membre, le Conseil général arrête que les empoisonneurs de l'opinion publique, *tels que les auteurs des divers journaux,* seront arrêtés, et que leurs presses, caractères et instruments seront distribués entre les imprimeurs patriotes [3]. » Marat, qui n'y mettait pas tant de façons, se passa d'arrêté, et il fit enlever purement et simplement quatre presses, avec les caractères nécessaires, à l'imprimerie royale [4].

Le 17, elle prive de leurs droits civiques, et dé-

---

[1] *Procès-verbaux de la Commune de Paris,* Séance du 10 août 1792.
[2] *Ibid.,* Séance du 11 août 1792.
[3] *Ibid.,* Séance du 12 août 1792.
[4] Madame Roland, *Mémoires,* 1re partie, p. 76.

clare *incapables de remplir aucunes fonctions,* les signataires de la pétition dite des vingt mille, contre l'insurrection du 20 juin, ainsi que tous ceux *qui avaient prêté serment* à La Fayette[1].

Le 18, elle fait arrêter une femme, madame Geoffroy, et ordonne qu'elle sera gardée en prison, *jusqu'à ce que son mari la vienne délivrer*[2].

Le même jour, et dans le même esprit, elle rend l'horrible décret que voici :

« Considérant que le meilleur moyen d'arrêter les excès des émigrés, est de retenir pour otages les seuls objets qui puissent leur être chers, si la rage n'a pas encore étouffé dans leur cœur la voix de la nature ;

« Arrête qu'il sera fait, dans le plus bref délai, une pétition à l'Assemblée nationale, pour lui demander une loi qui autorise la Commune de Paris à réunir, dans des maisons de sûreté, les femmes et les enfants des émigrés, et à employer, à cet effet, des maisons ci-devant religieuses[3]. » L'autorisation ne fut pas même demandée, et la Commune encombra les prisons.

Le même jour encore, elle vota, de son propre

---

[1] *Procès-verbaux de la Commune de Paris*, Séance du 17 août 1792.

[2] *Ibid.*, Séance du 18 août 1792.—Le mandat d'arrêt se trouve aux archives de la Péfecture de police ; il est signé Huguenin et Tallien.

[3] *Ibid.*

chef, une armée de vingt mille hommes, destinée à occuper un camp sous Paris, et couvrit les places publiques d'amphithéâtres pour recevoir les enrôlements [1].

Le 21, elle supprima, par un arrêté, les qualifications de *Monsieur* et *Madame*, et y substitua celles de *Citoyen* et de *Citoyenne* [2].

Enfin, et elle ne pouvait pas aller plus loin dans l'usurpation et dans l'audace, la Commune de Paris suspendit, le 29 août, le tribunal révolutionnaire établi par la loi du 17 août; elle le suspendit sans en prévenir l'Assemblée législative, par le simple envoi d'une commission de quatre membres, chargée de porter au président l'ordre de descendre de son siége; elle le suspendit au milieu de l'instruction du procès du major Bachmann, et pendant le jugement du procès de M. de Montmorin [3].

Deux mots suffiront à expliquer l'objet de cette mesure : la Commune allait faire exécuter les massacres de septembre, et le tribunal révolutionnaire devenait inutile.

Ce tribunal révolutionnaire, établi pour juger les

---

[1] *Procès-verbaux de la Commune de Paris*, Séance du 18 août 1792.
[2] *Ibid.*, Séance du 21 *août* 1792.
[3] *Ibid.*, Séance du 29 août 1792.—Le tribunal révolutionnaire du 17 août fut supprimé par la Convention, le 29 novembre suivant.

crimes commis dans la journée du 10 août, c'est-à-dire les actes de dévouement accomplis dans l'intérêt de la loi, de la Constitution et de la monarchie, avait été le premier acte de lâche et coupable condescendance, arraché aux Girondins par l'émeute triomphante.

Pendant que le sang coulait à torrents aux environs de l'Assemblée, et que les cris des Suisses massacrés retentissaient jusque dans son enceinte, ces vainqueurs de Louis XVI, tremblant pour eux-mêmes, autorisèrent leur président, qui était Gensonné, à nommer des commissaires pour aller, partout où ils le jugeraient nécessaire, *promettre justice au peuple si longtemps trahi, et l'inviter à prendre lui-même les mesures nécessaires pour que les crimes fussent frappés du glaive de la loi* [1].

Le lendemain, 11 août, le Conseil général de la Commune, expliquant encore plus clairement au peuple soulevé la pensée de l'Assemblée, lui disait, dans une proclamation : « Peuple souverain, suspends ta vengeance ; la justice endormie reprendra aujourd'hui ses droits ; tous les coupables vont périr sur l'échafaud [2]. » En effet, l'Assemblée venait de décréter que, « pour l'instruction et le jugement du procès des Suisses, ainsi que des soldats, il serait

---

[1] *Procès-verbaux de l'Assemblée nationale*, t. XII, p. 19.
[2] *Procès-verbaux de la Commune de Paris*, Séance du 11 août 1792.

formé, dans le jour, une cour martiale à Paris, laquelle cour jugerait sans désemparer[1]. »

Toutefois, l'organisation du tribunal extraordinaire ne fut décrétée que le 17 août[2]; et les juges, jurés et accusateurs publics furent nommés dans la nuit du 17 au 18. La Commune avait convoqué les électeurs dans les salles de l'Archevêché, afin d'y procéder *à la nomination des nouveaux magistrats, qui s'occuperaient sur-le-champ de satisfaire la vengeance du peuple*[3].

Ces magistrats, chargés de satisfaire la vengeance du peuple, furent :

Les juges: Robespierre, Osselin, Mathieu, Pepin-Desgrouettes, Lavaux, Daubigny, Dubail-Coffinhal.

Les accusateurs publics: Lullier, Réal.

Les jurés: Le Roy, Blandin, Bolleux, Lohier, Loiseau, Callière de l'Étang, Perdrix[4].

Robespierre n'accepta pas ces fonctions, qui étaient incompatibles avec celles de membre de la Commune[5].

Le tribunal révolutionnaire commença ses opérations le 25 août, par le procès de Collenot d'Angre-

---

[1] *Procès-verbaux de l'Assemblée nationale*, t. XII, p. 75.
[2] *Moniteur* du 19 août 1792.
[3] *Procès-verbaux de la Commune de Paris*, Séance du 17 août 1792.
[4] *Moniteur* du 20 août 1792.
[5] Voir sa lettre de refus, *Moniteur* du 28 août 1792.

mont, secrétaire de l'administration de la garde nationale. Il fut condamné à mort, ainsi que M. de Laporte, intendant de la liste civile, et M. de Rozoi, rédacteur de la *Gazette de Paris*. Ces trois premières victimes moururent avec la plus grande dignité et le plus grand courage.

De Rozoi [1] était le troisième journaliste immolé à la Révolution. L'abbé Bouyon avait été le premier, Suleau le second. « En sortant du tribunal, dit Clément, présent à l'audience, il remit au président une lettre dont ce dernier fit lecture après que le condamné fut sorti ; elle ne contenait que ces mots : *Un royaliste comme moi devait mourir un jour de saint Louis* [2]. »

Le 27 août, le tribunal prononça quatre autres condamnations à mort, contre le nommé Réal, les deux frères Séguier et le nommé Gaudebert, accusés de fabrication de faux assignats.

Dossonville, coaccusé de Collenot d'Angremont, et le comte d'Affry, colonel des gardes suisses, furent acquittés.

Comme la Révolution était encore à la surface de la société, l'opinion publique avait été profondément

---

[1] Les biographes le nomment généralement Durosoy et le font naître en Picardie.

Une affiche, conservée aux archives de la Préfecture de police, porte sa signature autographe. Il signait *De Rozoi, membre de plusieurs académies, citoyen de Toulouse.*

[2] *Bulletin du Tribunal révolutionnaire*, 1re partie, n. 2, p. 8.

impressionnée par la condamnation de Collenot d'Angremont, de MM. de Laporte et de Rozoi. Les exécutions, qui se faisaient aux flambeaux, sur la place du Carrousel, émouvaient profondément le peuple. Un accident étrange, arrivé le 27 au soir, sembla un avertissement providentiel. Trois hommes, convaincus de fabrication de faux assignats par le tribunal criminel ordinaire, venaient d'être exécutés; comme le bourreau montrait au peuple la tête du dernier, il mit le pied hors de l'estrade de l'échafaud, tomba sur le pavé, et se tua [1].

Il était donc visible qu'il deviendrait impossible d'obtenir systématiquement du tribunal, des condamnations à mort pour des causes purement politiques, et d'habituer la population honnête au spectacle quotidien des têtes coupées.

Cette observation fut décisive sur l'esprit de la Commune de Paris; elle décida l'exécution immédiate des massacres de septembre.

II

Les défenseurs des massacres de septembre, car ils ont eu des apologistes, non pas seulement au club des Jacobins et sous le régime de la Terreur, mais de notre temps, et sous nos yeux, s'arrêtent volon-

---

[1] *Moniteur* du 30 août 1792.

tiers à cette idée, que l'entrée des Prussiens à Verdun ayant nécessité l'enrôlement d'un très-grand nombre de volontaires, ces défenseurs de la patrie en danger ne voulurent pas, et ne durent point partir avant d'avoir exterminé leurs ennemis, entassés dans les prisons, de peur que ces aristocrates et contre-révolutionnaires ne profitassent de ce départ pour mettre à mort les familles des patriotes [1].

Nous ferons justice plus loin de cette explication puérile. Il convient d'aborder sur-le-champ la question par son côté sérieux, et de rechercher quelle opinion avaient des massacres de septembre les grands révolutionnaires qui les conçurent, les connurent, les firent ou les laissèrent exécuter, et qui, en tout cas, en profitèrent.

Petion a donné l'explication la plus vraie, la seule vraie, des massacres de septembre, en disant qu'ils eurent pour objet, dans la pensée des hommes qui les résolurent, de débarrasser la Révolution et les révolutionnaires de leurs ennemis.

---

[1] Robespierre est l'un des inventeurs de cette explication des massacres, qui fut d'ailleurs le mot d'ordre donné aux meneurs.
Il l'exposa en ces termes, dans sa réponse à l'attaque de Louvet, prononcée à la Convention, le 29 octobre 1792 : « Avant d'abandonner leurs foyers, leurs femmes et leurs enfants, les vainqueurs des Tuileries veulent la punition des conspirateurs, qui leur avait été souvent promise. On court aux prisons..... les magistrats pouvaient-ils arrêter le peuple ? car c'était un mouvement populaire, et non, comme on l'a ridiculement supposé, la sédition partielle de quelques scélérats payés pour assassiner leurs semblables. » (Robespierre, *Lettres à ses commettants*, n. 4, p. 170.)

« Ces assassinats, dit-il, furent-ils commandés, furent-ils dirigés par quelques hommes ? Je pense que ces crimes n'eussent pas eu un aussi libre cours, qu'ils eussent été arrêtés, si tous ceux qui avaient en main le pouvoir et la force les eussent vus avec horreur ; mais je dois le dire, parce que cela est vrai, plusieurs de ces hommes publics, de ces défenseurs de la patrie, croyaient que ces journées désastreuses et déshonorantes étaient nécessaires ; qu'elles purgeaient l'empire d'hommes dangereux ; qu'elles portaient l'épouvante dans l'âme des conspirateurs, et que ces crimes, odieux en morale, étaient utiles en politique.

« Oui, voilà ce qui a ralenti le zèle de ceux à qui la loi avait confié le maintien de l'ordre, de ceux à qui elle avait remis la défense des personnes et des propriétés [1]. »

Robespierre, quelque précaution qu'il mît à dissimuler sa participation aux massacres, en donna, quoique en termes moins explicites, la même explication que Petion :

« L'univers, la postérité, dit-il, ne verra dans ces événements que leur cause sacrée et leur sublime résultat ; vous devez les voir comme elle. Vous devez les juger, non en juges de paix, mais en hommes

---

[1] *Moniteur* du 10 novembre 1792, *Discours de Jerôme Petion sur l'accusation dirigée contre Robespierre.*

d'État et en législateurs du monde. Et ne pensez pas que j'aie évoqué ces principes éternels parce que nous avons besoin de couvrir d'un voile quelques actions répréhensibles; nous n'avons point failli; j'en jure par le trône renversé et par la République qui s'élève [1]. »

Dans la grande discussion qui eut lieu aux Jacobins, le lundi 5 novembre 1792, au sujet des attaques de Louvet contre Robespierre et contre la députation de Paris, Collot d'Herbois, allant plus loin que Petion et Robespierre, dans la même voie, indiqua très-clairement la pensée qui avait inspiré les massacres.

« Manuel, dit-il, a fait des observations sur la terrible affaire du 2 septembre, et j'ai été affligé de ce qu'il a dit. Il ne faut pas se dissimuler que c'est là le grand article du *Credo* de notre liberté. Nos adversaires ne nous opposent cette journée que parce qu'ils ne la connaissent pas, et que, malgré les détails donnés aujourd'hui par Robespierre, on ne la connaît pas encore. Je déplore tout ce qu'il y a de malheureux dans cette affaire; mais il faut la rapporter tout entière à l'intérêt public.

« Nous, hommes sensibles, qui voudrions ressusciter un innocent, pourrions-nous admettre en principe, comme Manuel, que les lois ont été violées

[1] Robespierre, *Lettres à ses commettants*, n. 4, p. 165.

dans cette journée, que l'on n'y compte que des bourreaux ?

« Nous outragerions la vérité si nous ne professions pas, sur la journée du 2 septembre, les mêmes principes, savoir : que nous gémissons sur les maux particuliers qu'elle a produits; mais que, sans cette journée, la Révolution ne se serait jamais accomplie. Manuel a coopéré à cette journée; qu'il ne vienne donc pas déguiser son opinion. Manuel sentira que c'est une grande journée dont il a été l'instrument. Qu'il donne à l'humanité les regrets qu'elle exige ; mais qu'il donne à un grand succès toute l'estime que ce grand succès mérite, et qu'il dise que, sans le 2 septembre, il n'y aurait pas de liberté, il n'y aurait pas de Convention nationale[1]. »

Barrère, qui prit la parole après Collot d'Herbois, comme s'il avait été jaloux de son succès, leva les derniers voiles qui pouvaient couvrir encore la pensée des massacres :

« Citoyens, dit-il, vous devez aimer la liberté dans toute sa latitude, car vous êtes libres. Et moi aussi, dans le discours que j'avais préparé sur Robespierre, j'avais une opinion aussi politique et aussi révolutionnaire que Collot d'Herbois, sur les événements du 2 septembre. Cette journée, disais-je, dont il faudrait ne plus parler, car il ne faut pas faire le procès à la

---

[1] *Moniteur* du 14 novembre 1792, *Discours de Collot d'Herbois aux Jacobins.* Ce discours fut vivement applaudi.

Révolution, présente aux yeux de l'homme vulgaire un crime, car il y a eu violation des lois; mais, aux yeux de l'homme d'État, elle présente deux grands effets : 1º de faire disparaître ces conspirateurs que le glaive de la loi semblait ne pouvoir pas atteindre ; 2º d'anéantir tous les projets désastreux enfantés par l'hydre du feuillantisme, du royalisme et de l'aristocratie, qui levait sa tête hideuse [1]. »

Enfin, l'homme qui eut la part la plus active à la préparation et à l'exécution des massacres, Marat, exposa en ces termes, dès le 30 août, dans une réunion secrète tenue à l'Archevêché par tous les coopérateurs du crime, l'objet politique de la mesure, d'après le témoignage d'un homme présent à la réunion, et qui vivait encore à l'époque où ce qu'on va lire fut imprimé :

« Marat rompit le silence, et dit qu'il fallait effrayer la Convention, prête à se réunir, par un coup de vigueur capable de la faire trembler devant la Commune de Paris, que l'on ferait, par ce moyen, marcher à son gré. De suite, il proposa tranquillement l'égorgement des prisonniers, dont, suivant lui, la mort délivrerait Paris d'autant d'ennemis de la République.

« On écouta et discuta avec le plus grand sang-

---

[1] *Moniteur* du 14 novembre 1792, *Discours de Barrère aux Jacobins.*

froid cette barbare proposition; tous tombèrent d'accord de l'assassinat; ils se divisèrent seulement sur le mode d'exécution[1]. »

Cette pensée de Marat, d'imposer par la terreur, aux députés des provinces, la politique et la domination de Paris, et de soumettre la Convention à la direction de la Commune, entra certainement pour beaucoup dans l'exécution des massacres, et Brissot la dévoila, dès le 29 octobre, dans sa *Lettre à tous les républicains de France*.

« Quand je me rappelle, dit-il, toutes les circonstances qui ont précédé, accompagné ou suivi l'affreuse journée du 2 septembre; quand je me rappelle l'empire qu'exerçait, dans Paris et dans toute la République, un comité dont Robespierre dictait les arrêts sanglants; son opiniâtreté à élever la Commune provisoire au-dessus des représentants de la nation; les discours de ses partisans, qui menaçaient sans cesse de dissoudre l'Assemblée nationale; et quand je me rappelle la motion préméditée de sonner le tocsin et de fermer les portes, sous le prétexte d'enrôler les citoyens; l'organisation de ce cours d'assassinat; les froides plaisanteries de ceux qui étaient dans le secret de cette expédition; son apologie faite au sein même de l'Assemblée; l'inutilité des réquisitions du maire de Paris; l'inertie volontaire du

[1] Mathon de la Varenne, *Histoire particulière des événements*, etc., p. 285.

commandant général ; quand je me rappelle toutes ces circonstances, je ne puis m'empêcher de croire que cette tragédie était divisée en deux actes bien différents ; que le massacre des prisonniers n'était qu'un accessoire du grand plan ; qu'il couvrait et devait amener l'exécution d'une conspiration formée contre l'Assemblée nationale.

« Telle est la clef la plus naturelle de cette inexplicable atrocité ; l'homme le plus féroce ne l'est point sans but... les ordonnateurs du massacre y voyaient le pouvoir suprême, ou ils étaient les plus imbéciles des brigands [1]. »

Ainsi, et c'est là le point culminant de la question, dans la pensée des hommes qui abattirent la monarchie et qui établirent le gouvernement révolutionnaire, dans la pensée de Petion, de Robespierre, de Marat, de Collot d'Herbois, de Barrère, de Brissot, les massacres de septembre furent une mesure politique, un coup énergique et salutaire, frappé par raison d'État, un moyen nécessaire, avouable, honorable, de déblayer le terrain des réformateurs, de soumettre la Convention au joug de la Commune de Paris, et de lui faire accepter, par la voie de la terreur, les principes de la démagogie. En un mot, les massacres de septembre furent un système, non un hasard ; et c'est de dessein prémédité que les archi-

---

[1] Brissot, *Lettre à tous les républicains de France*, p. 19, 20, 21.

tectes de la République posèrent ses premières assises dans le sang.

Ce premier résultat, aussi inattaquable que les témoignages qu'il résume, va nous rendre facile la justice qu'il convient de faire des tristes sophismes des modernes apologistes, lesquels ont prétendu faire des massacres de septembre un fait isolé, un pur accident de l'histoire de la Révolution [1].

III

Quatre faits considérables et authentiques concourent à montrer, avec toute certitude et conformément aux témoignages que nous venons d'exposer, que les massacres de septembre, soumis à une direction unique, furent l'œuvre d'une préméditation réfléchie, et non pas le résultat imprévu et déréglé de l'exaltation populaire. Ces quatre faits sont :

Le très-petit nombre d'hommes qui, pendant cinq jours, purent massacrer en paix, dans neuf prisons, environ douze cents hommes, femmes et enfants, au milieu d'une ville immense, à côté d'une Assemblée délibérante, à la face d'une garde nationale de près de cinquante mille hommes, sans être un seul instant empêchés ou troublés ;

---

[1] Voir principalement *les Fastes de la Révolution*, par Marrast et Dupont, t. II, p. 349 et suivantes.

Le soin avec lequel, trois ou quatre jours avant les massacres, on voit les diverses autorités, et surtout la police, faire mettre en liberté, dans toutes les prisons, sans jugement, même sans raison apparente, un nombre considérable de détenus ;

L'existence de listes de prisonniers, dressées vers le 26 ou le 27 août, listes qu'on voit remises au maire de Paris, au ministre de la justice, aux chefs des assassins, et dont plusieurs existent encore ;

Enfin, les pièces irréfragables, officielles : arrêtés, dépêches, procès-verbaux du Conseil général ou des sections, bons, factures, ordonnances, quittances, qui établissent, par titres déposés dans les archives publiques, que les massacres furent ordonnés, organisés, surveillés, payés régulièrement, au grand jour, et par voie administrative.

Tous les contemporains sont unanimes pour déclarer que les tueurs des prisons étaient en très-petit nombre.

« Le nombre des assassins n'excédait pas *trois cents*, dit Roch Marcandier, témoin oculaire ; encore faut-il y comprendre les quidam qui, dans l'intérieur du guichet, s'étaient constitués les juges des détenus [1]. »

« Combien les bourreaux étaient-ils ? dit Louvet. *Deux cents, pas deux cents*, peut-être ; et au dehors,

---

[1] Roch Marcandier, *Histoire des hommes de proie*, p. 4.

que pouvait-on compter de spectateurs, attirés par une curiosité vraiment incompréhensible? Le double tout au plus..... Le fait que j'avance, je le tiens de Petion; c'est Petion qui me l'a dit[1]. »

D'après le témoignage de Brissot, les tueurs n'étaient *pas plus de cent*.

« Je prouverai, dit-il, que cette scène atroce n'est point l'effet du hasard, d'un sentiment spontané du peuple; qu'elle a été préparée et méditée dans le cabinet; que les rôles en ont été distribués; que des brevets de juge et de bourreau ont été, pour ainsi dire, expédiés; que la procédure en a été combinée; que les salaires ont été fixés; que les mots d'ordre ont été prévus et donnés; que les listes des prisonniers ont été examinées, épurées, remises, avec les signalements, aux exécuteurs, afin qu'il n'y eût point d'erreur.

« Je prouverai que le peuple de Paris n'a eu aucune part à cette atrocité, digne de cannibales[2]; qu'il n'est pas vrai qu'elle ait été l'ouvrage de trente mille citoyens, qui s'étaient portés au Champ-de-Mars pour s'enrôler; je prouverai que le massacre a commencé à deux ou trois heures; qu'à cette époque il n'y avait pas cent citoyens au Champ-de-Mars;

---

[1] Louvet, *Accusation contre Maximilien Robespierre,* Séance de la Convention du 29 octobre 1792.

[2] Brissot est malheureusement dans l'erreur sur ce point; on verra, quand nous publierons la liste des tueurs, qu'un certain nombre d'entre eux étaient des gardes nationaux, et, comme on dit, des *boutiquiers*.

que le massacre a précédé l'enrôlement ; que tous les motifs allégués pour le justifier sont absurdes ; qu'on a eu jusqu'à là précaution de commander dans les journaux des prétextes et des fables ; que ces horreurs auraient pu facilement être réprimées ; que les massacres ont été commis *au plus par une centaine de brigands inconnus,* auxquels se sont mêlés quelques citoyens de Paris, actuellement en horreur à leurs concitoyens [1]. »

Quoique ne s'accordant pas entre eux, les témoignages de Roch Marcandier, de Louvet et de Brissot, relatifs aux massacreurs de septembre, sont généralement dans le vrai. Nous avons pu faire, et nous publierons plus loin la liste complète des tueurs ; ils ne s'élevaient pas à deux cents.

Il y avait en effet, à l'Abbaye : Juges, ou soi-disant tels, en y comprenant Maillard . . . 7
Tueurs 43
Curieux encourageant les massacres . . . 11
A la Force : Juges, ou soi-disant tels, en y comprenant Dangé et Chépy, présidents, et Chautrot, accusateur pour le peuple 7
Tueurs ayant servi à toutes les autres prisons 95
Individus embrigadés par Maillard pour ses expéditions aux environs de Paris 24
Total des tueurs 187

[1] Brissot, *Lettres a tous les républicains de France*, p. 44, 45.

En ajoutant au personnel des tueurs les commissaires chargés officiellement d'assister aux massacres, de présider au dépouillement des cadavres, de faire laver et vendre le linge et les habits, de faire enlever et ensevelir les victimes, on trouve :

Commissaires de la section des Quatre-Nations. 27

Commissaires des autres sections. . . . 21

Total des individus employés aux massacres. 235

Ainsi, ces DEUX CENT TRENTE-CINQ INDIVIDUS ont pu, au milieu de Paris, au milieu de la garde nationale, à la face de la Commune et de l'Assemblée législative, égorger jour et nuit, pendant cinq jours, le 2, le 3, le 4, le 5, le 6, et peut-être le 7 septembre, dans neuf prisons, dont quatre, l'Abbaye, la Conciergerie, le Châtelet et la Force, étaient réellement au centre de la ville ; ils ont pu tuer, avec des masses, avec des piques, avec des sabres, avec des fusils, avec des canons, plus de *quinze cents personnes;* des hommes, des femmes, des nobles, des prêtres, des soldats, des bourgeois, des ouvriers, des mendiants, des fous; des galériens; des vieillards de plus de quatre-vingts ans; des enfants de treize ans ; et, pendant ces cinq effroyables journées, ni les ministres, ni le maire, ni les magistrats, ni le commandant général de la garde nationale n'ont envoyé nulle part un piquet de cinquante hommes pour dissiper ces brigands, lesquels, leur ouvrage fait, sont venus à la mairie recevoir le prix du sang versé et ont donné des quittances qui existent encore !

Certes, on en conviendra, n'y eût-il que ces deux faits, le petit nombre des égorgeurs et le silence de toutes les autorités, il resterait parfaitement établi que les massacres de septembre furent, non l'effet imprévu, spontané, subit, d'une effervescence et d'un désordre populaires; mais le résultat d'une mesure concertée, exécutée, proposée par les dépositaires de la force publique.

Le soin avec lequel un grand nombre de personnes firent sortir de prison, dès les derniers jours du mois d'août, des parents, des amis ou des serviteurs qui s'y trouvaient, par suite des arrestations en masse opérées le 10 août, avait pour motif le bruit généralement répandu des massacres. « Personne ne doutait des massacres, dit M. Michelet ; Robespierre, Tallien et autres firent réclamer aux prisons quelques prêtres, leurs anciens professeurs; Danton, Fabre d'Églantine, Fauchet, sauvèrent aussi quelques personnes [1]. »

C'est dès le 23 août que le massacre des personnes arrêtées depuis le 10 fut publiquement discuté dans les sections. L'Assemblée et la Commune avaient tant de fois et si solennellement promis au peuple une

---

[1] Michelet, *Histoire de la Révolution*, t. IV, p. 121.

vengeance, qu'il la réclamait à grands cris. « Le 23 août, dit Petion, une section vint en députation au Conseil de la Commune, et déclara formellement que les citoyens, fatigués, indignés des retards que l'on apportait dans les jugements, forceraient les portes de ces asiles et immoleraeint à leur vengeance les coupables qui y étaient renfermés. Cette pétition, conçue dans les termes les plus délirants, n'éprouva aucune censure ; elle reçut même des applaudissements [1]. »

Le 29 août, Danton, en plein Conseil général de la Commune, aborda la question avec la brutalité qu'il mettait à toutes choses. Les mesures arrêtées sur sa proposition percent aisément à travers la transparence du procès-verbal : « M. Danton, ministre de la justice, y est-il dit, est entendu sur les moyens de vigueur à prendre dans les circonstances actuelles : il propose, entre autres choses, de faire dans les sections un état de tous les citoyens nécessiteux qui sont propres au service militaire et de leur donner une paye [2]. »

Sur la proposition de Manuel, complétant la pensée de Danton, la caisse fut battue dans l'après-midi ; tous les citoyens absents de chez eux forcés d'y rentrer, les maisons éclairées toute la nuit, les visites

---

[1] *Moniteur* du 10 novembre 1792, *Discours de Jérôme Petion sur l'accusasion intentée contre Maximilien Robespierre.*

[2] *Procès-verbaux de la Commune de Paris*, Séance du 29 août 1792.

ciliaires annoncées dans chaque quartier par des rappels, les voitures remisées à dix heures; et les prisons se trouvèrent combles le 30 au matin [1].

Le 30 août, le Conseil général de la Commune arrêta officiellement la forme en laquelle les détenus seraient jugés :

« Il est arrêté, dit le procès-verbal, que les sections *seront chargées d'examiner et de juger, sous leur responsabilité, les citoyens arrêtés cette nuit* [2]. »

Le 31 août, Tallien, au nom d'une députation de la Commune, annonçait en ces termes, à la barre de l'Assemblée, le sort réservé aux prisonniers :

« Nous avons fait arrêter des conspirateurs et nous les avons mis entre les mains des tribunaux, pour leur salut et pour celui de l'État... Nous avons fait arrêter les prêtres perturbateurs; ils sont enfermés dans une maison particulière, et sous peu de jours le sol de la liberté sera purgé de leur présence [3]. »

On le voit, il n'était pas possible d'avoir un doute sur le sort des prisonniers. Le 31 août, les élèves de l'abbé Sicard réclamèrent leur maître par une députation adressée à l'Assemblée législative [4]. Le même jour, l'abbé Bousquet, prisonnier aux Carmes, écrivit à Barrère, qui alla demander sa liberté à Danton [5].

---

[1] *Procès-verbaux de la Commune de Paris*, Séance du 29 août 1792.
[2] *Ibid.*, Séance du 30 août 1792.
[3] *Moniteur* du 2 septembre 1792.
[4] *Ibid.*
[5] Barrère, *Mémoires*. t. II, p. 24, 25.

« Le 1er septembre, dit Journiac de Saint-Méard, on fit sortir de l'Abbaye trois de nos camarades : les sieurs Saint-Félix, Laurent, et Chignard. On en fit sortir quelques autres des chambres voisines, notamment M. de Jaucourt [1].

C'est principalement à l'Abbaye, où il n'y avait guère de prisonniers politiques, que se firent remarquer les mises en liberté sans jugement, un peu avant les massacres ; en voici un petit tableau que nous avons relevé sur le registre d'écrou :

Liste des prisonniers de l'Abbaye mis en liberté avant les massacres.

1 Lecomte, président de la section de la rue Grange-Batelière, mis en liberté le 15 août, par ordre des administrateurs de police.
2 De Caire, mis en liberté le 21 août, par ordre des administrateurs de police.
3 Brelu de la Grange, mis en liberté le 22 août, par ordre des administrateurs de police.
4 Lamillière, mis en liberté le 22 août.
5 Fincken, mis en liberté le 26 août, par ordre des administrateurs de police.
6 Bourkard,
7 Molle,
8 Tresse, — mis en liberté le 27 août, par ordre des administrateurs de police.
9 Monneron,
10 Lepeltier,
11 Musquinet de Saint-Félix, mis en liberté le 27 août, par ordre du Conseil général de la Commune.
12 Dossonville, mis en liberté le 28 août, en vertu d'un jugement.

---

[1] Journiac de Saint-Méard, *Mon agonie de trente-huit heures*, p. 18.

13 Lenoir, mis en liberté le 28 août, en vertu d'un ordre du Comité de sûreté générale de l'Assemblée.
14 Parizot,
15 Caron de Beaumarchais, } mis en liberté le 28 août, par ordre des administrateurs de police.
16 Duverrier,
17 Lang,
18 Lefebvre, } mis en liberté le 29 août, par ordre des administrateurs de police.
19 Drouet,
20 Lally-Tolendal, mis en liberté le 31 août, par ordre des administrateurs de police.
21 Jouneau, député, mis en liberté le 1er septembre, par un décret de l'Assemblée nationale législative.
22 Jaucourt, } mis en liberté le 1er septembre, par ordre des administrateurs de police.
23 Brossard,

A la Force, quoique les massacres ne dussent y commencer que le 3, les vivres avaient été supprimés le 2. « Ce jour, dit Mathon de la Varenne, les vivres étaient entrés en petite quantité, et manquaient déjà à l'heure où les distributions ne faisaient ordinairement que commencer. Nous ne sûmes à quoi attribuer cela [1]. »

A l'Abbaye, on fit dîner les prisonniers plus tôt qu'à l'ordinaire. « Le dimanche, 2 septembre, dit Journiac de Saint-Méard, notre guichetier servit notre dîner plus tôt que de coutume. Son air effaré, ses yeux hagards, nous firent présager quelque chose de sinistre. A deux heures, il rentra; nous l'entourâmes; il fut sourd à toutes nos questions; et après qu'il eut, *contre son ordinaire,* ramassé tous les couteaux que nous avions soin de placer dans nos ser-

---

[1] Mathon de la Varenne, *Les crimes de Marat et des autres égorgeurs, ou ma résurrection*, p. 59.

viettes, il fit sortir brusquement la garde-malade de l'officier suisse Reding [1]. »

Qu'on dise si la préméditation des massacres de septembre est, comme on l'a imprimé de nos jours, *une invention royaliste* [2] ?

---

[1] Journiac de Saint-Méard, *Mon agonie de trente-huit heures*, p. 23.

[2] Marrast et Dupont, *les Fastes de la Révolution*, t. II, p. 349.

LIVRE QUINZIEME

LES AUTEURS DES MASSACRES DE SEPTEMBRE.

Manuel. Il participe directement aux massacres.—Il fait le triage des prisonniers.—Sa conduite aux prisons.—Témoignage des prisonniers. — Opinion de Collot d'Herbois. — Billaud-Varennes. Son discours aux égorgeurs.—Il fixe leur salaire.—Il est approuvé par la municipalité.—Les frais sont payés par les morts.—Pièces officielles.—Marat. Il conseilla les massacres et les dirigea.—Il nia effrontément sa participation.—Du reste, il les approuva.—Témoignage formel de Petion sur la participation de Marat.—Elle résulte de la propre signature de Marat. — Robespierre. Explications qu'il donne sur les massacres.— Il nie sa participation.— Preuves officielles qui l'établissent.—Ses mensonges prouvés par les procès-verbaux de la Commune.—Sa froide atrocité.—Petion. Sa complicité dans les massacres.—Vanité de ses dénégations.—Il sait tout et se mêle à tout.—Il laisse égorger les folles de la Salpêtrière.—Roland. Les massacreurs viennent lui demander leur salaire.—Madame Roland donne un grand dîner pendant les massacres.—On y parle des *événements* du jour. — On loue les massacres à la table de Roland.—Il les excuse et loue lui-même par écrit.—Santerre. Vie de Santerre, publiée par sa famille.—Sa participation aux massacres y est niée.—Documents officiels qui détruisent cette dénégation.— Santerre connaît les massacres.—Il n'exécute pas les ordres qu'il reçoit pour les empêcher.—Preuves authentiques.—Les sections de Paris.—Leur complicité dans les massacres.— Le projet des massacres y est connu dès le 23 août et commenté dès le 30.—Texte de la délibération.—Unité qu'elles mettent dans les massacres.— Comité d'exécution. — Pièce officielle instituant la commission *d'exécution,* chargée de diriger les massacres.—Prélude des massacres.

I

MANUEL.

La participation directe et officielle de Manuel aux massacres de septembre n'aurait pas besoin d'être prouvée. Elle résulte nécessairement de ces deux faits, que la Commune de Paris prépara et fit exécuter les massacres, et que Manuel était procureur de la Commune. A la rigueur, le maire pouvait être suppléé par le Conseil général, au moins pendant la durée d'une crise aussi violente; personne ne pouvait suppléer le procureur de la Commune, parce que le droit de réquisition était exclusivement dans sa main.

Accablé de repentir et de honte, Manuel nia, dès le 5 novembre suivant [1]; mais Robespierre nia, Petion nia, Marat nia, Panis et Sergent nièrent; la dénégation de Manuel n'a donc aucun poids par elle-même; on va voir qu'elle est détruite par les faits.

D'abord, c'est sur le réquisitoire de Manuel que furent prises toutes les mesures du 2 septembre au matin, la fermeture des barrières, la réunion au Champ-de-Mars, la proclamation de la patrie en danger, la réquisition des chevaux, et le signal donné par le canon d'alarme [2].

Ensuite, la nouvelle étant arrivée à la Commune, à deux heures de l'après-midi, que les massacres commençaient dans les prisons, quel fut le réquisitoire de Manuel? Demanda-t-il qu'on envoyât des

---

[1] *Moniteur* du 14 novembre 1792, Séance de la Société des Jacobins.
[2] *Procès-verbaux de la Commune de Paris*, Séance du 2 septembre 1792, au matin.

troupes, afin de défendre les prisons?—Nullement; il demanda que les sections délivrassent certaines catégories de prisonniers, et abandonnassent les autres. Voici ses paroles, d'après le procès-verbal de la séance:

« Le procureur de la Commune demande que chaque section soit invitée à réclamer les prisonniers de son arrondissement qui sont détenus pour dettes, pour mois de nourrices, ou pour des causes civiles, ainsi que les militaires détenus pour faits de discipline.

« Sur la proposition de faire sortir de Sainte-Pélagie les prisonniers qui y sont purement pour dettes et reconnus pour tels par la vérification de l'écrou, le Conseil arrête que la prison de Sainte-Pélagie sera ouverte [1]. »

En même temps que le Conseil général de la Commune ordonnait, sur le réquisitoire de Manuel, de délivrer les prisonniers pour dettes, afin que les assassins ne trouvassent plus dans les prisons que les prêtres et les prisonniers politiques, le *comité d'exécution* prenait la même mesure. Écoutez Marat, qui était l'âme de ce comité :

« Je me trouvai au Comité de surveillance, dit-il, lorsqu'on y annonça que le peuple venait d'arracher des mains de la garde et de mettre à mort plusieurs prêtres réfractaires, prévenus de machinations, et envoyés à la Force par le comité, et que le peuple

---

[1] *Procès-verbaux de la Commune de Paris*, Décret du 2 septembre 1792, au soir.

menaçait de se porter aux prisons. A cette nouvelle, Panis et moi nous nous écriâmes, comme par inspiration : Sauvons les pauvres débiteurs, les prisonniers pour rixes, et les petits délinquants.

« Le comité donna l'ordre sur-le-champ à différents geôliers de les séparer des grands malfaiteurs et des traîtres contre-révolutionnaires, afin que le peuple ne fût pas exposé à immoler quelque innocent. La séparation était faite, lorsque les prisons furent forcées[1]. »

Il faut donc avoir présente à l'esprit cette séparation des prisonniers, opérée sur les ordres du Conseil général de la Commune et du Comité de surveillance, pour juger, dans sa moralité, cet envoi de commissaires, chargés, par la Commune, d'aller défendre les prisons avec des discours. C'était une sinistre et sanglante comédie, jouée par Petion, par Manuel, et par toute la municipalité, informée, heure par heure, des torrents de sang qui coulaient. Les prêtres, les Suisses, les gardes du roi, toutes les personnes arrêtées depuis le 10 août, étaient vouées à la mort; et si on n'employait que des harangues pour les sauver, c'est qu'on ne voulait pas qu'ils fussent sauvés. Les commissaires envoyés aux prisons pour prêcher les assassins, étaient les directeurs suprêmes des assassinats.

[1] Marat, *Journal de la République française*, n. 12, 6 octobre 1792.

Pendant que l'abbé Sicard, réfugié au comité de la section des Quatre-Nations, attendait d'un hasard la mort ou la vie, on annonça un commissaire de la Commune. « Il entre, dit l'abbé Sicard, et adresse ces mots au comité : « La Commune vous fait dire « que, *si vous avez besoin de secours,* elle vous en « enverra.—Non, lui répondirent les commissaires, « *tout se passe bien chez nous* (on massacrait à force). « —Je viens, répliqua-t-il, des Carmes et des autres « prisons ; *tout se passe également bien*[1]. » Voilà les commissaires que la Commune envoyait aux prisons, pour les protéger !

Manuel fut précisément un de ces commissaires ; il alla d'abord à l'Abbaye, ensuite à la Force. Le procès-verbal de la Commune rapporte en ces termes, le résultat de sa première mission :

« M. Manuel rend compte du spectacle douloureux qu'il a eu sous les yeux, à l'Abbaye. Il dit que les efforts de douze commissaires de l'Assemblée nationale, les siens et ceux de ses collègues du corps municipal, ont été infructueux pour sauver *les criminels* de la mort[2] ! »

Veut-on savoir les efforts qu'avait faits Manuel pour sauver les *criminels* ? les voici :

« Manuel, dit l'abbé Sicard, au milieu de la rue

---

[1] *Relation de M. l'abbé Sicard,* p. 111.
[2] *Procès-verbaux de la Commune de Paris,* Séance du 2 septembre 1792, au soir.

Sainte-Marguerite, en face de la grande prison, et au moment où les massacres avaient commencé, avait parlé ainsi à ce même peuple : « Peuple français, au « milieu des *vengeances légitimes* que vous allez exer- « cer, que votre hache ne frappe pas indistinctement « toutes les têtes. Les criminels que renferment ces « cachots ne sont pas tous également coupables [1]. »

Madame de Fausse-Lendry, nièce de l'abbé de Chapt de Rastignac, enfermée avec ce vénérable prêtre à l'Abbaye, n'apprécie pas autrement que l'abbé Sicard, la conduite de Manuel.

« A sept heures du matin, le lundi, dit-elle, on nous annonça Manuel, qui eut l'air de désapprouver tout, mais qui n'empêcha rien. Sa présence fut donc bien inutile ou bien funeste. Il passa une grande partie de la journée dans la prison. Comme j'avais été obligée de le voir pour obtenir la permission de partager la captivité de mon oncle, je lui exposai mes craintes sur le danger qui environnait l'objet de ma tendre vénération. « Soyez tranquille, Madame, me dit-il; il ne « lui arrivera rien, j'en réponds sur ma tête [2]. » L'abbé de Chapt de Rastignac fut égorgé dans la journée.

Ce même jour, 3 septembre, vers huit heures du matin, Manuel alla faire sa même harangue aux

---

[1] *Relation de M. l'abbé Sicard*, p. 134.
[2] De Paysac, marquise de Fausse-Lendry, *Quelques-uns des fruits amers de la Révolution et une faible partie des journées des 2 et 3 septembre 1792.*

tueurs de la Force : « Quatre sabres, dit Mathon de la Varenne, échappé miraculeusement aux massacres, comme l'abbé Sicard, étaient croisés sur ma poitrine. Je fus traduit devant le personnage en écharpe qui siégeait au bureau du concierge. Il était boiteux, assez grand, fluet de taille. Il m'a reconnu et parlé sept ou huit mois après. Quelques personnes m'ont assuré qu'il était fils d'un ancien procureur et se nommait Chépy. En traversant la cour dite des Nourrices, je la vis pleine d'égorgeurs que pérorait Pierre Manuel, alors procureur de la Commune [1]. »

La mission de Manuel aux diverses prisons fut donc partout la même ; il allait sauver les prisonniers détenus au nom des lois, et livrer aux assassins les prisonniers détenus au nom des haines politiques. C'est le rôle qu'il eut aux yeux des quarante-huit sections de Paris ; et on lit la mention suivante dans le procès-verbal de la section des Sans-Culottes, à la date du 2 septembre 1792 :

« Le citoyen Thomas, commissaire à la Commune, a rendu compte de ce qu'il y avait appris, et notamment des mesures que M. Manuel a prises pour l'élargissement des prisonniers pour dettes [2]. »

---

[1] Mathon de la Varenne, *les Crimes de Marat et des autres égorgeurs, ou ma resurrection*, p. 84.

[2] *Registre des délibérations de l'assemblée générale des Sans-Culottes*, commencé le 15 août 1792, folio 50. (*Archives de la Préfecture de police.*)

Le lecteur est donc en état d'apprécier la sincérité de cette parole de Manuel, au sujet des massacres de septembre : « Monté sur un tas de cadavres, je prêchai le respect pour la loi; je cherchai Bosquillon, il avait été mon ennemi; c'était le premier que je devais sauver [1]. » — Collot d'Herbois, plus naïvement féroce, put lui répondre avec raison : « Manuel n'est pas assez étranger aux révolutions pour ne pas savoir que ce tocsin qu'il a fait sonner, ce canon d'alarme qu'on a tiré, et qui disait aux citoyens de voler à Châlons, ne leur disait pas aussi d'abandonner leurs femmes, leurs enfants à la merci des conspirateurs. *Manuel a coopéré à cette journée;* qu'il ne vienne donc pas *déguiser son opinion.* Manuel sentira que c'est une grande journée dont il a été l'instrument [2]. »

II

BILLAUD-VARENNES.

Avant d'être substitut du procureur de la Commune, Billaud-Varennes avait été secrétaire de

---

[1] *Moniteur* du 14 novembre 1792.
Si en effet Manuel chercha Bosquillon, juge de paix de la section Bonne-Nouvelle, arrêté et écroué à l'Abbaye le 12 août, il ne voulut ni le trouver, ni le sauver.
Bosquillon fut tué le dernier d'une série de trente victimes, dans la nuit du 2 au 3, dans les latrines du corps-de-garde intérieur de l'Abbaye, par l'assassin Bourre, ancien garde-française. (*Extrait général des déclarations faites à la commission des journées des 2 et 3 septembre—Massacres de septembre*, pièce n. 43.— Archives de la préfecture de police.)

[2] *Moniteur* du 14 novembre 1792, Séance des Jacobins du 5.

Danton [1]. Il devint plus tard son rival et son bourreau : il n'était encore, au 2 septembre, que son instrument.

Billaud-Varennes se rendit, le 3 septembre au matin, et de fort bonne heure, à l'Abbaye. Il y était mandé pour une cause assez étrange. Une discussion s'était élevée entre le comité de la section qui présidait aux massacres, et les égorgeurs qui les exécutaient. Chacun prétendait conserver les dépouilles des morts.

« Au milieu de la nuit, dit l'abbé Sicard, Billaud-Varennes apprend que les égorgeurs volent les prisonniers après les avoir tués. Il se rend dans la cour de l'Abbaye, et là, sur une estrade, il parle à *ses ouvriers*.

« Mes amis, mes bons amis, la Commune m'en-
« voie vers vous pour vous représenter que *vous dés-*
« *honorez cette belle journée.* On lui a dit que vous
« voliez ces coquins d'aristocrates après en avoir fait
« justice. Laissez, laissez tous les bijoux, tout l'ar-
« gent et tous les effets qu'ils ont sur eux, *pour les*
« *frais du grand acte de justice que vous exercez.*
« On aura soin de vous payer *comme on est convenu*
« *avec vous* ; soyez nobles, grands et généreux comme
« la profession que vous remplissez ; que tout, dans

---

[1] *Notes inédites sur le procès de Danton*, rédigées pendant son procès par Topino-Lebrun, l'un des jurés. (*Archives de la Préfecture de police.*)

« ce grand jour, soit digne du peuple dont *la sou-*
« *veraineté* vous est commise [1]. »

L'abbé Sicard entendit ces paroles du réduit où il était caché, à la section des Quatre-Nations. Il fut fait ainsi que Billaud-Varennes l'avait demandé, et les dépouilles des victimes furent réservées pour *les frais,* ainsi que la Commune de Paris l'avait ordonné. On lit, en effet, dans un compte rendu de l'exécution des prisonniers de l'Abbaye, adressé au Conseil général de la Commune par Lecomte, membre de la section :

« Nous vous devons aussi un compte exact des dépenses qu'ont nécessitées les *événements,* et d'ailleurs, *un arrêté de la municipalité nous autorisait à les faire,* et le citoyen Billaud-Varennes en a approuvé la quotité. Dans l'état de ces dépenses sont compris *les ouvriers* qui ont travaillé à l'enlèvement et au dépouillement, les marchands qui ont fourni le vin, le pain, et toutes les choses absolument nécessaires, et chaque article est appuyé d'un bon des commissaires du comité.

« Enfin, nous vous présentons l'état comparatif des objets reçus, de ceux remis, et le résultat que présente l'état de ceux qui restent.

Dans cet état, vous vous apercevrez que la plus grande partie du numéraire a servi à rembourser la

[1] *Relation de M. l'abbé Sicard.* p. 134.

dépense; et, à cet égard, nous devons vous expliquer que la section nous ayant autorisés A PRENDRE LES FRAIS SUR LA CHOSE, nous avons préféré prendre en numéraire [1]. »

Afin de vider immédiatement ce point de la question, à savoir que le Conseil général de la Commune de Paris avait décidé, par un arrêté, que les égorgeurs seraient payés; que la section des Quatre-Nations avait été autorisée à traiter, de gré à gré, avec les assassins, et que le salaire indiqué par Billaud-Varennes fut adopté, nous transcrirons ici les premières lignes de l'*État des frais :*

« ÉTAT DES FRAIS faits par la section des Quatre-Nations, dans les journées des 2, 3 et 4 septembre dernier, *d'après l'autorisation du Conseil général de la Commune.*

« MUNICIPALITÉ DE PARIS ; — extrait du registre des délibérations du Conseil général des commissaires des quarante-huit sections.

« Du quatre septembre mil sept cent quatre-vingt-douze, l'an quatrième de la liberté et premier de l'égalité.

« Sur la demande faite par des *citoyens ouvriers*

---

[1] *Rapport au Conseil général de la Commune, joint à l'état des frais des massacres de l'Abbaye et à l'inventaire des dépouilles des victimes.* (Dossier des massacres, pièce cotée n. 46.—Archives de la Préfecture de police.)

de la section des Quatre-Nations[1], le Conseil général a renvoyé cette réclamation au comité de ladite section des Quatre-Nations. Signé: Ballin, président, Méhée, secrétaire-greffier adjoint.

« Pour extrait conforme à l'original : Signé, Méhée, secrétaire-greffier adjoint.

« *Mémoire* de ce qui a été payé par les commissaires de la section des Quatre-Nations, aux *ouvriers* et fournisseurs, pour l'enlèvement et dépouillement des cadavres qui sont morts dans cette section, d'après le dire du citoyen Billaud-Varennes, substitut du procureur de la Commune[2]. »

Enfin, en marge de l'inventaire des dépouilles des victimes, on lit, de la main de Lecomte, page 3 : — « Pour les frais, 7 doubles louis ; — plus, 3 écus de 6 livres ; — 1 pièce de 1 livre 10 sous ; — 15 pièces de 15 sous ; — 1 pièce de 12 sous, dans la bourse bleue. » — Page 7 : « Pris par Lecomte, pour les frais, 12 louis simples ; — 64 pièces de 15 sous ; — 3 écus de 6 livres ; — 2 écus de 3 livres ; — 1 pièce de 1 livre 10 sous ; une pièce de 12 sous. — Pour le même objet, les écus de 6 livres, 3 livres, pièces de 24 sous et 12 sous, contenus dans la bourse de

---

[1] Dans les comptes des massacres de septembre, les *égorgeurs*; les *fouilleurs* et les *dépouilleurs des cadavres* sont toujours appelés *citoyens ouvriers*.

[2] Dossier des massacres, pièce cotée n. 45.—*Archives de la Préfecture de police.*

filet. — Plus, pris par Lecomte, pour les frais, 1 louis simple [1]. »

Ce fut donc Billaud-Varennes qui fixa le salaire des égorgeurs de l'Abbaye, et son appréciation servit de base à la dépense. Quoique ce fait soit déjà irrévocablement fixé, il nous a paru digne d'intérêt d'ajouter aux détails qui précèdent l'extrait d'une pièce inédite du dossier des massacres, et le récit du président de la section, Jourdan, qui discuta avec Billaud-Varennes le salaire des égorgeurs.

« Le comité, dit cette pièce, tourmenté par les assassins pour partager les dépouilles, envoya un commissaire pour faire part de cette prétention, faire le rapport, et demander l'avis. Le Conseil envoya Billaud-Varennes et Codieux. Le premier, arrivé sur le perron, pérora les assassins, les félicita, les remercia, les engagea à ne pas partager les dépouilles, et leur promit 24 livres. Il répéta ce propos dans le comité. Le comité représenta l'impossibilité de payer, faute de fonds. Billaud assura que le ministre de l'intérieur ferait des fonds ; mais qu'en attendant il fallait que quelqu'un en fît l'avance. Le président en parla au citoyen Laconté, qui en parla à Roland [2]. »

---

[1] *Procès-verbal d'inventaire des effets trouvés sur les personnes mortes dans les journées des 2 et 3 septembre.* (Pièce cotée n. 94 bis. —Dossier des massacres.—*Archives de la Préfecture de police.*)

[2] Pièce cotée n. 48.—Dossier des massacres.—*Archives de la Préfecture de police.*

Le président du comité des Quatre-Nations fut plus particulièrement celui avec lequel Billaud-Varennes discuta le salaire des assassins. Voici le récit qu'il en fit lui-même, lors de l'enquête opérée, à la demande du Comité de sûreté générale, au mois de thermidor an III.

« Dans le cours de la matinée du 3, sept ou huit massacreurs vinrent me demander leur salaire. « Quel salaire ? » leur dis-je. Le ton d'indignation avec lequel je leur fis cette demande les déconcerta. « Nous avons passé, dirent-ils, notre journée à dé-« pouiller les morts; vous êtes juste, monsieur le pré-« sident, vous nous donnerez ce qu'il vous plaira. »

« Le citoyen L... (Laconté)[1], un de mes collègues, était à côté de moi; je lui proposai de donner un petit écu à ces monstres, pour nous en débarrasser. — « Ce n'est pas assez, me répondit L...; ils ne se-« raient pas contents. »

« Au même instant entra le citoyen Billaud-Varennes, alors officier municipal; il nous fit un grand discours pour nous prouver l'utilité et la nécessité de tout ce qui s'était passé. Il finit par nous dire qu'en venant à notre comité, il avait rencontré plusieurs des *ouvriers* (ce sont ses expressions) qui avaient *travaillé* dans cette journée, lesquels lui

---

[1] Ce Laconté, qui signait Delaconté, a rédigé de sa main et signé la plupart des bons de 24 livres délivrés aux tueurs par le comité des Quatre-Nations.

avaient demandé leur salaire; qu'il leur avait promis que nous leur donnerions à chacun un louis.

— «Où voulez-vous que nous prenions ces sommes? « vous savez aussi bien que nous, que les sections « n'ont aucun fonds à leur disposition? » Il fut interdit pendant un moment; ensuite, il me dit qu'il fallait nous adresser au ministre de l'intérieur, qui avait des fonds destinés à cet objet.

« Le citoyen L... m'observa qu'il devait aller dîner chez le ministre de l'intérieur, et il m'offrit de lui en parler. J'acceptai sa proposition, et je lui donnai sur-le-champ une autorisation pour demander au ministre une somme de 3,000 fr., de l'emploi de laquelle la section des Quatre-Nations justifierait[1]. »

Le lecteur n'oubliera pas que Billaud-Varennes était le substitut du procureur de la Commune, et qu'il était autorisé par un arrêté du Conseil général.

III

MARAT.

Marat eut deux rôles considérables dans les massacres de septembre : il fut à la fois un de ceux qui les inspirèrent et un de ceux qui les exécutèrent.

---

[1] *Enquête sur les massacres de septembre, Déclaration du citoyen Jourdan*, p. 148, 149.

Cependant, l'un et l'autre de ces deux rôles, il les nia effrontément.

« L'événement désastreux des 2 et 3 septembre, écrivait-il le 6 octobre, que des perfides et des stipendiés attribuent à la municipalité, a été uniquement provoqué par le déni de justice du tribunal qui a blanchi le conspirateur Montmorin, par l'indignation du peuple, qui a craint de se voir esclave de tous les traîtres qui ont si longtemps causé ses désastres et ses malheurs [1]. »

C'est là, comme le lecteur le sait déjà, une des fables accréditées sur les causes des massacres. Mais l'acquittement de M. de Montmorin, prononcé le vendredi 31 août, dans l'après-midi, par le tribunal révolutionnaire [2] ne put pas faire que, dès le 25 août, Sergent dissuadât madame de Fausse-Lendry d'aller s'enfermer à l'Abbaye, avec son oncle l'abbé de Chapt de Rastignac, en lui disant *qu'elle commettait une imprudence et que les prisons n'étaient pas sûres* [3]; il ne put pas faire que, le 31 août au matin, un professeur nommé Félix, membre de la section des Sans-Culottes, fort mêlé, comme on verra, aux massacres, proposât de faire le triage des prêtres de Saint-Firmin [4]. Une fermentation vague et générale, sans

---

[1] Marat, *Journal de la République française*, n. 12.
[2] *Bulletin du Tribunal révolutionnaire*, 1re partie, n. 8.
[3] De Paysac, marquise de Fausse-Lendry, *Quelques-uns des fruits amers de la Révolution*, etc., p. 71.
[4] « M. Félix, dit le procès-verbal, a observé que, relativement

plan, sans chefs et sans but, n'aurait même pas pu faire que le 2 septembre, « *de très-grand matin, le concierge de l'Abbaye fit sortir de la prison sa femme et ses enfants, précaution qui m'étonna*, dit madame de Fausse-Lendry, *d'autant que je voyais de la consternation sur sa figure* [1]. »

Au reste, Marat n'avait aucun scrupule sur les massacres; et voici en quels termes il s'en exprimait, dans son discours à la Convention, du 25 septembre:

« Qui de vous, Messieurs, eût osé me faire un crime d'avoir appelé sur les têtes coupables des scélérats la hache des vengeances populaires? Le peuple, sans obéir à ma voix, a eu le bon sens de sentir que c'était effectivement là toute sa ressource; il l'a employée plusieurs fois pour s'empêcher de périr. Ce sont les scènes sanglantes des 14 juillet, 6 octobre, 10 août, 2 septembre, qui ont sauvé la France. *Que n'ont-elles été dirigées par des mains habiles!...* Désolé de voir la hache frapper indistinctement tous les coupables et confondre les petits délinquants avec les grands scélérats, désirant la diriger sur la tête seule des principaux contre-

---

aux prêtres détenus à Saint-Firmin, il serait à propos de nommer des commissaires pour examiner la distinction que l'on devrait faire entre les uns et les autres. » (*Registre des délibérations de l'assemblée générale de la section des Sans-Culottes*. Séance du 31 août, au matin.—*Archives de la Préfecture de police.*)

[1] De Paysac, marquise de Fausse-Lendry, *Quelques-uns des fruits amers de la Révolution*, etc., p. 72.

révolutionnaires, j'ai cherché à soumettre ces mouvements terribles et désordonnés à la sagesse d'un chef. Les penseurs, Messieurs, sentiront toute la justesse de cette mesure. Si, sur cet article, vous n'êtes pas à ma hauteur, tant pis pour vous [1]. »

Cependant, deux témoignages authentiques rendent inutiles toutes les dénégations de Marat; le premier est un discours public de Petion; le second est un document officiel et inédit, déposé aux archives de la Préfecture de police.

« Le Comité de surveillance de la Commune, dit Petion, en parlant des massacres de septembre, remplissait les prisons. Un homme, entre autres, dont le nom seul est devenu une injure, dont le nom jette l'épouvante dans l'âme de tous les citoyens paisibles, semblait s'être emparé de la direction et des mouvements de la police. Assidu à toutes les conférences, il s'immisçait dans toutes les affaires; il parlait, il ordonnait en maître. Je m'en plaignis hautement à la Commune, et je terminai mon opinion par ces mots : « Marat est ou le plus insensé, « ou le plus scélérat des hommes [2]. »

C'est par suite de sa théorie sur la nécessité de diriger la *hache populaire* sur la tête des *principaux contre-révolutionnaires*, que Marat voulut faire comprendre Roland dans les massacres.

---

[1] Marat, *Journal de la République française*, n. 5.
[2] *Moniteur* du 10 novembre 1792, *Discours de Jérôme Petion*.

« Le Comité de surveillance, ajoute Petion, lança en effet un mandat d'arrêt contre le ministre Roland. C'était le 4, et les massacres duraient encore. Danton en fut instruit; il vint à la mairie; il était avec Robespierre; il s'emporta avec chaleur contre cet acte arbitraire et de démence; il aurait perdu, non pas Roland, mais ceux qui l'avaient décerné. Danton en provoqua la révocation ; il fut enseveli dans l'oubli. »

La part que prit Marat dans la direction des massacres est donc un fait hors de doute. Celle qu'il eut dans la surveillance de leur exécution résultera des termes mêmes de l'arrêté qui institua le Comité de surveillance de la mairie, et qui aura sa place un peu plus loin.

IV

ROBESPIERRE.

Deux sentiments dominent dans les explications données par Robespierre, au sujet des massacres de septembre ; la dissimulation poussée jusqu'au mensonge, et la plus froide cruauté.

D'abord, Robespierre nia toute participation de sa part aux massacres, mais en se tenant dans ce vague d'idées et de paroles, d'où il lui arriva rarement de sortir.

« J'ignore les faits, disait-il ; je ne les nie, ni ne les crois. Je n'ai jamais été chargé d'aucune espèce de commission, ni ne me suis mêlé, en aucune manière, d'aucune opération particulière. Je n'ai jamais présidé un seul instant la Commune, et n'ai jamais eu aucune relation avec le Comité de surveillance, tant calomnié[1]. »

Comme il n'était pas aisé alors de contester à Robespierre son inaction et son abstention, ceux qui auraient pu le faire étant ses partisans et ses amis, il persista de plus en plus dans ce système de défense, commun à tous les auteurs des massacres.

« Ceux qui ont dit que j'avais eu la moindre part aux événements dont je parle, ajoutait-il, sont des hommes ou excessivement crédules, ou excessivement pervers. Quant à l'homme qui, comptant sur le succès de la diffamation, a cru pouvoir alors imprimer impunément[2] que je les avais dirigés, je me contenterais de l'abandonner au remords, si le remords ne supposait une âme. Je dirai pour ceux que l'imposture a pu égarer, qu'avant l'époque où ces événements sont arrivés, j'avais cessé de fréquenter le Conseil général de la Commune. L'assemblée électorale dont j'étais membre avait commencé ses séances ; je n'ai appris ce qui se passait

---

[1] Robespierre. *Lettres à ses commettants*, n. 4, p. 60.
[2] C'est à Louvet que Robespierre fait allusion.

dans les prisons que par le bruit public, et plus tard par la plus grande partie des citoyens, car j'étais habituellement chez moi[1]. »

On le voit, une fois entré dans la voie de ce que les juges criminels nomment un *alibi*, Robespierre y fait, à chaque mot, un pas nouveau. D'abord, il n'avait point présidé la Commune, et ne s'était mêlé de rien ; ensuite, il avait cessé de fréquenter le Conseil général ; maintenant, il va dire qu'il avait même cessé d'aller à la Commune.

« On a osé, dit-il, par un rapprochement atroce, insinuer que j'avais voulu compromettre la sûreté de quelques députés, en les dénonçant à la Commune dans les exécutions des conspirateurs. J'ai déjà répondu à cette infamie, en rappelant que j'avais cessé d'aller à la Commune avant ces événements[2]. »

La dénégation est donc bien précise et bien formelle, et les historiens superficiels ont pu s'y tromper[3]. Eh bien ! cette dénégation est de tous points

---

[1] Robespierre, *Lettres à ses commettants*, n. 4, p. 166.
[2] *Ibid.*, p. 180.
[3] « Nous doutons fort que Robespierre ait pris une part quelconque à cette détermination violente. Si son nom ne se trouvait habituellement sous la plume de quelques historiens de cette terrible époque, nous ne verrions nulle raison de l'en accuser, nulle raison de l'en défendre ; mais la justice exige qu'après tant d'accusations répétées d'après un premier ouï-dire, nous fassions connaître les motifs pour lesquels on doit, selon nous, rayer Robespierre du nombre des auteurs des journées de septembre. » (Buchez et Roux, *Histoire parlementaire de la Révolution française*, t. XVII, p. 404.)

un mensonge ; Robespierre n'a pas quitté le Conseil général pendant les massacres; Robespierre a pris part aux délibérations relatives aux massacres; Robespierre a rempli une mission au sujet des massacres; Robespierre est allé, sinon au Comité de surveillance de la mairie, mais au moins à la mairie, en raison des massacres et pendant qu'ils duraient encore. Et quels garants donnerons-nous au lecteur de ce mensonge? — Le procès-verbal des séances du Conseil général de la Commune, où Robespierre a paru, où Robespierre a parlé, où Robespierre a reçu une mission de se porter au Temple, auquel les assassins réservaient le même sort qu'aux prisons.

Quand Robespierre parle des opérations de l'assemblée électorale, chargée de nommer les députés de la Convention, il confond ou il oublie.

Les sections organisèrent les assemblées primaires le 27 août. Robespierre était de la section de la place Vendôme, qui prit, après le 10 août, le nom de section des Piques. A cette séance du 27 août, Robespierre fut nommé président à l'unanimité des suffrages. Il présida en effet les assemblées de cette section, pour la nomination de ses douze électeurs. Robespierre fut nommé le premier ; Arthur, fabricant de papiers, rue Louis-le-Grand, n° 31, celui-là même qui avait mis, le 10 août, le cœur d'un Suisse à l'eau-de-vie, fut nommé le second ; Maurice Duplay, le menuisier entrepreneur chez lequel logeait Robespierre, fut nommé le onzième. Robespierre présida le 28, le 29, le 30 et le 31 août[1]. Quant aux opérations des électeurs, elles commencèrent le 7 septembre, et Robespierre fut nommé, ce jour-là, député à la Convention, avec Danton et Collot d'Herbois[2]. Les massacres furent donc préparés et exécutés entre la nomination des électeurs et la nomination des députés ; et Robespierre partagea, pendant tout ce temps, les travaux du Conseil général de la Commune.

Le 1er septembre, Robespierre porte deux fois la parole au Conseil général. La première fois, il demande que le bureau municipal prenne, pour tenir ses séances, une autre salle que celle du Conseil général, pour ne point interrompre les séances du matin. La seconde fois, « il développe, dans un éloquent discours, toutes les manœuvres employées pour faire perdre au Conseil général la confiance publique, et tout ce que le Conseil a fait pour s'en rendre digne. Il se résume, et dit qu'il ne se présente à son esprit aucun moyen de sauver le peuple, que de lui remettre le pouvoir que le Conseil général a reçu de lui[3]. »

---

[1] *Registre des délibérations de la section des Piques.* (*Archives de la Préfecture de police.*)

[2] *Moniteur* du 8 septembre 1792.

[3] *Procès-verbaux de la Commune de Paris*, Séance du 1er septembre 1792.

Manuel répondit à Robespierre, et combattit son opinion sur la résignation des pouvoirs des administrateurs; mais le discours qu'il avait prononcé, et l'adresse qu'il avait proposée, furent imprimés chez Duplain, aux frais de la Commune.

Le 2 septembre, à la séance du soir, commencée à quatre heures, le Conseil général décida un grand nombre de mesures relatives aux prisons, qui étaient déjà envahies par les assassins. Il prit des arrêtés en faveur des prisonniers détenus pour mois de nourrice, pour dettes civiles et pour indiscipline militaire ; il fit ouvrir Sainte-Pélagie ; il envoya de la force armée au Temple ; il nomma des commissaires chargés de se porter aux prisons : Robespierre, présent à la séance, participa à toutes ces mesures. Il fit bien plus encore ; au milieu de cette première effervescence du meurtre, il dénonça, avec Billaud-Varennes, une conspiration ayant pour objet de porter le duc de Brunswick sur le trône[1]. Cette dénonciation désignait très-clairement Brissot et quelques Girondins; si clairement, que le Comité de surveillance de la mairie fit opérer, le 3 septembre, à sept heures du matin, une minutieuse et sévère perquisition au domicile de Brissot.

Terrifié, à bon droit, d'une pareille mesure, Bris-

---

[1] *Procès-verbaux de la Commune de Paris*, Séance du 2 septembre 1792.

sot publia, dans la journée du 3, une *Lettre à ses concitoyens* : « Hier, dimanche, disait-il, on m'a dénoncé à la Commune de Paris, ainsi que partié des députés de la Gironde, et d'autres hommes aussi vertueux. On nous accusait de vouloir livrer la France au duc de Brunswick, d'en avoir reçu des millions, et de nous être concertés pour nous sauver en Angleterre. Citoyens, on me dénonçait à dix heures du soir, et, à cette heure, on égorgeait dans les prisons... Ce matin, sur les sept heures, trois commissaires de la Commune se sont présentés chez moi... ils ont examiné, pendant trois heures, avec tout le soin possible, tous mes papiers; en voici le résultat[1]. » — Suit l'extrait du rapport des trois commissaires, déclarant qu'ils n'avaient absolument rien trouvé dans les papiers de Brissot, qui parût contraire à l'intérêt du bien public.

La perquisition était évidemment le résultat de la dénonciation de Robespierre; il avoua lui-même à Petion, le 4 septembre, qu'il avait entendu désigner Brissot, en dévoilant la conspiration ourdie en faveur du duc de Brunswick. « Vous vous laissez entourer, dit-il à Petion; vous vous laissez prévenir; on vous indispose contre moi, vous voyez tous les jours mes ennemis; vous voyez Brissot et son parti. — Vous vous trompez, Robespierre, répondit Pe-

---

[1] *Moniteur* du 7 septembre 1792.

tion; personne plus que moi n'est en garde contre les préventions. Je vois Brissot, néanmoins rarement; mais vous ne le connaissez pas, et moi je le connais dès son enfance.—Robespierre insista, mais en se renfermant dans des généralités. — En grâce, lui dis-je, expliquons-nous; dites-moi franchement ce que vous avez sur le cœur, ce que vous savez. — Eh bien! me dit-il, je crois que Brissot est à Brunswick[1]. »

Le 3 septembre, les massacres étaient devenus généraux dans neuf prisons de Paris, et Robespierre siégeait au Conseil général de la Commune. Le Temple était sérieusement menacé. Les sections fidèles à la monarchie, notamment la section de la Fontaine de la rue Montmartre, y envoyèrent spontanément des citoyens énergiques, chargés de défendre la famille royale[2]; mais les sections révolutionnaires voulaient que le roi, la reine et leur famille fussent compris dans le massacre général. Ainsi, on lit dans le procès-verbal de la section du Roi-de-Sicile, devenue, après le 10 août, la section des Droits de l'Homme, les lignes suivantes, à la date du 3 septembre : « Plusieurs motions ont été faites tendantes à faire respecter

---

[1] *Moniteur* du 10 novembre 1792, *Discours de Jérôme Pétion*.

[2] *Registre des délibérations de la section de la Fontaine de la rue Montmartre*, Séance du 2 septembre 1792. (*Archives de la Préfecture de police.*)

la famille royale : *on a passé à l'ordre du jour*[1]. »

La Commune de Paris, qui répondait de la garde du roi, fit, de son côté, défendre le Temple, quoique sans luxe d'empressement. Le procès-verbal de la séance du 3, au Conseil général, s'exprime ainsi : « Les commissaires du Conseil, de service au Temple, font passer la note des différents objets que demande *M. Capet.* Ajourné à demain. MM. Deltroy, Manuel et Robespierre sont nommés commissaires au Temple, pour y assurer la tranquillité[2]. »

Ce même jour, 3 septembre, le bruit se répandit dans les sections que Robespierre allait quitter Paris. Était-ce une mission qu'il devait recevoir, comme en reçurent Billaud-Varennes et un grand nombre de membres de la Commune? — Nous ne savons ; mais des sections députèrent auprès de lui, afin qu'il restât. « Sur la proposition d'un membre, dit le procès-verbal de la section de Mauconseil, la section a nommé pour commissaires, pour se transporter *à la Commune,* MM. Galimard, Garnerin, Bonhommé et Le Clery, auprès de M. Robespierre, pour l'inviter à rester à Paris, dans la circonstance actuelle[3]. »

---

[1] *Registre des délibérations de la section du Roi-de-Sicile,* Séance du 3 septembre 1792. (*Archives de la Préfecture de police.*)

[2] *Procès-verbaux de la Commune de Paris,* Séance du 3 septembre au matin.

[3] *Registre des délibérations de la section de Mauconseil,* Séance du 3 septembre 1792. (*Archives de la Préfecture de police.*)

Ainsi, le 1ᵉʳ, le 2 et le 3 septembre, Robespierre prit une part très-active aux délibérations du Conseil général de la Commune ; il parla plusieurs fois ; il dénonça Brissot ; il remplit une mission au Temple ; il participa aux nombreux arrêtés relatifs aux massacres ; il vécut enfin, comme tout le Conseil municipal, dans cette atmosphère de sang, qui enveloppa, pendant six jours, l'Hôtel de ville et la mairie.

Le 4 septembre, Robespierre accompagna Danton à la mairie, lorsqu'il alla faire révoquer le mandat d'arrêt décerné par le comité d'exécution contre Roland. « C'était le 4, dit Petion ; et les massacres duraient encore. Danton en fut instruit ; il vint à la mairie ; il était avec Robespierre [1]. »

Qu'on juge maintenant de la sincérité des dénégations de Robespierre, et des assurances réitérées *qu'il ne fut jamais chargé d'aucune commission, qu'il avait cessé de fréquenter le Conseil général avant l'époque de ces événements, et qu'il n'apprit ce qui se passait dans les prisons que par le bruit public, et plus tard par la plus grande partie des citoyens.*

Le calme impudent avec lequel Robespierre décline toute complicité dans les massacres de septembre, ne saurait être comparé qu'au calme féroce avec lequel il en parle.

D'abord, Robespierre justifie le Comité de surveil-

---

[1] *Moniteur* du 10 novembre 1792, *Discours de Jérôme Petion.*

lance d'avoir illégalement rempli les prisons, supprimé les journaux royalistes, et distribué leurs presses et leurs caractères aux *patriotes*. « Des arrestations illégales? s'écrie-t-il. Est-ce donc le Code criminel à la main qu'il faut apprécier les précautions salutaires qu'exige le salut public, dans les temps de crise, amenés par l'impuissance même des lois? Que ne nous reprochez-vous aussi d'avoir brisé illégalement les plumes mercenaires dont le métier était de propager l'imposture et de blasphémer contre la liberté? Que n'instituez-vous une commission pour recueillir les plaintes des écrivains aristocratiques et royalistes [1]? »

Ensuite Robespierre justifie, on l'a déjà vu, les massacres par les résultats politiques qu'ils ont amenés. « L'univers, la postérité, dit-il, ne verra dans ces événements que leur cause sacrée et leur sublime résultat; vous devez les voir comme elle. Vous devez les juger, non en juges de paix, mais en hommes d'État et en législateurs du monde..... Nous n'avons point failli; j'en jure par le trône renversé, et par la République qui s'élève [2]! »

Enfin, Robespierre se montre encore plus froidement atroce que Collot d'Herbois; l'ancien pensionnaire de la Montansier disait à Manuel : « Donne à

---

[1] Robespierre, *Lettres à ses commettants*, n. 4, p. 160.
[2] *Ibid.*, p. 165.

l'humanité les regrets qu'elle exige ¹ ! » Robespierre veut qu'on pleure les victimes avec mesure.

« On assure, dit-il, *qu'un innocent a péri;* on s'est plu à en exagérer le nombre; mais *un seul*, c'est beaucoup trop, sans doute. Citoyens, pleurez cette méprise cruelle ; *nous l'avons pleurée dès longtemps...* mais que votre douleur ait un terme, comme toutes les choses humaines. *Gardons quelques larmes pour des calamités plus touchantes* ² ! »

Cet unique innocent, sur lequel Robespierre prétendait avoir *pleuré dès longtemps*, était un père de famille dont Brissot raconte ainsi la fin tragique :

« A l'hôtel de la Force, où l'on expédiait les prisonniers avec une apparence de forme, avec un juré ¹ de comédie, et en présence d'officiers municipaux, un prisonnier, accusé de fabriquer de faux assignats, se recommande d'un citoyen de la rue Saint-Antoine. On l'envoie chercher. Il était occupé à faire des comptes avec un locataire. Il arrive, et, à la vue des piles de cadavres, des massues sanglantes, et de ces juges-bourreaux, il perd la tête : on l'assomme. Le caporal qui l'avait amené se rappelle alors qu'il l'a trouvé avec un homme qui chiffrait; et, supposant que ces chiffres pouvaient bien être de faux assi-

---

¹ *Moniteur* du 14 novembre 1792, Séance des Jacobins du 5.
² Robespierre, *Lettres à ses commettants*, n. 4, p. 172, 173.
³ Les écrivains de la fin du dernier siècle appelaient *juré* ce que nous nommons *jury*.

gnats, qu'il pouvait être complice, il va le chercher, l'amène, et on l'exécute aussi! Eh bien! cet homme était un bon père de famille, bon citoyen, électeur de 1791, électeur nommé la veille par sa section [1]. »

Certes, ce malheureux était un innocent ; mais il fallait l'âme corrompue et endurcie des révolutionnaires pour voir des coupables dans ces soldats suisses, héros de courage et de fidélité ; dans ces saints prêtres, aimant mieux la misère dans l'exil que la richesse dans l'apostasie ; dans ces pauvres folles de la Salpêtrière, mourant sans même comprendre qu'elles mouraient ; et jusque dans ces malheureux enfants de treize ans, enfermés à la Correction de Bicêtre, et que les égorgeurs, au dire d'un contemporain, ne pouvaient jamais parvenir à tuer. « Ils étaient, disait le vieux concierge Richard, bien plus difficiles à achever que les hommes faits [2] ! »

Quant à l'avantage d'avoir abattu le trône et d'avoir élevé la République au prix de tant de crimes, c'était un pur mirage de l'esprit des démagogues, dont un sophiste tel que Robespierre ne pouvait pas discerner l'illusion. Il faut des intelligences saines et droites pour voir la vérité, pour la comprendre et pour l'aimer ; l'intelligence des révolutionnaires et

---

[1] Brissot, *Lettre à tous les républicains de France*, p. 20. Le fait raconté par Brissot est d'ailleurs indubitable ; Marat lui-même en parle dans le *Journal de la République française*, n. 47.

[2] Barthélemy Maurice, *Histoire politique et anecdotique des prisons de la Seine*, p. 329.

des factieux est trop trouble et trop égarée, pour sentir qu'il n'y a jamais nul avantage sérieux et durable à renverser des monarchies, à édifier des républiques, choses de soi accidentelles et passagères, lorsqu'on le fait en foulant aux pieds la morale, la justice, l'humanité, choses de soi fondamentales et éternelles.

V

PETION.

Sur les trois raisons données par Petion, afin de décliner la responsabilité des massacres de septembre, les deux premières sont des mensonges, la troisième est un sophisme.

D'abord, il prétend avoir été à peu près séquestré de ses fonctions de maire : « J'avais été conservé dans ma place, dit-il ; mais elle n'était plus qu'un vain titre ; j'en cherchais inutilement les fonctions ; elles étaient éparses entre toutes les mains, et chacun les exerçait... Le maire ne fut plus un centre d'unité ; tous les fils furent coupés entre mes mains ; le pouvoir fut dispersé ; l'action de surveillance fut sans force, l'action réprimante le fut également[1]. »

Ensuite, il prétend avoir ignoré les massacres dès

---

[1] *Moniteur* du 10 novembre 1792, *Discours de Jérôme Petion*.

leur commencement, et ne les avoir appris plus tard qu'imparfaitement et par hasard : « J'étais, dit-il, dans une fausse sécurité ; j'ignorais ces cruautés ; depuis quelque temps, on ne me parlait de rien ; je les apprends enfin, et comment? d'une manière vague, indirecte, défigurée ; on m'ajoute en même temps que tout est fini ; les détails les plus déchirants me parviennent ensuite, mais j'étais dans la conviction la plus intime que le jour qui avait éclairé ces scènes affreuses ne reparaîtrait plus[1]. »

Enfin, il ajoute qu'il a donné des ordres pour arrêter ces massacres, et que ces ordres n'ont été ni écoutés, ni suivis : « J'écris au commandant général, dit-il ; je le requiers de porter des forces aux prisons. Il ne me répond pas d'abord. J'écris de nouveau ; il me dit qu'il a donné des ordres. Rien n'annonce que ces ordres s'exécutent ; cependant, les scènes affreuses continuent encore ; je vais au Conseil de la Commune ; je me rends de là à l'hôtel de la Force, avec plusieurs de mes collègues[2]. »

Ce sont là, répétons-le, deux mensonges et un sophisme ; Petion n'a nullement été séquestré de ses fonctions ; Petion a su les massacres comme tout le monde ; et l'affaiblissement de l'autorité ne l'excuserait pas, car il était son ouvrage.

---

[1] *Moniteur* du 10 novembre 1792, *Discours de Jérôme Petion*.
[2] *Ibid.*

Voici l'emploi du temps de Petion, du 1er au 8 septembre ; on verra que jamais maire de Paris ne remplit ses fonctions plus assidûment.

Le 1er septembre, Petion présida le Conseil général de la Commune [1].

Le 2 septembre, son activité redouble ; il ne préside pas le Conseil général ; mais il répond, c'est lui-même qui nous l'apprend, au sombre et violent discours que Robespierre venait d'y prononcer [2]. Ensuite, il mande, par une circulaire, les quarante-huit présidents des sections à la mairie, où une conférence a lieu avec les ministres [3] ; il la préside depuis huit heures du soir, le 2, jusqu'à une heure du matin, le 3 ; et les terribles événements qui remplissaient alors Paris d'épouvante et d'horreur y furent certainement exposés et discutés. « Hier encore, disait Roland le lendemain, dans une assemblée des présidents de toutes les sections, convoquée par les ministres chez M. le maire, *dans l'intention de concilier les esprits, de s'éclairer* mutuellement, j'ai reconnu

---

[1] *Procès-verbaux de la Commune de Paris*, Séance du 1er septembre.

[2] « Je réponds à ce discours, dit-il, pour rétablir le calme, pour dissiper ces noires illusions et ramener la discussion au seul point qui doit occuper l'Assemblée. » (*Moniteur* du 10 novembre, *Discours de Jérôme Petion*.)

[3] Voir, sur cette lettre de Petion apportée aux présidents des sections, les registres de délibérations des sections *des Sans-Culottes*, *de la Fontaine de la rue Montmartre* et *de Mirabeau*, Séances du 2 septembre. (*Archives de la Préfecture de police*.)

cette méfiance qui suspecte, interroge, entretient le trouble et entrave les opérations¹. »

Le 3 septembre Petion écrit au Conseil général, au sujet des embarras que la nécessité des passe-ports exigés pour sortir de Paris créait aux transactions[2]; et il convoque tous les présidents des sections à une grande conférence qui doit avoir lieu, le soir même, à sept heures, chez Danton[3].

Le 4 septembre, Petion reçoit à la mairie Danton et Robespierre ; il discute, avec le premier, le mandat d'arrêt décerné contre Roland ; et il s'explique, avec le second, sur son accusation contre Brissot[4].

Le 5 septembre, Petion paraît à la barre de l'Assemblée nationale, à la tête de la municipalité de Paris, et il prête serment « de maintenir de tout son pouvoir la liberté, l'égalité, *la sûreté des personnes et des propriétés*, et l'exécution des lois[5]. »

Le 6 septembre, Petion écrit au Conseil général de la Commune que les massacres continuent à l'hôtel de

---

[1] *Moniteur* du 5 septembre, *Lettre de Roland à l'Assemblée nationale*.
[2] *Procès-verbaux de la Commune de Paris*, Séance du 3 septembre 1792.
[3] Voir, sur cette convocation, les registres des sections de Mauconseil, des Arcis, du Roi-de-Sicile, de Mirabeau, de la place Vendôme, Séances du 3 septembre. (*Archives de la Préfecture de police*.)
[4] *Moniteur* du 10 novembre 1792, *Discours de Jérôme Petion*.
[5] *Moniteur* du 7 septembre 1792, Séance du 5 au matin.

la Force; et, peu après, il s'y porte lui-même avec une députation de la municipalité [1].

Le 7 et le 8 septembre, Petion préside le Conseil général de la Commune [2].

C'est donc un point complétement établi que, du 1er au 8 septembre, Petion n'a pas cessé un seul jour, de vaquer à ses fonctions, soit à l'Hôtel de ville, soit à la mairie. Examinons maintenant s'il est vrai qu'il *ait ignoré ces cruautés*, et qu'on ne lui ait *parlé de rien*.

De tous ceux qui ont dirigé les massacres, ou qui les ont laissé exécuter, par connivence ou par peur, Petion est le seul qui n'a pas pu les ignorer.

Nous l'avons déjà dit, la mairie de Paris était établie, sous Petion, à l'hôtel actuel de la Préfecture de police. Les appartements du maire étaient situés dans la galerie, démolie depuis deux ans, qui faisait face à la rue de Jérusalem, et qui se prolongeait, à gauche, parallèlement au quai des Orfévres. On y montait par l'escalier en pierre qui se trouve à droite en entrant dans la cour, sous la voûte, et qui s'arrêtait alors au palier du premier étage; la portion en bois, qui continue jusqu'au cabinet du préfet est une construction moderne, faite dans le mur de l'ancienne Cour des comptes. L'espèce de perron qui

---

[1] *Procès-verbaux de la Commune de Paris*, Séance du 6 septembre au matin.
[2] *Ibid.*, Séances du 7 et du 8 septembre 1792.

sert de base à cet escalier était un lieu d'où Pache, en bonnet rouge et en sabots, aimait à *fraterniser* avec le populaire, épars dans la cour.

A l'extrémité occidentale de cette galerie, au fond de la cour à gauche, sous le salon d'apparat de Petion, siégeait le comité de Surveillance, ou d'*exécution,* présidé par Panis. La salle de ce comité servait encore, il y a deux ans, à la délivrance des passe-ports. On y arrivait par un corridor obscur et sinistre, placé sous la voûte, en entrant, à gauche, immédiatement avant la loge du concierge. Beaumarchais, qui passa quarante heures debout, dans ce corridor lugubre, le 24 et le 25 août 1792, avant d'être interrogé par Panis, en a donné une désignation qui ne permet pas de se méprendre [1]. Au moment où, interrogé enfin, Panis lui faisait rédiger une attestation honorable, « un petit homme, dit Beaumarchais, aux cheveux noirs, au nez brusque, à la mine effroyable, vint et parla bas au président. » C'était Marat.

Marat s'était en effet donné un cabinet près du Comité de surveillance. C'est celui qui se voyait, au fond de la cour à gauche, immédiatement avant la grande porte qui menait à la salle des passe-ports. Il conservait encore, il y a deux ans, sa cheminée

---

[1] Nougaret, *Histoire des prisons de Paris et des départements,* t. 1er, p. 116, 117.

Pompadour en brèche rose ; on n'avait changé que ses papiers.

Dans la seconde cour de la Préfecture de police, en face de l'entrée principale, se trouvait à gauche l'écurie du premier président ; au-dessus de cette écurie, était un vaste grenier à foin, qui servait alors de dépôt. C'est dans ce dépôt que fut enfermé l'abbé Sicard, avec un grand nombre de prêtres, avant d'être envoyé à l'Abbaye [1].

Croit-on maintenant qu'une telle disposition des lieux où les massacres furent combinés, ait permis à Petion de les ignorer? D'ailleurs, Petion en connut et en suivit les progrès depuis le commencement jusqu'à la fin.

Le 2 septembre, il était au Conseil général lorsque la nouvelle des massacres y arriva, lorsqu'une commission partit pour en instruire l'Assemblée, lorsque Manuel vint rendre compte de son inutile harangue à l'Abbaye.

Le 3, il reçut une lettre de Roland qui le consultait sur les mesures à prendre [2].

Le 4, il s'entretint avec Danton du mandat d'arrêt décerné contre Roland, sachant, c'est lui qui le dit, que les massacres duraient encore.

Le 5, il reçut quinze tueurs de la Force, et il leur fit verser à boire : « Le 5 septembre, dit Duhem,

---

[1] *Relation de M. l'abbé Sicard*, p. 92.
[2] Madame Roland, *Mémoires*, 1re partie, p. 67.

j'étais à dîner chez Petion; Brissot, Gensonné et plusieurs autres députés s'y trouvaient aussi. Vers la fin du dîner, les deux battants s'ouvrirent, et je fus fort étonné de voir entrer quinze coupe-têtes, les mains dégouttantes de sang. Ils venaient demander *les ordres du maire* sur quatre-vingts prisonniers qui restaient encore à massacrer à la Force; Petion les fit boire et les congédia en leur disant *de faire tout pour le mieux* [1]. »

Enfin, le 6 septembre, le cinquième jour des massacres, trois jours après le décret de l'Assemblée nationale qui mettait les personnes et les propriétés sous la sauvegarde de la loi, le maire de Paris se décida à se transporter à la Force.

« Des citoyens *assez paisibles,* dit-il, obstruaient la rue qui conduit à cette prison.— *Une très-faible garde* était à la porte; j'entre!... Non, jamais ce spectacle ne s'effacera de mon cœur. *Je vois deux officiers revêtus de leurs écharpes;* je vois trois hommes tranquillement assis devant une table, les registres d'écrous ouverts et sous leurs yeux, faisant l'appel des prisonniers; d'autres hommes les interrogeant; d'autres hommes faisant les fonctions de jurés et de juges; une *douzaine de bourreaux*, les bras nus, couverts de sang, les uns avec des massues, les autres

---

[1] Procès des vingt-deux, déposition de Duhem. (*Bulletin du Tribunal révolutionnaire*, 2ᵉ partie, n. 61, p. 243.)

avec des sabres et des coutelas qui en dégouttaient, exécutant à l'instant les jugements. »

Que pensez-vous que fit ce magistrat mis en présence de pareils crimes? Vous croyez qu'il fit appeler quelques soldats, quelques gardes nationaux, indignés comme lui, pour donner la chasse à ces *douze* bourreaux et à cette garde *très-faible*? Nullement; l'avocat pédant et bouffi voulut briller devant ces misérables; il leur fit un discours. « Je leur parlai, dit-il, le langage austère de la loi; je leur parlai avec le sentiment de l'indignation profonde dont j'étais pénétré. Je les fis tous sortir devant moi. *J'étais à peine sorti moi-même qu'ils y rentrèrent*[1]. »

Tel fut Petion pendant toute la durée des massacres; il vit tout, il sut tout, et il n'empêcha rien. Il a parlé d'ordres itérativement donnés à Santerre, lequel savait, comme on dit, son maire par cœur, et tenait de ses discours le compte qu'en avaient tenu les tueurs. Sait-on de quel jour est cette seconde lettre de Petion? Elle est, comme sa visite à la Force, du *cinquième jour* des massacres; elle est du 6 septembre; nous en avons retrouvé la minute. La voici :

« Paris, le 6 septembre 1792, l'an IVe de la liberté.

« Je vous ai écrit, Monsieur le commandant géné-

[1] *Moniteur* du 10 décembre 1792, *Discours de Jérôme Petion*.

« ral, relativement à la prison de la Force ; je vous
« ai prié d'y établir un nombre d'hommes si impo-
« sant qu'on ne fût pas tenté de continuer des excès
« que nous devons déplorer. Vous ne m'avez pas
« répondu ; j'ignore si vous avez satisfait à ma réqui-
« sition ; mais je vous la réitère pour ce matin.
« *Comme j'ai à rendre compte à l'Assemblée natio-*
« *nale, j'ignore ce que je pourrai lui dire sur l'état*
« *de cette prison.*

« Le maire de Paris,
« Petion [1]. »

Ce qui préoccupait Petion, ce n'était pas, comme on le voit, le sort des prisonniers, c'était sa responsabilité. Il ne demandait pas leur salut ; il demandait un rapport.

Ce fut ainsi tant que durèrent les massacres. Le 4 septembre, l'économe de la Salpêtrière, menacé par les assassins, s'adressa au maire afin de réclamer un prompt secours pour protéger les pauvres femmes aliénées confiées à sa garde. Quel jour pense-t-on que le maire requit un poste de cinquante hommes de Santerre ?—le 8, trois jours après que tout était consommé, et que ces malheureuses étaient enfouies au fond des carrières de Clamart !

---

[1] *Archives de l'Hôtel de ville de Paris*, carton n. 312, pièce n. 21.

Voici la lettre de l'économe de la Salpêtrière :

« Monsieur le maire,

« Dans l'impossibilité où je suis de pouvoir vous
« rendre compte de ce qui s'est passé dans la journée
« d'hier à la Salpêtrière, je dois avoir l'honneur de
« vous prévenir que mes craintes renaissent pour
« celle d'aujourd'hui, et que j'ai le plus grand besoin
« d'un prompt secours, en ce que déjà nombre de
« citoyens armés entrent librement dans la maison
« sans être revêtus d'aucune autorité légale, et que
« je viens d'être prévenu que les dames et les forts
« de la halle se proposent aussi d'y venir dans la
« journée ; je ne puis, Monsieur le maire, prévoir le
« motif qui les y amène.

« Je viens dans l'instant de donner pareil avis au
« comité de la section du Finistère, dans l'arrondis-
« sement de laquelle se trouve la maison de la Sal-
« pêtrière.

« L'économe de la Salpêtrière,
« *Signé* : DOMMEY.

« 4 septembre 1792, l'an IVᵉ de la liberté et Iᵉʳ de l'égalité. »

Petion se trouvait absent ; ses bureaux transmirent

---

[1] *Archives de l'Hôtel de ville de Paris*, carton n. 312, pièce n. 18.

sans réquisition la lettre de l'économe de la Salpêtrière à Santerre, avec l'avis suivant :

« En l'absence de M. le maire et attendu l'ur-
« gence, on a l'honneur de faire passer de ses bureaux
« à Monsieur le commandant général l'avis ci-joint
« de l'économe de la Salpêtrière, relatif aux dangers
« dont pourrait être menacée cette maison, afin qu'il
« soit à portée de prendre, sans délai, toutes les
« mesures qui lui paraîtront convenables.

« Paris, 4 septembre 1792, IVe de la liberté et 1er de l'égalité [1]. »

Enfin, le 8 septembre, sur un arrêté exprès de la section du Finistère, Petion se décida à requérir un poste du commandant général. Voici sa lettre :

« Paris, le 8 septembre 1792, l'an IVe de la liberté.

« *La section du Finistère vient,* Monsieur, *de me*
« *faire connaître,* PAR SON ARRÊTÉ pris hier en assem-
« blée générale, combien il est instant de pourvoir
« à la garde de la Salpêtrière. Les gendarmes, qui
« en étaient chargés, ont quitté ce poste pour se
« réunir à ceux de leurs camarades qui partent pour
« les frontières, et on annonce que le plus grand
« désordre règne dans cette maison. Je vous prie
« donc, Monsieur, de vouloir bien, dès la présente
« reçue, faire les dispositions les plus promptes pour

---

[1] Pièce annexe de la précédente.

« établir à la Salpêtrière *une garde de cinquante*
« *hommes*, et de répartir ce service de manière que
« chaque section à son tour fournisse le nombre
« d'hommes nécessaires à ce poste.

« Le maire de Paris,

« Petion.

« *M. le commandant général* [1]. »

Encore faut-il faire observer que cette dépêche a peut-être été expédiée par les bureaux de Petion et non par lui, car elle porte, non sa signature autographe, mais sa griffe.

Nous verrons plus loin, en examinant la part de Santerre dans les massacres, que les forces militaires ne manquaient pas dans Paris, si l'on avait voulu en user ; mais, en supposant cette force absente ou insuffisante, qui donc avait désarmé la loi? Qui donc avait chassé les trois régiments de ligne de la garde soldée? Qui donc avait armé de piques les malfaiteurs? Qui donc avait abandonné la ville au pillage et aux violences des Fédérés? C'étaient les avocats du parti de la Gironde, instigateurs de révoltes contre la monarchie ; c'étaient ces déclamateurs emphatiques, bons à soulever les clubs, impuissants à calmer les multitudes égarées, et tout surpris de voir que les

---

[1] *Archives de l'Hôtel de ville de Paris,* carton n. 312, pièce n. 24.

assassins ne s'arrêtaient pas devant leurs harangues. Ils resteront sans excuse devant l'équitable histoire, même après avoir payé de leurs têtes les calamités sous le poids desquelles leur vaniteuse ambition accabla le pays.

VI

ROLAND.

Roland est un de ceux que les massacres de septembre souilleront le plus dans l'histoire; car, au lieu de la gloire à laquelle il prétend de les avoir flétris, il aura la honte de les avoir loués.

Dès le 2 septembre, à cinq heures du soir, Roland fut informé des massacres, quoique madame Roland assure n'avoir appris que *depuis* l'envahissement des prisons. Environ deux cents assassins envahirent le ministère de l'intérieur, parlèrent à madame Roland et emmenèrent en otage son valet de chambre qui leur échappa au bout d'une heure [1]. On tuait, à cette heure, à la Conciergerie et à l'Abbaye; on avait déjà tué à Saint-Firmin et aux Carmes; il est donc difficile d'imaginer que ces bandits, la plupart ivres, aient caché leurs desseins ou leurs actions.

C'était d'ailleurs ce jour-là même que le mandat d'arrêt, annulé le 4 par Danton, avait été lancé contre Roland. « Le jour même du 2 septembre, dit-il, le

---

[1] Madame Roland, *Mémoires*, 1re partie, p. 67, 68.

Comité secret de la ville avait lancé contre moi un mandat d'arrêt. Était-ce pour me traduire à l'Abbaye et m'y faire *élargir* avec des scélérats ? MM. Petion, Santerre et Danton ont vu ce mandat, auquel on ne donna pas suite [1]. »

Le 3 septembre, tandis qu'on égorgeait partout, Roland et sa femme donnaient un grand dîner, auquel assistait Delaconté, l'un des commissaires qui délivraient les bons de 24 livres aux assassins de l'Abbaye, et pendant lequel *les événements du jour* firent le sujet de la conversation.

« Ce même jour, le 3 septembre, dit madame Roland, un homme, autrefois confrère de Roland, et auquel j'avais cru devoir l'honneur de l'inviter à dîner, s'avisa de m'amener *l'Orateur du genre humain*, sans m'avoir prévenue, ni demandé si je le trouverais bon. Je fis honnêteté à Clootz, dont je ne connaissais que les déclamations ampoulées. *Les événements du jour* faisaient le sujet de la conversation ; Clootz prétendit prouver que c'était une mesure indispensable et salutaire ; il débita beaucoup de lieux communs sur les droits des peuples, la justice de leur vengeance et l'utilité dont elle était pour le bonheur de l'espèce [2]. »

Madame Roland ne parle ni de son autre convive

---

[1] *Moniteur* du 13 septembre 1792, *Le Ministre de l'intérieur aux Parisiens*.
[2] Madame Roland, *Mémoires*, 1ʳᵉ partie, p. 71.

Delaconté, ni de la demande écrite de trois mille francs, destinés à payer les tueurs de l'Abbaye, et que Jourdan, président de la section des Quatre-Nations, l'avait chargé de remettre; mais, ce jour même, la bande des assassins qui avait égorgé les galériens de la tour Saint-Bernard, et quatre de ceux qui avaient massacré les prêtres de Saint-Firmin, se présentèrent aux bureaux de Roland pour être payés; voici à quelle occasion.

Nous montrerons plus loin que la section du Jardin-des-Plantes fut chargée par le Comité de surveillance de procéder au massacre des prêtres du séminaire de Saint-Firmin, rue Saint-Victor, et des condamnés aux galères qui attendaient le départ de la chaîne, au cloître des Bernardins, près de Sainte-Geneviève. Là, comme partout, on ne tua pas seulement, on s'attacha surtout à dépouiller les morts. On vola aussi ces pauvres galériens; et un professeur nommé Félix, fut chargé de distribuer entre les égorgeurs et les voituriers, la dépouille sanglante de ces malfaiteurs. Il y eut désaccord et dispute, ces hardes tachées et lacérées furent rapportées au comité, et la question fut résolue par un bon de *trente-six livres,* que la section délivra aux intéressés, sur la caisse de Roland. Voici comment le procès-verbal de l'assemblée de la section raconte cet incident :

« Du 3 septembre au soir. Les citoyens qui ont été

occupés au dépouillement et au transport des galériens tués aux Bernardins, sont venus avec M. Félix, qui a compté la somme trouvée sur ces galériens, laquelle s'élève à 173 l. 5 s. 3 d.; sur quoi on a payé 3 l. pour un cocher, et 19 l. 11 s. pour dépense de boisson et de fromage.

« L'assemblée a ensuite arrêté que M. Félix, professeur, et M....., seront nommés commissaires pour taxer et payer les ouvriers qui ont dépouillé et conduit les galériens.

« Ensuite, elle a arrêté que MM. Barquet, Imbert, Labadie et Robinet, seront nommés commissaires pour visiter les papiers, effets et vêtements provenant des galériens, et se charger du reste de l'argent; sur lesquelles sommes a été pris 86 l. pour payer les voitures, à raison de 6 l. chacune, et ceux qui ont travaillé au transport, 5 l. La discussion a été fermée sur cet objet.

« Sur une nouvelle discussion des voituriers et ouvriers des galériens, qui n'ont point voulu recevoir des commissaires le prix de leur taxe, M. Imbert, l'un des quatre commissaires, a rapporté les effets et l'argent qui leur avaient été remis; et l'assemblée a arrêté qu'il serait donné des bons aux ouvriers et voituriers sur le trésorier du ministre de l'intérieur pour toucher ce qui serait juste pour leurs salaires.

« Et après bien des discussions de la part des ouvriers et voituriers, l'assemblée a décidé que la somme restante, provenant des galériens, serait partagée par égales portions, entre eux, et que, pour le surplus, il leur sera donné des mandats sur le ministre, pour toucher l'excédant de leurs réclamations. M. Nicolas a été nommé commissaire pour distribuer l'argent aux ouvriers.

« L'assemblée a autorisé les voituriers des cadavres à se retirer par-devant le ministre de l'intérieur, pour être payés d'une somme de 36 livres pour le coût de leurs voitures [1]. »

Cette horrible contestation occupait l'assemblée de la section du Jardin-des-Plantes ou des Sans-Culottes, le 3 septembre. Le 4, au matin, elle eut à régler, et régla comme on va voir, la réclamation de quatre tueurs de Saint-Firmin :

« Quatre citoyens, *qui ont servi à l'expédition des prêtres de Saint-Firmin*, sont venus réclamer le payement de leur salaire, qu'ils estiment douze livres pour deux jours chacun ; savoir : Gilbert Petit, Nicolas Guy, Michel Lepage et Pierre-Henri Corcin. L'assemblée a ordonné qu'il leur serait donné des mandats sur le ministre de l'intérieur, pour toucher leurs 12 livres chacun [2]. »

Ces *ouvriers* du Cloître-Saint-Bernard et du sémi-

---

[1] *Registre des délibérations de la section des Sans-Culottes* Séance du 3 septembre 1792, au soir. (*Archives de la Préfectur de police.*)

[2] *Ibid.*, Séance du 4 septembre, au matin.

naire de Saint-Firmin se présentèrent chez Roland avec les mandats de leurs sections [1]. Voici comment Louvet, qui vivait, comme on sait, beaucoup chez Roland, raconte ces deux visites, mais en les confondant quant à l'objet et quant à la date.

« Un matin, dit-il, quatre hommes arrivèrent dans la maison du ministre de l'intérieur, et s'adressèrent au citoyen Faypoult, chef de bureau. Ils avaient des piques et une épée de deuil ensanglantées ; ils venaient chercher le prix de leur travail, que le ministre de l'intérieur devait leur remettre, leur avait-on dit. Le citoyen Faypoult, malgré les horribles explications qu'on lui donnait, feignit toujours de ne pas comprendre l'espèce d'ouvrage dont le payement lui était demandé. Observez que, pendant l'étrange colloque, un *des ouvriers*, accablé de la double ivresse du sang et du vin, s'était mis sur un fauteuil, où déjà il était assoupi.—« On vous a donné « de l'ouvrage, disait toujours Faypoult, vous dites « avoir bien travaillé, vous demandez qu'on vous paye, « rien n'est plus juste ; mais adressez-vous donc à ceux « qui vous ont employés. » Enfin, les bourreaux, assez mécontents, réveillèrent leur camarade et partirent.

« Le même soir, entre sept et huit heures, il en

---

[1] Nous devons faire observer que le comité des Sans-Culottes devait avoir étrangement géré ses finances, car il résulte d'un inventaire déposé aux *Archives de l'Hôtel de ville*, carton n. 312, que l'argent trouvé sur les prêtres de Saint-Firmin s'élevait à 27,251 fr. 7 s.

revint un. Il était porteur d'un mandat, à peu près conçu en ces termes : « Il est ordonné à M. Vallée de « Villeneuve (le trésorier de la ville) de payer à..... « ici quatre noms), la somme de 12 livres chaque, « pour *l'expédition* des prêtres de Saint-Firmin. » Le garçon de bureau, qui reconnaissait le quidam pour un des quatre du matin, ne voulut point le laisser aller jusqu'au citoyen Faypoult. Pressé au contraire du besoin de renvoyer le cruel créancier, il parcourut très-rapidement son mandat, ne se donna pas le temps de déchiffrer les noms très-mal écrits des ouvriers et des signataires ; courut, dans le cabinet du premier commis, consulter l'*Almanach royal*, et revint aussitôt rapporter l'adresse du citoyen Vallée de Villeneuve. On ignore comment celui-ci aura pu s'en débarrasser [1]. »

Le trésorier de la ville se débarrassa du mandat en le payant, ainsi que cela résulte de l'état des frais des massacres, conservé par Guenot, membre de la commission des contributions de la ville de Paris, et remis par lui au premier consul, le 7 vendémiaire an IX [2].

Placé de si près, en face de crimes si monstrueux et si effrontés, que fit Roland ?—Il fit ce qu'il était de sa nature de faire, il écrivassa.

[1] Louvet, *A Maximilien Robespierre et à ses royalistes*, p. 33, 34.
[2] *Mémoires sur les journées de septembre 1792.—État des sommes payées par le trésorier de la Commune de Paris*, etc., p. 314. (Paris, Baudouin, frères, 1823.)

Le 3 septembre, lettre à l'Assemblée nationale, dans laquelle il demande à *laisser un voile* sur les massacres de la veille. « Hier, dit-il, fut un jour sur les événements duquel il faut peut-être laisser un voile ; je sais que le peuple, terrible dans sa vengeance, y porte encore *une sorte de justice*. Il ne prend pas pour victime tout ce qui se présente à sa fureur, il la dirige sur ceux qu'il croit avoir été trop longtemps épargnés par le glaive de la loi, et que le péril des circonstances lui persuade devoir être immolés sans délai [1]. »

Le 13, lettre aux Parisiens dans laquelle il approuve les massacres, et déclare n'en avoir blâmé que la continuité : « J'ai admiré le 10 août, dit-il, j'ai frémi sur *les suites* du 2 septembre. J'ai bien jugé ce que *la patience longue et trompée* du peuple et ce que *sa justice* avaient dû produire ; *je n'ai point inconsidérément blâmé* un terrible et premier mouvement ; j'ai cru qu'il fallait *éviter sa continuité*, et que ceux qui travaillent à la perpétuer étaient trompés par leur imagination [2]. »

Dans cette même lettre, Roland disait qu'il devait *à une saine éducation* d'avoir dirigé sa vie tout entière *sur les principes de la plus austère mo-*

---

[1] *Moniteur* du 5 septembre 1792, *Lettre de Roland à l'Assemblée nationale*.
[2] *Moniteur* du 13 septembre, *Le Ministre de l'intérieur aux Parisiens*.

rale; et que s'il était *sensible à la gloire,* il ne l'avait jamais *mise en balance avec la vertu!*

VII

SANTERRE.

Tous ceux qui, directement ou indirectement, participèrent aux massacres de septembre, suivirent exactement la même conduite. Au milieu de l'exaltation du moment, ils commirent froidement le crime; lorsque l'horreur de la France et de l'Europe éclata soudainement contre ce forfait, ils le désavouèrent. Ainsi avaient fait Robespierre, Marat et Petion; ainsi fit Santerre.

Une *Vie* de Santerre, publiée d'après les documents originaux laissés par lui, et d'après les notes d'Augustin Santerre, son fils aîné, s'exprime ainsi au sujet des massacres : « On fit à Santerre l'honneur de penser qu'il pourrait en contrarier l'exécution, il fut éloigné. On lui donna l'ordre de se rendre à Versailles pour y passer en revue des gardes nationales. Il ne dut revenir à Paris que le 4 septembre [1]. »

D'abord on observera qu'avoir été absent de Paris le 2 et le 3 septembre, ce ne serait pas une excuse suffisante pour Santerre, car on massacrait encore à la Force le 7 au matin, ainsi que le prouve un procès-verbal authentique qui trouvera sa place plus loin.

[1] A. Carro, *Santerre, général de la République française,* p. 124.

Ensuite, cette revue de gardes nationales, passée par Santerre à Versailles, et le tenant éloigné le 2, e 3 et une partie du 4, est, malheureusement pour lui, une fable, complétement détruite par les procès-verbaux du Conseil général de la Commune et de l'Assemblée nationale.

La présence de Santerre à Paris, le 2, le 3, le 4, le 5 et le 6 septembre, est officiellement constatée.

Et non-seulement Santerre était à Paris pendant les massacres, mais il reçut, comme commandant général de la garde nationale, des ordres formels de protéger les prisons. Il reçut ces ordres de la Commune, le 2 septembre; de l'Assemblée nationale, le 3; du ministre de l'intérieur, le 4. Santerre n'en exécuta aucun; car nous produirons le témoignage des officiers des sections dans lesquelles se trouvaient l'Abbaye et la Force, et ces officiers déclarèrent, pendant la durée des massacres, qu'ils n'avaient pas d'ordres pour les empêcher.

Le 2 septembre, à quatre heures du soir [1], on vient annoncer au Conseil général de la Commune

---

[1] C'est sans aucun fondement que MM. Marrast et Dupont (*les Fastes de la Révolution*, t. Ier, p. 357), en reproduisant le passage du *Procès-verbal de la Commune*, où il est dit : « *Un officier de la garde nationale apporte la nouvelle... que la foule commence à pénétrer dans les prisons,* » le font précéder de ces mots : *vers six heures.*

Ces mots ne se trouvent pas dans le texte du procès-verbal, et c'est à quatre heures précises du soir, au moment où s'ouvrait la séance, que la nouvelle des massacres parvint au Conseil général.

de Paris, que *la foule commençait à pénétrer dans les prisons*. Le Conseil prend immédiatement des arrêtés pour faire élargir les prisonniers pour dettes, les prisonniers pour mois de nourrices, et fait ouvrir les portes de Sainte-Pélagie. Santerre, présent à l'assemblée, *annonce qu'il va envoyer de la force armée au Temple* [1].

Le même jour, 2 septembre, à huit heures du soir, Santerre assiste, à la mairie, chez Petion, à un conseil sur les affaires présentes avec Servan, Roland et Danton [2].

Le même jour, dans la soirée, Santerre prend la parole au Conseil général, et fait voter la liberté d'entrée et de sortie aux barrières pour toutes les personnes du dehors qui apporteront des comestibles et des objets de première nécessité [3].

Enfin, le même jour, 2 septembre, au moment de lever la séance du soir, le Conseil général rend cet arrêté : « M. le commandant général est autorisé à envoyer de nombreux détachements autour du Temple et des *prisons* [4].

On le voit, Santerre ne passait point des gardes nationales en revue, à Versailles, le 2 septembre. Santerre était à Paris, au sein du Conseil général de

---

[1] *Procès-verbaux de la Commune de Paris*, Séance du 2 septembre au soir.
[2] *Ibid.*
[3] *Ibid.*, Séance du 2 septembre au soir.
[4] *Ibid.*

la Commune, et au sein du conseil des ministres, tenu à la mairie ; Santerre assistait au commencement des massacres ; et, en se rendant, de l'Hôtel de ville à la mairie, il avait dû nécessairement enjamber les cadavres des prisonniers du Châtelet et de la Conciergerie, que les tueurs dépouillaient sur le Pont-au-Change, sur le Pont-Neuf et dans la grande cour du Palais.

Le 3 septembre, Santerre était à Paris, car l'Assemblée nationale, épouvantée des massacres qui s'exécutaient en ce moment dans neuf prisons, rendit un décret pour *rappeler le peuple à sa dignité, à son caractère et à ses devoirs*; et ce décret, porté aux sections par quarante-huit commissaires pris dans l'Assemblée, chargeait le commandant général de la garde nationale d'*employer tous les moyens et de donner, sous sa responsabilité, tous les ordres nécessaires pour que la sûreté des personnes et des propriétés fût respectée* [1].

Le 4 septembre, Santerre était à Paris, car le Conseil général de la Commune le chargeait de préparer le départ de deux cent cinquante volontaires de Saint-Cloud et d'Arches [2]; et Roland lui écrivait une lettre célèbre, à laquelle Santerre répondait dans les termes suivants :

---

[1] *Moniteur* du 5 septembre 1792, Séance de l'Assemblée nationale du 3.
[2] *Procès-verbaux de la Commune de Paris*, Séance du 4 septembre.

« Monsieur le ministre, je reçois à l'instant votre lettre ; elle me somme, au nom de la loi, de veiller à la sûreté des citoyens. Vous renouvelez les plaies dont mon cœur est ulcéré en apprenant à chaque instant la violation de ces mêmes lois, et les excès auxquels on s'est livré.

« J'ai l'honneur de vous représenter qu'aussitôt la nouvelle que le peuple était aux prisons, j'ai donné les ordres les plus précis aux commandants de bataillons de former de nombreuses patrouilles, et aux commandants du Temple et autres, voisins de la demeure du roi et de l'hôtel de la Force, à qui j'ai recommandé cette prison, qui n'était pas encore forcée.

« Je vais redoubler d'efforts auprès de la garde nationale, et je vous jure que si elle reste dans l'inertie, mon corps servira de bouclier au premier citoyen qu'on voudra insulter [1]. »

On remarquera que cette lettre de Santerre, citée dans les mémoires publiés par sa famille, prouve précisément, indépendamment des procès-verbaux de la Commune, que le commandant général de la garde nationale était à Paris, non à Versailles, le 2 septembre.

En effet, Santerre dit, dans cette lettre, qu'il a donné des ordres *aussitôt après la nouvelle que le*

---

[1] *Moniteur* du 7 septembre 1792.

peuple était aux prisons. Or, cette nouvelle fut annoncée publiquement au Conseil général le 2 septembre, à quatre heures précises, ainsi que le constate le procès-verbal de la séance.

Santerre ajoute qu'il a recommandé spécialement la prison de la Force, *qui n'était pas encore forcée.* Or, les documents officiels, dont la place se trouvera plus loin, établissent que la Force fut attaquée du 2 au 3, entre minuit et une heure du matin.

Certes, la présence de Santerre à Paris, le 2 septembre, était surabondamment prouvée par le procès-verbal du Conseil général de la Commune; cependant il ne nous a pas semblé inutile de faire observer qu'elle était encore constatée par un document signé de lui.

Le 5 septembre, Santerre était à Paris; car le Conseil général lui ordonne de faire relever le poste des barrières et de n'y laisser que quatre hommes et un caporal [1].

Enfin, le 6 septembre, Santerre était à Paris, car le Conseil général le charge, à dix heures du matin, de régler une affaire de fusils relative à la section des Droits de l'Homme [2].

La présence de Santerre à Paris, pendant toute la durée des massacres, ne saurait, comme on voit, être

---

[1] *Procès-verbaux de la Commune de Paris*, Séance du 5 septembre.

[2] *Ibid.*, Séance du 6 septembre.

l'objet d'aucun doute; et les dénégations contenues dans les *Mémoires* publiés avec l'assentiment de sa famille, n'ont pas plus de fondement que l'assurance avec laquelle Robespierre prétendait être resté chez lui pendant ces horribles journées.

Présent à Paris, Santerre reçut les ordres les plus formels de protéger les prisons; il reçut, comme nous l'avons dit, ces ordres, le 2 septembre de la Commune de Paris [1]; le 3, de l'Assemblée nationale; le 4, du ministre de l'intérieur. Si l'on excepte le Temple, Santerre ne protégea rien, et les chefs de bataillon restèrent sans instructions.

Deux documents authentiques établissent que Santerre n'avait pas donné d'ordres aux chefs de bataillon de la garde nationale. Le premier est le procès-verbal d'une commission dite des Cinq, instituée au mois de germinal an III, dans la section de l'Unité ou des Quatre-Nations, sous la présidence de Chauveau-Lagarde, pour faire une enquête sur les massacres de l'Abbaye. Voici le passage de ce procès-verbal, relatif au nommé Molière, commandant, le 2 septembre, le bataillon de l'Unité.

« Prévenu d'avoir répondu, le 2 septembre, à deux

---

[1] Dans un rapport officiel, fait à l'Assemblée nationale, au nom de la Commune, Tallien s'exprime ainsi : « Plusieurs députations se sont succédé à la Force; *et l'ordre a été donné au commandant général d'y faire transporter des détachements.* (Procès-verbaux de l'Assemblée nationale, t. XIV, p. 218.)

citoyens, l'un qui lui disait : Est-ce que vous ne pourriez pas faire cesser le carnage? Et l'autre, qui l'invitait à rassembler la force armée de la section, pour s'opposer à la fureur des scélérats, *qu'il n'avait point d'ordres* [1]. »

Le second document est un jugement du tribunal criminel du département de la Seine, en date du 23 floréal an IV, statuant sur le nommé Monneuse, l'un des *juges* de la Force. En voici un extrait :

« Le directeur du jury déclare qu'il résulte de l'examen des pièces, et notamment d'un extrait des délibérations de l'assemblée générale de la section des Droits de l'Homme, du 5 prairial an III, que ledit Monneuse est un assassin, et qu'il a été juge à la Force au mois de septembre 1792 ;

« Que ledit Monneuse a déclaré que, dans aucune prison, il n'a pris part aux massacres qui s'y sont commis ; qu'il n'a également pas rempli les fonctions de juge, puisque, d'après l'arrêté du Conseil général de la Commune, l'objet de leur mission était d'établir et de maintenir l'ordre et d'empêcher les massacres [2] ; que même, pour s'être opposé à ce que

---

[1] *Procès-verbal d'enquête de la commission des Cinq.* — Dossier des massacres de septembre. (*Archives de la Préfecture de police.*)

[2] Ce Monneuse était membre du Conseil général de la Commune ; il avait été nommé commissaire, et envoyé à la Force pour protéger les prisonniers ; mais la Commune n'envoya partout que des assassins, chargés, non d'arrêter, mais de régulariser les massacres.

l'on en sacrifiât quelques-uns, il a manqué de perdre la vie ; que ceux qui jugeaient et prononçaient étaient des jurés, établis et nommés par le peuple ; que lui-même faisait justice ; que la force armée, qui avait été requise de se rendre à la Force, était en très-petit nombre ; et que d'ailleurs *ceux qui la commandaient, ont dit n'avoir point d'ordres* [1]. »

Santerre, quoique placé à la tête de la force armée, laissa donc les massacres de septembre s'accomplir par moins de deux cents assassins armés d'assommoirs, d'épées et de piques, et que cinquante gendarmes auraient dispersés et anéantis ; il sut tout, vit tout et laissa tout faire, comme le maire, comme le procureur de la Commune, comme le ministère, comme l'Assemblée législative. Tous ces factieux, tous ces ambitieux, tous ces révolutionnaires, esclaves de la populace, qu'ils avaient déchaînée, parlaient aux égorgeurs le chapeau à la main. Toute leur énergie s'était épuisée à comploter, à conspirer, à organiser des émeutes ; et comme, après tout, il y a toujours un pouvoir quelconque au milieu de la plus grande anarchie, après avoir renversé l'autorité paternelle et débonnaire de Louis XVI, ils subissaient la tyrannie sanglante d'une centaine de brigands, chamarrés d'écharpes et de plumets, et trônant à l'Hôtel de ville.

[1] *Informations et jugements contre les tueurs de septembre. (Greffe du Palais-de-Justice.)*

Les apologistes des massacres imaginèrent une excuse, consistant à dire que le grand nombre de troupes nécessaires aux barrières n'avait pas permis de disposer de forces suffisantes pour imposer aux assassins. Cette excuse est un mensonge. Paris n'avait pas de troupes de ligne, c'est vrai, parce que les Girondins les avaient éloignées pour faire la révolution du 10 août; mais Paris possédait dix fois plus de forces qu'il n'en fallait pour préserver les prisons.

« J'ai vu, dit Roch Marcandier, la place du Théâtre-Français couverte de soldats que le tocsin avait rassemblés; je les ai vus prêts à marcher, et tout à coup se disperser, parce qu'on était venu traîtreusement leur annoncer que ce n'était qu'une fausse alerte, que ce n'était rien.

« J'ai vu 300 hommes armés, faisant l'exercice dans le jardin du Luxembourg, à deux cents pas des prêtres que l'on massacrait dans la cour des Carmes. Direz-vous qu'ils seraient restés immobiles si on leur eût donné l'ordre de marcher contre les assassins [1]. »

D'ailleurs, l'entrée des Prussiens avait occasionné des enrôlements considérables, et Paris était plein de compagnies qui défilaient devant l'Assemblée avant de marcher à l'ennemi.

---

[1] Roch Marcandier, *Histoire des hommes de proie*, p. 29.

Le 4 septembre seulement, on y voit défiler la compagnie des *Chasseurs de l'Égalité*, la compagnie des *Hussards de la Liberté* et la compagnie des *Hussards de la Mort*[1]. On trouve mentionnées, dans les débats du Conseil général, la compagnie franche casernée à l'Oratoire ; la compagnie franche de l'Observatoire, la compagnie de la section des Tuileries, et la 29ᵉ division de gendarmerie à cheval[2]. Enfin l'Assemblée nationale avait à son service et à ses ordres deux compagnies de gendarmerie ; c'était plus qu'il n'en fallait pour empêcher les massacres si elle l'avait voulu ; mais, au lieu d'envoyer des soldats aux prisons, les Girondins y envoyèrent quarante-huit orateurs.

VIII

LES SECTIONS.

Ce n'était pas tout que d'avoir arrêté la pensée des massacres, il fallait encore trouver un certain nombre d'hommes également atroces et résolus, qui voulussent en diriger l'exécution.

Ce n'est pas qu'il pût y avoir pour personne un doute raisonnable sur les desseins de la Commune. La résolution d'exterminer les prêtres, les nobles, les bourgeois riches, tous ceux qui pourraient être

---

[1] *Procès-verbaux de l'Assemblée nationale*, t. XIV, p. 294, 317.
[2] *Procès-verbaux de la Commune de Paris*, Séances du 2 et du 3 septembre 1792.

un obstacle à ses plans, avait été révélée par cette décision prise le 23 août, et ainsi formulée au procès-verbal : -

« Sur la proposition d'un membre, tendant à séparer les prisonniers de lèse-nation de ceux de mois de nourrices et autres cas pareils des différentes prisons, le Conseil a adopté cette mesure [1]. »

Cette résolution fut publiquement annoncée par cet arrêté du 30 août :

« Il est arrêté que les sections sont chargées d'examiner et de juger, sous leur responsabilité, les citoyens arrêtés cette nuit [2]. »

Les sections n'étaient pas des corps judiciaires. Leur donner la charge d'examiner et de juger les personnes arrêtées à la suite des visites domiciliaires opérées dans tous les quartiers de Paris, les barrières closes et toute délivrance de passe-ports suspendue, c'était leur déférer l'accomplissement d'un acte politique inspiré aux démagogues et par leurs principes et par les passions du moment.

C'est donc bien en vain que deux apologistes des hommes et des journées de septembre voient dans « cette hypothèse de la préméditation des massacres, une invention royaliste et girondine ; » et prétendent que « les Girondins l'imaginèrent plus tard, lors-

---

[1] *Procès-verbaux-minutes de la Commune de Paris*, Séance du 23 août 1792, vol. XXI, p. 350, carton O. 7. O. (*Archives de l'Hôtel e ville de Paris.*)
[2] *Ibid..* Séance du 30 août 1792.

qu'ils voulurent perdre les Montagnards, leurs ennemis [1]. » Cette préméditation éclata dans le texte même de tous les documents officiels.

Un écrivain intelligent, et qui ne saurait être suspect en matière de doctrine démagogique, M. Michelet, ne s'est pas trompé sur cette préméditation. « Personne, dit-il, ne doutait des massacres. Robespierre, Tallien et autres firent réclamer aux prisons quelques prêtres, leurs anciens professeurs. Danton, Fabre d'Églantine, Fauchet, sauvèrent aussi quelques victimes [2]. »

M. Michelet aurait pu ajouter que Marat sauva son hôte, l'avocat Daubigny, arrêté pour avoir volé cent mille livres aux Tuileries, le 10 août.

Voici, en effet, ce qu'on lit dans un registre, intitulé : *Registre des comptes rendus en présence des citoyens commissaires des quarante-huit sections, par le Conseil général de la Commune* :

« Le 17 avril 1793, l'an II de la République française une et indivisible, je soussigné citoyenne Marie-Jeanne Pincepré, femme du citoyen Bault, concierge à l'hôtel de la Force, section des Droits de l'Homme, *déclare que le citoyen Daubigny a été constitué prisonnier à l'hôtel de la Force, le* 28 *août* 1792, de l'ordre du Comité de surveillance, et que *le citoyen*

---

[1] Marrast et Dupont, *les Fastes de la Révolution française*, t. 1er, p. 349, 2e colonne.
[2] Michelet, *Histoire de la Révolution française*, t. IV, p. 121.

Marat est venu deux ou trois jours avant sa sortie, avec une permission de la mairie, pour parler au sieur Daubigny, qui a été conduit dans le greffe, et lui a parlé tant en ma présence qu'en celle de mon mari ; assure la déclarante qu'*elle a entendu dire au citoyen Marat que si ledit Daubigny était innocent, il lui rendrait service;* que le 2 septembre, le citoyen Chavois, gendarme, s'est présenté à la maison de la Force avec un ordre du Comité de surveillance, signé Panis, Duplain, Leclerc, à l'effet de transférer le sieur Daubigny à la mairie, ce qui a été exécuté en vertu dudit ordre, en foi de quoi je fais la présente déclaration et signe : *Marie-Jeanne Pincepré, femme Bault, concierge de la maison d'arrêt de la Force* [1]. »

On va voir en effet les sections les plus révolutionnaires se concerter entre elles, pour mettre *de l'ensemble* dans les massacres ; et il faudrait un étrange aveuglement pour ne pas comprendre la lettre suivante adressée, le 2 septembre, à dix heures du soir, de l'Hôtel de ville, à un membre de la commission administrative :

« Ce dimanche, 2 septembre,
10 heures du soir.

« Nous sommes à notre poste, frère et ami, depuis

---

[1] Page 225 du registre ;—n. 8279 de la pagination d'ensemble des registres. (*Archives de l'Hôtel de ville de Paris.*)

quatre heures. Nous avons pensé que les circonstances exigeaient impérieusement que nous fussions en état de permanence. Nous vous prions de vous y rendre à l'instant. Votre présence est indispensable.

« Signé : LACHEVARDIÈRE, RAISSON, RIGHI, LEBLANC, J. N. PACHE, BERTHELOT [1]. »

IX

Les assemblées des sections étaient autant d'instruments employés par les meneurs de la Commune, pour écarter d'elle la responsabilité, ou au moins la clameur publique. Aussi les meneurs firent-ils demander par les sections qui leur étaient le plus sûrement acquises le massacre des prisonniers; et cette demande fut faite le 2 septembre, dans la matinée, quelques heures seulement avant l'exécution; afin que l'idée du crime n'eût pas le temps d'être divulguée, commentée et repoussée.

La section Poissonnière se signala entre toutes par son horrible férocité. Une main, probablement cou-

---

[1] *Archives de l'Hôtel de ville de Paris*, carton 312.—Cette pièce est inédite. Elle porte pour adresse : *A Monsieur Janié, membre de la commission administrative, rue Mouffetard, près les Gobelins.* —A droite du pli et au coin est écrit ce mot : *Pressé*.

pable, a déchiré dans le registre de ses délibérations, les deux feuillets où se trouvait inscrit son procès-verbal de la séance du 2 septembre; mais son arrêté, relatif aux massacres, fut communiqué à plusieurs autres sections qui y adhérèrent, et la Providence a permis ainsi que ce monument de honte fût conservé.

On lit en effet, dans le procès-verbal de la section de la Fontaine de la rue Montmartre :

« Une députation de la section Poissonnière a lu l'arrêté suivant de cette section :

« Tous les conspirateurs de l'État, actuellement enfermés dans les prisons d'Orléans et de Paris, *seront mis à mort avant le départ des citoyens qui volent à la frontière.*

« Les *prêtres réfractaires, les femmes et enfants d'émigrés* seront placés *sans armes* au premier rang de l'armée qui se rend sur les frontières pour que *leurs corps servent de rempart aux bons citoyens* qui vont exterminer les tyrans et leurs esclaves [1]. »

Le même arrêté fut communiqué par des députations aux sections de Mauconseil et du Louvre, qui y adhérèrent [2].

---

[1] *Registre des délibérations de la section de la Fontaine de la rue Montmartre*, Séance du 2 septembre 1792. (*Archives de la Préfecture de police.*)

[2] Voir les registres de ces sections, Séances du 2 septembre. (*Archives de la Préfecture de police.*)

Le registre de la section de Popincourt porte cette mention :

« Un membre a fait la motion de *purger Paris,* avant de partir, *des traîtres qui sont enfermés à l'Abbaye* [1]. »

La section du Luxembourg prit l'arrêté suivant :

« Sur la motion d'un membre, *de purger les prisons en faisant couler le sang de tous les détenus de Paris,* avant de partir, les voix prises, elle a été adoptée. Trois commissaires ont été nommés, MM. Lohier, Lemoine et Richard pour aller à la Ville, communiquer ce vœu, *afin de pouvoir agir d'une manière conforme* [2]. »

La section des Quinze-Vingts, dont le registre ne se retrouve pas pour cette époque, prit une délibération conforme à celle de la section du Luxembourg ; et elle eut pareillement le cynisme ou la naïveté d'aller en demander l'homologation, le 3 septembre au matin, au Conseil général de la Commune. Le Conseil général répondit par un ordre du jour qui équivalait à un ordre de procéder au massacre ; le voici :

« Une députation de la section des Quinze-Vingts

---

[1] *Registre des délibérations de la section de Popincourt,* Séance du 2 septembre. (*Archives de la Préfecture de police.*)

[2] Le registre du Luxembourg de l'époque du 2 septembre manque à la collection de la Préfecture de police. Nous avons pris l'extrait du procès-verbal dans Mathon de la Varenne, *Histoire particulière,* etc.; p. 311. Mathon l'avait copié dans le registre.

demande l'emprisonnement, comme otages, des femmes et des enfants des émigrés, *et la mort des conspirateurs,* avant le départ des citoyens pour l'armée.

« Sur cette demande, le Conseil général passe à l'ordre du jour, motivé sur ce que les assemblées générales de section *peuvent prendre, dans leur sagesse, les mesures qu'elles jugeront indispensables,* sauf à se pourvoir ensuite par-devant qui il appartiendra [1]. »

Les sections de Paris et le Conseil général de la Commune étaient donc, comme on voit, pleinement d'accord sur les massacres ; cependant, il fallait encore, selon l'expression de la section du Luxembourg, pouvoir *agir d'une manière conforme;* et c'est dans ce but que fut organisé, à la mairie le *Comité d'exécution* ainsi nommé, non-seulement par l'abbé Sicard [2] et par Jourdan [3], mais encore par les actes officiels de la Commune [4].

[1] *Procès-verbaux de la Commune de Paris,* Séance du 3 septembre au matin.

[2] « Je fus introduit, dit l'abbé Sicard, dans une salle basse, où se tenait le *Comité d'exécution.* Là, autour d'une grande table, des hommes à chevelure jacobite recevaient les prisonniers qui se succédaient dans cet antre. » (*Relation de M. l'abbé Sicard,* p. 91, 92.)

[3] « Je crus devoir m'adresser au citoyen Tallien, qui était alors secrétaire de la municipalité. Il me répondit que cela ne le regardait pas, mais le *Comité d'exécution.* » (*Déclaration du citoyen Jourdan,* p. 150, 151.)

[4] *Procès-verbaux de la Commune de Paris,* Séance du 4 septembre au matin.

La mairie de Paris, dont le malheureux Sylvain Bailly fut investi le premier, réunit les attributions distinctes des prévôts des marchands et des lieutenants civils de police. Il y avait à la mairie un département dit de police; et ce département était occupé, avant le 10 août, par MM. Perron, Viguier, Sergent et Panis : ce dernier était avocat au Parlement, et beau-frère de Santerre.

Panis et Sergent, initiés aux projets des massacres, acceptèrent le soin de les préparer et de les diriger. Le comité de police de quatre membres leur parut insuffisant; et ils résolurent de le porter à douze membres. Panis eut l'initiative de cette organisation nouvelle. « Plusieurs de ses collègues, dit Mathon de la Varenne, moins atroces que lui, ne se prêtant pas toujours aux incarcérations qu'il proposait, il profita de l'heure du dîner de chacun d'eux pour faire mettre les scellés sur leur bureau. Il représenta au Conseil général qu'ils n'étaient pas *à la hauteur de la Révolution*, et se fit autoriser à s'en adjoindre d'autres [1]. »

Roch Marcandier raconte, à peu près dans les mêmes termes, la formation du Comité de surveillance qui devait opérer les massacres :

« Le 30 août, dit-il, à l'insu des commissaires, il se retire auprès du Conseil général ; c'était un instant

---

[1] Mathon de la Varenne, *Histoire particulière des événements*, etc., p. 294.

avant la levée de la séance. Le moment était favorable ; il y avait peu de monde ; il prend la parole :
« La majorité des membres du Comité de surveil-
« lance, dit-il, sont ineptes ; ils ne marchent pas. Le
« plus grand désordre règne dans le comité. » Il termine sa diatribe par demander que le Conseil général l'autorise à s'adjoindre des membres pour composer un comité à sa façon, de gens dont il répondrait comme de lui. Le Conseil général prend aussitôt un arrêté conforme à sa demande ; le voilà maître de tout [1]. »

Nous avons recherché, dans les registres des délibérations du Conseil général de la Commune de Paris, la confirmation des récits de Mathon de la Varenne et de Roch Marcandier. Cette confirmation s'y trouve expressément consignée. On lit en effet dans le procès-verbal de la séance du 30 août :

« M. Panis présentera demain une liste des membres qui s'adjoindront à lui pour le Comité de police [2]. »

Panis, autorisé par cet arrêté du 30 août, mit deux jours à se donner des collègues pour l'œuvre sanglante qu'il méditait ; et ce ne fut que le 2 septembre au matin qu'il put les réunir, après quelques

---

[1] Roch Marcandier, *Histoire des hommes de proie*, p. 13.

[2] *Procès-verbaux-minutes de la Commune de Paris*, vol. XXI, carton O. 7. O., p. 444. (*Archives de l'Hôtel de ville de Paris.*)—Ce passage ne se trouve pas dans la portion des procès-verbaux qui a été imprimée par Barrière et Berville.

Fac-simile de l'arrêté qui institue le comité d'exécution: chargé de diriger les massacres des prisons.—Écriture de Paris.—T. 2. p. 109.

Septembre - 1792 - 26.

DÉPARTEMENT DE POLICE, ET GARDE NATIONALE. **MUNICIPALITÉ DE PARIS.**

Nous soussignés, constitués à la Mairie en Comité de Police et de surveillance par un arrêté de la Commune qui porte que L'un de Nous (Panis) se choisira trois Collègues pour former avec lui le comité, Nous ~~sousignes nommé~~ avons statué que vu la prise des circonstances et les retards d'importans travaux auxquels nous sans vaquer, nous nous choisissons pour administrateurs adjoints au Comité Citoyens Lenfant, Guermeur, Leclerc et Dufort, lesquels auront avec nous la signature pour notre inspection, attendu que de tous est sous notre plus grave responsabilité, si nous quatre soussignés. —

à la Mairie les administr. de Police et de surveillance

le 27. 7bre 92, an 1er

+ Marat, L'ami du peuple

Deforgues (chef du bureau à la Mairie)

Pierre J. Duplain

Lenfant

Sergent

Panis

Verdeuil

Lith. ls. Meyer, rue Croix-des-Petits-Champs, 31, Paris.

tâtonnements constatés par l'état matériel du document qui les institue.

Voici, fidèlement copié sur la minute, écrite en entier de la main de Panis, l'arrêté qui constitua le comité des massacres.

MUNICIPALITÉ DE PARIS.

Département de police et garde nationale.

« Nous, soussignés, constitués à la mairie en Comité de police et de surveillance, par un arrêté de la Commune, qui porte que l'un de nous (Panis) se choisira trois collègues pour former avec lui ce comité, avons statué que, vu la crise des circonstances, et les divers et importants travaux auxquels il nous faut vaquer, nous nous choisissons pour administrateurs-adjoints nos six concitoyens : Marat, l'ami du peuple; Deforgues, chef de bureau à la mairie, Lenfant, Guermeur, Leclerc et Duffort, lesquels auront avec nous la signature, sous notre inspection, attendu que le tout est sous notre plus grave responsabilité à nous quatre soussignés.

« Les administrateurs de police et de surveillance : PIERRE DUPLAIN, PANIS, SERGENT, JOURDEUIL.

« Fait à la Mairie, le 2 septembre 92, an I[er][1]. »

---

[1] *Dossier des massacres de septembre*, 1re liasse. (*Archives de la Préfecture de police.*) — Cette pièce, fondamentale dans l'histoire des massacres, est inédite. Les auteurs de l'*Histoire parlementaire* avaient connu son existence, mais non pas son texte.

Il n'est pas inutile de faire observer que Marat et Deforgues, oubliés dans la rédaction primitive de cette pièce, ont été portés en marge par un renvoi paraphé, placé après le mot *concitoyens;* et que, par suite de cette addition, le mot *six* a été placé en surcharge dans l'interligne.

Voilà quels étaient les membres de ce comité, dit de Surveillance et d'Exécution, auquel Cailly fut adjoint, ainsi que cela résulte de documents officiels, que nous aurons à mentionner. Ils s'établirent, comme nous l'avons dit, dans la salle basse de la mairie, qui servait, il y a deux ans, aux passe-ports.

« Ce fut dans cette caverne, dit Roch Marcandier, que furent préparés les massacres de septembre, ce fut dans cet abominable repaire que fut prononcé l'arrêt de mort de huit mille Français, détenus; la plupart, sans aucun motif légitime, sans dénonciation, sans aucune trace de délit, uniquement par l'arbitraire des voleurs du Comité de surveillance[1]. »

X

Ce comité, qualifié d'*Exécution*, non-seulement dans le public, mais dans le langage officiel de la Commune, va donc se charger d'accomplir la

---

[1] Roch Marcandier, *Histoire des hommes de proie*, p. 17.

tâche sanglante. Il avait la pensée intime du ministre de la justice, Danton; du procureur de la Commune, Manuel; du maire, Petion, et de tous ceux qui projetaient d'asseoir leur future domination sur l'extermination de leurs adversaires.

Cette pensée était claire et précise pour tous les membres du comité. Elle résultait, indépendamment des engagements intimes, des actes officiels de la Commune.

Dans la séance du 17 août, on avait arrêté qu'il serait « procédé à la nomination de nouveaux magistrats, qui s'occuperaient sur-le-champ de satisfaire la vengeance du peuple. »

Dans la séance du 29 août, « M. Danton, ministre de la justice, avait été entendu sur les moyens de vigueur à prendre dans les circonstances actuelles; » et l'on avait dressé une liste de citoyens *nécessiteux*, auxquels on alloua une *paye*.

En outre, et sur la proposition de Manuel, tous les citoyens reçurent ordre, après midi, de rentrer chez eux, d'éclairer leurs maisons pendant la nuit, et d'y attendre l'effet d'une visite domiciliaire.

Cinq commissaires, MM. Chaumette, Huguenin, Félix Sigaud, Tunhou et Sérisand, procédèrent, toute la nuit et les jours suivants, aux arrestations; et, le 1er septembre au matin, les prisons étaient pleines

Les victimes étaient parquées ; la boucherie pouvait commencer.

Le projet d'immolation était à peine un mystère ; car ce fut ce jour-là que les personnes influentes firent sortir leurs amis.

Le bon Prudhomme, libraire et journaliste, que nous allons trouver tout à l'heure au milieu des massacres de l'Abbaye, se rendit, tout inquiet, chez Danton, le 2 septembre au matin, dans ce même hôtel de la place Vendôme, où est encore le ministère de la justice. En ce moment, Camille Desmoulins, secrétaire général, et ancien ami du ministre, entrait :

« Tiens, lui dit Danton, Prudhomme vient me de- « mander ce que l'on va faire ? — Tu ne lui as donc « pas dit, reprit Camille Desmoulins, qu'on ne « confondra pas les innocents avec les coupables ? » — Et comme Prudhomme demandait que les députés et les autorités se répandissent par la ville, pour haranguer et calmer le peuple : « Non, non, « répondit Camille, cela serait dangereux, car le « peuple, dans son premier courroux, pourrait faire « des victimes dans la personne de ses plus chers « amis [1]. »

Le Comité d'*exécution* était donc sûr par avance de l'appui de la Commune et de celui du ministre de la justice. Aussi, après la première journée de sang

[1] Prud'homme. *Hist. des Révolut. de Paris*, t. III, p. 235-236.

versé, eut-il la hardiesse d'adresser à toutes les municipalités de France, non-seulement l'apologie des massacres, mais l'invitation de les imiter partout.

Voici la fin de cette pièce, qui fut adressée à toutes les municipalités, le 3 septembre, sous le couvert et avec le contre-seing du ministère de la justice :

« La Commune de Paris se hâte d'informer ses frères de tous les départements qu'une partie des conspirateurs féroces, détenus dans ses prisons, a été mise à mort par le peuple; actes de justice qui lui ont paru indispensables pour retenir, par la terreur, les légions de traîtres cachés dans ses murs, au moment où il allait marcher à l'ennemi; et sans doute la nation entière, après la longue suite de trahisons qui l'ont conduite sur les bords de l'abîme, s'empressera d'adopter ce moyen si nécessaire de salut public; et tous les Français s'écrieront, comme les Parisiens : Nous marchons à l'ennemi; mais nous ne laisserons pas derrière nous ces brigands, pour égorger nos enfants et nos femmes [1]! »

Cette pièce était ainsi signée : P. J. DUPLAIN, PANIS, SERGENT, LENFANT, JOURDEUIL, MARAT, l'*Ami du peuple*, DEFORGUES, LECLERC, DUFFORT, CALLY, *constitués à la Commune*, et séant à la mairie [2].

---

[1] Voir le *Moniteur* du 27 septembre 1792, Séance de la Convention du 25, où la pièce tout entière fut lue par Vergniaud.
[2] M. Barthélemy Maurice, *Hist. polit. et anecdotique des prisons de la Seine*, p. 248, écrit à tort quatre de ces noms : DE FORGAS, LE CLERC, CELLY, L'ENFANT, DU FOSTRE.

Lorsque eut éclaté de toutes parts l'horreur naturelle que devaient inspirer les massacres, tous ceux qui les avaient résolus, acceptés, dirigés ou payés en déclinèrent hautement la responsabilité. Soit cynisme, soit oblitération du sens moral, Marat était encore celui qui, en niant sa participation directe, niait avec le moins d'éclat. Ses complices profitèrent de cette nuance d'acquiescement ; et peu à peu s'établit la tradition qui fait peser principalement sur l'*Ami du peuple* la honte des crimes de septembre.

Panis mit le sceau à cette tradition, vers la fin de 1814. La *Gazette de France* du 13 octobre venait de réveiller contre lui ces sanglants souvenirs. Il se hâta de publier une brochure, dans laquelle il disait que Marat était seul l'auteur de la circulaire du 3 septembre ; qu'il l'avait rédigée et signée pour tous ses collègues ; et que lorsque ceux-ci hasardèrent quelques représentations, il leur répondit tranquillement : « Oui, j'ai signé pour vous tous ; et s'il y a un j... f..... qui ne soit pas content, je le fais lanterner ce soir [1]. »

Malheureusement pour la mémoire de Panis [2], cette tradition choque à la fois le bon sens et les témoignages officiels de l'histoire.

---

[1] Barthélemy Maurice, *Hist. polit. et anecdotique des prisons de la Seine*, p. 255, où il cite la brochure de Panis, dont il devait la communication à M. de Saint-Albin.

[2] Il est mort en 1827, avec une pension de M. le duc d'Orléans.

Au commencement de septembre 1792, Marat était universellement méprisé dans le monde politique, mais il n'était pas encore redouté. Il lui fallut près d'un an, après son entrée à la Convention, pour établir sa prépondérance politique, dont le premier et redoutable témoignage éclata le 31 mai 1793.

Dans la célèbre séance de la Convention du 25 septembre 1792, où les Girondins rompirent ouvertement avec Robespierre, avec Danton, et avec la Commune insurrectionnelle du 10 août, Marat demanda la parole. « De violents murmures, dit le *Moniteur*, les cris *A bas de la tribune !* prononcés avec toute la chaleur de l'indignation, s'élèvent de toutes parts. » Ayant enfin obtenu le silence, Marat débuta ainsi : « J'ai dans cette Assemblée un grand nombre d'ennemis personnels. » — *Tous, tous !* s'écrie l'Assemblée entière, en se levant avec indignation [1]. » Et, après que Vergniaud eût donné lecture de la circulaire du 3 septembre, un décret d'accusation fut demandé contre Marat.

Ainsi, au mois de septembre 1792, Marat ne faisait encore trembler personne; et Panis lui-même va nous en fournir la preuve, en répondant vingt-deux ans par avance à sa brochure de 1814.

Le 18 septembre, le Comité de surveillance et d'*exécution*, mandé devant le Conseil général de la

---

[1] *Moniteur* du 27 septembre 1792.

Commune, pour y répondre à plus d'un genre d'inculpation élevé contre lui, s'expliqua par l'organe de Panis. Voici le texte du procès-verbal, copié sur les registres originaux conservés aux Archives de l'Hôtel de ville :

« Le Comité de surveillance développe, *par l'organe de M. Panis,* les raisons de sa conduite depuis le 10 août. Il annonce qu'il est prêt à mettre au jour toutes ses opérations; que la seule considération du bien public le retient. L'orateur, en rendant compte de sa conduite, se fait connaître pour excellent citoyen, toujours animé et dirigé par le plus pur civisme.

« M. le maire (Petion) prend la parole; *il rejette sur l'impérieuse nécessité* ce que le Comité de surveillance *paraît avoir fait d'illégal;* mais il ne peut l'excuser d'avoir pris pour un de ses collaborateurs Marat. Cet homme, dit-il, est ou un fou atrabilaire, ou le plus grand ennemi de la liberté (*vifs applaudissements*). Il continue son discours en démontrant combien il est nécessaire de rétablir enfin le cours de la justice. »

Que fait Panis, en présence de cette accusation dirigée contre Marat, en plein Conseil général de la Commune, et *vivement* applaudie par l'assemblée? Le charge-t-il de l'odieux et de la responsabilité des massacres? au contraire. Revenons au texte du procès-verbal :

« M. Panis reprend la parole pour justifier Marat. C'est un homme extraordinaire, dit-il, et hors de la règle commune. Il ne dort point, sans cesse occupé de la chose publique; son expérience, ses connaissances très-étendues lui ont fait prédire tout ce qui est arrivé; avec une âme brûlante, une imagination vive et toujours tendue vers le même but, est-il étonnant qu'il dise des choses extraordinaires? Mais il serait le premier à couvrir de son corps le plus criminel des aristocrates. Il a provoqué les vengeances les plus terribles, mais c'était pour effrayer les scélérats, pour qu'une crainte salutaire les détournât de leurs affreux projets.

« Au reste, a-t-il ajouté, *jamais Marat, dans le sein du comité, n'a eu d'influence particulière; jamais son avis n'a prévalu sur celui d'aucun autre patriote.* »

Certes, le blâme de Petion sur le choix de Marat, blâme vivement applaudi par le Conseil général de la Commune, fournissait à Panis une occasion naturelle et légitime de signaler et de regretter la pression exercée par l'*Ami du peuple,* si elle avait été réelle. Bien loin de là, Panis déclare que Marat n'a jamais eu, dans le Comité d'*exécution,* une influence particulière.

Chacun des membres du comité doit donc conserver sa part de responsabilité dans les actes qu'il accomplit, Panis plus que les autres, puisque c'est lui qui avait composé le comité; et cette responsabilité doit comprendre, avec le massacre accompli dans les prisons, l'odieux pillage qui en fut la suite.

Après avoir vainement demandé au Comité de surveillance de rendre ses comptes, le 23 janvier par lui-même, le 10 février par l'organe de la Convention, le Conseil général de la Commune, ayant délibéré sur le rapport de ses commissaires, signala les membres du comité, notamment Sergent et Panis, au procureur de la Commune, et demanda qu'ils fussent poursuivis pour *bris de scellés, violations, dilapidations de dépôts, fausses déclarations et autres infidélités* [1].

Les malheureux prisonniers étaient, comme on voit, en des mains redoutables; et l'on a pu également donner aux membres du Comité d'*exécution* le nom d'*hommes de sang* et d'*hommes de proie*.

XI

PRÉLUDE DES MASSACRES.

Les massacres de septembre commencèrent vers deux heures et demie, au signal du canon d'alarme, placé sur le Pont-Neuf; les premières victimes furent

[1] *Moniteur* des 26 janvier, 12 février, 22 février et 12 mai 1793.

des prisonniers transférés de la mairie à la Force, à la Conciergerie et à l'Abbaye.

Les prisonniers, transférés de la mairie à la Force, étaient des prêtres. Tout ce qu'on en sait se trouve consigné dans ces lignes de Marat :

« Je me trouvais au Comité de surveillance, lorsqu'on y annonça que le peuple venait d'arracher des mains de la garde, et de mettre à mort plusieurs prêtres réfractaires [1], prévenus de machinations, envoyés à la Force par le comité, et que le peuple menaçait de se porter aux prisons [2]. »

On ignore quels étaient les prisonniers conduits à la Conciergerie et qui furent massacrés avant d'y arriver. Ils n'ont laissé de trace que ces lignes du procès-verbal de la Commune de Paris :

« Un officier de la garde nationale apporte la nouvelle que plusieurs prisonniers, que l'on conduisait à la Conciergerie, ont été tués, et que la foule commençait à pénétrer dans les prisons [3]. »

---

[1] Ce mot *réfractaire*, que le peuple ne comprenait pas, avait été inventé à dessein pour égarer l'opinion publique. Si l'on avait dit : Prêtres *fidèles à leur serment et à leur foi*, ou prêtres *préférant la misère, l'exil et la mort à l'apostasie*, on aurait compris et respecté ; mais le mot *réfractaire* semblait contenir une injure et indiquer un crime ; et c'était juste ce qu'il fallait pour exciter le mépris et la haine de la multitude.

On ferait une bien longue histoire rien qu'avec les crimes que les ambitieux de tous les temps ont fait commettre au peuple avec des mots obscurs !

[2] Marat, *Journal de la République française*, n. 12.

[3] *Procès-verbaux de la Commune de Paris*, Séance du 2 septembre au soir.

Les prisonniers transférés à l'Abbaye étaient, pour la plupart, des prêtres détenus provisoirement à la mairie et arrêtés depuis le 10 août. Parmi eux se trouvait l'abbé Sicard, sous-instituteur des Sourds-Muets, échappé par miracle à la mort, et qui a rédigé un récit détaillé, exact et précieux, des faits dont il fut le témoin oculaire.

« On nous apporta à dîner, dit-il; il était deux heures; on entendit le canon d'alarme... Un de nous, inquiet, agité, se porte vers la fenêtre, il distingue plusieurs soldats dans la cour de la mairie. Il leur demande la cause de ce canon d'alarme. C'est, lui dit-on, la prise de Verdun par les Prussiens. C'était une fausseté. Tout le monde sait aujourd'hui que le canon d'alarme devait, dans ce jour de sang, être le signal du massacre. Tous les assassins avaient ordre de commencer les égorgements au troisième coup.

« A l'instant même, des soldats avignonais et marseillais se précipitent en foule dans notre prison. Ils renversent les tables, nous saisissent et nous jettent dehors sans nous donner le temps de prendre nos effets. Réunis dans la cour, ils nous annoncent qu'on va nous conduire à l'Abbaye, où nos camarades avaient été transférés la veille. On fait venir six voitures; nous étions vingt-quatre prisonniers [1]. »

[1] Deux autres témoins oculaires, Méhée, qui suivit les voitures à l'Abbaye, et Jourdan, président de la section des Quatre-

Un historien démocrate fait, sur ce départ des vingt-quatre prisonniers, les justes réflexions que voici :

« Au moment où le canon se fait entendre, des hommes armés pénètrent dans la prison de la mairie, et disent aux prisonniers qu'il faut aller à l'Abbaye. Cette invasion se fit, non par une masse de peuple, mais par des soldats, des Fédérés de Marseille et d'Avignon ; ce qui semble indiquer que la chose ne fut point fortuite, mais autorisée ; que le comité, par une autorisation, au moins verbale, livra les prisonniers à la mort [1]. »

Ces quatre voitures, sorties de la mairie par la rue de Jérusalem, suivirent le quai jusqu'au Pont-Neuf, et s'engagèrent dans la rue Dauphine, pour gagner l'Abbaye par la rue de Bucy. Des flots de populace, armée de piques et de sabres, assaillirent ces voitures, grandes et ouvertes, à la mode du temps, et, dès l'extrémité du Pont-Neuf, attaquèrent les prisonniers.

Nations, qui les y vit arriver, disent qu'il n'y en avait que quatre.

Cette opinion est la vraie. Ces quatre voitures, qui étaient des fiacres, portant les n°s 3, 5, 7 et 23, une fois parvenues à l'Abbaye, y furent retenues et servirent au transport des cadavres, ainsi que le constatent les pièces 61 et 62 du *Dossier des Massacres,* qui sont des bons délivrés aux cochers pour indemnité des dégâts commis dans ces voitures.

Du reste, l'abbé Sicard dit seulement qu'*on fit venir* six voitures ; et, comme il monta dans la première, il put ignorer le nombre de celles qui suivaient la sienne.

[1] Michelet, *Histoire de la Révolution française,* t. IV, p. 139.

Des écrivains de notre temps, mal conseillés par leur passion, ont fait de grands efforts pour établir que ces prêtres, enfermés dans des voitures, escortés et gardés par des soldats, avaient *attaqué* cette foule furieuse, et ils ont invoqué le témoignage de Méhée de la Touche, *écrivain royaliste*, à ce qu'ils prétendent [1].

D'abord, l'idée d'une agression contre une foule armée, partie du fond d'une voiture remplie de prêtres prisonniers, mérite peu en elle-même qu'on s'y arrête. Ensuite, il n'y a qu'une distraction étrange qui puisse prendre et donner Méhée de la Touche pour un *écrivain royaliste*, en 1792. A cette époque, Méhée était secrétaire greffier adjoint de la Commune; il eut, en cette qualité, une part directe aux massacres de l'Abbaye, et son nom se trouve au bas des pièces les plus importantes qui les ordonnèrent ou qui les payèrent.

D'ailleurs, le récit de Méhée, sur lequel on s'appuie pour établir que les prêtres attaquèrent la foule, ne prend les voitures que dans la rue Dauphine, et supprime par conséquent tout ce qui s'était passé depuis la mairie [2]. Voici ses paroles :

---

[1] Barthélemy Maurice, *Histoire politique et anecdotique des prisons de la Seine*, p. 268.

[2] MM. Buchez et Roux disent : « En ce moment, des voitures, escortées par des Fédérés, transféraient des prisonniers de l'*Hôtel de ville à l'Abbaye*. » (*Histoire parlementaire*, t. XVII, p. 410.) Ce passage prouve que les auteurs ont confondu la *mairie* et l'*Hôtel de ville*.

« J'allais à mon poste, sur les deux heures et demie, je passais rue Dauphine, j'entends tout à coup des huées. Je regarde, j'aperçois quatre fiacres à la suite les uns des autres, escortés par des Fédérés des départements, des Fédérés marseillais et bretons.

« Ces fiacres renfermaient chacun quatre individus [1]. C'étaient des gens arrêtés dans les visites domiciliaires précédentes. Ils venaient d'être interrogés à la mairie par Billaud-Varennes, substitut du procureur de la Commune, qui les envoyait à l'Abbaye, pour y être provisoirement déposés [2]. On s'ameute, les cris redoublent. Un des prisonniers, sans doute aliéné, échauffé par ces murmures, passe son bras à travers la portière et donne un coup de canne sur la tête d'un des Fédérés qui accompagnaient. Celui-ci tire son sabre, monte sur le marchepied de la voiture et le plonge à trois reprises dans le cœur de la victime. J'ai vu jaillir le sang à gros bouillons.

« *Il faut les tuer tous, ce sont des scélérats, des aristocrates,* s'écrient les assistants; tous les Fédérés mettent le sabre à la main et égorgent à l'instant les trois compagnons de celui qui venait d'être immolé. J'aperçus dans ce moment un jeune homme, vêtu

[1] Ils en renfermaient en tout vingt-quatre, ainsi que l'a dit l'abbé Sicard, et ainsi qu'il résulte du compte des morts.
[2] Nous rapporterons un peu plus loin une pièce signée Méhée qui prouve que ces prisonniers étaient envoyés à l'Abbaye, non pour y être *déposés provisoirement*, mais pour y être égorgés.

d'une robe de chambre blanche, s'avancer hors de la même voiture ; sa physionomie intéressante, mais pâle et éteinte, annonçait qu'il était très-malade. Il avait rassemblé ses forces chancelantes, et, déjà atteint d'une blessure, il criait encore *grâce! grâce! pardon!* mais vain effort, un coup mortel le réunit au sort des autres.

« Cette voiture, qui était la dernière, ne conduisait plus que des cadavres : elle n'avait pourtant pas été arrêtée pendant le carnage, qui avait duré l'espace de deux minutes. La foule *crescit eundo*. Les hurlements redoublent, on arrive à l'Abbaye. Les cadavres des morts sont jetés dans la cour ; les douze prisonniers vivants descendent pour entrer au comité civil. Deux sont immolés en mettant pied à terre ; dix parviennent à être introduits [1]. »

D'un côté, ce récit de Méhée montre bien que les prisonniers transférés à l'Abbaye furent égorgés, non pas par la populace, mais par les Fédérés, c'est-à-dire par les soldats même qui étaient chargés de les garder. En outre, il ne dit pas d'où partit la première et véritable agression ; c'est ce que fait l'abbé Sicard, qui raconte en ces termes le départ des voitures de la rue de Jérusalem :

« On donne le signal du départ en recommandant

---

[1] *La vérité tout entière sur les vrais acteurs de la journée du 2 septembre* 1792, par Felhémési, p. 22, 23, 24. — *Felhémési* est l'anagramme de *Méhée fils*.

à tous les cochers d'aller très-lentement sous peine d'être massacrés sur leurs siéges, et en nous adressant mille injures. Les soldats qui devaient nous accompagner nous annoncent que nous n'arriverons pas jusqu'à l'Abbaye, que le peuple, à qui ils vont nous livrer, se fera enfin justice de ses ennemis, et nous égorgera dans la route. Ces mots terribles étaient accompagnés de tous les accents de la rage, et de coups de sabre, de coups de pique, que ces scélérats assénaient sur chacun de nous.

« Les voitures marchent; bientôt le peuple se rassemble et nous suit en nous insultant. « Oui, disent « les soldats, ce sont vos ennemis, les complices de « ceux qui ont livré Verdun, ceux qui n'attendaient « que votre départ pour égorger vos enfants et vos « femmes. Voilà nos sabres et nos piques; donnez la « mort à ces monstres. »

« Qu'on imagine combien le canon d'alarme, la nouvelle de la prise de Verdun et ces discours provocateurs durent exciter le caractère naturellement irascible d'une populace égarée, à laquelle on nous dénonçait comme ses plus cruels ennemis. Cette multitude effrénée grossissait de la manière la plus effrayante, à mesure que nous avancions vers l'Abbaye, par le Pont-Neuf, la rue Dauphine et le carrefour Bucy.

« Nous voulûmes fermer les portières de la voiture; on nous força de les laisser ouvertes, pour avoir le plaisir de nous outrager. Un de mes camarades reçut un coup de sabre sur l'épaule, un autre fut blessé à la joue, un autre au-dessus du nez.

« J'occupais une des places dans le fond. Mes compagnons recevaient les coups qu'on dirigeait contre moi. Qu'on se peigne, s'il se peut, la situation de mon âme pendant ce pénible voyage !... le sang de mes camarades commençait à couler sous mes yeux, sans défense, au milieu d'une populace excitée par ceux-là mêmes qui semblaient préposés à notre garde... Enfin, nous arrivons à l'Abbaye : les égorgeurs nous y attendaient [1]. »

Tels furent les préludes des massacres des prisons, dont nous allons faire le récit, en commençant par l'Abbaye, où fut versé le premier sang innocent [2].

[1] *Relation de M. l'abbé Sicard*, p. 101, 103.
[2] C'est à tort et sans fondement que les auteurs de l'*Histoire parlementaire* (t. XVII, p. 411) font commencer les massacres aux Carmes.

LIVRE SEIZIÈME

MASSACRES DE L'ABBAYE.

Motifs de l'historien en racontant les massacres.—La prison de l'Abbaye.—Siége du comité des Quatre-Nations.—Son personnel.—Comment l'abbé Sicard est sauvé.—Exactitude de son récit.—Noms des vingt prisonniers massacrés dans la cour.—Maillard, chef des assassins.—Histoire de Maillard.—Il va faire l'expédition des Carmes avant de commencer celle de l'Abbaye.—Suite de son histoire.—Sa mort.—Il revient à sept heures à l'Abbaye.—Trois cent quarante-six pintes de vin fournies aux tueurs par un seul marchand.—Tribunal de Maillard.—Attaque de la prison.—Le concierge livre quelques prisonniers pour gagner du temps.—Formation du tribunal sur un ordre de la mairie.—Noms des assassins, dits *jurés*.—Livre d'écrou posé sur la table.—Taches de vin et de sang.—Massacre des Suisses.—Mort de M. de Reding.—M. de Montmorin devant Maillard. — Sa mort courageuse. — Mort de Thierry, valet de chambre du roi.—Arrivée des commissaires de l'Assemblée législative.—Les tueurs se moquent d'eux.—Mort des juges de paix Buob et Bosquillon.—Le comité des Quatre-Nations.—Sa participation aux massacres.—Vin demandé et accordé.—Prison supplémentaire.—Les prisonniers qui s'y trouvaient n'étaient pas portés sur l'écrou.

I

Il nous est impossible, en abordant les détails de cette horrible tragédie, de ne pas répondre à cette question qui se présente à notre esprit, comme elle se présentera sans doute à l'esprit de bien d'autres:

Pourquoi réveiller, après plus d'un demi-siècle, ces souvenirs lugubres et sanglants, et pourquoi troubler, par de foudroyantes révélations, la paix d'un grand nombre de familles dont on avait oublié la honte, et qui peut-être l'avaient effacée elles-mêmes par de nobles sentiments?

Dieu m'est témoin que je n'ai dans l'âme nulle haine, nul besoin de nuire, nul désir d'affliger personne. Je me tairais si ces secrets étaient les miens; mais ce sont les secrets de l'histoire; ils appartiennent au pays, qui a besoin de savoir jusqu'où vont, dans la voie du crime, les factions qui le désolent; ils appartiennent à tant de malheureuses victimes, dont les mânes ont besoin d'être consolés; ils appartiennent à la justice, à la justice vengeresse, dont les méchants peuvent détourner un instant le glaive, sans qu'ils aient le pouvoir, morts ou vivants, de lui échapper jamais.

On a vu un de ces prisonniers massacrés par les Fédérés, jeune, pâle, malade, blessé, joindre ses mains débiles, et crier à ses assassins: Grâce! grâce! pardon! Il n'est pas juste que ceux qui furent sans pitié restent sans châtiment. Dieu veuille que cette sévérité nécessaire et morale de l'histoire porte ses fruits, et que ceux qui ont déjà le crime dans l'âme s'arrêtent à la pensée de la réprobation qui frapperait leur postérité!

Saint-Germain-des-Prés était une abbaye de l'ordre de Saint-Benoît, fondée vers le milieu du vi[e] siècle, et devenue, pendant le xviie, chef de l'ordre si littéraire et si savant des Bénédictins de Saint-Maur. L'Abbaye avait cent trente mille livres de rente, qui avaient été données par Louis XV à ce qu'on appelait les Économats, et affectées à l'entretien des jeunes gens élevés à l'École-Militaire.

Considérée au point de vue féodal et justicier, l'Abbaye de Saint-Germain-des-Prés était, en 1789, un bailliage royal. Son dernier bailli, messire Laget-Bardelin, avocat au Parlement, tenait ses audiences le mardi et le vendredi, à trois heures de relevée, assisté de son procureur fiscal, de son greffier et de ses trois huissiers [1]. Le bailliage avait sa geôle, conformément à la constitution des justices seigneuriales; et lorsque Louis XIV réforma ces justices, dans l'enceinte de Paris, par son édit du 31 mai 1675, la prison de l'Abbaye fut maintenue avec son affectation spéciale à l'exécution des jugements du bailli.

La prison de l'Abbaye fut érigée en prison militaire au mois de juillet 1789, après la prise de la Bastille, et elle devint prison politique en 1791, après la mise à exécution de la Constitution. Le règlement de l'Assemblée permettait d'y envoyer les députés qui troublaient l'ordre des séances; et Jouneau, lieutenant de gendarmerie, député de la Cha-

---

[1] *Almanach royal* de 1789, p. 463.

rente-Inférieure, s'y trouvait enfermé, le 1er septembre, pour avoir donné un soufflet au girondin Grangeneuve, à propos d'une discussion dans laquelle Grangeneuve était rapporteur.

La prison de l'Abbaye, démolie depuis cinq ans, était un édifice appartenant à l'architecture du XVIe siècle, de forme carrée, avec des tourelles rondes, engagées dans les murs, aux quatre angles. Les dispositions intérieures avaient déjà subi, depuis 1792, d'assez notables changements. La chapelle, où furent enfermés de Rosoy, Jourgniac de Saint-Méard et Cazotte, et qui allait d'une tourelle à l'autre, au premier étage, du côté de la petite place Sainte-Marguerite, avait été détruite et remplacée par le logement du concierge. La porte de la petite cour donnant dans la rue Sainte-Marguerite, et par laquelle les victimes étaient poussées sous les assommoirs des tueurs, était condamnée, et se voyait du dehors près de la grille du factionnaire. Il n'y avait d'à peu près intact que les deux guichets. Celui qui servait de greffe fut le siége où s'établit le tribunal de Maillard.

La prison de l'Abbaye communiquait à l'église de Saint-Germain-des-Prés et au palais abbatial par des cours et des jardins encore existants en partie, et ouvrant sur la petite rue Sainte-Marguerite, aujourd'hui rue d'Erfurth, par une porte charretière correspondant à l'entrée actuelle de l'imprimerie

Simon Raçon. Cette imprimerie et un dépôt de verrerie occupent une partie de la cour dite du Jardin et l'emplacement du cloître abbatial. La section des Quatre-Nations avait pris, en 1792, l'église de Saint-Germain-des-Prés pour ses assemblées générales, et le cloître servait aux réunions de son comité. C'est dans cette cour du Jardin que furent amenées les quatre voitures que nous avons vues partir de la mairie et dans l'une desquelles était l'abbé Sicard ; et c'est sur les marches mêmes du cloître, où siégeait en ce moment le comité de la section, que commencèrent les massacres de l'Abbaye vers trois heures. Le massacre, dans la prison proprement dite, ne commença, rue Sainte-Marguerite, qu'à sept heures et demie, à la petite porte condamnée, dont nous avons déjà parlé.

Ainsi, c'est à quelques pas de l'assemblée générale de la section, réunie en permanence dans l'église de Saint-Germain-des-Prés; c'est en présence du comité civil, séant dans le cloître, qu'on égorgea pendant trois jours. C'étaient donc des cannibales qui formaient ce comité et cette assemblée générale ? —Mon Dieu, non ; c'étaient de paisibles bourgeois, d'honnêtes marchands, de bons pères de famille. Le mirage des déclamations de ce temps, la vanité d'être quelque chose, le fracas des plumets et des écharpes, tous ces piéges que l'ambition tend à l'orgueil, les avaient peu à peu engagés dans la Révolution, et ils se trouvaient arrivés, à leur insu, en face des crimes les plus abominables sans avoir eu la pensée ou le courage de reculer.

Presque tous avaient horreur de ce qu'ils voyaient, de ce qu'ils souffraient et de ce qu'ils faisaient; le président du comité, Jourdan, s'évanouissait sur son fauteuil, suffoqué par l'odeur nauséabonde du sang versé à flots autour de lui. Il eût certainement livré au bourreau, en d'autres circonstances, les assassins avec lesquels il débattait le prix du meurtre; mais la peur, l'exemple d'autrui, l'ascendant exercé par des scélérats organisés en gouvernement, tout cela rendait soumise, tremblante, silencieuse, cette petite bourgeoisie parisienne qui chicane son obéissance aux lois, et qui la donne aux révolutions.

Ce comité civil de la section des Quatre-Nations avait pour président Antoine-Gabriel-Aimé Jourdan, rue Taranne, 2; pour secrétaire, Joly; pour trésorier, Claude-Louis Lecomte, négociant, rue Taranne. Nous ne citerons de ses membres que ceux dont les signatures se trouvent au bas de quelque pièce relative aux massacres de l'Abbaye; Michel Dorat-Cubières, rue des Saints-Pères, 59; Marie-Louis-François-Prix-Gilles Marnois, rue des Petits-Augustins; Gabriel-Jacques-François Leroux, rue des Petits-Augustins, 6; Harlée, Thomas, Moyse Sandot[1], abbaye Saint-Germain, cour des ci-devant

---

[1] Ou Sauvot.

Religieux; Lacaille, Possien, Jean Paquotte, ciseleur, rue de la Petite-Boucherie; Monnot, horloger, rue des Petits-Augustins; Pittel, Delaconté; Dessalles, Bourgeot, Louis-Marie Prudhomme, imprimeur, éditeur des *Révolutions de Paris*, rue des Marais, 20; Prévost, Legangneur, Lachaussée, Jean-Antoine Maillio, peintre, rue Saint-Benoît, 29; Peauze, Leclerc, Claude Sommé, orfévre, rue du Four; Gasc, Damade, François-Martin Chéradame, cour ci-devant abbatiale; Barbot, de Bercy, Bernaudo, Roussineau, Alexandre Roger, rue des Saint-Pères, 75 [1].

C'est au moment où les quatre voitures entraient dans la cour du Jardin de l'Abbaye par la porte charretière donnant sur la petite rue Sainte-Marguerite, qui est aujourd'hui la rue d'Erfurth, que le massacre des prisonniers placés avec l'abbé Sicard, dans le premier fiacre, commença, sous les yeux mêmes du comité de la section.

« La cour, dit l'abbé Sicard, était pleine d'une foule immense; on entoure nos voitures; un de nos camarades croit pouvoir s'échapper; il ouvre la portière et s'élance au milieu de la foule, il est aussitôt égorgé; un second fait le même essai, il fend la presse et allait se sauver; mais les égorgeurs tom-

[1] Les signatures de ces membres du comité des Quatre-Nations se trouvent sur des bons de fournitures diverses faites, par des marchands, pour les massacres; nous les publierons pour la plupart; les bons de 24 livres, délivrés aux tueurs, sont signés *Delaconté* et *Prévost*.

bent sur cette nouvelle victime, et le sang coule encore. Un troisième n'est pas plus épargné. La voiture avançait vers la salle du comité; un quatrième veut également sortir; il reçoit un coup de sabre, qui ne l'empêche pas de se retirer et de chercher un asile dans le comité. Les égorgeurs imaginent qu'il n'y a plus rien à faire dans cette première voiture; ils ont tué trois prisonniers; ils ont blessé le quatrième; ils ne croient pas qu'il y en ait un de plus; ils se portent, avec la même rage, sur la seconde voiture.

« Revenu de cette stupeur dans laquelle le massacre de mes camarades m'avait jeté, je ne vois plus à mes côtés les monstres qui assouvissaient leur fureur et leur rage sur d'autres infortunés. Je saisis le moment; je m'élance de la voiture, je me précipite dans les bras des membres du comité. « Ah! mes« sieurs, leur dis-je, sauvez un malheureux! »

« Les commissaires me rejettent : « *Allez-vous-en,* « me disent-ils, *voulez-vous nous faire massacrer?* » J'étais perdu si l'un d'eux ne m'eût reconnu. « *Ah!* « s'écrie-t-il, *c'est l'abbé Sicard! Et comment étiez-* « *vous là? Entrez, nous vous sauverons, aussi long-* « *temps que nous pourrons.* » J'entre dans la salle du comité, où j'aurais été en sûreté avec le seul de mes camarades qui s'était sauvé; mais une femme m'avait vu entrer; elle court me dénoncer aux égorgeurs. Ceux-ci continuaient leurs massacres. Je me crois oublié pendant quelques minutes ; mais voilà qu'on frappe rudement à la porte et que l'on demande les deux prisonniers. Je me crois perdu[1]. »

L'abbé Sicard fut sauvé par sa présence d'esprit et par son courage ; et, à ce propos, il n'est pas inutile de signaler les efforts faits, dans ces derniers temps, par les écrivains démagogues, pour affaiblir l'autorité des personnes qui, comme l'abbé Sicard, virent de leurs propres yeux les crimes de septembre et les exposèrent dans toute leur hideuse nudité. L'un de ces écrivains s'exprime ainsi sur cette partie de la relation de l'abbé Sicard :

« Nous avons dit combien peu de foi mérite la relation de l'abbé Sicard. Après avoir perdu complètement la tête, il agit dans cette circonstance comme dans toutes celles de sa vie : il se drapa, se posa, s'encensa, et sortit en charlatan d'un danger où il était entré en lâche[2]. »

Ceux qui, comme l'auteur de ces paroles diversement regrettables, ont étudié partiellement l'histoire des massacres de septembre, en ont ignoré les causes déterminantes, et en ont confondu ou défiguré les détails les plus essentiels, peuvent de bonne foi mettre en doute l'exactitude de l'abbé Sicard. Ceux qui ont tout étudié, tout comparé, tout contrôlé, savent que

---

[1] *Relation de M. l'abbé Sicard*, p. 102, 103.
[2] Barthélemy Maurice, *Histoire politique et anecdotique des prisons de la Seine*, p. 287.

le récit de l'abbé Sicard est de la plus scrupuleuse exactitude; et l'on en verra les détails les plus monstrueux pleinement confirmés par des pièces authentiques.

Le reproche de lâcheté, adressé à un malheureux prêtre, couvert du sang de ses amis égorgés, et cherchant son salut dans les rangs du comité civil d'une section investie d'une partie notable des pouvoirs publics, paraîtra étrange. On aimerait mieux le voir adressé à ces cannibales armés de piques, de sabres, de haches et d'assommoirs, qui massacraient des prisonniers innocents et sans défense, ou même à ces citoyens qui délibéraient avec calme, complices d'assassinats qu'ils n'avaient pas le courage d'empêcher ou seulement de blâmer. Voici, du reste, comment Méhée, témoin oculaire et l'un des septembriseurs de la Commune, raconte ce détail :

« Trois restaient, du nombre desquels se trouvait l'abbé Sicard... Ces trois infortunés s'assirent autour de la table du comité, faisant semblant de délibérer comme membres. Cette ruse courageuse était la seule qui pût réussir; car, un moment après, entrèrent des hommes furieux, demandant à grands cris la tête de l'abbé Sicard; mais, ne le connaissant pas, ils passèrent à côté de lui et sortirent, persuadés qu'il était au nombre des cadavres.

« Le sous-instituteur des Sourds-Muets montra, pendant ces moments effrayants, un courage et une présence d'esprit dignes d'étonnement et d'admiration ; il parlait très-haut, il chantait, buvait à la santé de la nation, avec la gaieté de l'homme le moins en péril.

« Il écrivit une lettre au président de l'Assemblée nationale législative. Je remarquai l'inconséquence de cette démarche précipitée ; je lui ôtai la lettre et lui ordonnai, au nom de son salut, de suspendre tout acte qui pourrait le déceler[1]. »

Néanmoins, l'abbé Sicard fut reconnu par les assassins, parmi les membres du comité des Quatre-Nations, et sauvé par l'horloger Monnot, avec un courage que quelques autres citoyens imitèrent pendant ces horribles journées. On va voir que l'abbé Sicard, loin de *poser* et de s'*encenser*, parle de ce fait avec une convenance et une modestie parfaites :

« J'étais au milieu des commissaires, dit-il, vêtu comme eux, peut-être même moins agité qu'eux et l'âme plus tranquille. Ils s'y trompèrent d'abord, mais un prisonnier, qui s'était échappé, et que les flots de cette horrible horde avaient transporté dans la salle, est reconnu. Je le suis aussi ; deux hommes à piques s'écrient : « Les voici ces deux b...... que nous « cherchons. » Aussitôt l'un prend ce prisonnier aux cheveux, et l'autre enfonce à l'instant sa pique contre sa poitrine, et le renverse mort à mes côtés ; son sang

---

[1] *La vérité tout entière sur les vrais acteurs de la journée du 2 septembre* 1792, par Felhémési, p. 25.

ruisselle dans la salle, et le mien allait couler ; déjà la pique était lancée, quand un homme... accourt, fend la foule, et, se précipitant entre la pique et moi : « Voilà, dit-il au monstre qui allait m'égorger, « voilà la poitrine par laquelle il faut passer, pour « aller à celle-là. C'est l'abbé Sicard, un des hom- « mes les plus utiles à son pays, le père des sourds- « muets ; il faut passer sur mon corps pour aller jus- « qu'à lui [1]. »

Ces paroles énergiques calmèrent un instant les assassins. Une harangue, que l'abbé Sicard adressa à la foule, par la fenêtre du comité, lui valut une ovation, mais il dut rester deux jours et deux nuits, non sans courir un danger constant de la vie, au comité civil de la section, d'où il ne put sortir enfin que le 4 septembre.

La Providence, qui a permis que les noms de la plus grande partie des tueurs de septembre fussent conservés, a aussi voulu qu'il restât des détails certains et précis sur cet épisode qui ouvrit les massacres de l'Abbaye.

Sur les vingt-quatre prisonniers transférés de la mairie à l'Abbaye, vingt et un périrent en arrivant dans la cour du Jardin. L'abbé Sicard et deux autres furent les seuls qui échappèrent. On a vu qu'on les avait conduits, non à la prison, mais au comité

---

[1] *Relation de M. l'abbé Sicard*, p. 104, 105.

de la section siégeant dans le cloître. Ils ne furent donc pas écroués, et leur nom ne se trouve pas et ne saurait se trouver sur le registre d'écrou de l'Abbaye.

Mathon de la Varenne, écrivain d'une grande exactitude, donne ces vingt et un noms, d'après un document qu'il dit se trouver à Paris, dans les archives de la mairie de Petion [1]. Des recherches, couronnées de succès, nous ont fait retrouver ce document original, qui est déposé, avec d'autres papiers de Petion au département des manuscrits de la Bibliothèque nationale [2]. Le voici fidèlement reproduit avec quelques corrections faites aux noms, dont quelques-uns ont été inexactement lus par Mathon de la Varenne.

« Noms des personnes immolées à l'Abbaye, le 2 septembre, sans avoir été constituées prisonnières :

1 Devoise.
2 Robillard.
3 Labrousse.
4 Danger.
5 Boiron.
6 Lecomte.
7 Levitou.
8 Valkeran.
9 Dubalet.
10 Desisle.
11 Chefdeville.
12 Coelin.
13 Fontaine.
14 Martin.

---

[1] Mathon de la Varenne, *Histoire particulière des événements*, etc., p. 319.
[2] Bibliothèque nationale, *Manuscrits*, F. F. 3274.

15 Danois. 19 Monsint.
16 Henry. 20 Popelin.
17 Mieusée. 21 Coquard.
18 Baselet. 22 Patier, en liberté.

« L'ordre (de transfèrement), signé : Panis, Sergent, Duffort, Leclerc. »

Plusieurs circonstances ne permettent pas de douter que cette liste ne soit, en effet, celle des prisonniers transférés, avec l'abbé Sicard, de la mairie à l'Abbaye.

D'abord, ces prisonniers, comme ceux de la liste, n'avaient pas été écroués. Ensuite l'abbé Sicard dit qu'il monta dans la première voiture avec *Labrouche* surveillant de l'Institution des sourds-muets, et avec un ancien avocat au Parlement, nommé *Martin de Marivaux*. Ces deux prisonniers sont évidemment ceux que la liste nomme *Martin* et *Labrousse*. Enfin, le président du comité, Jourdan[1], et Méhée[2], secrétaire greffier adjoint de la Commune, parlent d'un avocat de Metz, nommé *Dubalay*, arrivé dans les voitures, et qu'ils croient avoir été sauvé par Maillio, membre du comité. Ce *Dubalay* est, sans aucun doute, celui que la liste nomme *Dubalet*.

Une étrange erreur fut commise à l'égard du

---

[1] *Déclaration du citoyen Jourdan*, p. 144.

[2] *La vérité tout entière sur les acteurs de la journée du 2 septembre 1792, par Felhémési,* p. 24.

nommé Henry, porté le seizième sur la liste. Ce n'était pas un prisonnier de la mairie, mais un massacreur. Ses camarades le tuèrent, dans le désordre de l'exécution, mais, l'erreur ayant été promptement reconnue, ils lui firent, le lendemain, de pompeuses funérailles, dans l'église de Saint-Germain-des-Prés [1].

Nous avons vu, par les relations de l'abbé Sicard et de Méhée, que la cour de l'Abbaye était déjà occupée par les massacreurs à l'arrivée des voitures. Elles étaient évidemment attendues : et celui qui les attendait, entouré de ses assassins, c'était Maillard.

II

Stanislas-Marie Maillard, né à Gournay, dans le pays de Bray, en 1763, était, au commencement de la Révoluion, huissier aux Requêtes de l'Hôtel, demeurant rue aux Fèves, en la Cité [2]. Il prit part, le 14 juillet 1789, à ce qu'on nomma la prise de la Bastille, et devint, pour cette raison, capitaine des batteurs de pavé réunis, sous le nom de volontaires de la Bastille, à la garde nationale organisée par La Fayette.

---

[1] Mathon de la Varenne, *Histoire particulière des événements*, etc., p. 320.

[2] *Almanach royal* de 1788, p. 247.

Le 5 octobre suivant, Maillard, de concert avec Danton, Marat et Camille Desmoulins, conduisit à Versailles les bandes hideuses de prostituées et de repris de justice, qui envahirent la salle de l'Assemblée constituante, qui y soupèrent, et y passèrent la nuit, au milieu des plus sales orgies. Il harangua longtemps l'Assemblée, qui lui témoigna beaucoup d'égards [1].

La Révolution, à laquelle Maillard s'était chaudement associé, emporta du premier bond les Requêtes de l'Hôtel, qui étaient le fondement de sa charge. Il avait, dès le mois de décembre 1789, quitté son étude de la rue aux Fèves ; et, lorsqu'il fut appelé pour témoigner dans la grande enquête relative aux événements d'octobre, il demeurait sur la paroisse de Saint-Germain-l'Auxerrois, rue de Béthisy [2].

Resté obscur jusqu'aux massacres de septembre, Maillard ne parut qu'une fois à la surface de l'agitation révolutionnaire, le 26 janvier 1791, pour dénoncer au club des Jacobins M. Carle, commandant du bataillon d'Henri IV [3], qui fut assassiné le 10 août, après la prise des Tuileries.

Comment Maillard fut-il amené, par le Comité d'exécution de la mairie, à diriger les massacres de

---

[1] Voir le récit de Maillard sur la part qu'il prit aux événements du 5 et du 6 octobre 1789, dans le *Moniteur*, t. II (Édition de Henri Plon), p. 538.

[2] Déposition de Maillard, *Moniteur*, t. II, p, 538.

[3] *Moniteur* du 6 février 1791.

l'Abbaye et des Carmes? C'est un point sur lequel aucun document écrit ou inédit ne jette jusqu'ici aucune lumière. Panis et Jourdeuil, membres très-influents du comité, étaient, l'un ancien procureur au Châtelet, l'autre huissier, rue de La Harpe, n° 157 ; il est permis de penser que d'anciennes relations de basse cléricature rapprochèrent l'homme du 5 octobre des directeurs des massacres des prisons.

Que Maillard se trouvât le 2 septembre, à trois heures, dans la cour de l'Abbaye, à la tête d'une bande organisée par lui, et qu'il y attendît, en vertu d'ordres secrets, les prisonniers qu'on envoyait de la mairie, c'est ce qu'il n'est pas permis de révoquer en doute. Indépendamment de la direction effective des massacres qu'on lui verra prendre, un document authentique le montre placé à la tête d'une vingtaine d'assassins, et leur distribuant une partie de l'argent trouvé sur les victimes.

Ce document est une déposition écrite et signée de la main de Maillard lui-même, dans une enquête faite le 13 mars 1793, au sujet des dépouilles des prisonniers.

« Le 4 et le 5 septembre, dit-il, lorsque le peuple eut fait périr les coupables qui se trouvaient dans l'Abbaye, pour constater les effets qui avaient pu être trouvés sur les gens qu'on envoyait à la mort, *une vingtaine de citoyens* m'avaient aidé à sauver tous ces effets du pillage, que des gens malintentionnés auraient pu commettre..... Le troisième jour, Lenfant est venu avec Chaney me signifier de lui remettre les effets, avec le procès-verbal... Je leur demandai les débours que chacun de nous avait faits, s'ils croyaient qu'il n'y avait pas d'obstacle. Ils me répondirent qu'il n'y en avait pas. Chacun de nous répéta ses petites dépenses, qui se montèrent à deux cent soixante et quelques livres, à une vingtaine que nous étions. Je désignerai une partie des effets, ainsi que les citoyens dont les noms ne me sont pas présents à la mémoire, à l'exception de Roger, teinturier, rue Saint-Germain-l'Auxerrois, ainsi que le citoyen Dutailly, gendarme, rue Saint-Thomas-du-Louvre, et le charcutier qui est dans la même rue, en face de Dutailly [1]. »

A l'appui de la déclaration de Maillard, nous avons trouvé l'inventaire des dépouilles des prisonniers de l'Abbaye, dressé et signé par Chaney et par Lenfant ; et cette pièce, intitulée : *État des effets dont nous nous sommes emparés sur les prévenus de trahison contre la liberté française, au tribunal du peuple, assemblé le 2 septembre 1792*, porte ce qui suit, après une longue énumération de vêtements et de bijoux :

« Il a été remis au citoyen Maillard deux cent

---

[1] *Registre des comptes de la Commune du 10 août*, vol. 39, carton O. 13 O., pages 203, 204, 205. (*Archives de l'Hôtel de ville de Paris.*)

soixante-cinq livres, pour frais faits à l'Abbaye [1]. »

Ces frais ne peuvent se rapporter qu'à la nourriture des agents de Maillard [2]. Le salaire de Maillard et de ses agents, impossible à déterminer, comme celui de la plupart des directeurs des massacres, fut pris sur une somme totale de *quatre-vingt-quatre mille six cent soixante-quatre livres,* que le Comité de surveillance dépensa pour les journées de septembre, suivant le *Rapport des commissaires vérificateurs des comptes du Comité de surveillance, fait au Conseil général de la Commune, le mardi* 27 *novembre* 1792 [3].

Mathon de la Varenne, écrivain si judicieusement exact, a recueilli les noms de quelques-uns de ces assassins en sous-ordre, employés par Maillard aux massacres de l'Abbaye et des Carmes. Ce sont les nommés : Bureau, Carton, Colinet, Cosson, Cuny jeune, Deverey, Dupaix, Faure, Forest, Gemond, Georges, Guilhem, Isambert, Jorelle, Malambe; Mautint, Michel, Pourcel, Rivière, Roger, Rousseau, Simon, Tavernier, Valville, Vignon, Vingtergnier [4].

---

[1] *Archives de la Préfecture de police.—Dossier des massacres de septembre,* pièce n. 99.

[2] Ces frais faits par Maillard ne peuvent en outre se rapporter qu'à sa bande; car les frais faits par les autres tueurs furent payés par le comité de la section sur des mandats qui existent, et que nous publierons.

[3] *Archives de la Préfecture de police.—Dossier des massacres de septembre,* pièce n. 118.

[4] Mathon de la Varenne, *Histoire particulière des événements,* etc., p. 463 à 479.

A cette liste d'assassins, il convient d'ajouter les suivants, qui furent convaincus d'avoir pris une part spéciale au meurtre des vingt et un prisonniers venus de la mairie dans la cour abbatiale, dans les quatre voitures : Bernaudin, horloger, rue Childebert ; Marcuna, tambour des grenadiers du bataillon de l'Abbaye ; Chapelier, rue des Boucheries-Saint-Germain ; Bereyter, membre du comité des Quatre-Nations ; Martin, limonadier, rue de Seine ; Godin, boucher, rue du Cardinal, et Maillet, tambour du bataillon de l'Abbaye [1] ; sans préjudice des égorgeurs employés dans les autres prisons, et dont nous avons pu dresser la liste complète.

Après le massacre des vingt et un prisonniers transférés de la mairie, vers cinq heures du soir, et après que Billaud-Varennes, venu en qualité de commissaire, au nom de la Commune, eut fait aux massacreurs un discours apologétique de leur conduite, Maillard dit à sa bande : « Il n'y a plus rien à faire ici ; allons aux Carmes [2] ! »

Maillard et sa bande partirent en effet pour le couvent des Carmes, rue de Vaugirard, d'où ils revinrent à sept heures, après avoir égorgé cent

---

[1] *Archives de la Préfecture de police.—Dossier des massacres de septembre*, pièce n. 43, intitulée : *Extrait général des déclarations faites à la commission des journées des 2 et 3 septembre 1792.*

[2] *La vérité tout entière sur les vrais acteurs de là journée du 2 septembre 1792*, par Felhémési, p. 26.

vingt prêtres; et c'est alors que commença réellement le massacre des prisonniers de l'Abbaye, dont la mort des vingt et un détenus, envoyés de la mairie, n'avait été que le prélude [1]. Nous croyons néanmoins, pour n'avoir plus à interrompre ce récit, devoir finir ce qui concerne la notice de Maillard.

Depuis les massacres de septembre, Maillard resta attaché aux basses-œuvres de la police de la mairie.

Au mois de décembre 1793, on le voit dirigeant, aux environs de Paris, des forces dites révolutionnaires, lesquelles excédaient et pillaient les habitants [2]. Ces violences, dénoncées par Lecointre, de Versailles, firent décréter d'accusation Maillard, avec Vincent et Ronsin, sur la proposition de Fabre d'Églantine [3].

Au mois de janvier suivant, le Comité de sûreté générale, se rendant aux vives sollicitations des agents employés par Maillard, leur faisait voter par la Convention une somme de vingt-deux mille livres, pour récompenser des services que le rapporteur Voulland caractérisait en ces termes :

« Le Comité de sûreté générale, de concert avec

---

[1] C'est pour n'avoir pas fait cette distinction que les auteurs de l'*Histoire parlementaire de la Révolution française* (t. XVII, p. 411) ont fait commencer les massacres de septembre aux Carmes, se fondant sur le récit de Méhée, qu'ils ont lu très-légèrement, car cette erreur ne s'y trouve en aucune façon.

[2] *Moniteur* du 15 décembre 1793.

[3] *Moniteur* du 19 décembre 1793.

le Comité de salut public, pensa, au mois d'août 1793, qu'il était de son devoir de prendre des mesures promptes et efficaces pour déjouer les manœuvres des contre-révolutionnaires. Le comité jeta les yeux sur un citoyen, mis aujourd'hui en état d'arrestation par un décret, mais qui, à l'époque où il fut investi de la confiance du comité, avait plus d'un titre qui pouvait faire croire qu'il en était digne. Je parle du citoyen Maillard.

« Le comité, par un arrêté dont je vais vous rendre compte, le chargea de se transporter dans toutes les sections de Paris et lieux environnants, d'y placer des observateurs pour découvrir les démarches de toutes les personnes suspectes et étrangères, qui travaillaient sourdement à troubler l'ordre public, et à rendre illusoires les décrets les plus utiles, émanés de votre sagesse.

« Les hommes dont Maillard s'est servi, pour remplir les importantes missions qui lui avaient été confiées, sont ceux qui viennent réclamer le juste salaire des journées qu'ils ont employées à surveiller les manœuvres de nos ennemis. Ce salaire est de 5 livres par jour. L'état des employés, certifié par Maillard, examiné par votre comité, présente un tableau de soixante-huit citoyens, qui réclament une somme de 22,000 livres, à répartir entre eux [1]. »

Mathon de la Varenne, dont les indications sont si

---

[1] *Moniteur* du 3 janvier 1794.

précises, dit que Maillard mourut en prison, couvert de plaies, au commencement de 1795 [1].

D'un côté, des recherches faites dans les registres de toutes les prisons de Paris, au commencement de 1795, n'ont pas confirmé le témoignage de Mathon de la Varenne ; d'un autre côté, les registres de l'état-civil de Paris nous ont fourni l'indication suivante qui établit péremptoirement que Maillard mourut dans son lit, en 1794 :

« Du 26 germinal an II, — 15 avril 1794, — décès de Stasnislas-Marie Maillard, âgé de trente et un ans, natif de Gournay (Seine-Inférieure), domicilié à Paris, place de la Maison-Commune, n° 57, section des Arcis, marié à Angélique Parredde [2]. »

Ainsi, Maillard, emprisonné, d'après le rapport de Voulland, au commencement de janvier 1794, aurait recouvré sa liberté avant le mois d'avril ; et peut-être fut-il relâché à la demande d'une sorte de club, nommé le Café Chrétien, qui le réclama au mois de février [3].

III

Nous l'avons dit, ce fut à sept heures du soir, le

---

[1] Mathon de la Varenne, *Histoire particulière des événements*, etc. p. 472.

[2] Lors de sa déclaration du 13 mars 1793, Maillard habitait *Place de la Commune*, n. 34. Il signa sa déclaration : *Maillard, l'un des vainqueurs de la Bastille.*

[3] *Moniteur* du 25 février 1794.

2 septembre, que commença le massacre des prisonniers de l'Abbaye, pour ne finir que le 4, vers midi. Il eut lieu à la fois sur deux points distincts, et assez éloignés l'un de l'autre ; dans la rue Sainte-Marguerite, en face de la porte de la prison qui existait encore, mais murée, lors de la démolition de l'Abbaye, et dans la cour abbatiale, dite également cour du Jardin, ouvrant par une porte charretière sur la petite rue Sainte-Marguerite, qui porte aujourd'hui le nom de rue d'Erfurth.

Cette distinction des deux théâtres du massacre est essentielle. Les témoins oculaires, Méhée, l'abbé Sicard, Gabriel-Aimé Jourdan, n'ont pas manqué de la faire ; elle est très-clairement exprimée dans les documents inédits, dont les principaux sont les actes du comité civil de la section ; et c'est pour ne l'avoir point comprise, que les écrivains de ces derniers temps sont tombés dans les bévues les plus étranges [1].

[1] M. Barthélemy Maurice (*Histoire politique et anecdotique des prisons de la Seine*, p. 268) est un de ceux qui se sont le plus complétement égarés dans cette topographie des massacres.

Cet auteur a cru que les prisonniers, amenés en fiacre de la mairie, étaient entrés dans la prison de l'Abbaye. Comme sa porte n'aurait pas pu donner accès à la moindre voiture, il a imaginé d'en faire une exprès, *sous la tourelle ;* et il affirme qu'on en voyait encore les marques, quoique depuis lors elle eût été murée.

C'est ici le cas de répéter cette maxime des philosophes, qu'il ne faut jamais multiplier les êtres sans nécessité. Cette porte n'est pas seulement chimérique, elle est surtout inutile ; car elle n'eût jamais pu conduire l'abbé Sicard au comité civil de la section, qui siégeait assez loin de là, dans une autre rue.

Parmi toutes les preuves que nous pourrions donner, pour éta-

Méhée seul fut témoin, et des massacres qui eurent lieu dans la cour abbatiale, et des massacres qui eurent lieu dans la rue Sainte-Marguerite. Jourdan et l'abbé Sicard virent les premiers seulement ; Jourgniac de Saint-Méard et la marquise de Fausse-Lendry virent les seconds.

Donc, à sept heures du soir, Maillard et sa bande reviennent du couvent des Carmes, rue de Vaugirard, après avoir assassiné cent vingt prêtres, et entrent au comité civil de la section, en criant : *Du vin, du vin, ou la mort !* Écoutons plutôt Méhée, qui assistait à cette scène :

« L'expédition des Carmes est terminée, ou avancée ; une bande de massacreurs revient couverte de sang et de poussière ; ces monstres sont fatigués de carnage, mais non rassasiés de sang. Ils sont hors d'haleine, ils demandent à boire du vin, du vin, ou la mort ! Que répondre à cette volonté irrésistible ? Le comité civil de la section leur donne des bons de vingt-quatre pintes, assignés sur un marchand de vin voisin. Bientôt ils ont bu, ils sont saoulés, et

---

blir que la *porte charretière* menant au comité civil, dont parle Aimé Jourdan, ouvrait sur la rue d'Erfurth, et faisait face au cloître et à la rue Saint-Benoît, nous nous bornerons à l'extrait suivant d'une lettre adressée par Choffin, secrétaire greffier du juge de paix de la section des Quatre-Nations, à la citoyenne Vanhove :

« Citoyenne, je suis instruit que la montre et la chaîne que D. Vittoux avait sur lui, lorsqu'il a été arrêté, est restée au *Comité de la section des Quatre-Nations, séant cour des Moines de Saint-Germain-des-Prés, du côté de la rue Saint-Benoît,* d'où, sous

contemplent avec complaisance les cadavres jonchés dans la cour de l'Abbaye[1]. »

Il est nécessaire d'interrompre ici le récit, au moins un instant, pour dire que des écrivains graves, jaloux de conserver la bonne réputation des hommes de septembre, ont nié que du vin ait pu être bu par les tueurs, en présence des cadavres. Voici en quels termes s'expriment, à ce sujet, les auteurs de l'*Histoire parlementaire de la Révolution française* :

« Le registre d'écrou de l'Abbaye existe encore. Il est couvert de taches de vin. Quelques-unes de ces macules, d'une couleur plus foncée, peuvent être prises pour des taches de sang. Cela semblerait confirmer les accusations portées contre les *jurés*, et qui leur imputent de s'être encouragés par l'ivresse à leurs effrayantes fonctions. Cependant, elles ne nous paraissent pas probables. On ne peut pas croire, en effet, qu'il ait pu se trouver des hommes assez durs pour avoir la possibilité même de boire, au sein du spectacle terrible qui les entourait ; on ne peut pas le croire, surtout lorsque l'on voit le nombre des mises en liberté[2]. »

peu de jours, on pourrait la porter au Comité de surveillance de la mairie, dans le cas où elle ne serait point réclamée. » (Dossier des réclamations des familles des victimes, carton n. 312.—*Archives de l'Hôtel de ville de Paris.*)

[1] *La vérité tout entière sur les vrais acteurs de la journée du 2 septembre 1792*, par Felhémési, p. 27.

[2] Buchez et Roux, *Histoire parlementaire de la Révolution française*, t. XVII, p. 412.

Nous nous bornerons provisoirement, et pour ne pas trop suspendre le récit, à ces deux courtes observations sur l'étrange scepticisme des écrivains que nous venons de citer. D'abord, s'il eût été dur de boire au milieu du massacre des prisonniers, il eût été bien plus dur de ne point boire, pendant les deux nuits et les deux jours que ces prétendus *jurés* passèrent à faire et à voir tuer; ensuite, nous avons sous les yeux les factures des traiteurs qui fournirent le vin consommé par les *jurés* et par les massacreurs; et une seule, celle du citoyen Lhuillier, s'élève à *trois cent quarante-six pintes !*

Reprenons maintenant le récit de Méhée :

« Que faisons-nous ici? s'écrie la même voix qui avait demandé *du vin ou la mort*, la voix de Maillard, revenu des Carmes. *Allons à l'Abbaye ! il y a du gibier là !* Il dit ; les tueurs répètent : *Allons à l'Abbaye !* et ils y volent, armés de leurs piques et de leurs sabres ensanglantés. A peine deux minutes étaient écoulées, que l'on amenait les cadavres égorgés[1] ! »

La bande de Maillard, sortie de la cour abbatiale, descendit la rue d'Erfurth, tourna à gauche, par la rue Sainte-Marguerite, et s'arrêta devant la porte de la prison de l'Abbaye.

---

[1] *La vérité tout entière sur les vrais acteurs de la journée du 2 septembre 1792*, par Felhémési, p. 27.

Les cadavres traînés par les pieds, que Méhée vit arriver dans la cour abbatiale, deux minutes après le départ de Maillard et de sa bande, ne provenaient pas des prisonniers envoyés à la mort par ce qu'on appela le tribunal du peuple. L'installation de ce tribunal, établi sur un ordre envoyé du Comité de surveillance ou d'exécution, avait été précédée de quelques massacres sommaires, sur lesquels il nous paraît nécessaire de donner des explications.

Indépendamment de la bande de Maillard, d'autres assassins étaient réunis, vers quatre heures, dans la rue Sainte-Marguerite, devant la porte de la prison, qu'ils voulaient forcer. Ils restèrent longtemps à crier et à demander les prisonniers. Madame la marquise de Fausse-Lendry, enfermée dans la prison, avec son oncle, l'abbé Chapt de Rastignac, estime ce temps à *trois heures*[1].

Il est permis de penser que la trop légitime terreur qui l'agitait lui aura fait ajouter au temps vrai au moins une heure. Le concierge Delavacquerie, qui n'était pourtant pas un méchant homme, commença vers quatre heures à livrer de temps en temps un prisonnier à la foule pour gagner du temps, et tâcher, à ce qu'il disait, de sauver les autres. « Nous entendions, dit madame de Fausse-Lendry, les cris de joie des féroces meurtriers, et les gémissements

---

[1] De Paysac, marquise de Fausse-Lendry, *Quelques-uns des fruits amers de la Révolution,* p. 73.

des victimes qu'ils immolaient. Le concierge vint nous prévenir qu'il était forcé de sacrifier quelques prisonniers pour sauver les autres. Je lui dis que la vie de tous lui avait été confiée, et que son devoir était de les sauver tous ou de mourir. Je vis avec indignation que je n'étais pas écoutée. Hélas! dans quel lieu et à qui parlais-je d'héroïsme[1]? »

C'est vers quatre heures que commença ce sacrifice individuel des prisonniers, fait par le concierge.

« Vers quatre heures, dit Jourgniac de Saint-Méard, les cris déchirants d'un homme qu'on hachait à coups de sabre, nous attirèrent à la fenêtre de la tourelle, et nous vîmes vis-à-vis le guichet de notre prison, le corps d'un homme étendu mort sur le pavé. Un instant après, on en massacra un autre, ainsi de suite.

« Il est de toute impossibilité d'exprimer l'horreur du profond et sombre silence qui régnait pendant ces exécutions; il n'était interrompu que par les cris de ceux qu'on immolait, et par les coups de sabre qu'on leur donnait sur la tête. Aussitôt qu'ils étaient terrassés, il s'élevait un murmure, renforcé par les cris de : *Vive la nation!* mille fois plus effrayant pour nous que l'horreur du silence[2]. »

C'est au milieu de ces exécutions partielles, et

[1] De Paysac, marquise de Fausse-Lendry, *Quelques-uns des fruits amers de la Révolution*, p. 74.
[2] Jourgniac de Saint-Méard, *Mon agonie de trente-huit heures*, p. 23, 24.

après le massacre de quelques prisonniers, que survint Maillard. Une dépêche des administrateurs de la Commune lui fut remise à cet instant même ; elle était conçue en ces termes :

« AU NOM DU PEUPLE,

« Mes camarades,

« Il vous est ordonné de juger tous les prisonniers de l'Abbaye, sans distinction, à l'exception de l'abbé Lenfant, que vous mettrez dans un lieu sûr.

« A l'Hôtel de ville, le 2 septembre.

« Signé : Panis, Sergent, administrateurs;

Méhée, secrétaire greffier[1]. »

IV

Cette dépêche suggéra immédiatement l'idée de former un tribunal, pour donner au massacre des prisonniers une sorte d'apparence judiciaire, du moins aux yeux de la multitude. Voici en quels termes la formation de ce tribunal est racontée par Méhée, l'un des signataires de la dépêche :

[1] Cette pièce fut publiée en 1796, dans les *Nouvelles politiques*, n. 199, sous le titre de *Documents pour servir à l'histoire des Massacres des 2 et 3 septembre*. Elle est aussi donnée par Mathon de la Varenne, *Histoire particulière des événements*, etc., p. 329. Du reste, aucun historien de la Révolution ne l'a révoquée en doute, et son incontestable authenticité est admise par MM. Marrast et Dupont, *les Fastes de la Révolution*, t. 1er, p. 369, 370.

« Douze escrocs, présidés par Maillard, avec qui ils avaient probablement combiné ce projet d'avance, se trouvent, *comme par hasard,* parmi le peuple; et là, bien connus les uns des autres, ils se réunissent *au nom du peuple souverain,* soit de leur audace privée, *soit qu'ils eussent reçu mission secrète d'une autorité supérieure*[1]; ils s'emparent des registres d'écrous, ils les feuillettent et les parcourent. Les porte-clefs tremblent; la femme du geôlier, le geôlier s'évanouissent : la prison est environnée d'hommes furieux; l'on crie, les clameurs augmentent; la porte est assaillie; elle va être forcée, lorsque *un des commissaires* se présente au grillage extérieur et demande qu'on l'écoute. Ses signes, ses gestes obtiennent un moment de silence; les portes s'ouvrent; il s'avance, le livre des écrous à la main; il se fait apporter un tabouret, monte dessus pour mieux se faire entendre :

« Mes camarades, mes amis, s'écrie-t-il, vous êtes
« de bons patriotes, votre ressentiment est juste, et
« vos plaintes sont fondées; guerre ouverte aux en-
« nemis du bien public, ni trêve, ni ménagements;
« c'est un combat à mort; je sens, comme vous,
« qu'il faut qu'ils périssent; mais, si vous êtes de
« bons citoyens, vous devez aimer la justice. Il n'est

---

[1] Il faut savoir, pour comprendre ce passage, que Méhée l'écrivait après le 9 thermidor, à une époque où il s'efforçait d'oublier lui-même les mesures auxquelles il avait concouru, et les pièces qu'il avait signées.

« pas un de vous qui ne frémisse de l'idée affreuse
« de tremper ses mains dans le sang de l'innocence. »

« Oui, oui, répondit le peuple. »

« Eh bien ! je vous le demande, quand vous voulez,
« sans rien entendre, sans rien examiner, vous jeter,
« comme des tigres en fureur, sur des hommes
« qui sont vos frères, ne vous exposez-vous pas
« au regret tardif et désespérant d'avoir frappé l'in-
« nocent au lieu du coupable ? »

« Ici l'orateur est interrompu par un des assistants
qui, armé d'un sabre ensanglanté, les yeux étincelants
de rage, fend la presse et le réfute en ces termes :

« Dites donc, monsieur le citoyen, parlez donc ;
« est-ce que vous voulez aussi nous endormir ? Si les
« sacrés gueux de Prussiens et d'Autrichiens étaient
« à Paris, chercheraient-ils aussi les coupables ? ne
« frapperaient-ils pas à tort ou à travers, comme les
« Suisses du 10 août ? Eh bien ! moi, je ne suis pas
« orateur ; je n'endors personne, et je vous dis que
« je suis père de famille, que j'ai une femme et cinq
« enfants que je veux bien laisser ici à la garde de
« ma section, pour aller combattre l'ennemi ; mais je
« n'entends pas que, pendant ce temps-là, les scélé-
« rats qui sont dans cette prison, à qui d'autres scé-
« lérats viendront ouvrir les portes, aillent égorger
« ma femme et mes enfants. J'ai trois garçons, qui
« seront un jour, je l'espère, plus utiles à la patrie
« que les coquins que vous voulez conserver. Au

« reste, il n'y a qu'à les faire sortir, nous leur donne-
« rons des armes, et nous les combattrons à nombre
« égal. Mourir ici, mourir aux frontières, je n'en
« serai pas moins tué par des scélérats, et je leur
« vendrai chèrement ma vie; et soit par moi, soit
« par d'autres, la prison sera purgée de ces sacrés
« gueux-là[1]. »

Certes, il y avait une certaine logique dans la fureur de cet assassin. Les assemblées de section avaient assuré que les prisonniers voulaient profiter du départ des volontaires pour sortir de leurs cachots, et pour égorger les familles des patriotes. Si cette accusation était vraie, c'était *endormir* le peuple que de l'empêcher de prévenir des meurtriers, même par un meurtre, ce qui, dans une pareille extrémité, eût été légitime et excusable. C'étaient donc les directeurs des massacres qui étaient encore les plus odieux et les plus lâches, puisqu'ils n'osaient pas revenir sur un premier mensonge pour sauver au moins quelques innocents.

Quant à l'idée d'un combat singulier, dans la rue, entre ces égorgeurs et des vieillards et des prêtres, elle réunissait l'exaltation du délire à celle du crime, quoique un écrivain l'ait citée pour établir la loyauté des tueurs[2].

---

[1] *La vérité tout entière sur les vrais acteurs de la journée du 2 septembre 1792*, par Felhémési, p. 29, 30.

[2] — « Qu'en dites-vous? était-ce bien, à proprement parler, un

La logique brutale de cet orateur armé d'un sabre déjà ensanglanté emporta comme un fétu les distinctions du commissaire de la Commune ; et toute la bande des assassins applaudit à son discours.

« Il a raison, répète un cri général ; point de « grâce ; il faut entrer. »—On se pousse, on s'avance.

« Un moment, citoyens, vous allez être satisfaits, « dit le premier orateur ; voici le livre des écrous ; « il servira à donner des renseignements ; l'on « pourra ainsi punir les scélérats, sans cesser d'être « justes. Le président lira l'écrou en présence de « chaque prisonnier, il recueillera ensuite les voix, « et prononcera. »

« A chaque phrase, on entendait de toutes parts : *Oui, oui ! fort bien ! il a raison ! bravo, bravo !*

« A la fin du discours, plusieurs voix d'hommes apostés crièrent : *Monsieur Maillard ! le citoyen Maillard, président ! C'est un brave homme ! le citoyen Maillard, président !*

« Celui-ci, aux aguets de cette nomination, jaloux d'un pareil ministère, entre aussitôt en fonctions, et dit *qu'il va travailler en bon citoyen.* La commission s'organise ; les compagnons de Maillard l'environnent ; ils conviennent entre eux d'une formule d'interrogatoire très-brève, qui ne devait consister

---

assassin, cet homme qui voulait qu'on donnât des armes aux détenus et qu'on les combattît à forces égales ? » (Barthélemy Maurice, *Histoire politique et anecdotique des prisons de la Seine,* p. 260.)

que dans l'identité des noms et prénoms. Ils arrêtent que, pour éviter toute scène violente dans l'intérieur de la prison, on ne prononcera point la mort en présence des condamnés, qu'on dira seulement : *A la Force*[1] ! »

Tous ces détails donnés par Méhée sont si précis, si clairs, si complets, et, on le verra, si exacts, qu'il nous paraît difficile de voir un autre que lui dans ce commissaire de la Commune, tenant aux égorgeurs les discours que nous venons de rapporter. C'est sans aucun fondement, et par une confusion de circonstances très-diverses, qu'un écrivain a désigné Manuel[2]. Il n'y a qu'un autre commissaire de la Commune qui ait pu voir toutes ces choses aussi exactement que Méhée ; c'est Chaney, secrétaire du Comité d'exécution, qui ne quitta presque point l'Abbaye, pendant toute la durée des massacres, et sur lequel le concierge Delavacquerie s'exprimait ainsi, dans un procès-verbal dressé, le 25 mars 1793, par le citoyen Thomas, secrétaire greffier de la section des Quatre-Nations :

« Les seuls commissaires qui puissent donner des renseignements sur cette affaire (les effets ayant appartenu à M. de Curny), comme ayant apposé et levé les scellés, ou dressé les procès-verbaux, sont

---

[1] *La vérité tout entière sur les vrais acteurs de la journée du 2 septembre 1792*, par Felhémési, p. 30, 31.
[2] Barthélemy Maurice, *Histoire politique et anecdotique des prisons de la Seine*, p. 271.

le citoyen Lenfant, administrateur du Conseil de surveillance, et Duffort, aussi administrateur, et notamment le sieur Chaney, employé au Comité de surveillance, et *qui n'a pas quitté la prison de l'Abbaye depuis le commencement des événements jusqu'à la fin*[1]. »

Le récit de Méhée, quant à l'établissement du tribunal de Maillard, est d'ailleurs confirmé par des documents authentiques.

Le concierge Delavacquerie le confirme en ces termes, dans une longue déclaration relative aux effets des prisonniers : « Le 2 septembre dernier, vers les quatre heures du soir, le peuple s'étant porté à la prison, a sommé ledit concierge de lui remettre tous les registres d'écrou des prisonniers qui y étaient détenus, ce qu'il a fait comme contraint... le citoyen Maillard faisant les fonctions de juge du peuple, avec plusieurs de ses commissaires adjoints[2]. »

Le guichetier Bertrand déclare « que, dans la journée du 2 septembre et suivantes, il a été témoin que l'on faisait venir les prisonniers devant un tribunal qui se tenait au greffe[3], et où présidait un particulier nommé Maillard ; que l'on faisait vider les poches des prisonniers que l'on faisait disparaître,

---

[1] *Registre des comptes de la Commune* du 10 août, vol. 39, carton O. 13. O. p. 229, 230. (*Archives de l'Hôtel de ville de Paris.*)
[2] *Ibid.*, p. 200-201.
[3] Et non : à l'*Avant-Greffe*, comme le dit l'*Histoire politique et anecdotique des prisons de la Seine*, p. 272.

et ensuite, on les envoyait à la Force, c'est-à-dire à la mort[1]. »

Quoique Peltier ait dit qu'il lui paraissait peu probable qu'on recherchât jamais les noms des tueurs de septembre, « parce qu'on n'écrit pas l'histoire des loups, » nous avons essayé de retrouver les noms de ces *douze escrocs* qui formaient, suivant Méhée, le tribunal de Maillard. Nos efforts n'ont pu être couronnés d'un plein succès ; nous n'en avons retrouvé que six. Néanmoins, nous ne plaignons pas notre peine, puisque nous avons pu signaler les noms de ces six misérables au juste mépris de la postérité.

Ces juges de Maillard se nommaient : Bernier, Bouvier, Dalongeville, Grapin, Bernaudin et Rativeau.

Bernier était un aubergiste, demeurant rue du Four-Saint-Germain, n° 156 [2].

Bouvier était un compagnon chapelier, demeurant rue Sainte-Marguerite, maison du sieur Damade [3].

Dalongeville demeurait enclos de l'Abbaye, cour des Moines. Non-seulement il fut juge dans l'affaire des prisonniers, mais il fut partie fort agissante ; car il reçut trente-deux livres pour sa peine, ainsi que le constate l'*État des frais* des massacres [4].

---

[1] *Registre des comptes de la Commune* du 10 août, vol. 39, carton O. 13. O , p. 215. (*Archives de l'Hôtel de ville de Paris.*)

[2] *Extrait général des déclarations faites à la Commission des journées des 2 et 3 septembre*, cote 58. (*Archives de la Préfecture de police.*)

[3] *Ibid.*, cote 56.

[4] *Dossier des massacres de septembre.* — Pièce cotée n° 53. (*Archives de la Préfecture de police.*)

Grapin, domicilié dans la section des Postes, fut envoyé avec un homme de cœur, nommé Bachelard, à l'Abbaye, pendant les massacres, pour réclamer deux prisonniers, au nom de sa section. Arrivé à l'Abbaye, Grapin s'installa auprès de Maillard, et jugea avec lui les prisonniers, ainsi que le constate un certificat délivré à Grapin par Maillard, et portant que Grapin l'avait aidé, pendant soixante-trois heures, à faire justice au nom du peuple [1].

Rativeau était un fruitier, rue Mazarine [2].

Bernaudin était un horloger, demeurant rue Childebert.

Le *tribunal du peuple*, comme les journaux du 3 décembre l'appelèrent, ne tarda pas à fonctionner. Le registre d'écrous fut placé sur la table et appuyé sur des bouteilles ; et les horribles et immondes souillures de sang et de vin qui le couvrent encore caractérisent, mieux que nous ne saurions le faire, les mœurs et les fonctions de cette magistrature de bouge.

On montre, aux Archives de la Préfecture de police, dans la belle et curieuse collection des registres d'écrous, ce registre de l'Abbaye, placé deux jours et deux nuits devant Maillard. Il est difficile de le

---

[1] Mathon de la Varenne, *Histoire particulière des événements*, etc., p. 351.

[2] *Extrait général des déclarations faites à la Commission des journées des 2 et 3 septembre 1792*, cote 50. (*Archives de la Préfecture de police.*)

voir, de l'ouvrir et de le parcourir sans frémir, tant il a conservé la trace indélébile des crimes auxquels il servit, et tant l'imagination dégage involontairement de ses feuillets graisseux une odeur de charnier. C'est un registre d'environ quinze pouces de haut et neuf pouces de large, recouvert en parchemin. On voit du sang sur ses faces extérieures, on en voit sur ses pages : de larges diaprures de vin, aux couleurs plus pâles, se mêlent à ce sang. Le long des listes d'écrou, du haut en bas, se remarquent des taches rondes, moirées, comme faites avec le bout du doigt. Un tueur de l'Abbaye, venu, il n'y a pas fort longtemps, à la Préfecture de police, pour réclamer un renseignement remontant à l'époque des massacres, vit l'archiviste, M. Labat, poser silencieusement un registre devant lui ; cet homme frissonna et dit : « Je reconnais ce registre ; c'est celui que M. Maillard avait devant lui. »

Interrogé sur ces taches rondes, qui offrent une sorte de symétrie, cet homme répondit : « C'est bien simple. Quand on avait expédié un prisonnier, on s'approchait souvent du registre, pour lire les noms des autres. Chacun désignait du doigt le nom de celui qu'il connaissait, en disant : « Et celui-là ? » Ces taches sont les traces des doigts sanglants, appuyés sur le papier [1]. »

---

[1] Nous devons ces détails à l'obligeance de M. Labat.

V

A mesure qu'un prisonnier passait devant ces cannibales, quelqu'un, et le plus souvent Maillard, écrivait en marge, à côté de son nom, cette courte mention : *Mort!* Quelquefois, on mettait : *Mort par le jugement du peuple!* Quelquefois, on écrivait le sort du prisonnier avant qu'il ne fût décidé, comme on le voit à côté du nom de Pierre-Thomas Gibault. On avait écrit : *Le sieur Thomas Gibault a été jugé par le peuple et mis en liberté....* Mais on s'est repris, et l'on a fini la phrase en écrivant.... *Mort sur-le-champ.*

« Le tribunal était à peine assis, lorsqu'une voix cria : « Il y a des Suisses dans la prison ; ne perdez « pas de temps à les interroger ; ils sont tous coupa- « bles ; il ne doit pas en échapper un seul. »—Et la foule de crier : « C'est juste, c'est juste ! commençons « par eux. » Le tribunal prononce unanimement : *A la Force!*

« Maillard, président, va leur annoncer leur sort ; il se présente à eux : « Vous avez, leur dit-il, assas- « siné le peuple, au 10 août ; il demande vengeance, « il faut aller à la Force ! » Les malheureux tombent à ses genoux, et s'écrient : Grâce ! grâce ! « Il ne s'agit, « répondit flegmatiquement Maillard, que de vous

« transférer à la Force ; peut-être ensuite vous fera-
« t-on grâce¹. »

Il y avait là quarante-trois soldats suisses, arrêtés le 10 et le 11 août ; leurs officiers avaient été transférés à la Conciergerie, pour être jugés par le tribunal révolutionnaire du 17 août, à l'exception de M. de Reding, blessé à l'attaque du château, qui était dans la chapelle de la prison. Ces malheureux ne se trompèrent pas aux paroles de Maillard ; les hurlements des assassins qui les attendaient, ne laissaient aucun doute sur leur sort. Quelques-uns étaient des vétérans, dont les cheveux blancs et la figure martiale arrêtaient les premiers rangs des assassins, déjà entrés dans la prison. Tout à coup, un jeune soldat sortit de leurs rangs, et s'offrit pour commencer le sacrifice.

« Il avait, dit Méhée, une redingote bleue, et paraissait âgé d'environ trente ans. Sa taille était au-dessus de l'ordinaire ; sa physionomie était noble, son air martial. Il avait ce calme apparent d'une fureur concentrée. « Je passe le premier, dit-il du
« ton le plus ferme, je vais donner l'exemple. Nous,
« soldats, ne sommes pas les coupables ; nos chefs
« seuls le sont ; cependant, ils sont sauvés, et nous
« périssons² ! mais, puisqu'il le faut, adieu !... » puis,

---

¹ *La vérité tout entière sur les vrais acteurs de la journée du 2 septembre 1792*, par Felhémési, p. 31, 32.

² Il ignorait que les officiers suisses périssaient, comme lui,

lançant avec force son chapeau derrière sa tête, il crie à ceux qui étaient devant : « Par où faut-il aller ? « montrez-le-moi donc ! »

« On lui ouvre les deux portes [1]; il est annoncé à la multitude par ceux qui l'étaient venus chercher, ainsi que ses camarades : il s'avance avec fierté. Tous les opérateurs se reculent, se séparent brusquement en deux. Il se forme autour de la victime un cercle des plus acharnés, le sabre, la baïonnette, la hache et la pique à la main. Le malheureux, objet de ces terribles apprêts, fait deux pas en arrière, promène tranquillement ses regards autour de lui, croise les bras, reste un moment immobile ; puis aussitôt qu'il aperçoit que tout est disposé, il s'élance lui-même sur les piques et les baïonnettes, et tombe percé de mille coups [2]. »

Quarante-deux Suisses périrent ainsi, l'un après l'autre, entraînés dans la rue par les assassins, qui allaient les chercher dans la prison. Un seul fut sauvé : c'était un fils de Suisse, qui s'était volontairement retiré en prison après le 10 août, pour se soustraire à la fureur de la populace égarée. Un Fédéré marseillais le reconnut, répondit de lui, et il fut mis en liberté, aux cris de : *Vive la nation !*

à la Conciergerie, égorgés comme lui, et à la même heure.

[1] La porte du greffe, donnant sur la petite cour intérieure, et a porte de la prison donnant sur la rue.

[2] *La vérité tout entière sur les vrais acteurs de la journée du 2 septembre 1792*, par Felhémési, p. 33, 34.

Une fois les soldats suisses égorgés, on se souvint de M. de Reding, qui était couché dans la chapelle de la prison.

« Vers sept heures, dit Jourgniac de Saint-Méard, nous vîmes entrer deux hommes, dont les mains ensanglantées étaient armées de sabres. Ils étaient conduits par un guichetier, qui portait une torche, et qui leur indiqua le lit de l'infortuné Reding. Dans ce moment affreux je lui serrais la main, et je cherchais à le rassurer. Un de ces hommes fit un mouvement pour l'enlever ; mais ce malheureux l'arrêta, en lui disant d'une voix mourante : « Eh ! Monsieur, « j'ai assez souffert ; je ne crains pas la mort ; par « grâce, donnez-la-moi ici. » Ces paroles le rendirent immobile ; mais son camarade, en le regardant et en lui disant : « Allons-donc ! » le décida. Il l'enleva, le mit sur ses épaules, et fut le porter dans la rue, où il reçut la mort !.... J'ai les yeux si pleins de larmes, que je ne vois plus ce que j'écris [1]. »

Quoique Jourgniac, en écrivant sa curieuse et dramatique relation, le 15 septembre, ait fait preuve d'un grand courage, cependant il n'avait pas osé tout dire sur la mort de Reding. Voici ce qu'à peine sorti de prison, il alla raconter à Peltier, avec lequel il avait rédigé les *Actes des apôtres* :

« Saint-Méard n'a point osé, dit Peltier, retracer

---

[1] Jourgniac de Saint-Méard, *Mon agonie de trente-huit heures* p. 25, 26.

une circonstance affreuse qui se passa sous ses yeux. Voici comment il me l'a dépeinte. Les bourreaux, qui vinrent chercher cet infortuné, pour le faire marcher au lieu de son supplice, voyant que sa blessure l'empêchait de se soutenir, le chargèrent sur leurs épaules ; la douleur lui arrachait des cris déchirants. Un troisième bourreau, qui suivait, prit le parti, pour apaiser le bruit, de lui scier la gorge avec son sabre, et il commença cette exécution sous les yeux même de ses camarades de chambrée. A peine était-il parvenu aux premières marches de l'escalier que ceux-ci s'aperçurent, à la cessation de ses cris, qu'il avait cessé de respirer [1]. »

Les soldats suisses et le capitaine Reding avaient été, comme on l'a vu, purement et simplement assassinés. On ne les avait ni interrogés, ni même appelés. Après eux, le tribunal de Maillard entra enfin en fonctions ; et l'on fit descendre de leurs chambres Grandmaison, Champlos, Marcou et Vidot, écroués tous quatre depuis le mois d'avril 1791, sous la prévention de fabrication de faux assignats. Après un interrogatoire, qui se borna à l'énoncé de leurs noms et prénoms, le tribunal les envoya unanimement *à la Force!* et leurs cadavres allèrent immédiatement grossir le tas sanglant déjà formé par les Suisses.

---

[1] Peltier, *Histoire de la Révolution du 10 août 1792*, t. II, p. 321.

Alors fut appelé M. de Montmorin.

Il y a eu des doutes sur la personne de M. de Montmorin, égorgé à l'Abbaye le 2 septembre. Les uns ont cru que c'était Armand-Marc, comte de Montmorin de Saint-Hérem, ancien ministre des affaires étrangères; les autres ont cru que c'était Louis-Victoire-Hippolyte-Luce, marquis de Montmorin, ancien gouverneur de Fontainebleau. Ces doutes avaient deux causes sérieuses en apparence. D'abord les deux Montmorin, qui étaient proches parents, avaient été également enfermés à l'Abbaye; le gouverneur de Fontainebleau, le 16 août, par ordre du Comité de police; l'ancien ministre, le 22 août, par ordre du Comité de surveillance de l'Assemblée nationale [1]. Ensuite, quoique l'écrou de M. de Montmorin, massacré à l'Abbaye, porte ces mots : *ex-ministre des affaires étrangères*, une déclaration, consignée au procès-verbal authentique des décès des prisonniers de l'Abbaye, dressé le 18 mars 1793, porte qu'on ne saurait au juste affirmer si c'était l'ancien ministre ou l'ancien gouverneur de Fontainebleau [2].

Deux raisons décisives font disparaître ces doutes.

Premièrement, Louis-Victoire-Hippolyte-Luce de

---

[1] Voir dans le registre d'écrous de l'Abbaye une feuille volante, intitulée : *État des prisonniers du 11 au 27 août 1792.*

[2] *Procès-verbal des décès arrivés aux prisonniers de l'Abbaye, les 2, 3 et 4 septembre 1792,* carton n. 312. (*Archives de l'Hôtel de ville de Paris.*)

Montmorin, ancien gouverneur de Fontainebleau, fut transféré à la Conciergerie le 31 août, ainsi que le constate son écrou sur le registre de cette prison ; il y fut égorgé le 3 septembre, ainsi que l'établit un procès-verbal authentique sur les massacres des prisonniers de la Conciergerie, dressé, le 5 mars 1793, par Letellier, commissaire de police de la section du Pont-Neuf, et par Richard, concierge de la prison [1].

Deuxièmement, le *Bulletin du Tribunal révolutionnaire*, publié par Clément, contient, dans sa première partie, numéros 4, 5, 6, 7 et 8, à la date du 29, du 30, du 31 août, du 1er et du 2 septembre 1792, l'interrogatoire, le procès et l'acquittement de Louis-Victoire-Hippolyte-Luce de Montmorin, natif de Fontainebleau, âgé de trente ans, maire de Fontainebleau, colonel du régiment de Flandre, ainsi que le récit de l'émeute qui eut lieu au Palais le 2 septembre, et à la suite de laquelle le président Osselin fut contraint de ramener M. de Montmorin à la Conciergerie, où il fut égorgé le lendemain.

C'était donc bien Armand-Marc, comte de Montmorin de Saint-Hérem, qui parut devant Maillard.

M. de Montmorin, cordon bleu de la promotion du 1er janvier 1784, devint ministre des affaires étrangères au mois de février 1787, au moment de

---

[1] *État nominatif des prisonniers mis à mort à la Conciergerie les 2 et 3 septembre* 1792, vol. D., n. 78. (*Archives de l'Hôtel de ville de Paris.*)

la convocation des Notables, après la mort de M. de Vergennes. Quoique très-dévoué à Louis XVI, dont il avait été le menin, il représentait dans le conseil ce qu'on appelait alors les idées philosophiques, mais avec modération, et avec des vues particulières, qui lui firent combattre la réunion des États-Généraux. Plein de déférence pour Necker, avec lequel il avait plus d'un point de ressemblance, il négocia avec la Révolution et avec les révolutionnaires, jusqu'au moment où la duperie d'un tel rôle lui ouvrit complétement les yeux. Alors, il ne se ressouvint plus que de son attachement au roi. Il eut de sa fin prochaine un pressentiment si lucide, qu'il prédit sa mort et l'établissement de la République à Bertrand de Molleville, cinq ou six jours avant la chute de Louis XVI [1].

Conduit devant le tribunal de Maillard et interrogé, M. de Montmorin, dit Méhée, « déclara d'une manière assez ferme qu'il ne reconnaissait pas les membres de la commission pour ses juges; qu'ils n'en avaient pas le caractère; que l'affaire pour laquelle il était retenu était pendante à un tribunal légal, et qu'il ne doutait pas que l'erreur dans laquelle le public paraissait être à son égard ne fût bientôt effacée; qu'il espérait confondre au plus tôt ses dénonciateurs, faire triompher son innocence, et obtenir même des dommages-intérêts.

[1] Bertrand de Molleville, *Mémoires*. t. III, p. 37.

« Un des assistants l'interrompit, et dit brusquement : « Monsieur le président, les crimes de M. de « Montmorin sont connus ; et puisque son affaire ne « nous regarde pas, je demande qu'il soit envoyé *à* « *la Force.* » Oui ! oui ! *à la Force !* crièrent les juges.

« Vous allez donc être transféré *à la Force,* » dit ensuite le président. — « Monsieur le président, puis-« qu'on vous appelle ainsi, répliqua M. de Montmo-« rin, du ton le plus ironique, Monsieur le président, « je vous prie de me faire avoir une voiture. » — « Vous « allez l'avoir ! » lui répondit froidement Maillard.

« Un de ceux qui étaient là fait semblant de l'aller chercher, sort, et revient un instant après dire à M. de Montmorin : « Monsieur, la voiture est à la « porte ; il faut partir et promptement. » M. de Montmorin réclame alors des effets, un nécessaire, une montre, etc., qui étaient dans sa chambre. On lui répond « qu'ils lui seront envoyés. » Il se décide à aller trouver la fatale voiture qui l'attendait[1]. »

Pendant que M. de Montmorin sortait, Maillard prenait la plume et écrivait : MORT[2] ! sur la marge de son écrou.

---

[1] *La vérité tout entière sur les vrais acteurs de la journée du 2 septembre* 1792, par Felhémési, p. 36, 37.

[2] Ce mot est de l'écriture de Maillard, ainsi que nous avons pu le constater, à l'aide de la longue déclaration du 13 mars 1793, écrite et signée de sa main, dont nous avons déjà parlé. Au-dessus et au-dessous de ce mot MORT, et sans l'effacer, a été écrite la déclaration suivante, en marge de l'écrou de M. de Montmorin : « Du 4 septembre 1792, le sieur Montmorin a été jugé par le peuple, et exécuté sur-le-champ. »

A un autre! cria Maillard [1]; et l'on fit descendre Thierry de Ville-d'Avray, valet de chambre du roi.

Un pareil titre devait fort abréger le procès. Un *juré* accuse Thierry de s'être montré, le 10 août, au château des Tuileries, armé d'un poignard. Thierry nie le fait hardiment, et se borne à répondre qu'il avait rempli au château, le 10 août, les devoirs habituels de sa charge.

« Vous ne nous persuaderez jamais, Monsieur, lui dit un membre, que vous n'êtes pas un aristocrate ; vous approchiez trop près du *Veto*. Vous allez nous dire que vous étiez obligé de faire ce qui vous était ordonné ; moi, je vous répondrai : Tel maître, tel valet. En conséquence, je demande au président qu'il vous fasse transférer *à la Force* [2] ! »

Maillard prononce : *A la Force !* Thierry est entraîné dans la rue. « Broyé de coups, meurtri, sanglant, une pique dans le corps, Thierry criait encore : *Vive le Roi !* lorsqu'un des hommes qui éclairaient cette horrible scène lui ferma la bouche avec sa torche de résine enflammée [3]. »

Cette déclaration a été évidemment ajoutée après coup, ainsi que sa fausse date l'indique, car il est certain que M. de Montmorin fut massacré le 2 septembre.

[1] C'était le mot consacré. « Le président s'assit pour écrire ; et après qu'il eût apparemment enregistré le nom des malheureux qu'on expédiait, j'entendis dire : *A un autre !* » (Jourgniac de Saint-Méard, *Mon agonie de trente-huit heures*, p. 41.)

[2] *La vérité tout entière sur les vrais acteurs de la journée du 2 septembre*, par Felhémési, p. 38.

[3] Mathon de la Varenne, *Histoire particulière des événements*, etc., p. 341.

En ce moment, arrivèrent trois orateurs envoyés par l'Assemblée nationale pour calmer les assassins par la magie de leur éloquence. C'étaient le vieux Dussaulx, petit-neveu de Nicole, et auteur d'une traduction de Juvénal ; Claude Bazire et l'ex-capucin Chabot. Ces orateurs eurent naturellement le succès auquel ils devaient s'attendre. « Nous sommes à notre poste, leur dit un tueur, retournez au vôtre. Si ceux que nous avons préposés à la justice eussent fait leur devoir, nous ne ferions pas leur besogne. Nous sommes à la tâche ; plus nous tuons de coupables, plus nous gagnons [1]. »

Revenus au Manége, ces députés dirent à l'Assemblée qu'ils ne pouvaient la rassurer « sur la suite de cet événement, et qu'ils avaient cru, après avoir déployé tout leur zèle, devoir se retirer dans une section [2]. » L'Assemblée continua son ordre du jour, sans se laisser distraire par les cris de tant de malheureux qu'on égorgeait ; et cependant, à ce moment même, un citoyen était à sa barre, demandant la paye de *trois mille hommes,* qu'il venait de passer en revue sur les terrains du Louvre [3]. »

Quatre autres victimes furent successivement appelées et rapidement immolées.

Buob, juge de paix de la section Poissonnière,

---

[1] Mathon de la Varenne, *Histoire paticulière des événements,* etc. p. 341.

[2] *Procès-verbaux de l'Assemblée nationale,* t. XIV, p. 188.

[3] *Ibid.,* p. 186.

demeurant porte Saint-Denis, rue Basse, n° 7 ; et Bosquillon, juge de paix de la section de l'Observatoire, demeurant place de l'Estrapade, deux hommes d'énergie, qui avaient commencé une instruction contre les auteurs de l'émeute du 20 juin, furent littéralement dépecés.

Le comte de Saint-Marc, un ancien colonel, chevalier de Saint-Louis, percé d'une pique dont le bois traversait son corps d'outre en outre, se traîna un quart d'heure sur ses genoux, implorant la mort à grands cris, jusqu'à ce qu'un des plus féroces tueurs, nommé Antoine Crapier, après des abominations que la plume se refuse à nommer, voulût bien lui couper la tête.

Le lieutenant général comte de Wittgenstein, cordon rouge, ancien commandant de l'armée du Midi ; le procureur Séron, accusé d'avoir *mal parlé de la nation,* parce que, la nuit de la perquisition domiciliaire, il s'était plaint d'avoir été réveillé en sursaut, furent assommés avec une multitude de compagnons d'infortune et joints au tas monstrueux des cadavres, que des *dépouilleurs* mettaient nus avant de les traîner jusqu'à la cour de l'Abbaye [1].

Cependant la table placée devant Maillard se couvrait de plus en plus de dépouilles ; montres, bagues, boutons de chemise, boucles de jarretière et de

---

[1] Voir, pour ces détails, Mathon de la Varenne, *Histoire particulière des événements,* etc., p. 341 à 343.

souliers, médaillons, argent, assignats, tout était enlevé aux prisonniers, avant de les envoyer à la mort. On allait même jusqu'à les mettre nus, quand les vêtements en valaient la peine.

« J'ai oublié, dit Méhée, de rappeler un forfait de plus, commis par les soi-disant chargés du peuple souverain. Avec quelque rapidité que se fissent les opérations, ces Messieurs avaient encore le temps et la précaution, au lieu d'orner les victimes, de les dépouiller au vif; ils commençaient par leur enlever portefeuilles, montres, bagues, diamants, assignats; puis mettaient toutes ces défroques tant dans leurs poches que dans des corbeilles et cartons[1]. »

Jourgniac de Saint-Méard ajoute qu'on en déshabillait quelques-uns.

« J'en vis juger deux, dit-il, dont un fournisseur de la bouche du roi, qui, étant accusé d'être du complot du 10 août, fut condamné et exécuté; l'autre, qui pleurait et qui ne prononçait que des mots entrecoupés, était déjà déshabillé, et allait partir pour *la Force*, lorsqu'il fut reconnu par un ouvrier de Paris, qui attesta qu'on le prenait pour un autre[2]. »

Rien n'est d'ailleurs plus incontestable que ces détails; car voici en quels termes les confirmait Delavacquerie, concierge de l'Abbaye, dans une

---

[1] *La vérité tout entière sur les vrais acteurs de la journée du 2 septembre,* par Felhémési, p. 40.
[2] Jourgniac de Saint-Méard, *Mon agonie de trente-huit heures,* p. 35.

déposition signée de lui, faite le 8 mars 1793 :

« Le peuple a fait l'appel des différents prévenus, les uns après les autres, et ceux qui lui paraissaient coupables étaient immolés et traînés de là dans une des cours des ci-devant Moines. Le peuple ayant ramassé différents effets sortis des poches des prisonniers décédés, il jugea à propos de les dépouiller de leurs effets avant que de prononcer leur translation à l'*Hôtel de la Force,* qui signifiait contre eux la mort.

« Lesquels effets étaient déposés sur la table du guichet desdites prisons, et de là on les transportait à une autre, dans une des chambres desdites prisons, dont le citoyen concierge avait remis la clef au sieur Maillard [1]. »

Le guichetier Bertrand, dans une déclaration du 19 mars, ajoutait : « L'on faisait venir les prisonniers devant un tribunal qui se tenait au greffe, où présidait un particulier nommé Maillard ; on faisait vider les poches des prisonniers que l'on faisait disparaître, et ensuite, on les envoyait *à la Force,* c'est-à-dire à la mort [2]. »

Après sept heures de vols et de meurtres, le président Maillard et ses *jurés* se sentirent succomber sous le faix de leur besogne. « La lassitude des

---

[1] *Registre des comptes de la Commune du 10 août,* vol. 39, carton O. 13. O., p. 200. (*Archives de l'Hôtel de ville de Paris.*)
[2] *Ibid.,* p. 215.

opérateurs, dit Méhée, leur fit abandonner ce poste pendant quelques heures ; ils vinrent se reposer au comité qu'ils avaient choisi pour le théâtre de leurs orgies, se faisant donner *à boire ! à boire !* et passèrent ainsi la nuit dans des ruisseaux de vin [1] ! »

VI

Il ne serait pas juste de reporter sur Maillard seul l'odieux et la honte des massacres de l'Abbaye. Le comité civil de la section des Quatre-Nations en doit avoir sa bonne part. Maillard, il est vrai, exécuta les massacres, et le comité se contenta d'y présider ; le premier s'y montra féroce, et le second ne s'y montra que lâche ; mais si la morale fait une différence entre celui qui commet le crime par goût, et celui qui le laisse commettre par peur, le devoir de l'histoire, en jetant à l'un sa honte, est d'ôter à l'autre son excuse.

Le comité civil de la section des Quatre-Nations, siégeait, comme nous l'avons dit, assez loin de la prison de l'Abbaye, dans une autre rue, et près de l'entrée latérale de l'église de Saint-Germain-des-Prés. Les massacres y commencèrent entre sept et neuf heures du soir, tant sur les détenus qui y étaient conduits

---

[1] *La vérité tout entière sur les vrais acteurs de la journée du 2 septembre 1792*, par Felhémési, p. 41.

de la prison, que sur ceux qui avaient été placés dans le cloître de l'Abbaye, dont on avait fait une prison supplémentaire.

Voilà le spectacle que présentait ce comité vers neuf heures du soir.

« Sur les sept heures du soir, dit Aimé Jourdan, président du comité, tout était assez calme. Je profitai de ce calme pour vaquer à des affaires qui m'étaient personnelles, et qui étaient très-urgentes. Je revins sur les neuf heures. En entrant dans la cour de l'église de l'Abbaye [1], je vis une multitude d'hommes et de femmes rassemblés ; j'entendis des cris répétés de : *Vive la nation !* au milieu desquels s'élevaient des hurlements épouvantables. Ce vacarme était occasionné par des prisonniers que l'on tirait de l'Abbaye, que l'on amenait pour être massacrés dans la grande cour du Jardin [2], et que, chemin faisant, on lardait de coups de sabre.

« La porte du comité était dans cette grande cour du Jardin. J'avance pour m'y rendre. On me laisse passer librement sous la porte charretière qui sépare les deux cours. En entrant dans cette cour, j'aperçois une troupe de gens armés, à moi inconnus, qui

---

[1] On donnait et l'on donne encore le nom de *Cour de l'Église* à la rue Childebert et à la rue Saint-Benoît; une pièce du *Dossier des massacres*, cotée n. 81, dit : « Rue Childebert, enclos de la ci-devant Abbaye. »

[2] Cette cour intérieure s'appelait la *cour Abbatiale*. Une pièce du *Dossier des massacres*, cotée n° 43, feuillet 6, la nomme : «*La cour ci-devant Conventuelle.* »

massacraient impitoyablement toutes les malheureuses victimes qu'on leur amenait. La cour était jonchée d'environ une centaine de cadavres.

« Mais ce que j'aperçus de plus horrible, c'étaient des cadavres qui entouraient des tables couvertes de bouteilles de vin. Les verres dégouttaient de sang dont étaient fumantes les mains des cannibales qui buvaient dedans.

« Pour parvenir au comité, il fallait monter cinq marches. Elles étaient également couvertes de cadavres, sur lesquels je fus forcé d'enjamber. Je trouvai au comité plusieurs de mes collègues, stupéfiés d'horreur et d'effroi. Je leur aidai, non pas à faire le bien, mais à empêcher le mal le plus qu'il était possible. Nous trouvâmes les moyens de sauver plusieurs infortunés [1]. »

Aimé Jourdan, en faisant cette déclaration devant la commission des journées de septembre, instituée le 20 germinal an III—9 avril 1795,—avouait assez ingénument les faiblesses du comité, et par conséquent les siennes ; cependant il ne soulevait qu'à demi le voile, et son témoignage veut être complété par celui de l'abbé Sicard, qui n'avait aucun intérêt aux réticences.

« Le comité était alors rassemblé, dit-il. On massacrait sous ses fenêtres, dans la cour de l'Abbaye,

---

[1] *Déclaration du citoyen Jourdan,* p. 146.

tous les prisonniers qu'on allait chercher dans la grande prison ; et les membres du comité délibéraient tranquillement, et sans se troubler, sur les affaires publiques, et sans faire aucune attention aux cris des victimes, dont le sang ruisselait dans la cour. On apportait sur la table du comité les bijoux, les portefeuilles, les mouchoirs dégouttants de sang, trouvés dans les poches de ces infortunés. J'étais assis autour de cette même table ; on me vit frémir à cette vue. Le président, le citoyen Jourdan, témoigna le même sentiment. Un des commissaires, nous adressant la parole : « Le sang des ennemis, nous « dit-il, est, pour les yeux des patriotes, l'objet qui « les flatte le plus. » Le président Jourdan et moi nous ne pûmes retenir un mouvement d'horreur.

« Un de ces bourreaux, les bras retroussés, armé d'un sabre fumant de sang, entre dans l'enceinte où délibérait ce comité : « Je viens vous demander pour « nos braves frères d'armes, qui égorgent ces aristo-« crates, dit-il, les souliers que ceux-ci ont à leurs « pieds. Nos braves frères sont nu-pieds, et ils par-« tent demain pour les frontières. » Les délibérants se regardent, et ils répondent à la fois : « Rien de « plus juste ; accordé. »

« A cette demande en succède une autre : « Nos « braves frères travaillent depuis longtemps dans la « cour, s'écrie un autre égorgeur, qui entre tout es-« soufflé au comité ; ils sont fatigués, leurs lèvres sont

« sèches; je viens vous demander du vin pour eux. »
Le comité arrête qu'il leur sera délivré un *bon* pour
vingt-quatre pots de vin.

« Quelques minutes après, le même homme vient
renouveler la même demande. Il obtient encore un
autre *bon*. Aussitôt entre un marchand de vin, qui
vient se plaindre de ce que l'on donne *la pratique*
aux marchands étrangers, quand il y a *une bonne
fête*. On l'apaise, en lui permettant d'envoyer aussi
de son vin aux frères qui travaillaient dans la
cour [1]. »

Ces détails sont certes bien horribles, mais on va
voir tout à l'heure, par les factures de ces marchands
de vin, qu'ils sont scrupuleusement exacts.

Ces massacres auxquels présida le comité des
Quatre-Nations durèrent autant que ceux auxquels
présida Maillard, et ils furent exécutés sur deux
sortes de détenus, dont il importe de faire la distinction.

Les premiers étaient amenés de la prison dans la
cour Abbatiale; et la rue, qui s'appelle aujourd'hui
d'Erfurth, était le douloureux calvaire qu'ils avaient
à parcourir pour arriver à la mort, aggravée par les
hurlements horribles et les sévices abominables qui
les accompagnaient.

« Un tueur se plaignit, dit l'abbé Sicard, que

---

[1] *Relation de M. l'abbé Sicard*, p. 110, 111.

ces aristocrates mouraient trop vite ; qu'il n'y avait que les premiers qui eussent le plaisir de les frapper ; et il fut arrêté qu'on ne les frapperait plus qu'avec le dos des sabres ; qu'on les ferait courir ensuite entre deux haies d'égorgeurs, comme cela se pratiquait jadis envers les soldats que l'on condamnait aux verges.

« On arrêta aussi qu'il y aurait autour du lit de paille (où on les faisait venir pour les égorger), des bancs pour les *dames* et des bancs pour les *messieurs*. Une sentinelle fut mise à ce poste, pour que tout se passât dans l'ordre.

« Tout ceci, je l'ai vu de mes yeux, et je l'ai entendu. J'ai vu les dames du quartier de l'Abbaye se rassembler autour du lit qu'on préparait pour les victimes, y prendre place, comme elles l'auraient fait à un spectacle [1]. »

Les seconds détenus étaient tirés d'une prison dite *de supplément*, prison temporaire, spécialement destinée aux prêtres.

Cette prison *supplémentaire* de l'Abbaye a échappé aux historiens des massacres. Constatons d'abord son existence ; nous rechercherons ensuite son emplacement.

Une pièce importante du *Dossier des massacres* contient ce qui suit, au sujet de cette prison : « La proximité des prisons de l'Abbaye, *celle de supplé-*

---

[1] *Relation de M. l'abbé Sicard,* p. 116, 117.

ment, surtout les prisonniers amenés de la mairie à notre comité, nous ont fourni une ample matière pour occuper tous les instants de ceux que la confiance avait appelés au poste pénible de commissaires de cette section [1]. »

Une autre pièce, l'*Information du 20 germinal an III*, s'exprime ainsi au sujet d'un égorgeur, nommé Dalongeville : « Prévenu, étant, le 3 septembre, de garde à la prison dite *de supplément*, d'avoir dit, sur les huit heures du matin, à un citoyen, membre du comité civil de la section de l'Unité [2], qu'un prisonnier lui avait offert cinquante louis pour le sauver [3].

La même pièce porte ce qui suit, au sujet d'un autre tueur nommé Rativeau : « Prévenu d'avoir présidé, le 2 septembre, à l'examen des causes d'arrestation des prisonniers enfermés dans la prison de l'Abbaye, *dite de supplément*, où dix ou douze furent mis de côté ; d'après quoi Rativeau mit aux voix s'ils seraient mis dehors, et que le résultat fut qu'ils furent égorgés [4]. »

L'existence de cette *prison de supplément*, dis-

---

[1] *Dossier des massacres de septembre.* — Pièce n. 46. (*Archives de la Préfecture de police.*)

[2] C'est le nom que prit, vers cette époque, la Section des Quatre-Nations.

[3] *Dossier des massacres de septembre.*—Pièce n. 43, cote 16. (*Archives de la Préfecture de police.*)

[4] *Ibid.*—Pièce 43, cote 10, 12, 30, 44.

tincte de la prison de l'Abbaye proprement dite, ne saurait donc être mise en doute ; maintenant, où se trouvait-elle ?

Un passage de Jourgniac de Saint-Méard semble indiquer très-clairement que cette prison supplémentaire se trouvait dans le cloître, c'est-à-dire à côté du comité civil. « Après qu'on eût massacré tous les prêtres *renfermés dans le Cloître,* dit-il, on commença le massacre des prisonniers par tuer cinquante-six soldats suisses, enfermés à l'Abbaye, dont pas un n'a été sauvé [1]. »

Cette indication de Jourgniac se trouve complétée et confirmée par la déclaration du concierge Delavacquerie, du 8 mars 1793, dont nous avons déjà parlé : « Déclare, en outre, que les citoyens Lenfant et Chaney, accompagnés des commissaires de la section des Quatre-Nations, ont été lever les scellés apposés par les commissaires de ladite section *à une prison provisoire, dans l'ancienne cour des ci-devant moines de l'Abbaye,* et que lesdits effets qui s'y sont trouvés ont été chargés dans la même voiture ci-devant énoncée [2]... »

Ce n'est pas un sentiment de vaine curiosité qui nous a fait constater l'existence et l'emplacement de la prison supplémentaire. C'est qu'il nous semble

---

[1] Jourgniac de Saint-Méard, *Mon agonie de trente-huit heures,* p. 23.
[2] *Registre des comptes de la Commune du 10 août,* vol. 39, carton O. 13. O., p. 215. (*Archives de l'Hôtel de ville de Paris.*)

parfaitement constant que les prisonniers qui y étaient détenus, se trouvant éloignés et séparés de la prison de l'Abbaye proprement dite, ne furent pas portés sur le registre d'écrou de cette dernière, et que par conséquent ils ne sont pas compris dans la liste des victimes dressée à l'aide de cet écrou.

Il est établi en effet par le registre d'écrou, que les prêtres détenus dans la prison proprement dite y furent transférés le 1ᵉʳ septembre, à l'exception de l'abbé Chapt de Rastignac et de l'abbé Lenfant, qui y entrèrent, le premier le 16 août, le second le 30. Or, l'abbé Sicard déclare expressément que toute la journée du 3 septembre fut employée à aller chercher, en ville, des prêtres, qu'on massacrait à leur arrivée. « Toute cette journée se passa, dit-il, à aller chercher dans la ville les prêtres que des scélérats venaient dénoncer, et à les massacrer. Toujours autour de ces victimes les mêmes hurlements, les mêmes chants, les mêmes danses[1]. »

Parmi ces prêtres, qu'on allait chercher à domicile, se trouvèrent encore deux victimes, massacrées dans la nuit du 2 au 3. « Au moment où la porte allait enfin céder aux efforts de nos égorgeurs, dit l'abbé Sicard, au moment où j'allais voir périr mes camarades sous mes yeux (deux prêtres enfermés avec lui au *violon*), on entend dans la cour les cris

---

[1] *Relation de M. l'abbé Sicard*. p. 117.

accoutumés de *Vive la nation !* et le chant de *la Carmagnole*. C'étaient deux prêtres qu'on était allé arracher de leurs lits, et que l'on amenait dans cette cour jonchée de cadavres. Les égorgeurs se ralliaient tous à ce signal de meurtre et de carnage. Ils voulaient tous avoir part au massacre de chaque victime. Ceux-ci oublièrent notre prison [1]. »

Du reste, l'abbé Sicard ne confond pas ces prêtres enfermés dans la prison supplémentaire, ou amenés de leurs domiciles dans la cour pendant les massacres, avec les prêtres tranférés à la prison proprement dite le 1er septembre ; et il en parle séparément.

Ainsi, il dit, dans le récit de sa nuit du 2 au 3 septembre : « Quelle nuit que celle que je passai dans cette prison (le *violon* du comité civil) ! Les massacres se faisaient sous ma fenêtre. Les cris des victimes, les coups de sabre qu'on frappait sur ces têtes innocentes, les hurlements des égorgeurs, les applaudissements des témoins de ces scènes d'horreur ; tout retentissait jusque dans mon cœur. Je distinguais même la voix de mes camarades, qu'on était venu chercher la veille, à la mairie [2]. »

Dans le récit de sa journée du 3, il ajoute : « On ouvre à grand bruit la porte de notre prison, et on y jette une nouvelle victime. Quelle victime ? grand

[1] *Relation de M. l'abbé Sicard*. p. 114.
[2] *Ibid.*, 112.

Dieu ! c'était un de mes camarades de la mairie, que je croyais mort (M. l'abbé S...). Il avait été transféré le 1ᵉʳ septembre, avec soixante autres [1]; et, par un prodige inconcevable, traîné avec ces infortunés au milieu de la cour, pour y être massacré comme eux, il s'était trouvé, sans savoir comment, au rang des égorgeurs, autour des égorgés, et, profitant du désordre qui régnait sur ce théâtre exécrable, il s'était glissé jusque dans le comité, où il avait demandé la vie, avec cet accent du désespoir, qui pénètre jusque dans les cœurs les plus durs. On ne lui répondit qu'en le renfermant avec nous.

« Quelle entrevue ! quel moment pour tous les deux ! j'avais appris, par le concierge, le massacre de tous les prisonniers avec lesquels je savais qu'il était; j'avais entendu frapper à mort les soixante, il était de ce nombre. Chacun de nous avait pleuré la mort l'un de l'autre [2]. »

Ce nombre de soixante prêtres, transférés le 1ᵉʳ septembre de la mairie à l'Abbaye, et que l'abbé Sicard avait entendu frapper et mettre à mort, achève de prouver que les prisonniers enfermés au Cloître ne furent pas écroués; car le registre d'écrou ne contient que le nom de vingt-cinq détenus, écroués le

---

[1] Ce devait être l'abbé *Simon*. C'est le seul prêtre transféré à la prison de l'Abbaye, le 1ᵉʳ septembre, dont le nom commence par un S. Il aurait donc été sauvé, quoique Maillard, qui l'avait envoyé *à la Force*, et remis aux égorgeurs, l'ait porté *mort*.

[2] *Relation de M. l'abbé Sicard*, p. 118.

1er septembre, tous qualifiés prêtres, à l'exception du nommé Piat, de Séron, avoué, de Vigner de Curny et de Walcker.

L'étude que nous avons été amené à faire des registres d'écrou des prisons de Paris, vers l'époque des massacres, nous a prouvé que plusieurs détenus y avaient réellement péri, sans laisser aucune trace sur ces registres. Pour ne citer, en ce moment, qu'un fait relatif à l'Abbaye, Jourgniac raconte la mort d'un jeune officier, nommé de Boisragon, égorgé le 3, et dont le nom n'est pas dans le livre d'écrou.

« J'en ai vu, dit Sénart, secrétaire du Comité de sûreté générale, qui, après vingt mois d'arrestation, n'étaient pas encore enregistrés, et qui étaient détenus sans ordre ; et, d'après un relevé, pour la commission populaire, des tableaux de ces maisons, et sur des vérifications faites par des commissaires *ad hoc*, il s'en trouva beaucoup de cette espèce à la Conciergerie, à Bicêtre et à la Salpêtrière. J'en fis un tableau.

« On peut, sur la quantité immense des morts, tant à la Conciergerie qu'à Bicêtre et à la Salpêtrière, consulter les procès-verbaux de l'officier public sur le relevé desquels j'ai établi le nombre infini de ces victimes, mortes sans qu'elles fussent écrouées et enregistrées [1]. »

Peu de jours après les massacres, le 16 septembre,

[1] Sénart, *Mémoires*, p. 115.

Roland s'exprimait ainsi sur l'état des prisons de Paris :

« On a répandu dans Paris que, depuis le 4 ou 5 du mois, quatre ou cinq cents arrestations ont été faites, et que les prisons sont garnies au moins autant qu'avant la journée du 2 septembre. J'ai voulu vérifier ces faits ; mais, dans aucune prison, je n'ai trouvé ni registre ni écrou. J'ai demandé quelles étaient les personnes qui avaient fait consigner ces prisonniers ; les concierges ont été fort embarrassés de me le dire. J'ai exigé que les ordres me fussent apportés ; il résulte en effet de ces ordres, que, depuis cette époque, quatre ou cinq cents personnes ont été emprisonnées par ordre, soit de la municipalité, soit des sections, soit du peuple, soit même d'individus ; quelques-uns de ces ordres sont motivés, la plupart ne le sont pas [1]. »

Tous les doutes sont d'ailleurs levés par la déclaration suivante du libraire Prudhomme, membre du comité civil des Quatre-Nations, et témoin oculaire des massacres :

« Sur les neuf heures du soir, le comité de la section de l'Abbaye est cerné par une cinquantaine de brigands. La sollicitude du comité se porte sur quatre-vingts prêtres, enfermés *provisoirement* dans une salle donnant sur la cour où avaient été égorgés,

---

[1] *Moniteur* du 17 septembre 1792.

le matin, les seize[1] arrivés dans les fiacres. Cette salle était ignorée des égorgeurs.... Un officier municipal arrive, se fait ouvrir la porte de la salle, y entre avec soixante hommes armés.... L'officier municipal demande le livre d'écrou. *Le guichetier répond qu'il n'y en a pas;* que ces prisonniers ont été envoyés provisoirement de la mairie depuis peu de jours.... Aucun ne fut épargné[2]. »

[1] On a déjà vu qu'on en égorgea *vingt et un*, et non *seize*.
[2] Prudhomme, *Histoire impartiale des Révolutions*, t. III, p. 3, 244.

LIVRE DIX-SEPTIÈME

ÉPISODES DU MASSACRE DE L'ABBAYE. — L'ORGIE DES TUEURS. — L'ABBÉ CHAPT DE RASTIGNAC. — L'ABBÉ LENFANT.—Mme DE FAUSSE-LENDRY.—Mlle DE SOMBREUIL. Mlle CAZOTTE.—JOURGNIAC DE SAINT-MÉARD.

Massacres dans la cour Abbatiale.—Le président du comité s'évanouit.—Paille apportée pour couvrir les cadavres.—Illumination des cadavres.—Festin des tueurs.—Les dépouilleurs des morts.—Laveuses et chargeurs de cadavres.—Factures des traiteurs.—Reprise des massacres, le 3 septembre.—Les abbés Lenfant et Chapt de Rastignac bénissent les prisonniers.—L'abbé Lenfant.—L'abbé Chapt de Rastignac.—Dévouement de sa nièce, Mme de Fausse-Lendry.—Mlle de Sombreuil.—Son dévouement envers son père.—Le verre de sang. —Mlle Cazotte et son père.—Agonie de Jourgniac de Saint-Méard.— Sa délivrance.— Dépouillement des morts.— Noms des dépouilleurs.—Dorat-Cubières et son procès-verbal.— Détail sur les inventaires.—Lavage et vente des habits.— Enlèvement des cadavres et le voiturier Noël.—Liste authentiqué et détaillée des victimes de l'Abbaye.—Total : 216.

I

C'est dans la cour abbatiale et dans l'enceinte du comité civil, que se passèrent les plus grandes et les plus hideuses abominations dont les massacres de l'Abbaye furent accompagnés. Là eut lieu l'illumination des têtes coupées, faite à la demande des *dames* du quartier ; là eut lieu le dépouillement des morts ; là eut lieu l'orgie horrible des tueurs, avec des cœurs arrachés tout chauds des poitrines qui battaient encore, et mangés crus !

Nous concevons, jusqu'à un certain point, le sentiment de cet écrivain démocrate qui a présenté le récit de l'abbé Sicard comme ne méritant aucune créance. En eux-mêmes, ces faits sortent des données communes de la nature humaine, et ne peuvent pas être crus sans preuves. Cet écrivain n'avait pas les preuves, et il était autorisé à douter ; mais ces preuves nous les avons, nous, et nous croyons !

On conçoit sans peine quels flots de sang durent répandre ces prisonniers, égorgés en si grand nombre dans la cour de l'Abbaye. La vapeur de ce sang remplissait l'air d'émanations nauséabondes qui suffoquaient. A minuit, le président du comité, Aimé Jourdan, s'évanouit sur son fauteuil. « Sur le minuit, dit-il, les sensations douloureuses et horribles que j'éprouvais à chaque instant, jointes à la vapeur du sang humain qui me porta au cerveau, furent cause que je me trouvai mal. Je cherchai en vain un flacon ou de l'eau. Comme je demeurais à deux pas, au coin de la rue Taranne, je sortis pour aller chez moi, à l'effet d'y prendre quelque soulagement[1]. »

Le 3, au matin, on ne pouvait plus se tenir dans la cour, on y marchait dans le sang : il fallut la laver.

---

[1] *Déclaration du citoyen Jourdan*, p. 146.

« La cour de l'Abbaye, dit l'abbé Sicard, se trouvait ruisseler de sang, telle que le sol encore fumant où l'on vient d'égorger plusieurs bœufs à la fois.

« Il fallut la laver; la peine fut extrême. Pour n'avoir pas à y revenir, quelqu'un proposa de faire apporter de la paille, de faire dans la cour une sorte de lit, au-dessus duquel on mettrait tous les habits de ces infortunés, et qu'on les ferait venir là pour les y égorger. L'avis fut trouvé bon[1]. »

Tout cela est minutieusement exact; voici les bons des commissaires, et les factures de la veuve Dedouin, pour la paille fournie, avec l'indication de son emploi :

Premier bon :

SECTION DES QUATRE-NATIONS.

« Il sera délivré de la paille au porteur, pour couvrir les cadavres.

« Ce 3 septembre 1792.

« Signé : Possien, commissaire ;

Pittel, commissaire. »

Au bas est écrit :

« *Neuf bottes de paille*[2]. »

[1] *Relation de M. l'abbé Sicard*, p. 116.
[2] *État des frais faits par la section des Quatre-Nations dans les journées des 2, 3 et 4 septembre dernier, d'après l'autorisation du Conseil général de la Commune, avec les pièces à l'appui;* cote b/45, n. 51.—Pièce n. 60. (*Dossier des massacres de septembre.—Archives de la Préfecture de police.*)

Deuxième bon :

« Bon pour douze bottes de paille, pour le comité de la section des Quatre-Nations.

« Signé : Leclerc, commissaire.

« 3 liv. 12 s. Reçu le montant ci-dessus.

« Signé : *veuve* Dedouin.

« Ce 5 octobre 1792[1]. »

Troisième bon :

« Bon pour douze bottes de paille, pour le compte du comité, pour couvrir les cadavres qui se trouvent dans la cour. Le deux septembre mil sept cent quatre-vingt douze, l'an quatrième de la liberté, et le premier de l'égalité.

« Signé : Prudhomme et Sandot.

« 3 liv. 12 s. Reçu le montant ci-dessus.

« Signé : *veuve* Dedouin.

« Ce 3 octobre 1792[2]. »

Quatrième bon :

« Du 4 septembre 1792.

« Bon pour douze bottes de paille.

« Signé : Harlée, commissaire; Barbot.

« Reçu le montant ci-dessus, 3 liv. 12 sous.

« Signé : *veuve* Dedouin, le 31 octobre 1792[3]. »

---

[1] *État des frais faits par la section des Quatre-Nations dans les journées des 2, 3 et 4 septembre dernier, d'après l'autorisation du Conseil général de la Commune, avec les pièces à l'appui;* cote b/45, n. 51.—Pièce n. 67. (*Dossier des massacres de septembre.—Archives de la Préfecture de police.*)

[2] *Ibid.,* pièce n. 60.

[3] *Ibid.,* pièce n. 54.

Ces pièces comptables, preuves irrécusables de la véracité de l'abbé Sicard, sont restées enfouies soixante ans, d'abord au comité civil de la section des Quatre-Nations[1], ensuite aux Archives de la mairie de Paris, enfin aux Archives de la Préfecture de police, où les originaux existent encore ; et il ne faut rien moins, nous en convenons, que de pareils témoignages, pour croire aux horreurs dont ces pièces rétracent le souvenir.

Ce qui est encore peut-être plus froidement monstrueux que ce lit de paille, préparé à l'avance, et sur lequel on amenait les prisonniers pour les égorger, c'est l'air de fête et l'empressement de cannibales que les oisifs du quartier, hommes et femmes, apportaient à cette boucherie. L'abbé Sicard nous a déjà dit, pour l'avoir vu, qu'on avait apporté autour de ce lit, des bancs pour les *dames* et pour les *messieurs*. Eh bien ! ces bancs ne suffirent pas, et il fallut encore illuminer les têtes coupées !

« J'ai dit que les *dames* du quartier de l'Abbaye se rendaient en foule aux scènes d'horreur qui se passaient dans cette malheureuse enceinte. On imagine quelles dames c'étaient. Eh bien ! ces mêmes dames firent demander au comité, où j'étais, qu'on

[1] Aimé Jourdan, dans sa *Déclaration* faite le 20 prairial an III, disait : « Je finis ici ma déclaration ; le surplus n'aurait rapport qu'aux comptes ; ils ont été rendus dans le temps ; la section les possède, avec les pièces à l'appui. » (*Déclaration du citoyen Jourdan*, p. 153.)

leur procurât le plaisir de voir tout à leur aise les *aristocrates* égorgés dans la cour du comité. Pour faire droit à la demande, on plaça un lampion auprès de la tête de chaque cadavre, et aussitôt les *dames* jouirent de cette exécrable illumination [1]. »

Sur ce point, comme sur celui du lit de paille, préparé d'avance à des hommes encore vivants, le témoignage de l'abbé Sicard est irrécusable ; car voici le mémoire de Bourgain, chandelier, qui fournit les lampions :

MÉMOIRE DE BOURGAIN, CHANDELIER.

« Extrait du *Mémoire* fourni par Bourgain, chandelier, pour l'*événement* des 2, 3 et 4 septembre dernier, au comité de la section des Quatre-Nations.

Le 2 :

12 terrines, à 10 heures du soir	7 l.	4 s.
36 terrines, à 11 heures.	28	9
36 terrines, à 2 heures	28	9

Le 3 :

50 terrines.	30	»

Le 4 :

56 terrines.	33	12
	127	14

« Certifié conforme, arrêté et soldé,

« Signé : LECOMTE [2]. »

---

[1] *Relation de M. l'abbé Sicard*, p. 133, 134.
[2] *État des frais faits par la section des Quatre-Nations dans*

C'est au milieu de ce sang, de ces cadavres, et à la clarté de cette illumination, prolongée pendant deux nuits, que six genres de convives vinrent manger, boire, se répandre en gais propos, sur des tables dressées au comité ; c'étaient :

Les tueurs en chefs,

Les *ouvriers*, c'est-à-dire les égorgeurs,

Les Fédérés et volontaires parisiens, variété d'égorgeurs,

Les dépouilleurs des morts,

Les laveuses des vêtements ensanglantés des victimes,

Les chargeurs des cadavres et le voiturier.

Nous ne saurions dire à laquelle de ces six tables s'assirent Pierre Gentilhomme, Louis Gibory, Jacques Samuel, Antoine Portes et Joseph Cabrol, nommés *fouilleurs des cadavres par le peuple souverain*, ainsi que le constate un procès-verbal régulier, dont la place se trouvera dans notre récit.

Le menu des tueurs en chef, fourni par le traiteur Lanoir, ne manquait ni d'ampleur, ni de finesse. En voici le détail, d'après son mémoire original :

---

les journées des 2, 3 et 4 septembre dernier, d'après l'autorisation du Conseil général de la Commune.—Pièce cotée b/45, n. 51; pièce à l'appui, n. 72. (Dossier des massacres de septembre.—Archives de la Préfecture de police.)—Est-il nécessaire d'ajouter, pour les étrangers, que les *terrines à suif* constituent le lampion spécialement en usage pour les illuminations de Paris?

« Un pâté long en tranche. . . .	10 liv.
Un bout de pâté, idem. . . .	6
Un pâté rond.	4
Deux pâtés de 15 sous pièce. . .	1 10 s.
Une poularde.	4
Une dinde	3
Veau rôti.	6
Deux poulets	3
Un fricandeau	3
	40 liv. 10 s.

« Reçu comptant du citoyen Roussineau. *Signé* : Lanoir, traiteur [1]. »

Notre fidélité d'historien nous oblige à dire que le *Mémoire* du traiteur Lanoir est intitulé : Mémoire des objets fournis pour nourriture des prisonniers dans la maison de l'Abbaye, du 2 et 3 septembre 1792, d'après l'autorisation du comité civil ; mais notre devoir de critique nous oblige d'ajouter que la destination indiquée dans ce titre est puérile et dérisoire.

Premièrement, les prisonniers de l'Abbaye, comme tous les prisonniers à cette époque, étaient nourris par l'État ; et madame Roland constate que

---

[1] *État des frais faits par la section des Quatre-Nations dans les journées des 2, 3 et 4 septembre 1792, avec l'autorisation du Conseil général de la Commune.* — Pièce cotée b/45 ; pièce à l'appui, n. 41. (*Dossier des massacres de septembre.* — Archives de la Préfecture de police.)

les prisonniers de l'Abbaye avaient 2 fr. par jour, dont 1 fr. donné au concierge, pour frais de chambre, et 1 fr. pour l'éclairage, le feu et la nourriture [1].

Deuxièmement, les membres du comité civil n'auraient ni pu, ni voulu se charger de payer des aliments déjà inscrits au budget du ministère de l'intérieur ; et l'argent payé par le citoyen Roussineau était pris, ainsi que le constatent l'*État des frais des massacres* et l'*Inventaire des effets des victimes,* sur les valeurs trouvées dans les poches des morts.

Troisièmement, Jourgniac de Saint-Méard et la marquise de Fausse-Lendry constatent que le dernier repas des prisonniers de l'Abbaye fut le dîner du 2 septembre, servi, comme à l'ordinaire, par le concierge Delavacquerie, quoique de meilleure heure que d'habitude ; à partir de ce moment, les prisonniers ne mangèrent plus ; si bien que le 3 septembre au soir, ils n'avaient pas pu obtenir même une goutte d'eau, à plus forte raison des pâtés en tranche, des dindes et des poulardes.

« Tous les tourments de la soif la plus dévorante, dit Jourgniac, à la date du 3 septembre au soir, se joignaient aux angoisses que nous éprouvions à chaque minute. Enfin, notre guichetier Bertrand parut seul, et nous obtînmes qu'il nous apporterait une cruche d'eau. Nous la bûmes avec d'autant plus

[1] Madame Roland, *Mémoires*, 1re partie, p. 25.

d'avidité, qu'il y avait *vingt-six heures* que nous n'avions pu en obtenir une seule goutte. Nous parlâmes de cette négligence à un Fédéré, qui vint avec d'autres personnes faire la visite de notre prison; il en fut indigné au point qu'en nous demandant le nom de ce guichetier, il nous déclara qu'il allait l'exterminer. Il l'aurait fait, car il le disait, et ce ne fut qu'après bien des supplications que nous obtînmes sa grâce [1]. »

Il se peut donc qu'en recevant l'ordre du comité civil, le traiteur Lanoir ait cru qu'il s'agissait d'aliments pour les prisonniers, mais le plus simple examen des faits prouve qu'il s'agissait d'un festin pour les égorgeurs en chef, c'est-à-dire pour le *président* Maillard et pour ses douze *jurés*.

Il y a une différence énorme entre le festin des chefs et celui des *ouvriers,* c'est-à-dire des égorgeurs, car les pièces des massacres désignent toujours les assassins sous le nom d'*ouvriers qui ont travaillé aux cadavres,* ou sous le nom d'*ouvriers qui ont travaillé à l'expédition des prêtres.* Une fois les maîtres repus, le festin des autres a pour base une quantité indéfinie de vin et de pains de quatre livres. Voici un dîner de ce genre, délivré à huit tueurs, avec un petit ordinaire de 30 sous par tête :

« Bon fait par MM. les commissaires de la section

---

[1] Jourgniac de Saint-Méard, *Mon agonie de trente-huit heures.* p. 31, 33.

des Quatre-Nations, les 2, 3 et 4 d'*août* dernier[1], savoir : MM. Barbot, Harlée, Pittel, Possien et Paquotte.

Premier bon de 18 pintes de vin	10 liv.	16 s.
Six pains de 4 livres	4	10
Un bon de 4 pintes de vin	2	8
Un pain de quatre livres	»	15
Un bon pour huit personnes, à raison de 30 sous par personne	12	»
Plus un bon de 20 sols	1	»
	31 liv.	9 s.

« Fourni par le sieur Delestre, marchand de vin traiteur, rue Saint-Benoît, dont quittance à Paris, ce 9 octobre. Signé DELESTRE[2]. »

Quelques tueurs, appartenant à la catégorie des Fédérés et des volontaires parisiens, sont encore moins bien traités :

« Bon pour deux brocs de vin, de chacun douze pintes, un pain de quatre livres, pour nos frères d'armes.

« Fait au comité de permanence de la section des Quatre-Nations, le 3 septembre, l'an 4e de la liberté, le 1er de l'égalité.

« Signé, POSSIEN, commissaire,
LACAILLE, commissaire[3]. »

---

[1] Il est inutile de montrer que c'est là une erreur de date échappée au traiteur Delestre, qui ne fut payé que le 9 octobre.
[2] *État des frais*, déjà cité, pièce à l'appui, n. 39.
[3] *Ibid.*, pièce à l'appui, n. 77.

Les dépouilleurs des morts reçurent d'abord une ample distribution de vin; ils n'étaient que cinq, Firmin, Dufour, Maingue, Louis-Adrien et Marc Leloux, et ils présentèrent à M. Champfort, marchand de vins, le bon suivant :

COMITÉ PERMANENT DE LA SECTION DES QUATRE-NATIONS.

« M. Champfort, marchand de vin, rue Childebert, fournira un broc de treize pintes de vin. Le 3 septembre 1792, l'an 4e de la liberté et le 1er de l'égalité.

« Signé, POSSIEN, commissaire;

LACAILLE, commissaire. »

Au dos est écrit : « Je reconnais avoir reçu du citoyen Lecomte, trésorier de la section des Quatre-Nations, la somme de sept livres seize sols, pour solde de treize pintes de vin fournies pour les dépouilleurs, dans l'événement des 2, 3 et 4 septembre, dont quittance et décharge. A Paris, le 13 octobre 1792, 1er de la République française.

« Signé : CHAMPFORT [1]. »

Comme complément, les dépouilleurs reçurent encore un bon pour leur souper, ainsi conçu :

« Bon pour la somme de sept livres dix sous, pour

[1] *État des frais*, déjà cité, pièce à l'appui, n. 33.

le souper des cinq citoyens Firmin, Dufour, Maingue, Louis-Adrien, Marc. Fait au comité des Quatre-Nations, le 3 septembre 1792, l'an 4ᵉ de la liberté, et 1ᵉʳ de l'égalité.

« Signé : Dorat-Cubières, commissaire ; Bourgeot, Prudhomme et Thomas[1]. »

Quant à la qualité des citoyens dont il s'agit, elle est établie par un mandat de payement qui fait partie de la collection des bons des tueurs, et que voici :

SECTION DES QUATRE-NATIONS.

« Les nommés Dufour, Dupuis, Firmin, Leloux, } Dépouilleurs.

« Pour les quatre, à 24 francs par personne. Total, 96 fr.

« Fait au comité permanent, l'an 4ᵉ de la liberté, et le 1ᵉʳ de l'égalité.

« Signé : Delaconté, commissaire ; Prévost, commissaire. »

Au dos est écrit : « Reçu le montant en l'autre part, le sieur Dufour a déclaré ne savoir signer, ainsi

---

[1] *État des frais*, déjà cité, pièce à l'appui, n. 90.

que les sieurs Dupuis et Firmin, qui ont fait leur croix; signé : Leloux[1]. »

Les laveurs et les laveuses des vêtements ensanglantés des victimes furent abreuvés assez largement, ainsi que le prouve la pièce suivante :

« Le citoyen Lecomte, trésorier de la section, voudra bien payer au citoyen Pigeon la somme de treize livres quatre sols, pour le vin qu'il a fourni, suivant la note d'autre part.

« Fait au comité de la section des Quatre-Nations le 15 octobre 1792, l'an 1er de la République.

« Signé : Maillio, commissaire,
et Lacaille, commissaire. »

Au dos est écrit : « Monsieur Chéradame reconnaîtra, s'il veut bien, madame Pigeon pour avoir fourni vingt-deux pintes de vin pour les hommes et les femmes qui ont lavé la défroque des ennemis de la nation; ce que je certifie véritable. Signé : Gasc, commissaire[2]. »

Il paraît d'ailleurs, au moins d'après la déclaration suivante, que ces laveurs et ces laveuses avaient mérité les plus grands éloges :

« Monsieur Chéradame voudra bien reconnaître

---

[1] *État des frais*, déjà cité, pièce à l'appui, n. 31. — Maingue manque à ce bon, parce qu'il a reçu ses 24 liv. comme tueur, par un bon séparé, qui est au dossier.
[2] *Ibid.*, pièce à l'appui, n. 75.

le nommé Antoine Bourdin pour être le conducteur du lavage de la défroque des ennemis de la nation. Le nombre des personnes qui y ont travaillé se monte à vingt. Il considèrera, en payant ces ouvriers, qu'ils ont fait un ouvrage bien dégoûtant et bien pénible, avec la plus sévère fidélité. Il a fourni une voiture à deux chevaux.

« Ce que je certifie véritable, à Paris, le 3 septembre 1792.

« Signé : Gasc, commissaire[1]. »

Enfin, les chargeurs des cadavres et leur conducteur, Charles Noël, eurent aussi leur festin, payé avec l'argent trouvé sur les morts; en voici l'ordre, donné à Lhuillier, marchand de vin, enclos de l'Abbaye :

« Lhuillier donnera à dîner à Pierre Hardon, Nicolas Chappier, Nicolas Florentin et à Charles Noël.

« De la part du comité des Quatre-Nations, ce 3 septembre 1792.

« Signé : Thomas, Delaconté, commissaires. »

Voici du reste ce qu'était Charles Noël, et en vertu de quels ordres il se trouvait au comité :

---

[1] *État des frais*, déjà cité, pièce à l'appui, n. 80.

COMITÉ PERMANENT DE LA SECTION DES QUATRE-NATIONS.

« Donnons pouvoir à Charles Noël, voiturier, demeurant à Paris, rue des Anglaises, place Maubert, n° 39, d'enlever cinquante cadavres, en deux voitures ; plus, quarante, dans deux autres voitures ; faisant ensemble quatre-vingt-dix cadavres.

« Étant arrivé à 12 heures de nuit, est parti à 6 heures du matin.

« Fait au comité, ce 3 septembre 1792, 4ᵉ de la liberté, 1ᵉʳ de l'égalité.

« Signé : POSSIEN, commissaire ;
BERNAUDO, commissaire. »

Au dos est écrit : « Le comité de la section des Quatre-Nations reconnaît que quatre voitures ont été encore enlevées le 3 septembre 1792, an 1ᵉʳ de l'égalité, par Charles Noël, voiturier ; ce qui fait en tout huit voitures.

« Fait au comité, les jour et an que dessus.
« Signé : PRUDHOMME, commissaire ;
BOURGEOT, commissaire[1]. »

Nous demandons pardon au lecteur d'avoir tenu si longtemps son esprit sur ces horribles et immondes détails. Nous n'en avons pas fini, tant s'en faut, avec ce sang et avec cette boue ; nous aurons encore bien

---

[1] *État des frais*, déjà cité, pièce à l'appui, n. 35.

des ignominies à mettre au grand jour ; mais il était nécessaire de montrer le côté intime et pour ainsi dire domestique de cette organisation des massacres, pendant les premières heures de repos que prirent les assassins, avant de commencer le récit des actes de férocité ou d'héroïsme qui éclatèrent à l'Abbaye, dans la journée du 3 septembre.

II

Ce fut vers dix heures du matin, le 3 septembre, que recommencèrent les massacres de la prison de l'Abbaye. Il y avait eu, dans la matinée, des cachots enfoncés et des prisonniers égorgés isolément ; mais, vers dix heures, Maillard et ses *jurés* reprirent leurs siéges ; et les assassins, revenus à leur poste, remplirent de nouveau la rue de flots de sang et les airs de hurlements sauvages.

A cette heure, les dernières illusions disparurent de l'esprit des prisonniers qui en avaient encore, et deux prêtres qui restaient vivants : l'abbé Lenfant et l'abbé Chapt de Rastignac, montèrent dans la tribune de la chapelle pour donner la bénédiction *in articulo mortis* aux dix-neuf détenus qui s'y trouvaient.

Le père Lenfant, jésuite, né à Lyon, le 9 septembre 1726, quitta la France après l'expulsion de son ordre, en 1762, et devint prédicateur de l'empereur Joseph II. Il ne fut pas, comme on l'a dit, confesseur de Louis XVI. Son oraison funèbre du Dauphin et son oraison funèbre de M. de Belsunce lui firent une grande réputation.

Le lecteur n'aura pas oublié une dépêche de l'Hôtel de ville, arrivée le 2 septembre aux tueurs, avant les massacres de la prison, et qui était conçue en ces termes :

« Il vous est ordonné de juger tous les prisonniers de l'Abbaye, sans distinction ; *à l'exception de l'abbé Lenfant,* que vous mettrez dans un lieu sûr. » D'où pouvait venir au prédicateur de Joseph II et de Louis XVI, cette faveur de la Commune, qui l'exemptait du sort commun réservé aux prêtres fidèles ? C'est que l'abbé Lenfant était frère de Lenfant, l'un des trois assassins que Panis s'était associés pour former le comité directeur des massacres.

D'abord, Maillard et ses jurés ne comprirent pas bien le motif de cette exception ; et comme les égorgeurs ne paraissaient pas l'admettre volontiers, Maillard écrivit au Comité de surveillance, pour demander les explications nécessaires et de nouveaux ordres. Panis et Sergent répondirent par la dépêche suivante :

« Sur la demande qui nous est faite, au nom du peuple, par un citoyen porteur d'un ordre signé Maillard, nous déclarons au peuple qu'il importe beaucoup à l'intérêt public que l'abbé Lenfant soit conservé, mais qu'il ne soit pas mis en liberté; au contraire, très-étroitement gardé. Nous représenterons le procès-verbal et les autres pièces lorsqu'il en sera temps, pour éclairer nos frères. Mais, dans ce moment, la multiplicité bien concevable des affaires publiques nous empêche d'employer peut-être deux heures à retrouver ce procès-verbal dans la multitude de nos procès-verbaux.

« A la mairie, ce 3 septembre, l'an 4ᵉ de la liberté, de l'égalité, le 1ᵉʳ.

« *Les administrateurs de police et de surveillance,*

« Signé : PANIS, SERGENT [1]. »

Cet ordre si précis conserva les jours de l'abbé Lenfant le 3 septembre, comme il les avait préservés le 2. Il y eut même, la veille, un moment de perplexité, à l'arrivée de la première dépêche, qui exceptait l'abbé Lenfant des prisonniers destinés à la mort; on craignit qu'il n'eût déjà péri, avec les prêtres massacrés dans la cour de l'Abbaye. Un égorgeur alla, une éponge à la main, laver le visage poudreux et sanglant des prêtres couchés sur le pavé, afin de voir si l'abbé Lenfant n'était point parmi les cadavres [2].

---

[1] Mathon de la Varenne, *Histoire particulière des événements*, etc., p. 358.
[2] *La vérité tout entière sur les vrais acteurs de la journée du 2 septembre*, par Felhémési, p. 27.

L'abbé Chapt de Rastignac, d'une ancienne et illustre maison du Périgord, qui avait donné des évêques à Limoges et des archevêques à Tours, était docteur de Sorbonne, abbé de Saint-Mesmin, vicaire général d'Arles, et ancien député du clergé d'Orléans à l'Assemblée constituante. Il avait soixante-dix-huit ans, et s'était fait remarquer par divers écrits.

Une jeune et courageuse femme, mademoiselle de Paysac de Rastignac, mariée au marquis de Fausse-Lendry, sollicita, comme mademoiselle de Sombreuil, comme mademoiselle Cazotte, la permission d'habiter la prison de l'Abbaye : elle y donnait ses soins à ce vieillard, qui était le frère de sa mère.

C'étaient ces deux prêtres qui, de la tribune de la chapelle, invitaient leurs malheureux compagnons à se mettre à genoux pour recevoir leur bénédiction.

« Ils nous annoncèrent dit Jourgniac de Saint-Méard, que notre dernière heure approchait, et nous invitèrent à nous recueillir pour recevoir leur bénédiction. Un mouvement électrique, qu'on ne peut définir, nous précipita tous à genoux, et, les mains jointes, nous la reçûmes.

« A la veille de paraître devant l'Être-Suprême, agenouillés devant deux de ses ministres, nous présentions un spectacle indéfinissable. L'âge de ces deux vieillards, leur position au-dessus de nous, la mort planant sur nos têtes et nous environnant de toutes parts, tout répandait sur cette cérémonie une teinte auguste et lugubre ; elle nous rapprochait de la Divinité ; elle nous rendait le courage. Tout raisonnement était suspendu, et le plus froid et le plus incrédule en reçut autant d'impression que le plus ardent et le plus sensible.

« Une demi-heure après, ces deux prêtres furent massacrés, et nous entendîmes leurs cris [1]. »

L'abbé Chapt de Rastignac périt le premier, vers onze heures. On l'avait séparé, la veille, de madame de Fausse-Lendry, sa nièce, enfermée dans une petite pièce avec mademoiselle de Sombreuil, mademoiselle Cazotte, mademoiselle Lapérouse et madame la princesse de Tarente. Manuel, venu à la prison vers sept heures, le 3 septembre, avait rassuré madame de Fausse-Lendry. « Soyez tranquille, madame, lui dit-il, il ne lui arrivera rien ; j'en réponds sur ma tête. » Il ajouta : « Ne parlez pas de votre oncle ; vous y feriez penser, on l'oubliera [2]. »

La tendresse et le dévouement de madame de Fausse-Lendry furent trompés. Le concierge Delavacquerie lui promit de l'appeler, si l'on venait demander son oncle. L'abbé Chapt de Rastignac lui écrivit, vers neuf heures, un billet dans lequel, en

---

[1] Jourgniac de Saint-Méard, *Mon agonie de trente-huit heures*, p. 28, 39.
[2] De Paysac, marquise de Fausse-Lendry, *Quelques-uns des fruits amers de la Révolution*, p. 74.

se plaignant de ne l'avoir point vue, il lui annonce qu'on allait le délivrer et le reconduire chez lui. Cette promesse était un leurre. C'est à la mort qu'il fut conduit.

L'abbé Chapt de Rastignac fut amené devant Maillard, au moment où un peintre nommé, Bonneville, arrivait, au nom de sa section, pour réclamer trois détenus. « Le citoyen Bonneville, dit Roch Marcandier, m'a raconté qu'étant allé à l'Abbaye pour réclamer trois personnes, les soi-disant juges se récrièrent sur le nombre de trois. — « C'est beau-
« coup, dirent-ils. — Mais ils sont innocents, répliqua
« Bonneville. — Attendez, continua le président; je
« vais donner un os à ronger à ceux qui sont à la
« porte, et je vous satisferai ensuite. » Ce fut l'abbé Chapt de Rastignac qui fut massacré en cet instant, et les trois personnes que Bonneville réclamait lui furent rendues [1]. »

Madame de Fausse-Lendry n'apprit que le soir l'affreuse destinée de son oncle. Vers trois heures, les femmes furent appelées devant le tribunal : Maillard et ses jurés eurent honte d'assassiner ces malheureuses, toutes, à l'exception de madame la princesse de Tarente, détenues volontaires.

« Bientôt, dit madame de Fausse-Lendry, on vint chercher les femmes, pour les conduire à l'interro-

---

[1] Roch Marcandier, *Histoire des hommes de proie*, p. 28.

gatoire. On nous mena dans un guichet où un grand nombre de prisonniers avaient déjà trouvé la mort. Les juges qui composaient le tribunal sanguinaire ne voulurent pas nous entendre; on nous fit remonter dans notre chambre.

« Dès ce moment, nous fûmes suivies par des hommes ensanglantés, armés de sabres et chargés de pistolets. L'ivresse du vin et celle du carnage étaient peintes sur leurs visages affreux, et éclataient dans leurs regards étincelants. Ils nous racontaient avec une joie barbare la manière dont on se défaisait des aristocrates; et la terreur dont nous étions frappées était pour ces cannibales un nouveau sujet de triomphe[1]. »

Une sorte de pressentiment fatal poussait madame de Fausse-Lendry à s'assurer de l'état de son oncle, mort déjà depuis plusieurs heures. A l'entrée de la nuit, son impatience éclata, et elle demanda, avec instance, à être conduite devant Maillard.

« Je parvins, dit-elle, à travers les sabres et les piques jusqu'au président. Cet homme, qui n'avait rien de l'humanité que la conformation de ses traits, était assis près d'une table, et environné de torches funèbres; ses habits étaient couverts de sang, ses yeux égarés paraissaient avides du meurtre des malheureux, dont le crime l'avait rendu le juge souverain. »

[1] De Paysac, marquise de Fausse-Lendry, *Quelques-uns des fruits amers de la Révolution*, p. 78.

Après un court interrogatoire, dans lequel madame de Fausse-Lendry déclara qu'elle était entrée volontairement en prison pour donner ses soins à un vieillard, Maillard lui dit : « Madame, vous avez fait une grande imprudence ; — vous êtes libre et vous pouvez sortir ! »

Cette parole était une trahison, car si madame de Fausse-Lendry était sortie, elle était morte. « Un des juges, qui m'écoutait avec attention, me dit : « Non, madame, ne sortez pas ; le moment n'est pas « favorable. Remontez dans votre chambre, et lors- « que vous pourrez sortir sans danger, je vous ferai « avertir. » Un homme en veste me dit alors : « N'é- « coutez pas cela ; si vous voulez vous en aller, je « vais vous pousser, et vous serez bientôt sortie. » Lorsqu'on était poussé, c'était pour être assommé.

« Entraînée par le désir de voir mon oncle, je pris cet homme pour mon sauveur ; je le suivis à ce fatal guichet où tant d'honnêtes gens sont morts avec gloire. Tout à coup je me sentis saisir par le bras que j'avais libre ; j'entends une voix qui me crie : « Vous ne sortirez pas ! » Étrange effet de mon aveuglement ! Je repoussais l'homme serviable qui voulait me sauver, et je secondais de toutes mes forces le bourreau qui m'entraînait au supplice. Cette lutte dura près de dix minutes.

« Lorsque la porte fut ouverte, et que j'étais prête à franchir le passage fatal, l'homme qui me retenait toujours, cria : « Lâchez ou je vous fais fusiller ! » L'assassin ne se le fit pas dire deux fois. La personne à qui je dois la conservation de mes jours se nomme M. Pochet [1]. »

A neuf heures du soir, l'honnête homme qui avait sauvé les jours de madame de Fausse-Lendry vint l'arracher de la prison. « Il était, dit-elle, avec un de ses camarades, humain comme lui. Ces deux braves gens me donnèrent le bras. La porte s'ouvre ; je me vois couverte de sabres sans pouvoir faire un mouvement. J'aperçois le sang qui coulait sous mes pas. Hélas ! sans doute mes pieds étaient couverts de son sang…, je marchais sur des bras… des mains… sur celles qui avaient été l'appui des malheureux, qui m'avaient tant de fois secourue !… O Dieu ! Dieu ! donnez-moi la force de supporter la douleur qui me déchire !… Mes sauveurs demandent ma grâce, elle leur est accordée, je n'étais pas digne de recevoir une mort aussi glorieuse [2] ! »

Jourgniac de Saint-Méard s'est trompé sur le jour de la mort de l'abbé Lenfant ; et, en disant qu'il avait entendu ses cris en même temps que ceux de l'abbé de Rastignac, il a induit en erreur Peltier, et tous les autres écrivains qui ont suivi son témoignage, sans être en situation de le contrôler.

---

[1] De Paysac, marquise de Fausse-Lendry, *Quelques-uns des fruits amers de la Révolution*, p. 80, 81.
[2] *Ibid.*, p. 82.

Deux apologistes des hommes de septembre, MM. Marrast et Dupont, ont même cru pouvoir s'appuyer sur cette mort de l'abbé Lenfant, arrivée le 3 septembre, d'après Jourgniac, pour en conclure que le Comité de surveillance de la mairie n'avait pas dirigé ces massacres, puisque les ordres réitérés de Panis et de Sergent n'auraient pas pu sauver le frère d'un de leurs collègues [1].

Les ordres de Panis et de Sergent, portant l'injonction d'excepter des massacres l'abbé Lenfant, et de le mettre en lieu sûr, furent, au contraire, ponctuellement exécutés par Maillard. L'abbé Lenfant ne périt point dans les massacres de l'Abbaye proprement dits, qui finirent le 4 septembre ; il périt le 5, dans la rue, par un hasard malheureux, quand tout était fini à l'Abbaye.

Le registre d'écrou de l'Abbaye porte, à côté du nom de l'abbé Lenfant, cette mention : « Mort le cinq septembre. » Le procès-verbal authentique des victimes, la notoriété, tous les témoignages certains, se réunissent pour établir que les massacres de l'Ab-

---

[1] « L'ordre de Panis et de Sergent fut aussi impuissant que la première proclamation. Le peuple persista à demander le jugement de l'abbé Lenfant, qui dut paraître devant ce jury populaire. Là, en dépit des recommandations du Comité de surveillance, ce prêtre fut condamné, puis mis à mort, ainsi que l'atteste Saint-Méard, qui entendit ses cris.

« Comment donc concilier cette impuissance du Comité de surveillance avec la haute direction de ces massacres, que les historiens lui attribuent ordinairement? » (MARRAST et DUPONT, *les Fastes de la Révolution française*, t. Ier, p. 370.)

baye furent terminés, et que les deux prisons se trouvèrent vides, le 4.

L'abbé Lenfant fut donc relâché le 5 septembre; et voici comment Mathon de la Varenne raconte sa mort :

« Il fut relâché, après avoir donné tout ce qu'il possédait [1]; mais on le fit suivre et signaler à des femmes qui crièrent : *Voilà le confesseur du roi!* Il voulut s'échapper; mais il fut ramené et massacré rue de Bucy, en face de la prison, sur la porte d'une maison qu'habitait un homme pieux, nommé Guillaume-Jacques Vandamberg, qui nous a attesté le fait, et vit encore [2]. »

Tel fut le sort de ces deux prêtres qui, du haut de la tribune de la chapelle, avaient fait descendre le pardon du ciel sur leurs malheureux compagnons agenouillés devant eux.

A peu près à la même heure que l'abbé de Rastignac, fut appelé devant Maillard le marquis de Som-

---

[1] Un rapport fait au Conseil général de la Commune prouve (p. 37) que Duffort et Ozanne, administrateurs, reçurent de l'abbé Lenfant, le 31 août 1792, une somme de 1,450 francs, qui ne put pas être recouvrée; et l'inventaire des effets des morts signale, page 13 et dernière, divers effets ayant appartenu à l'abbé Lenfant, notamment *une bourse en soie rose*, contenant cent trente louis, avec une étiquette ainsi conçue : « 130 louis en dépôt chez moi, pour les remettre à M. de Saint-Ouen, qui est dans sa terre de Châtillon. » Le procès-verbal ajoute : « lesquels comptés s'y sont trouvés en nature. » (*Dossier des massacres*, pièce n. 94 bis.—*Archives de la Préfecture de police*.)

[2] Mathon de la Varenne, *Histoire particulière des événements*, etc., p. 358.

breuil, maréchal de camp, commandeur de Saint-Louis, gouverneur des Invalides depuis 1786. Il avait auprès de lui sa fille, dont le nom restera éternellement honoré dans les fastes de la piété filiale.

Mademoiselle de Sombreuil n'eut dans la prison que cette suprême préoccupation : sauver son père ou mourir avec lui !

Vers onze heures, M. de Sombreuil fut appelé devant le tribunal. Le débat y fut long et affreux. Sa fille, naturellement faible, déploya une énergie surhumaine, discutant tout, réfutant tout. « Elle toucha tellement par l'éloquence de la nature, dit Mathon de la Varenne, qu'on décida de prendre sur lui des renseignements. Quelques forcenés se présentèrent pour en fournir. Elle perdait de nouveau l'espoir, promettait de mourir avec lui, et l'exhortait au courage, lorsqu'ils déposèrent en sa faveur [1]. »

Dans un rapport fait à la Convention, le 18 ventôse an III, — 8 mars 1795, — Piette, député des Ardennes, confirmait et complétait cette donnée de Mathon de la Varenne :

« Lors des massacres de septembre, elle couvrit son père de son corps pendant plus de vingt-cinq heures ; quatre fois elle l'arracha au tribunal de sang. Ses efforts, son dévouement déterminèrent des témoins de ces scènes d'horreur à solliciter un sursis

---

[1] Mathon de la Varenne, *Histoire particulière des événements*, etc., p. 353.

pour prendre des renseignements sur l'infortuné vieillard, aux Invalides et à la section du Gros-Caillou, qui attestèrent de la manière la plus satisfaisante son civisme, son humanité et sa bienfaisance[1]. »

Après des heures d'une lutte et d'une attente horribles, mademoiselle de Sombreuil attendrit les juges de son père : Maillard prononça l'acquittement; et, tel avait été l'entraînement exercé par cette héroïque jeune fille, que ces assassins la prirent dans leurs bras et la portèrent en triomphe dans la rue, ainsi que ce vieillard, moins brisé par ses trente-cinq anciennes blessures que par l'admiration que lui avait inspirée son enfant.

Une longue tradition, consacrée par des poëtes, veut que les juges de M. de Sombreuil aient forcé sa fille à racheter la vie de son père en buvant un verre de sang. Certes, les jurés de Maillard étaient bien capables d'imposer une telle rançon, et mademoiselle de Sombreuil était assez sublime de tendresse et de courage pour la subir. La vérité de cette tradition, quoique dépourvue de témoignages extérieurs, ne saurait être révoquée en doute, puisqu'elle s'appuie désormais sur l'attestation de mademoiselle de Sombreuil elle-même.

Madame de Fausse-Lendry, qui était dans la même chambre que mademoiselle de Sombreuil, et

---

[1] *Moniteur* du 10 mars 1795.

qui raconte avec attendrissement son dévouement héroïque, ne fait pas la moindre allusion à ce verre de sang [1].

Peltier, qui était à Paris pendant les massacres de septembre, et qui imprima son livre, si curieux et si exact, au commencement de 1793, n'en parle pas [2].

Le rapport de Piette, fait dans l'intérêt de mademoiselle de Sombreuil, et sur des renseignements fournis par elle, se tait complétement à cet égard.

Arrêtée, avec son père et avec son jeune frère, mademoiselle de Sombreuil fut conduite à la prison de la Bourbe le 31 décembre 1793. Voici comment s'exprime, à ce sujet, le journal d'un des prisonniers :

« Du 11 nivôse, an II.

« L'on amena aussi la famille Sombreuil, le père, le fils et la fille : tout le monde sait que cette courageuse citoyenne se précipita, dans les journées du mois de septembre, entre son père et le fer des assassins, et parvint à l'arracher de leurs mains. Depuis, sa tendresse n'avait fait que s'accroître, et il n'est sorte de soins qu'elle ne prodiguât à son père, malgré les horribles convulsions qui la tourmentaient tous les mois, pendant trois jours, depuis cette lamentable époque. Quand elle parut au salon, tous

---

[1] De Paysac, marquise de Fausse-Lendry, *Quelques-uns des fruits amers de la Révolution*, p. 76, 77.
[2] Peltier, *Histoire de la Révolution du 10 août 1792*, t. II, p. 346.

les yeux se fixèrent sur elle et se remplirent de larmes[1]. »

On voit que ce récit, quoique voisin de l'époque des massacres, ne fait non plus aucune mention du verre de sang.

Enfin, la compilation de Mathon de la Varenne, composée, après les événements de fructidor an V, de matériaux si bien choisis, raconte et loue avec enthousiasme le dévouement de mademoiselle de Sombreuil, mais ne dit rien de l'affreux sacrifice au prix duquel elle aurait racheté la vie de son père[2].

Le devoir de l'historien serait donc de douter, mais le doute devient impossible en présence de l'attestation suivante, qui nous est adressée par le fils de mademoiselle de Sombreuil, devenue plus tard comtesse de Villelume :

« Ma mère, Monsieur, n'aimait point à parler de ces tristes et affreux temps. Jamais je ne l'ai interrogée ; mais parfois, dans des causeries intimes, il lui arrivait de parler de cette époque de douloureuse mémoire. Alors, je lui ai plusieurs fois entendu dire que lors de ces massacres, M. de Saint-Mart sortit du tribunal devant son père, et fut tué d'un coup qui lui fendit le crâne ; qu'alors, elle cou-

---

[1] *Tableau des Prisons de Paris sous le règne de Robespierre*, p. 93.
[2] Mathon de la Varenne, *Histoire particulière des événements*, etc., p. 352.

vrit son père de son corps, lutta longtemps et reçut trois blessures.

« Ses cheveux, qu'elle avait très-longs, furent défaits dans la lutte ; elle en entoura le bras de son père, et, tirée dans tous les sens, blessée, elle finit par attendrir ces hommes. L'un d'eux, prenant un verre, y versa du sang sorti de la tête de M. de Saint-Mart, y mêla du vin et de la poudre, et dit que si elle buvait CELA à la santé de la nation, elle conserverait son père.

« Elle le fit sans hésiter, et fut alors portée en triomphe par ces mêmes hommes.

« Depuis ce temps, ma mère n'a jamais pu porter les cheveux longs sans éprouver de vives douleurs. Elle se faisait raser la tête. Elle n'a jamais non plus pu approcher du vin rouge de ses lèvres, et, pendant longtemps, la vue seule du vin lui faisait un mal affreux. »

« Signé : comte de VILLELUME SOMBREUIL. »

La première trace écrite de la tradition relative au verre de sang bu par mademoiselle de Sombreuil pour sauver son père se trouve dans une note du *Mérite des femmes*, par Legouvé, qui parut en 1801. Dans une ode intitulée : *Mademoiselle de Sombreuil,* M. Victor Hugo exprima et consacra ainsi ce souvenir, que M. Thiers a depuis lors admis, sans autre examen, dans son *Histoire de la Révolution française:*

S'élançant au travers des armes :
— Mes amis, respectez ses jours !
— Crois-tu nous fléchir par tes larmes ?
— Oh ! je vous bénirai toujours,
C'est sa fille qui vous implore ;
Rendez-le-moi ; qu'il vive encore !
— Vois-tu le fer déjà levé ;
Crains d'irriter notre colère ;
Et si tu veux sauver ton père,
Bois ce sang..... — Mon père est sauvé !

Mademoiselle de Sombreuil perdit son père et son jeune frère, âgé de vingt-six ans, qui périrent sur l'échafaud le 22 prairial an II, — 10 juin 1794, — et son frère aîné, Charles de Sombreuil, qui fut fusillé à Vannes, en juin 1795, après l'expédition de Quiberon.

Sortie de prison et de France, après le 9 thermidor, mademoiselle de Sombreuil épousa un émigré, M. le comte de Villelume, qui fut nommé, sous la Restauration, gouverneur de la succursale des Invalides à Avignon. Mademoiselle de Sombreuil y est morte en 1823.

III

Peltier et Mathon de la Varenne ont placé au 2 septembre, à cinq heures du soir, l'héroïque dévouement de mademoiselle Cazotte, sur la foi de ce passage de Jourgniac de Saint-Méard :

« *A cinq heures* : —Plusieurs appelèrent fortement M. Cazotte ; un instant après, nous entendîmes passer sur les escaliers, une foule de personnes qui parlaient fort haut, des cliquetis d'armes, des cris d'hommes et de femmes. C'était ce vieillard, suivi de sa fille, qu'on entraînait. Lorsqu'il fut hors du guichet, cette courageuse fille se précipita au cou de son père. Le peuple touché de ce spectacle, demanda sa grâce, et l'obtint[1]. »

Jourgniac de Saint-Méard, qui a jugé sur des cris confus poussés dans un escalier, et entendus à travers la porte de la chapelle de la prison de l'Abbaye, que Cazotte avait été conduit devant Maillard, le 2 septembre, s'est trompé, et a induit en erreur ceux qui ont suivi son témoignage. Madame de Fausse-Lendry, qui était dans la chambre des femmes, avec mademoiselle Cazotte, place l'événement au 3 septembre, et le raconte ainsi :

« ... On nous fit remonter dans notre chambre... Nous fûmes suivies par des hommes ensanglantés, armés de sabres et chargés de pistolets ; l'ivresse du vin et celle du carnage étaient peintes sur leurs visages affreux... Dans cette horrible situation, mademoiselle Cazotte demanda avec instances de voir son père ; elle montra tant de sensibilité, et une vertu si sublime, que cela lui fut accordé. On la conduisit

---

[1] Jourgniac de Saint-Méard, *Mon agonie de trente-huit heures*; p. 25.

dans la chambre où il était, et presqu'aussitôt, on la conduisit dans la nôtre.

« Quelques moments après, cette jeune personne si intéressante, entendant son père qui descendait pour subir son sort, s'élança au travers des gardes, s'attacha à ce vieillard infortuné, et il ne fut plus possible de l'en séparer. Elle déploya le même héroïsme dont mademoiselle de Sombreuil avait donné le rare modèle. Comme cette fille généreuse, mademoiselle Cazotte parvint à attendrir les meurtriers dont son père allait éprouver la fureur [1]. »

Jacques Cazotte, l'une des victimes les plus touchantes et les plus nobles de ce temps de délire, avait alors soixante-quatorze ans. Il était de Dijon.

[1] De Paysac, marquise de Fausse-Lendry, *Quelques-uns des fruits amers de la Révolution*, p. 78.
Nous devons ajouter que le *Bulletin du Tribunal révolutionnaire*, dans l'analyse qu'il donne du discours de Julienne, défenseur de Cazotte devant le tribunal du 17 août, s'exprime ainsi :
« Il a tracé le tableau intéressant de ce qui s'est passé *dans l'après-midi du 2 septembre dernier,* lors du massacre des prisonniers de l'Abbaye...... »
Ce passage semblerait donc confirmer le témoignage de Jourgniac ; mais l'écrou de Cazotte et de sa fille Élisabeth porte ces mots, écrits en marge :
« 4 septembre, ont été mis en liberté M. et Mademoiselle Cazotte après leur jugement dudit jour. »
Cette mention semblerait, d'un autre côté, infirmer le témoignage de madame de Fausse-Lendry ; mais la phrase du *Bulletin* est rédigée d'une manière vague, et réduit à l'après-midi du 2 septembre les massacres de l'Abbaye, et la mention marginale de l'écrou n'est pas de la main de Maillard. Elle a été, comme plusieurs autres, consignée après coup, par la commission qui fut chargée de dresser la liste des victimes.
Le récit de madame de Fausse-Lendry reste donc le seul précis et exact, fondé sur l'autorité d'un témoin oculaire.

Il avait été élevé chez les Jésuites, et en avait rapporté un goût très-vif pour les lettres, qu'il cultiva avec succès.

En 1747, Cazotte partit pour la Martinique avec une charge de contrôleur des Iles-sous-le-Vent. Il y passa près de quatorze ans, et y composa le poëme d'*Olivier,* le principal de ses ouvrages. En 1760, il obtint sa retraite, et s'en alla vivre avec le titre de commissaire général de la marine, au village de Pierry, près d'Épernay, où il était depuis trente-deux ans, en 1792. Il était devenu, depuis la Révolution, maire de sa commune, où l'aîné de ses deux fils était commandant de la garde nationale.

Quoique exalté et mystique, et ayant appartenu trois ans à la secte des martinistes[1], Cazotte était un homme de bon sens. La stérilité de l'agitation révolutionnaire le frappa bientôt, et il n'espéra rien de cette bourgeoisie turbulente et ambitieuse, qui voulait fonder un gouvernement pour sa vanité et pour son bavardage, et qui ne fonda rien que le chaos.

Il avait dans l'administration de la liste civile un ami intelligent, nommé Ponteau ; et, du fond de sa retraite de Pierry, il lui écrivait, en style vif, original et fantasque, l'impression que les événements successifs faisaient sur son âme.

« Je ne sais rien de si alarmant, disait-il un jour,

---

[1] *Bulletin du Tribunal révolutionnaire,* 1ʳᵉ partie, n. 7.

que la position de Paris avec ses Jacobins, son maire jacobin, ses députés jacobins, et les Jacobins de la légion de Jourdan, qui y arrivent avec l'uniforme des sans-culottes; que le roi se hâte de se donner une garde à lui. Je crache sur les gardes de la porte; quand même quelques-uns d'entre eux auraient bien fait, ces lâches petits bourgeoisons de Versailles ne pouvaient ignorer les trahisons méditées par la Commune. Il faut casser tout cela, et le remplacer par des gens non mariés, qui n'entourent pas le roi de truandaille[1]. »

Cette légèreté, ce délire avec lequel Paris se jetait dans la Révolution, et y entraînait la France, ne sortaient pas de l'esprit de Cazotte.

« A Paris, écrivait-il, tout est criminel, depuis le salarié du Manége à 18 livres, jusqu'au rentier qui touche froidement ses rentes, tandis que son roi, torturé de mille manières, sert d'otage à la sûreté de la ville, et de gage de fidélité aux engagements publics. Cependant, les femmes se parent, courent les spectacles de toutes les espèces, ne respirent que dissipations, tandis que nous, consternés et prosternés, nous appelons la vengeance et la miséricorde. Les femmes de Paris me sont odieuses, et je demande pour elles l'entière exécution du deuxième ou troisième chapitre d'*Isaïe,* dans lequel le prophète

---

[1] *Bulletin du Tribunal révolutionnaire,* 1re partie, n. 16.

dit « que quand Dieu aura rendu au peuple ses princes et ses juges, toutes les femmes seront rasées. » Je demande que la duchesse de Bour... soit à la tête, avec la demoiselle d'Auv....., la Larochef......., la Coig.., mon amie, et tant d'autres, en finissant par les femmes de la Halle. Ce sont les femmes amoureuses de l'indépendance et de la nouveauté, qui ont perdu les hommes; elles mériteraient le fouet; qu'on les rase et on obéit à Dieu [1]. »

Ces lettres pleines de boutades, et illuminées par des éclairs de bon sens, furent saisies parmi les papiers de la liste civile. Cazotte et sa fille Élisabeth, arrêtés à Pierry, furent conduits à Paris et écroués à l'Abbaye le 24 août [2]. Le fils aîné de Cazotte, garde du roi, s'était dérobé aux suites du 10 août; son second fils était émigré.

Élisabeth Cazotte pouvait seule sauver son père. Elle parla pour lui, et trouva, comme mademoiselle de Sombreuil, des paroles si éloquentes et d'une tendresse si persuasive, que ces bourreaux à demi ivres se sentirent émus, et mêlèrent leurs larmes aux siennes. Quatre d'entre eux chargèrent le vieillard sur leurs épaules; et, suivis d'Élisabeth, ils franchirent le guichet extérieur en criant : *Vive la*

---

[1] *Bulletin du Tribunal révolutionnaire*, 1re partie, n. 21.
[2] Voici le texte de leur écrou :
« Du 24 août 1792, M. et Mademoiselle Cazotte ont été écroués en vertu d'un ordre du Comité de sûreté générale. »

nation ! Les grâces de cette héroïque enfant séduisirent les bourreaux du dehors, comme elles avaient désarmé le tribunal de Maillard ; et Cazotte et sa fille sortirent ainsi par un triomphe des étreintes d'une mort affreuse, miraculeusement évitée.

Ce triomphe ne fut pas long. Cazotte, arrêté de nouveau, fut écroué à la Conciergerie le 12 septembre, et traduit, le 24, devant le Tribunal révolutionnaire institué par la loi du 17 août. Son procès dura deux jours, et se termina, le 25, par une sentence capitale. La malheureuse Élisabeth assistait à l'audience, près de son père ; et, lorsque la condamnation fut prononcée, le président Lavaux donna l'ordre de consigner Élisabeth dans une chambre de la Conciergerie jusqu'après l'exécution, qui eut lieu, le soir même, à sept heures, sur la place du Carrousel.

C'était alors encore l'usage, conservé des Présidiaux et des Tournelles, de prononcer un discours aux condamnés ; on nous pardonnera de reproduire ici le discours adressé à Cazotte, après sa condamnation, par Lavaux, qui remplaçait Osselin au fauteuil du Tribunal révolutionnaire :

« Faible jouet de la vieillesse ! victime infortunée des préjugés d'une vie passée dans l'esclavage ! toi, dont le cœur ne fut pas assez grand pour sentir le prix d'une liberté sainte, mais qui as prouvé, par ta sécurité dans les débats, que tu savais sacrifier jusqu'à ton existence pour le soutien de ton opinion, écoute les dernières paroles de tes juges ; puissent-elles verser dans ton âme le baume précieux des consolations ! Puissent-elles, en te déterminant à plaindre le sort de ceux qui viennent de te condamner, t'inspirer cette stoïcité qui doit présider à tes derniers instants, et te pénétrer du respect que la loi nous a imposé à nous-mêmes !

« Tes pairs t'ont entendu, tes pairs t'ont condamné ; mais au moins leur jugement fut pur comme leur conscience ; au moins, aucun intérêt personnel ne vint troubler leur décision par le souvenir déchirant du remords. Va, reprends ton courage, rassemble tes forces ; envisage sans crainte le trépas; songe qu'il n'a pas droit de t'étonner ; ce n'est pas un instant qui doit effrayer un homme tel que toi.

« La patrie gémit sur la perte de ceux mêmes qui voulaient la déchirer. Ce qu'elle fait pour les coupables en général, elle le fait particulièrement pour toi. Regarde-la verser des larmes sur ces cheveux blancs qu'elle a cru devoir respecter jusqu'au moment de ta condamnation ; que ce spectacle porte en toi le repentir, qu'il t'engage, vieillard malheureux, à profiter du moment qui te sépare encore de la mort, pour effacer jusqu'à la moindre trace de tes complots, par un regret justement senti ! Encore un mot : tu fus homme, chrétien, philosophe, initié ; sache mourir en homme, sache mourir en chrétien ;

c'est tout ce que ton pays peut encore attendre de toi[1] ! »

Ce discours, ajoute le journaliste, frappa de stupeur une partie de l'auditoire, mais ne fit aucune impression sur Jacques Cazotte. A ces mots : *Va, reprends ton courage, rassemble tes forces, envisage sans crainte le trépas ; songe qu'il n'a pas droit de t'étonner ; ce n'est pas un instant qui doit effrayer un homme tel que toi*, il leva la main et secoua la tête, en levant les yeux au ciel avec un visage serein et décidé.

Élisabeth Cazotte ne sortit que le lendemain de la Conciergerie ; et quand elle demanda des nouvelles de son père, un prêtre lui remit un paquet de cheveux blancs, coupés la veille au soir par le bourreau.

IV

Le chevalier François Jourgniac de Saint-Méard doit clore la liste du petit nombre de ces prisonniers de l'Abbaye, qu'un caprice de Maillard sauva de la mort commune.

Arrêté le 22 août et conduit d'abord à la mairie, il fut écroué à l'Abbaye le lendemain matin. C'était

---

[1] *Bulletin du Tribunal révolutionnaire*, 1ʳᵉ partie. n. 18.

un ancien capitaine au régiment du roi, homme d'esprit et de verve, collaborateur de Peltier dans les *Actes des Apôtres*, le journal le plus spirituel publié pendant les deux premières années de la Révolution.

Jourgniac de Saint-Méard fut placé, lui dix-neuvième, dans la chapelle de l'Abbaye ; on lui donna le lit de Collenot d'Angremont, mort sur l'échafaud le 28 août, la première victime du Tribunal révolutionnaire. Il vit partir de Rozoi le 24 ; et le 2 septembre, il serrait la main du capitaine Reding, lorsque les assassins vinrent l'arracher de son lit. Une des tourelles de la prison, celle qui était à l'angle de la rue et de la place Sainte-Marguerite, avait une étroite baie par laquelle les prisonniers de la chapelle avaient le spectacle des massacres exécutés en face du guichet, et il n'y eut pas, pendant trois jours et deux nuits, un coup porté par les égorgeurs ou un cri poussé par les victimes qui ne retentît au fond de leur cœur.

C'est même par cette baie de la tourelle que Jourgniac et ses compagnons, qui durent se croire voués à une mort certaine, étudièrent la façon d'être égorgés avec le moins de douleurs inutiles.

« Notre occupation la plus importante, dit-il, était de savoir quelle serait la position que nous devions prendre pour recevoir la mort le moins douloureusement, quand nous entrerions dans le lieu du massacre. Nous envoyions de temps à autre quelques-uns de nos camarades à la fenêtre de la tourelle pour nous instruire de celle que prenaient les malheureux qu'on immolait, et pour calculer, d'après leur rapport, celle que nous ferions bien de prendre. Ils nous rapportaient que ceux qui étendaient leurs mains souffraient beaucoup plus longtemps, parce que les coups de sabre étaient amortis avant de porter sur la tête; qu'il y en avait même dont les mains et les bras tombaient avant le corps, et que ceux qui les plaçaient derrière le dos devaient souffrir beaucoup moins.

« Eh bien ! c'était sur ces horribles détails que nous délibérions..., nous calculions les avantages de cette dernière position, et nous nous conseillions réciproquement de la prendre quand notre tour d'être massacrés serait venu [1]. »

Le lundi soir, à onze heures, Jourgniac et ses compagnons furent appelés une première fois devant Maillard.

« Dix personnes, dit-il, armées de sabres et de pistolets, nous ordonnèrent de nous mettre à la file les uns des autres, et nous conduisirent dans le second guichet, placé à côté de celui où était le tribunal qui allait nous juger. Je m'approchai avec précaution d'une des sentinelles qui nous gardaient,

[1] Jourgniac de Saint-Méard, *Mon agonie de trente-huit heures*, p. 30.

et je parvins peu à peu à lier une conversation avec lui. Il me dit dans un *baragouin* qui me fit comprendre qu'il était *Provençal* ou *Languedocien*, qu'il avait servi huit ans dans le régiment de *Lyonnais*. Je lui parlai *patois*; cela parut lui faire plaisir, et l'intérêt que j'avais de lui plaire me donna une éloquence gasconne si persuasive, que je parvins à l'intéresser au point d'obtenir de lui ces mots qu'il est impossible d'apprécier quand on n'a pas été dans le guichet où j'étais : « *Né té cougneichi pas, mé « pértant né péinsi pas qué siasqué un tréste; au « contrairi, té crési un boun gouyat* [1]. » Je cherchai dans mon imagination tout ce qu'elle pouvait me fournir pour le confirmer dans cette bonne opinion. J'y réussis, car j'obtins encore qu'il me laisserait entrer dans le redoutable guichet pour voir juger le prisonnier...

« Ce que je venais de voir fut un trait de lumière qui m'éclaira sur la tournure que je devais donner à mes moyens de défense. »

Ramené dans la chapelle, Jourgniac ne subit qu'à une heure du matin la redoutable épreuve.

« Enfin le mardi, à une heure du matin, dit-il, après avoir souffert une agonie de trente-sept heures, qu'on ne peut comparer même à la mort; après avoir

---

[1] *Traduction* : Je ne te connais pas, mais pourtant je ne pense pas que tu sois un traître; au contraire, je te crois un bon garçon.

bu mille et mille fois le calice d'amertume, la porte de ma prison s'ouvre : on m'appelle ; je parais. Trois hommes me saisissent et m'entraînent dans l'affreux guichet.

« A la lueur des deux torches, j'aperçus le terrible tribunal qui allait me donner ou la vie ou la mort. Le président, en habit gris, un sabre à son côté, était appuyé debout contre une table, sur laquelle on voyait des papiers, une écritoire, des pipes et quelques bouteilles. Cette table était entourée par dix personnes, assises ou debout, dont deux étaient en veste et en tablier ; d'autres dormaient étendues sur des bancs. Deux hommes en chemises teintes de sang, le sabre à la main, gardaient la porte du guichet ; un vieux guichetier avait la main sur les verrous. En présence du président, trois hommes tenaient un prisonnier qui paraissait âgé de soixante ans.

« On me plaça dans un coin du guichet ; mes gardiens croisèrent leur sabre sur ma poitrine et m'avertirent que, si je faisais le moindre mouvement pour m'évader, ils me poignarderaient. Je cherchais des yeux mon *Provençal,* lorsque je vis deux gardes nationaux présenter au président une réclamation de la section de la Croix-Rouge, en faveur du prisonnier qui était vis-à-vis de lui. Il leur dit « que
« ces demandes étaient inutiles pour les traîtres. »
Alors le prisonnier s'écria : « C'est affreux ; votre ju-
« gement est un assassinat. » Le président lui ré-

pondit : « J'en ai les mains lavées; conduisez « M. Maillé..... » Ces mots prononcés, on le poussa dans la rue, où je le vis massacrer par l'ouverture de la porte du guichet.

« Le président s'assit pour écrire, et après qu'il eut apparemment enregistré le nom du malheureux qu'on expédiait, je l'entendis dire : *A un autre.*

« Aussitôt je fus traîné devant cet expéditif et sanglant tribunal...

« *Le président, m'adressant la parole.* — Votre « nom, votre profession ?

« *Un des juges.* — Le moindre mensonge vous « perd.

« — L'on me nomme Jourgniac Saint-Méard, j'ai « servi vingt-cinq ans en qualité d'officier, et je com- « parais à votre tribunal avec l'assurance d'un « homme qui n'a rien à se reprocher, qui, par con- « séquent ne mentira pas.

« *Le président.* — C'est ce que nous allons voir ; « un moment... Savez-vous quels sont les motifs de « votre arrestation ?

« — Oui, Monsieur le président, et je puis croire, « d'après la fausseté des dénonciations faites contre « moi, que le Comité de surveillance de la Commune « ne m'aurait pas fait emprisonner, sans les précau- « tions que le salut du peuple lui commandait de « prendre.

« On m'accuse d'être rédacteur du journal anti-

« Feuillant, intitulé : *De la Cour et de la Ville*. La
« vérité est que cela n'est pas. C'est un nommé Gau-
« tier, dont le signalement ressemble si peu au mien,
« que ce n'est que par méchanceté qu'on peut m'a-
« voir pris pour lui ; et si je pouvais fouiller dans
« ma poche... »

« Je fis un mouvement inutile pour prendre mon portefeuille ; un des juges s'en aperçut et dit à ceux qui me tenaient : « Lâchez Monsieur. » Alors, je posai sur la table les attestations de plusieurs commis, facteurs, marchands et propriétaires de maisons chez lesquels il a logé, qui prouvent qu'il était rédacteur de ce journal et seul propriétaire.

« *Un des juges*. — Mais enfin il n'y a pas de feu
« sans fumée ; il faut dire pourquoi on vous accuse
« de cela !

« — C'est ce que j'allais faire. Vous savez, Mes-
« sieurs, que ce journal était une espèce de tronc,
« dans lequel on déposait les calembours, quolibets,
« épigrammes, plaisanteries, bonnes ou mauvaises,
« qui se faisaient à Paris et dans les quatre-vingt-
« trois départements. Je pourrais dire que je n'en
« ai jamais fait pour ce journal, puisqu'il n'existe
« aucun manuscrit de ma main ; mais ma franchise
« qui m'a toujours bien servi, me servira encore
« aujourd'hui, et j'avouerai que la gaieté de mon
« caractère m'inspirait souvent des idées plaisantes
« que j'envoyais au sieur Gautier. Voilà, Messieurs,

« le simple résultat de cette grande dénonciation,
« qui est aussi absurde que celle dont je vais parler
« est monstrueuse. On m'accuse d'avoir été sur les
« frontières, d'y avoir fait des recrues, de les avoir
« conduites aux émigrés... »

« Il s'éleva un murmure général, qui ne me déconcerta pas, et je dis en haussant la voix :

« Eh ! Messieurs, messieurs, j'ai la parole, je prie
« Monsieur le président de vouloir bien me la main-
« tenir ; jamais elle ne m'a été plus nécessaire.

« *Presque tous les juges dirent en riant* : C'est
« juste, c'est juste : silence !

« — Mon dénonciateur est un monstre ; je vais
« prouver cette vérité à des juges que le peuple
« n'aurait pas choisis, s'il ne les avait pas crus ca-
« pables de discerner l'innocent d'avec le coupable.
« Voilà, Messieurs, des certificats qui prouvent que
« je ne suis pas sorti de Paris depuis vingt-trois
« mois. Voilà trois déclarations de maîtres de mai-
« sons chez lesquels j'ai logé depuis ce temps qui
« attestent la même chose. »

« On était occupé à les examiner, lorsque nous fûmes interrompus par l'arrivée d'un prisonnier qui prit ma place devant le président. Ceux qui le tenaient dirent que c'était encore un prêtre qu'on avait déniché dans la chapelle. Après un fort court interrogatoire, il fut envoyé à la Force. Il jeta son bréviaire sur la table, et fut entraîné hors du guichet, où il fut massacré. Cette expédition faite, je reparus devant le tribunal.

« *Un des juges.* — Je ne dis pas que ces certificats « soient faux; mais qui nous prouvera qu'ils sont « vrais?

« — Votre réflexion est juste, Monsieur, et pour « vous mettre à même de me juger avec connais- « sance de cause, faites-moi conduire dans un cachot, « jusqu'à ce que des commissaires, que je prie M. le « président de vouloir bien nommer, aient vérifié « leur validité. S'ils sont faux, je mérite la mort.

« *Un des juges,* qui, pendant mon interrogatoire, parut s'intéresser à moi, dit à demi-voix : — « Un « coupable ne parlerait pas avec cette assurance.

« *Un autre juge.* — De quelle section êtes-vous?

« — De celle de la Halle-au-Blé.

« *Un garde national,* qui n'était pas du nombre des juges. — « Ah! ah! je suis aussi de cette section. « Chez qui demeurez-vous?

« — Chez M. Teyssier, rue Croix-des-Petits- « Champs.

« *Le garde national.* — Je le connais; nous avons « même fait des affaires ensemble; et je peux dire « si ce certificat est de lui... » Il le regarda et dit : « Messieurs, je certifie que c'est la signature du ci- « toyen Teyssier. »

. . . .

« J'allais faire le résumé de mille raisons qui me

font préférer le régime républicain à celui de la Constitution ; j'allais répéter ce que je disais tous les jours dans la boutique de M. Desenne, lorsque le concierge entra tout effaré, pour avertir qu'un prisonnier se sauvait par la cheminée. Le président lui dit de faire tirer sur lui des coups de pistolet ; mais que, s'il échappait, le guichetier en répondait sur sa tête. C'était le malheureux Maussabré. On tira contre lui quelques coups de fusil, et le guichetier voyant que ce moyen ne réussissait pas, alluma de la paille. La fumée le fit tomber à moitié étouffé ; il fut achevé devant la porte du guichet.

« Je repris mon discours, en disant : « Personne, « Messieurs, n'a désiré plus que moi la réforme des « abus...

« *Un juge,* d'un air impatienté. — Vous nous dites « toujours que vous n'êtes pas ça ni ça : Qu'êtes-vous « donc ?

« — J'étais franc royaliste. »

« Il s'éleva un murmure général qui fut miraculeusement apaisé par le juge qui avait l'air de s'intéresser à moi, qui dit mot pour mot :

« Ce n'est pas pour juger les opinions que nous « sommes ici ; c'est pour en juger les résultats.

. . . .

« *Un des juges.* — Je verrai bien si vous avez « servi au régiment du Roi. Y avez-vous connu « M. Moreau ?

« — Oui, Monsieur; j'en ai même connu deux :
« l'un, très-grand, très-gros et très-raisonnable;
« l'autre, très-petit, très-maigre et très... »

« Je fis un mouvement avec la main, pour désigner une tête légère.

« *Le même juge.* — C'est cela même ; je vois que « vous l'avez connu. »

« Nous en étions là, lorsqu'on ouvrit une des portes du guichet qui donne sur l'escalier, et je vis une escorte de trois hommes qui conduisait M. Margue..., ci-devant major, précédemment mon camarade au régiment du Roi, et mon compagnon de chambre à l'Abbaye. On le plaça, pour attendre que je fusse jugé, dans l'endroit où l'on m'avait mis quand on me conduisit dans le guichet.

. . . .

« Voilà, Messieurs, tout ce que je peux dire de ma
« conduite et de mes principes. La sincérité des
« aveux que je viens de faire doit vous convaincre
« que je ne suis pas un homme dangereux. C'est ce
« qui me fait espérer que vous voudrez bien m'ac-
« corder la liberté que je vous demande, et à laquelle
« je suis attaché par besoin et par principes.

« *Le président,* après avoir ôté son chapeau, dit :
« — Je ne vois rien qui doive faire suspecter Mon-
« sieur ; je lui accorde la liberté. Est-ce votre avis ?

« *Tous les juges.* — Oui ! oui ! c'est juste ! »

« A peine ces mots *divins* furent-ils prononcés,

que tous ceux qui étaient dans le guichet m'embrassèrent. J'entendis au-dessus de moi, applaudir et crier *bravo!* Je levai les yeux et j'aperçus plusieurs têtes groupées contre les barreaux du soupirail du guichet; et comme elles avaient les yeux ouverts et mobiles, je compris que le bourdonnement sourd et inquiétant que j'avais entendu pendant mon interrogatoire venait de cet endroit.

« Le président chargea trois personnes d'aller en députation annoncer au peuple le jugement qu'on venait de rendre. Pendant cette proclamation, je demandai à mes juges un résumé de ce qu'ils venaient de prononcer en ma faveur; ils me le promirent...

«... Les trois députés rentrèrent, et me firent mettre mon chapeau sur la tête; ils me conduisirent hors du guichet. Aussitôt que je parus dans la rue, un d'eux s'écria : « *Chapeau bas!... Citoyens, voilà*
« *celui pour lequel vos juges demandent aide et se-*
« *cours.* » Ces paroles prononcées, le *pouvoir exécutif* m'enleva, et, placé au milieu de quatre torches, je fus embrassé de tous ceux qui m'entouraient. Tous les spectateurs crièrent : *Vive la nation*[1]! »

---

[1] Jourgniac de Saint-Méard, *Mon agonie de trente-huit heures,* p. 36 à 54.

V

A mesure que les massacres, exécutés devant le guichet de la prison, encombraient de cadavres la rue Sainte-Marguerite, des hommes les prenaient par les pieds et les traînaient, dans le ruisseau, jusqu'à la grande cour intérieure de l'Abbaye, où siégeait le comité des Quatre-Nations. C'est là, et en présence des commissaires, que les cadavres étaient dépouillés de leurs vêtements avant d'être livrés aux charrettes du voiturier Noël, chargé de les porter aux carrières de Vaugirard.

Cette œuvre horrible et immonde du dépouillement de ces cadavres sanglants eut lieu avec une sorte de solennité. Tous les yeux convoitaient les bijoux, les bagues, les montres, les boucles de souliers des victimes; et il n'y avait pas un de ces monstres qui n'eût envie de se faire voleur, après s'être fait assassin.

Un procès-verbal du comité des Quatre-Nations, en date du 2 septembre, nous fait connaître comment et par qui il fut procédé au dépouillement :

« Les citoyens de la section des Quatre-Nations, réunis dans la cour ci-devant Conventuelle de la ci-devant Abbaye, ayant désiré avoir connaissance de tous les effets qui peuvent se trouver sur les cadavres, en conséquence, *le peuple souverain* a nommé six commissaires pour prendre connaissance de tous les effets, et leur en rendre compte, lesquels sont, savoir : le citoyen Gibory; Pierre Gentilhomme; Antoine Portes, canonnier de l'Abbaye-Saint-Germain; Joseph Cabrol, de la compagnie du citoyen Viaud; François Lefèvre, rue des Marais, menuisier; Oiseau, traiteur, rue Mazarine, en présence desquels la fouille a été faite, et ce qu'on y a trouvé mis dans différents sacs et cartons. »

Le même procès-verbal contient sur le dépouillement des cadavres une sorte de déclaration conçue en ces termes :

COMITÉ PERMANENT DE LA SECTION DES QUATRE-NATIONS.

« Du deux septembre mil sept cent quatre-vingt-douze, l'an quatrième de la liberté et le premier de l'égalité.

« M. Pierre Gentilhomme, gendarme national de la compagnie de Grimeau, rue des Deux-Ponts, île Saint-Louis, nous a déclaré avoir fouillé des cadavres en présence du peuple;

« Et M. Louis Gibory, rue du Four-Saint-Germain, gendarme national;

« Et M. Jacques-Samuel, rue du Gindre, gendarme national;

« M. Antoine Portes, canonnier du bataillon de Saint-Germain-des-Prés, ont déclaré avoir vu fouiller avec la plus scrupuleuse attention et avec la plus grande fidélité.

« M. Joseph Cabrol, cul-de-sac Jacques de l'Échaudé, a vu, comme ci-dessus, la fidélité des cadavres qui ont été fouillés et remis avec fidélité ce qui a été déclaré. Certifié véritable.

« Signé : GENTILHOMME, SAMUEL, PORTES, GIBORY, CABROL [1]. »

Il ne faudrait d'ailleurs se faire aucune illusion sur ces dépouilleurs, dont la probité s'entourait d'un tel luxe de déclarations et de garanties. C'étaient purement et simplement des assassins, qui dépouillaient les prisonniers, après les avoir égorgés. Une pièce de l'information commencée le 20 germinal an III, — 9 avril 1795, — porte ce qui suit : « Je déclare que les scélérats qui prétendent n'avoir que travaillé au dépouillement des malheureuses victimes des 2 et 3 septembre, non-seulement je les reconnais pour le dépouillement, mais bien pour avoir tué [2]. »

Quoique nous ayons déjà donné les noms de quelques-uns de ces dépouilleurs, en voici une liste supplémentaire, qui est au *Dossier des massacres de l'Abbaye.*

[1] *Dossier des massacres de septembre.*—Premier inventaire.—Pièce n. 43. (*Archives de la Préfecture de police.*)
[2] *Ibid.*—Information.—Pièce n. 16 bis. (*Archives de la Préfecture de police.*)

« Liste des citoyens qui ont travaillé au dépouillement et enlèvement des cadavres dans la nuit du 2 au 3 septembre 1792, à la section des Quatre-Nations.

« Messieurs,

« Pierre-Robert Tribelle, rue de la Chauverrie, n° 13.

« François Nouteau, rue des Lavandières, place Maubert, n° 18.

« Jean Maingue, rue des Deux-Anges.

« Joseph Hilaire, rue Princesse.

« Jean Guillet, faubourg Saint-Marceau, chez la demoiselle Vermolle.

« Nicolas Refort, rue des Vieilles-Thuilleries, chez Malraison.

« Sébastien Capitaine, rue Aubry-le-Boucher, chez le plombier.

« Laurent Legrand, maçon, rue de Vaugirard, n° 3.

« Pierre Dubois, garçon charretier, rue de la Boucherie, au Gros-Caillou.

« Jean-Philippe Coeffée, déchireur de bateaux, ayant travaillé depuis quatre heures après midi, reçu 4 livres par Dessalles.

« Marc Leloux, boulanger, *au Gagne-Denier,* à la caserne du camp, a travaillé depuis quatre heures du soir jusqu'à neuf heures du matin, ce 3 septembre.

« M. Albaret a travaillé aux cadavres depuis minuit, le 3 septembre 1792[1]. »

Tous ces dépouilleurs avaient d'abord travaillé aux massacres ; et, au nombre des égorgeurs dont les reçus de 24 livres ont été conservés, se trouvent Albaret, Leloux, Coeffée, Pierre Dubois, Sébastien Capitaine, Nicolas Refort, Jean Guillet, Joseph Hilaire et Jean Maingue.

Nous avons déjà vu que les *jurés* de Maillard dépouillaient *au vif* les prisonniers, avant de les envoyer à la mort. Les bijoux, les portefeuilles, l'argent, les montres étaient déposés sur la table du *tribunal,* et les vêtements étaient placés dans un coin, en attendant d'être serrés et inventoriés. Une fouille plus exacte de ces vêtements fut faite ensuite. Nous avons sous les yeux le premier inventaire qui fut dressé de ces effets ; il est intitulé : « Extrait des objets trouvés dans les différents habits des morts dépouillés à l'Abbaye, le 3 septembre 1792, 4ᵉ de la liberté, 1ᵉʳ de l'égalité ; » il comprend vingt et un articles généraux, et se termine ainsi :

« J'ai clos ici le présent procès-verbal, pour le continuer quand le reste des vêtements sera fouillé et visité.

---

[1] *Dossier des massacres de septembre.*—État des frais.—Pièce à l'appui, n. 98. (*Archives de la Préfecture de police.*)

« Signé : Rousselin, secrétaire de la section; Baudin, Chollet, Gout[1]. »

Il y avait aussi sur la table du comité des Quatre-Nations, un sac béant, dans lequel les *fouilleurs* jetaient pêle-mêle les dépouilles des victimes. C'est ce que le président du comité, Aimé Jourdan, expliquait en ces termes au Comité d'exécution de la mairie : « ... Quand nous voudrions disposer de ces sommes, nous ne le pourrions pas, parce qu'elles ont été mises dans un sac sur lequel nous avons apposé le sceau de la section, et une douzaine de ces gens-là y ont joint leurs cachets[2]. »

Un homme qui avait eu avant la Révolution une certaine réputation dans le monde des petits soupers et des petits vers, Dorat-Cubières, assis, en qualité de membre du comité des Quatre-Nations, autour de la table, rédigea la dernière moitié du procès-verbal des objets déposés dans ce sac; et ce n'est pas un des moindres scandales de cette époque, de voir un chevalier de Cubières, ancien écuyer de la comtesse d'Artois, tenir la plume pour un office aussi horrible, et inscrire les tabatières, les montres, les boucles, les assignats maculés de sang, apportés par les fouilleurs.

Nous avons sous les yeux ce procès-verbal, et en voici la partie écrite de la main de Dorat-Cubières :

---

[1] *Dossier des massacres de septembre.*—Inventaire.—Pièce n. 99. (*Archives de la Préfecture de police.*)
[2] *Déclaration du citoyen Jourdan,* p. 151.

« Suite du procès-verbal relatif aux cadavres amenés de la prison de l'Abbaye :

« Et, le 3 septembre, à une heure et demie du matin, sont comparus au comité le citoyen François Lefèvre, menuisier, rue des Marais, et Gatecloux, maréchal-ferrant, rue Mazarine, tous deux de cette section, et le sieur Louis Gibory, ci-devant garde-française, demeurant *rue du Four*[1], lesquels ont présidé à la recherche des effets trouvés sur les cadavres qui sont dans la cour du comité, et ont, à fur et mesure, fait remettre lesdits effets dans un sac, lequel sac ils nous ont représenté ; et comme il est impossible, en ce moment, de pouvoir en faire l'examen et l'énumération, nous avons arrêté qu'en leur présence nous apposerions le scellé sur l'ouverture dudit sac ; ce que nous avons fait à l'instant, avec le cachet de la section, et un autre cachet dont l'empreinte est ci-dessus, et lequel cachet nous avons remis au citoyen Lefèvre, lequel a promis de le représenter lorsque le comité lèvera lesdits scellés, lesquels scellés ne seront levés qu'en la présence desdits sieurs Lefèvre, Gibory et Gatecloux, qui, pour cet effet, seront prévenus de se rendre au comité.

« Fait et arrêté les jour et an susdits, et ont signé avec nous commissaires soussignés[2]. »

[1] C'est seulement à partir des mots *rue du Four*, jusqu'à la fin, que le procès-verbal est de la main de Dorat-Cubières.
[2] *Dossier des massacres de septembre.*—Inventaire.—Pièce n. 43, feuillet 2. (*Archives de la Préfecture de police.*)

Le lecteur désirera sans doute avoir une idée de ces inventaires dressés en présence même des cadavres, et savoir ce qui resta de tant d'hommes pieux, dévoués et sans reproche. C'est un triste catalogue à faire, où les livres, confidents de l'esprit, et les gages d'affection, confidents du cœur, se mêlent aux vêtements troués par les piques et aux bijoux tachés par le sang.

L'inventaire dressé par Chaney et Lenfant, des effets enlevés aux prisonniers par les jurés de Maillard, est intitulé :

« État des effets dont nous nous sommes emparés sur les prévenus de trahison contre la liberté française, au tribunal du peuple assemblé le deux septembre mil sept cent quatre-vingt-douze. » Suit la nomenclature des vêtements, linge, bijoux, argent, enlevés aux victimes, dont voici un fragment :

48 mouchoirs de poche, tant de couleur que blancs.

13 serviettes.

8 mouchoirs de col.

10 chemises.

24 chapeaux, tant à cornes que ronds.

8 montres d'or, dont 3 à répétition.

1 chaîne d'or.

3 cachets à pierre.

1 croix de Saint-Louis.

1 nécessaire garni d'objets d'or, et 1 étui en galuchat.

7 paires de boucles de souliers, de différentes grandeurs, en argent.

1 bague d'or et son agate.

6 porte-cols d'argent.

13 boucles de jarretières dépareillées, tant en pierres qu'en argent.

5 louis en or.

Quatre mille cinq cent soixante-dix livres en assignats nationaux.

Cinq cent soixante-quinze livres en petits corsets.

Il est à observer que cet inventaire a été envoyé au Comité de surveillance de la mairie, avec les objets qui y sont mentionnés ; et que le Conseil, après avoir fait le récolement, a écrit le mot *manque* à la suite de tous les articles qui avaient été volés. De ce nombre sont les montres en or, les bagues, le nécessaire garni d'objets en or, et en général tous les bijoux de prix.

L'inventaire des effets enlevés par les fouilleurs aux cadavres entassés dans la cour de l'Abbaye, remplit treize pages de grand papier. Il est intitulé :

« Procès-verbal d'inventaire des effets trouvés sur les personnes mortes dans les journées des 2 et 3 septembre. »

Cette pièce est, par portions à peu près égales, de

l'écriture d'Alexandre Roger, de Lecomte et de Thierry, commissaires de la section des Quatre-Nations. Nous n'en citerons que les objets suivants :

1 montre d'or ensanglantée.

1 boîte d'écaille noire avec un cercle d'or, un portrait de femme dessus coiffée en cheveux, un bouquet de roses devant elle, une robe verte et un lacet blanc.

1 petite croix d'argent.

1 bague d'argent à deux cœurs.

1 bréviaire couvert de maroquin rouge.

1 livre intitulé : *Thesaurus sacerdotum,* au prêtre Ledanois.

1 petit livre intitulé : *Soliloques de saint Augustin.*

2 bagues, dont une avec portrait.

1 Virgile, édition de Brindley.

Une pièce de mariage, en or, ayant pour inscription : *Ludovicus XVI,* et la figure de cet homme, *Rex christianissimus;* et de l'autre : *Deo consecratori,* etc.

1 grand portefeuille en maroquin rouge, contenant diverses lettres et papiers, plus un portrait de femme [1].

En marge de cet inventaire sont écrites les sommes prélevées *pour les frais,* avec la signature du com-

---

[1] *Dossier des massacres de septembre.*—Inventaire.—Pièce n. 94 bis. (*Archives de la Préfecture de police.*)

missaire qui les prélève. C'est ainsi qu'on trouve :
— A la page 3 : *Pour les frais,* 7 doubles louis, plus 3 écus de six livres, une pièce de 1 liv. 10 s., quinze de 15 s., une de 12 s. dans la bourse blanche ; — à la page 7 : Pris par Lecomte *pour les frais,* 12 louis simples, plus 64 pièces de 15 sols, 3 écus de 6 liv., 2 écus de 3 livres, une pièce de 1 livre 10 sols, une pièce de 12 sols, plus les écus de 6 livres, de 3 liv., les pièces de 24 et de 12 sols contenus dans la bourse de filet ; — à la page 9 : *Pour les frais,* par Lecomte, 8 doubles et 11 simples louis en or, faisant 27 louis.

La plupart des vêtements des victimes étaient percés de coups de pique, et maculés de taches de sang. Le comité des Quatre-Nations voulait en faire de l'argent, pour se conformer aux ordres de l'assemblée générale, qui l'avait autorisé à PRENDRE LES FRAIS SUR LA CHOSE[1] ; mais il fallait avant tout laver cette défroque immonde.

Un individu, nommé Antoine Bourdin, fut chargé

---

[1] Voici les termes de la minute d'un compte rendu adressé par Lecomte au Comité de surveillance :

« Nous vous devons un compte exact des dépenses qu'ont nécessitées les événements, et d'ailleurs un arrêté de la municipalité nous autorisait à les faire, et le citoyen Billaud-Varennes en a approuvé la quotité.

« Vous vous apercevrez que la plus grande partie du numéraire a servi à rembourser les dépenses ; et, à cet égard, nous devons vous expliquer que *la section nous ayant autorisés à prendre les frais sur la chose,* nous avons préféré prendre en numéraire. » (*Dossier des massacres de septembre.—Inventaire.—Pièce n. 46.—Archives de la Préfecture de police.*)

de diriger le lavage des vêtements, ainsi que le constate l'écrit suivant :

« Monsieur Chéradame voudra bien reconnaître le nommé Bourdin pour être le conducteur du lavage de la défroque des ennemis de la nation [1]. »

Un autre écrit porte :

« Monsieur Chéradame reconnaîtra les deux hommes porteurs du présent pour être les charretiers qui ont porté la défroque des ennemis de la nation au Gros-Caillou ; il observera qu'ils ont fait deux voyages ; ce que je certifie : à Paris, ce 3 septembre 1792, signé : Gasc, commissaire. » Au dos de cet écrit se trouve un reçu de 10 fr., payés aux charretiers [2].

Vingt femmes furent chargées de laver ces vêtements ensanglantés, et reçurent 48 livres pour leur ouvrage, ainsi que le constate l'article suivant de l'*État des frais :*

« A vingt femmes, pour avoir lavé les linges et habits..... 48 livres [3]. »

Enfin tous ces habits lavés furent vendus à l'encan, dans la cour de l'Abbaye, le 4 septembre, ainsi que le constate le procès-verbal suivant, et achetés moyennant la somme de trois cent soixante-quinze livres, par Marguerite Malherbe, femme Champagne, demeurant cour du Dragon :

---

[1] *Dossier des massacres de septembre.*—État des frais.—Pièce à l'appui, n. 80. (*Archives de la Préfecture de police.*)
[2] *Ibid.*, pièce à l'appui, n. 73.
[3] *État des frais.*—Pièce n. 51, cote b/45.

« L'an mil sept cent quatre-vingt-douze, quatrième de la Liberté et premier de l'Égalité, le mardi quatre septembre, environ six heures du soir ;

« Nous, Legangneur, de Lalande et Chéradame, commissaires à la municipalité provisoire, ayant trouvé suffisamment de personnes et marchands enchérisseurs, assemblés cour ci-devant Conventuelle de la ci-devant Abbaye Saint-Germain-des-Prés, avons mis à prix les vêtements des différentes personnes qui se sont trouvées mortes dans ladite cour, lesquels vêtements étaient en très-mauvais état, et mutilés, épars dans la même cour.

« En conséquence, après avoir été mis à prix, et avoir reçu différentes enchères, nous avons adjugé définitivement la totalité desdits effets à la citoyenne femme Champagne, demeurant cour du Dragon, de cette section, maison du sieur Genot, marchand quincaillier, moyennant la somme de trois cent soixante-quinze livres dix sols, à la charge et condition de faire le tout enlever d'ici à demain matin neuf heures.

« Laquelle adjudication a été faite en la présence du sieur Siret, huissier-priseur au département de Paris, et par lesdits commissaires, qui ont signé avec ladite femme Champagne, se nommant Marguerite Malherbe, qui a payé ladite somme entre les mains desdits commissaires provisoires.

« Signé : M. Malherbe, Legangneur, Siret. »

Au dos de ce procès-verbal est écrit :

« Je certifie avoir vendu au plus offrant et dernier enchérisseur, les souliers et bottes des personnes tuées à l'Abbaye, pour la somme de soixante-seize livres cinq sols.

« A Paris, ce 4 septembre 1792, l'an 4ᵉ de la Liberté, le 1ᵉʳ de l'Égalité.

« Signé : Chéradame [1]. »

Les victimes égorgées et dépouillées, et leurs vêtements vendus, il ne restait plus que les cadavres nus à emporter.

Le premier ordre pour l'enlèvement des cadavres de l'Abbaye fut donné par l'assemblée générale de la section des Quatre-Nations dans sa séance du 2 septembre. Le voici, extrait du registre des délibérations :

« Présidence du citoyen Dubois, séance du deuxième jour de septembre, l'an premier de la République française une et indivisible.

« L'assemblée générale a autorisé son comité de surveillance à faire transporter, le plus promptement possible, à Clamart, les cadavres couchés dans les cours de l'Abbaye, après qu'il aura été préalablement dressé procès-verbal du nombre et de la qualité.

---

[1] *Dossier des massacres de septembre.*—Pièce n. 44. (*Archives de la Préfecture de police.*)

des différents individus mentionnés au registre des prisons, et elle a adjoint aux commissaires de son comité celui de la police de la section [1]. »

Le même ordre était donné, en ces termes, par la mairie, le 3 septembre au matin :

MUNICIPALITÉ DE PARIS.

DÉPARTEMENT DE POLICE ET GARDE MUNICIPALE.

« Vous ferez sur-le-champ, Monsieur, enlever le corps des personnes de votre prison qui n'existent plus. Que, dès la pointe du jour, tout soit enlevé et porté hors de Paris, dans des fosses profondes, bien recouvertes de terre. Vous nous enverrez les noms des morts. Faites, avec de l'eau et du vinaigre, laver soigneusement les endroits de votre prison qui peuvent être ensanglantés, et sablez par-dessus. Vous serez remboursé de vos frais, sur vos états. Surtout une célérité dans l'exécution de cet ordre, et que l'on n'aperçoive aucune trace de sang.

« A la Mairie, ce 3 septembre, une heure du matin, l'an IV de la Liberté, de l'Égalité le 1er.

« *Les administrateurs de police et de surveillance.*

« Signé : PANIS, SERGENT.

« *P. S.*—Employez des hommes au fait, tels que

---

[1] Registre des délibérations de la section de l'Unité. (*Archives de la Préfecture de police.*)

fossoyeurs de l'Hôtel-Dieu, afin de prévenir l'infection[1]. »

L'exécution de ces ordres ne se fit pas attendre; et le voiturier Noël reçut, le 3 septembre au matin, les deux réquisitions suivantes :

« Le citoyen Charles Noël, demeurant à Paris, rue des Anglaises, place Maubert, fournira sa voiture attelée d'un cheval, sous la conduite de Joseph-Nicolas Vitelle, son garçon, pour transporter au cimetière, à Vaugirard, des cadavres qui sont dans la cour de la ci-devant Abbaye de Saint-Germain-des-Prés, sous l'escorte de quatre citoyens armés et porteurs chacun d'un flambeau.

« Fait au comité de permanence de la section des Quatre-Nations, ce 3 septembre 1792.

« Signé : LEGANGNEUR, commissaire de police ; POSSIEN, A. BARBOT[2]. »

La deuxième réquisition, que nous avons déjà publiée, porte que le voiturier Noël enleva, dans la journée du 3, quatre-vingt-dix cadavres.

Le 4 septembre, Noël se présenta devant le comité des Quatre-Nations, et y fit la déclaration suivante :

« Déposition du sieur Charles Noël, demeurant rue des Anglaises, place Maubert, 29.

« Ayant charrié des cadavres, depuis minuit de la

---

[1] Mathon de la Varenne, *Histoire particulière des événements*, etc., p. 363, 364.
[2] *Dossier des massacres de septembre.*—État des frais.—Pièce à l'appui, n. 36. (*Archives de la Préfecture de police.*)

nuit du 2 au 3 de ce mois, ayant occupé quatre voitures, cinq chevaux et quatre hommes, jusques et y compris le 3 courant, à sept heures du soir, et une avec un cheval, depuis onze heures du soir, jusqu'à l'instant ; les commissaires n'ayant pas le droit de taxer ledit demandeur, le renvoient devant les officiers municipaux pour lui faire droit.

« Fait au comité permanent, ce 4 septembre 1792 ; signé : Prévost, commissaire, Delaconté [1]. »

Enfin, après quatre jours de discussions, Noël transigea pour la somme de cent cinquante livres, dont voici le reçu :

« Je soussigné, Charles Noël, voiturier, demeurant rue des Anglaises, place Maubert, reconnais avoir reçu de M. Chéradame et de ses deniers, la somme de cent cinquante livres, à laquelle je me suis restreint, d'après l'avis du comité de surveillance de la section des Quatre-Nations, pour toutes les voitures que j'ai faites et fournies, de l'ordre des commissaires du comité, pour le transport des cadavres des prisons de l'Abbaye, suivant leurs bons, que j'ai remis ; et ce, pour solde de tout compte.

« A Paris, ce 9 septembre 1792.

« Bon pour 150 livres.

« Signé : Charles Noel [2]. »

---

[1] *Dossier des massacres de septembre.*—État des frais.—Pièce à l'appui, n. 89. (*Archives de la Préfecture de police.*)
[2] *Ibid.*, pièce à l'appui, n. 85.

Pour compléter par un dernier document cet enlèment des cadavres de l'Abbaye, voici la facture acquittée du sieur Huvet, épicier, qui fournit les flambeaux :

« J'ai reçu du citoyen Lecomte, trésorier de la section des Quatre-Nations, la somme de neuf livres, pour fourniture de douze flambeaux qui ont servi à l'enlèvement des cadavres, sur le bon du citoyen Joly, visé par le comité de la section, dont quittance et décharge.

« A Paris, le 14 octobre 1792.

« Signé : Huvet [1]. »

Voilà donc les prisonniers de l'Abbaye tués, dépouillés et inhumés, il nous reste à dresser la liste exacte de ces victimes.

VI

Il est nécessaire, avant de placer la liste suivante sous les yeux du lecteur, de dire avec quels éléments nous l'avons composée.

Ce fut toujours, pour les historiens qui ont raconté les massacres de septembre, une sérieuse difficulté de faire la liste exacte des victimes. La plupart, du

---

[1] *Dossier des massacres de septembre.*—État des frais.—Pièce à l'appui, n. 40. (*Archives de la Préfecture de police.*)

reste, et de ce nombre sont M. Thiers et M. de Lamartine, ont éludé la difficulté, en ne la prenant pas au sérieux, et en donnant des listes faites au hasard et sans critique.

Trois historiens contemporains ont dressé des listes de victimes : Peltier, en 1793 ; Mathon de la Varenne, en 1796 ; Prudhomme, en 1824.

Peltier, présent à Paris pendant les massacres, écrivit son *Histoire du dix août* sur des renseignements généralement très-positifs ; malheureusement ses listes, quoique à peu près exactes, ne reposent sur aucun document connu et authentique, et par conséquent elles manquent de sanction.

Mathon de la Varenne, échappé miraculeusement au massacre de la Force, ajouta encore aux renseignements de Peltier, en les rectifiant.

Prudhomme, qui vit de ses yeux les massacres de l'Abbaye, et qui y assista, en qualité de commissaire des Quatre-Nations, s'est généralement borné à suivre les données de Peltier et de Mathon de la Varenne.

Ainsi, jusque-là, on est moralement certain de savoir à peu près la vérité sur les noms et le nombre des victimes ; mais le fondement réel et sérieux de l'histoire, c'est-à-dire la preuve authentique, manque au récit de ces trois historiens.

Petion avait dit, dans un discours prononcé à la Convention le 6 novembre 1792, qu'il avait eu des listes des victimes. Qu'étaient devenues ces listes? existaient-elles encore? Nous nous sommes mis en quête de ce précieux document ; et, contre notre attente, nous l'avons trouvé, parmi d'autres papiers de Petion, aux manuscrits de la Bibliothèque impériale. Ces listes, importantes dans plus d'un détail, ont l'inconvénient de toutes les autres; elles manquent également de sanction, parce que la source n'en est pas indiquée.

Un écrivain de notre temps, M. Barthélemy Maurice, a eu une idée originale et féconde en cette matière ; il a imaginé de faire le dépouillement des registres d'écrou des prisons de Paris, à l'époque des massacres, et, sur cette base solide, il a dressé des listes nouvelles. Mais ces listes elles-mêmes ne sont pas sans soulever de grosses objections.

D'abord, toutes les prisons où les détenus furent massacrés n'avaient pas de registre d'écrou ; de ce nombre, sont les Carmes et Saint-Firmin. En outre, le registre de la Salpêtrière n'a pu être retrouvé, du moins à la Préfecture de police ; et le registre du Cloître Saint-Bernard ne contient que les noms de cinq victimes, parce que le reste des galériens qui devaient composer la chaîne n'étaient pas encore inscrits.

Ensuite, tous les registres qui existent ne portent pas en marge une indication qui fasse connaître si les détenus furent égorgés ou mis en liberté. Ainsi, le registre de la Conciergerie, la prison de Paris alors la plus peuplée, ne porte absolument aucune indication, et le registre d'écrou de la Force étant perdu, le répertoire alphabétique qui le remplace ne fait nullement connaître le sort des prisonniers.

Enfin, les registres des prisons, à cette époque, n'étaient pas tenus avec assez d'exactitude, surtout au milieu du désordre qu'amenèrent les arrestations en masse opérées du 11 août au 30 septembre, pour qu'il soit possible d'asseoir des calculs sans reproche sur des données si incomplètes.

Ainsi, les listes de M. Maurice n'ont pas plus d'authenticité que les autres, en ce qui touche les Carmes, Saint-Firmin, le Cloître Saint-Bernard, la Salpêtrière, la Conciergerie et la Force; elles sont inexactes en ce qui touche le Châtelet, et très-discutables sur toutes les autres prisons.

Restait une sixième source, la source vraie, à laquelle il ne paraît pas qu'aucun historien ait songé jusqu'ici.

La Commune de Paris, assaillie, après les massacres de septembre, par les familles des victimes, dont la mort créait tant de droits, brisait tant de mariages, ouvrait tant de successions, reconnut qu'elle ne pouvait pas se dispenser de faire constater ces décès d'une manière légale. En conséquence, par un arrêté inscrit au registre de ses délibérations, à la date du 10 septembre 1792, elle créa, auprès de chacune des prisons où les massacres avaient eu lieu, des commissions administratives, chargées de dresser un procès-verbal authentique des décès, sur les déclarations des membres de la section, des greffiers, concierges, gardiens et geôliers de ces prisons.

C'était une première question de savoir si cet arrêté de la Commune, à la date du 10 septembre, avait été exécuté; c'en était une seconde de savoir, dans le cas de l'affirmative, où se trouvaient les procès-verbaux relatifs aux victimes des neuf prisons de Paris.

En ce cas, comme en quelques autres, notre désir ardent d'être utile à la vérité a été couronné d'un plein succès; nous avons trouvé les listes authentiques des victimes de septembre, avec les procès-verbaux officiels qui les accompagnent, aux Archives de l'Hôtel de ville de Paris, où il nous a été permis d'en prendre une copie. Ce sont ces copies que nous publierons successivement pour chacune des neuf prisons où les massacres eurent lieu.

Toutefois, un examen approfondi de ces listes nous a permis d'y faire quelques rectifications, dont nous indiquons toujours les motifs avec soin ; et, en ce qui touche la liste de l'Abbaye, nous l'avons rédigée par ordre alphabétique, en la divisant en sept catégories, dont le lecteur appréciera la base.

— 269 —

Voici d'abord le procès-verbal qui constitue l'authenticité de la liste :

Procès-verbal des décès arrivés aux prisons de l'Abbaye, les 2, 3 et 4 septembre 1792.

« L'an mil sept cent quatre-vingt-treize, second de la République, le dix-huit mars, neuf heures du matin, en conformité des ordres à nous adressés par le citoyen procureur de la Commune, nous Jean-Baptiste Le Gangneur, commissaire de police de la section des Quatre-Nations, assisté du citoyen Jean-Baptiste Thomas, notre secrétaire greffier, nous sommes transporté aux prisons de la ci-devant Abbaye Saint-Germain-des-Prés, où, étant dans la salle du conseil ayant vue sur le Marché-Sainte-Marguerite, est comparu le citoyen Lavacquerie, greffier-concierge desdites prisons, auquel avons fait part de l'objet de notre mission, tendante à constater l'état des personnes qui étaient détenues dans les prisons de l'Abbaye à l'époque des premier, deux, trois et quatre septembre mil sept cent quatre-vingt-douze, et constater si elles sont décédées à cette époque ou si elles ont été mises en liberté, pour quoi l'avons sommé de nous représenter les registres qu'il a dû tenir à cet effet.

« Représentation faite desdits registres, et dépouillement fait avec la plus scrupuleuse exactitude d'iceux, avons fait mander les citoyens Jean-Baptiste Jonvaux, François d'Haust, Pierre-Jacques Bertrand et Joseph Scapre, tous quatre guichetiers desdites prisons à l'époque des premier, deux, trois et quatre septembre. Lesquels, conjointement avec le citoyen François Lavacquerie, nous ont certifié et attesté pour vérité et notoriété, savoir parfaitement que les citoyens ci-après nommés..... (Suivent les noms des personnes tuées, avec la date de leur écrou, et les ordres en vertu desquels elles ont été écrouées ; mais nous devons faire remarquer que cette énumération, qui se termine sur la cinquième page du procès-verbal, n'est pas faite d'après l'ordre de la date des écrous.)

« Sont décédés esdites prisons dans les journées des premier, deux, trois et quatre septembre mil sept cent quatre-vingt-douze ; qu'ils savent que leur mort n'a point été et n'a pu être constatée par aucun acte légal ; pour quoi ils font ladite attestation pour en tenir lieu, dont et du tout ils ont déclaré avoir parfaitement connaissance, et de tout ce que dessus nous avons fait et rédigé le présent procès-verbal que nous avons signé avec lesdits citoyens certifiants et notre secrétaire-greffier, et dont expédition sera envoyée dans les vingt-quatre heures à la municipalité pour servir à qui de droit.

« Fait et arrêté les jour et an que dessus, et a, le citoyen Bertrand, déclaré ne savoir ni écrire ni signer, de ce interpellé suivant la loi, ainsi signé Jonvaux, d'Haust, Delavacquerie, Thomas, Le Gangneur.

« Délivré pour copie conforme à la minute restée en notre possession, au citoyen procureur de la Commune, ce vingt et un mars mil sept cent quatre-vingt-treize, l'an deuxième de la République.

« Signé : Le Gangneur, commissaire de police ; Thomas, secrétaire-greffier. »

Liste alphabétique des Prisonniers massacrés à l'Abbaye

LES 2, 3 et 4 SEPTEMBRE 1792 [1].

PREMIÈRE CATÉGORIE.

Prisonniers dont la mort est constatée par le procès-verbal dressé par M. Le Gangneur, commissaire de police de la section des Quatre-Nations, procès-verbal qui est le deuxième de ceux que contient le registre D, n. 78 des Archives, et par le registre d'écrou de l'Abbaye, qui porte cette mention : *Le 3 septembre, jugé par le peuple et sur-le-champ mis à mort.*

Nos	Noms, prénoms, qualités ou professions.	Date de l'écrou.
1 *	Allemand, fourrier des suisses	11 août 1792.
2	Anvermann, dont le nom véritable est *Béat-Louis-François-Frédéric d'Ernest*, officier des suisses.	26 août 1792.
3	Baver *ou* Braver, garde du roi.	11 août 1792.
4	Beaufort (de), lieutenant général.	30 août 1792.

[1] Les noms marqués d'un astérisque * ne se trouvent pas sur les listes de Peltier; ils sont au nombre de 16 dans la première catégorie, et de 8 dans la deuxième.

5	Benoît aîné, prêtre.	1er sept. 1792.
6	Benoît cadet, prêtre.	id.
7	Boisgellin (Thomas-Pierre-Ant.) [1].	27 août 1792.
8	Boquillon, *ou* Bosquillon, juge de paix de la section de l'Observatoire.	12 août 1792.
9	*Boutier, garde du roi.	11 août 1792.
»	Braver, *voyez* Baver.	
10	Buglin, suisse.	id.
11	Buob, juge de paix.	12 août 1792.
12	*Bury aîné, *ou* Gury, prêtre.	1er sept. 1792
13	*Bury cadet, *ou* Gury, prêtre.	id.
14	Buy, garde du roi.	11 août 1792.
15	Cappeau, prêtre.	1er sept. 1792.
16	Cauby, *ou* Camby, garde du roi.	11 août 1792.
17	Chabot de Rohan.	12 août 1792.
18	Champclos.	27 avril 1791.
19	Champlost, valet de chambre du roi.	14 août 1792.
20	Champmartin, sergent des suisses.	11 août 1792.
21	Chapt de Rastignac, abbé.	26 août 1792.
22	Colbe, suisse.	11 août 1792.
23	Conny, suisse.	id.
24	Cousin (Charles-Étienne), garde du roi.	id.
25	Cranza, *ou* Croza, suisse.	16 août 1792.
26	Dechoux, suisse.	11 août 1792.
27	*De La Leu, adjudant-général.	15 août 1792.
28	Dendleck, *ou* Denluck, suisse.	11 août 1792.
»	D'Ernest, *voyez* Anvermann.	
29	Desfontaines (Louis-Lemercier) [2].	15 août 1792.
30	Despommerais, prêtre.	1er sept. 1792.
»	Diespach, *voyez* Vandemercq.	

[1] Assassiné rue de Grenelle, à ce qu'a assuré le peuple (cette mention se trouve sur le registre d'écrou).

[2] Il est nommé Lafontaine sur le registre d'écrou. Un jugement du tribunal du 1er arrondissement de Paris, en date du 8e jour du 4e mois de l'an II, a ordonné la rectification du nom sur les registres de l'état civil.

31	Donsolot, *ou* Douzalat, suisse.	11 août 1792.
32	Dorand, suisse.	id.
33	Doucet, suisse [1].	id.
34	* Doyen, vice-président du Parlement du Bas-Rhin.	15 août 1792.
35	Drovard, *ou* Drovand, garde du roi.	11 août 1792.
36	Dubois, ancien curé.	1er sept. 1792.
37	Ducrey, *ou* Discrey, garde du roi.	11 août 1792.
38	Durot, suisse.	id.
39	Egerly, suisse.	id.
40	Ferrat, *ou* Férat.	2 déc. 1791.
41	Filtz, suisse.	16 août 1792.
42	* Fouquet.	24 août 1792.
43	François, garde du roi.	11 août 1792.
44	Gaubert, *ou* Gobert, prêtre.	1er sept. 1792.
45	Gennin, garde du roi.	11 août 1792.
46	Get, garde du roi.	id.
47	* Gibault (Thomas).	16 août 1792.
48	Girardin, suisse.	11 août 1792.
49	Gloson, garde du roi.	id.
50	Godard, prêtre.	1er sept. 1792.
51	Grandmaison.	1er avril 1791.
52	Griby, sergent des suisses.	11 août 1792.
»	Guette, *voyez* Viette.	
53	Guiger, suisse.	id.
»	Gury, *voyez* les deux Bury.	
54	Handevic, *ou* Inderwick, domestique d'officier suisse.	26 août 1792.
55	Hivot, garde du roi.	11 août 1792.
56	Hoffmann (André), suisse.	16 août 1792.
57	Houbacher, suisse.	11 août 1792.
58	Huré, prêtre.	1er sept. 1792.
59	Hurtrel aîné, prêtre.	id.
60	* Hurtrel cadet, prêtre.	id.

[1] Le procès-verbal et l'écrou ne portent qu'une seule victime du nom de Doucet : il périt néanmoins deux frères de ce nom, ainsi que le prouve l'*Inventaire* des effets des victimes, p. 8.

61 Husler, *ou* Hurter, suisse.	11 août	1792.
» Inderwick, *voyez* Handevic.		
62 Jeannin, suisse.	id.	
63 * Julien (Louis-Édouard-Constant).	20 août	1792.
64 Jungo *ou* Junge, suisse.	11 août	1792.
65 Killian, *ou* Kitian, suisse.	id.	
66 Koop, garde du roi.	id.	
» Lafontaine, *voyez* Desfontaines.		
67 * La Frenaye (de).	24 août	1792.
68 Laurent, abbé.	1er sept.	1792.
69 Lausan, *ou* Laüsun, garde du roi.	11 août	1792.
70 Lenfant (Anne-Alexandre-Charles-Marie) [1].	30 août	1792.
71 Maillé (le vicomte de).	16 août	1792.
72 Manussier, garde du roi.	11 août	1792.
73 Marchion, suisse.	id.	
74 Marcon.	27 avril	1791.
75 Marin-Melchior, suisse.	11 août	1792.
76 Martigue, suisse.	id.	
77 Mathieu (Jean-Baptiste).	6 juin	1791.
78 Mathis (Joseph), prêtre.	1er sept.	1792.
79 Mercadier, *ou* Nercadier, garde du roi.	11 août	1792.
80 Messerly, suisse.	id.	
81 Messier, garde du roi.	id.	
82 Mignon, garde du roi.	id.	
83 Misselier, contrôleur de la bouche du roi.	30 août	1792.
84 Monnigue, *ou* Monnique, garde du roi.	11 août	1792.
85 Montmorin (de), ex-ministre des affaires étrangères.	22 août	1792.
86 Montsabré (de), aide-de-camp de Brissac [2].	19 août	1792.

---

[1] Le registre d'écrou porte en marge : *Mort le* CINQ *septembre.*

[2] Il s'appelait de Maussabré, et fut arrêté à Luciennes, chez madame Du Barry.

87 Musy, suisse.	11 août	1792.
» Nercadier, *voyez* Mercadier.		
88 Pautier aîné, *ou* Vautier, garde du roi.	id.	
89 Pautier cadet, *ou* Vautier, garde du roi.	id.	
90 Perron, ancien administrateur de police[1].	21 août	1792.
91 * Pey, prêtre.	1er sept.	1792.
92 Piat.	id.	
93 Protot (Charles-Bon-Esprit-Fidèle).	6 avril	1792.
94 Rapot, ou Rapas.	11 août	1792.
» Rasse, *voyez* Ross.		
95 Rateau, prêtre.	1er sept.	1792.
96 Reding (Rodolphe), officier des suisses.	15 août	1792.
97 * Reitzel, suisse.	10-11 août	1792.
98 Richemberger, suisse.	11 août	1792.
99 Rigaud, suisse.	id.	
100 Rochat, suisse.	id.	
101 Rochet, garde du roi.	id.	
102 Romainvilliers (de), chef de légion.	14 août	1792.
103 * Roménil, *ou* Ramenil, garde du roi.	11 août	1792.
104 Ross, *ou* Rasse, suisse.	id.	
105 Royer, ancien curé.	1er sept.	1792.
106 Saint-Mart (de).	28 août	1792.
107 Sainte-Palaye (Clément de).	30 août	1792.
108 Séron, avoué.	1er sept.	1792.
109 Sifferet *ou* Sifret, sergent des suisses.	11 août	1792.
110 Simon, garde du roi.	id.	
111 Simon, curé.	1er sept.	1792.
112 Sussely, *ou* Suvily, caporal des suisses.	11 août	1792.
113 Thierry, gardien du garde-meuble de la couronne.	15 août	1792.
114 Tourneur, *ou* Tourner, suisse.	11 août	1792.
115 Trestondant, prêtre.	1er sept.	1792.

[1] Ainsi désigné dans le *Procès-verbal des décès des Archives de la Préfecture de la Seine.*

116 Trubert, ancien curé.	1er sept.	1792.
117 Vandemercq, dont le nom véritable est Diespach, officier des suisses.	26 août	1792.
118 Vanney, (Jean-Claude).	6 juin	1791.
119 Vaugiroux (de).	26 août	1792.
120 Vidot, *ou* Vidaut.	24 avril	1791.
121 Viette, *ou* Guette, garde du roi.	11 août	1792.
122 Vignier de Curny.	1er sept.	1792.
123 * Vitalis.	24 août	1792.
124 Vossenat, *ou* Vossonat, suisse.	11 août	1792.
125 Vrilliet, ou Weillet, suisse.	id.	
126 * Walcker.	1er sept.	1792.
127 Walvin (Charles-Chrétien).	5 avril	1792.
» Weillet, *voyez* Vrilliet.		
128 Wittgenstein (de), lieutenant-général.	11 août	1792.

2e CATÉGORIE.

Prisonniers portés sur le registre d'écrou avec la mention : MORT ou *jugé par le peuple et sur-le-champ mis à mort*, et qui ne figurent pas sur le procès-verbal déposé aux Archives de la Préfecture de la Seine.

1 * Buclin, tambour des suisses.	10 août	1792.
2 Dubourzet, prêtre.	1er sept.	1792.
3 Gervais, prêtre.	id.	
4 * Girardot, suisse.	10-11 août	1792.
5 * Guyet (Claude) [1].	4 sept.	1792.
6 * Keitz (Jacob), suisse.	10 août	1792.
» Kusner, *voyez* Rusner.		
7 * La Pize (François de).	12 août	1792.
8 Loys, prêtre.	1er sept.	1792.
9 * Roussel.	24 août	1792.
10 * Rusner *ou* Kusner, suisse.	10 août	1792.
11 Saint-Clair, abbé.	1er sept.	1792.
12 * Viette (Antoine), suisse.	10 août	1792.

[1] Exécuté un quart d'heure après son entrée dans la prison. Cette mention se trouve en marge du registre d'écrou.

3ᵉ CATÉGORIE.

Noms des vingt et une victimes immolées à l'Abbaye, le 2 septembre, sans avoir été constituées prisonnières. Elles avaient été envoyées à l'Abbaye par ordre de Panis, de Sergent, de Dufort et de Leclerc.—Les vingt et un noms qui suivent sont inscrits sur une liste trouvée dans les *papiers de Petion*, qui font aujourd'hui partie des documents manuscrits de la Bibliothèque impériale.

1 Baselet.
2 Boiron.
3 Chefdeville.
4 Coelin, *ou* Coclin, *ou* Coquelin.
5 Coquard (Chistophe-François), lieutenant de gendarmerie nationale, demeurant à Paris, rue Saint-Victor, n° 79, section des Sans-Culottes. Rétabli sur le procès-verbal déposé aux Archives de la Préfecture de la Seine, en vertu d'un jugement du tribunal du 5ᵉ arrondissement de Paris, en date du 8 germinal an II.
6 Dubalet.
7 Danger.
8 Danois.
9 Desisle, *ou* Delisle.
10 Devoise.
11 Fontainé.
12 Henry.
13 Labrousse.
14 Lecomte.
15 Levitou.
16 Martin.
17 Mieusée.
18 Montsint.
19 Popelin.
20 Robillard.
21 Valkeran.

4ᵉ CATÉGORIE.

Prisonnier mort, ainsi qu'il résulte du procès-verbal déposé aux Archives de la Préfecture de la Seine, et qui n'a aucune mention sur le registre d'écrou.

1 Portier de Rubelle de Goupillières (Pierre-Antoine). Inscrit sur le livre d'écrou sous le nom de La Goupillière. Il a été ajouté au procès-verbal en vertu d'un jugement du tribunal du 3ᵉ arrondissement de Paris, en date du 20 juillet 1793. Le jugement porte qu'il a été tué le 2 septembre, à la porte de la prison.

5ᵉ CATÉGORIE.

Prisonniers inscrits sur le registre d'écrou et qui n'ont aucune mention faisant connaître leur sort.

1 Bachelut.
2 Bertrand (Jean-André).
3 Boucher.
4 Brizourt.
5 Cahier, ancien officier municipal.
6 Chantrelle, écrivain dans les bureaux de M. Ponteau.
7 Chignard.
8 Cousin.
9 Delacget (Pierre).
10 Delaunay (Pierre-Antoine).
11 Dorange.
12 Duseault, ancien capitaine d'infanterie réformé.
13 Émard, *ou* Esnard (François-Antoine).
14 Gautier.
15 Guerrier.
16 Herbert.
17 Huguenin.
18 Keler (Michel).
19 Lachapelle.
20 Laurent.
21 Leguay.

22 Lemaire.
23 Masson.
24 Morelle.
25 Muguet.
26 Noirmont (René-Hippolyte-Lombard).
27 Perart.
28 Sernet.
29 Siltier.
30 Soliers.
31 Valcroissant (de), maréchal de camp.

6e CATÉGORIE.

Noms des prisonniers massacrés indiqués par Peltier, et que nous n'avons pas trouvés inscrits sur les registres d'écrou.

1 Chatelau.
2 Dechantereine.
3 Decharnois.
4 Diger.
5 Droust.
» Ernest, nous pensons que c'est d'Ernest, *voyez* Anvermann, que Peltier désigne par ce nom.
6 Gerly.
7 Granny.
» Guéry aîné. ⎫ Ce sont les deux Bury ou Gury, qu
» Guéry cadet. ⎭ ne se trouvent pas dans sa liste.
8 Guidant.
9 Harlget.
10 Hombarery.
» Hubert. Nous pensons que c'est Herbert, *voyez* ce nom dans la 5e catégorie.
11 Jenurge.
12 Joseph.
» Kaneménil. Nous croyons que c'est Roménil, *voyez* ce nom dans la 1re catégorie.
» Kelsel. C'est probablement Reitzel, *voyez* dans la 1re catégorie.
13 Kockel.

14 Koss.
15 Mussina.
16 Neveu, prêtre.
17 O'Dennil.
18 Protuler.
19 Quicozel.
20 Ratelach.
21 Reillet.
22 Taveau, vicaire.
» Vandemer. C'est probablement Vandemercq; Peltier aurait fait alors un double emploi.
23 Victori.
» Villiers. Ce Villiers, écroué le 11 août 1792, est indiqué vivant sur le registre d'écrou.

RÉCAPITULATION.

1re catégorie. Prisonniers dont la mort est prouvée par deux documents authentiques (le procès-verbal ci-dessus du commissaire de police et le registre d'écrou qui porte, écrit de la main de Maillard, ce mot *mort*, et de plus cette autre mention, pour quelques-uns, *jugé par le peuple et sur-le-champ mis à mort*, ou *exécuté*). . . 128

2e catégorie. Prisonniers dont la mort est prouvée par le registre d'écrou qui porte la mention ci-dessus indiquée.. 12

3e catégorie. Prisonniers non écroués dont la mort est prouvée par le registre provenant des papiers de Petion.. 21

4e catégorie. Prisonnier dont la mort est prouvée par le procès-verbal du commissaire de police, en marge duquel le nom a été ajouté en vertu d'un jugement 1

5e catégorie. Prisonniers dont l'existence n'est pas certifiée. . . . . 31 \
6e catégorie. Prisonniers que Peltier indique comme morts. . . . . 23 } 54

Total. 216

LIVRE DIX-HUITIÈME.

MASSACRES DES PRÊTRES.

Les Carmes.—L'ancien couvent des Carmes.—Son état actuel.
—Quand et pourquoi on y enferma des prêtres.—Projet des
massacres clairement établis par le procès-verbal des sections du Luxembourg et des Sans-Culottes.—Le professeur
Félix.—Arrivée de Maillard et de ses assassins aux Carmes.—
Assassins des Carmes.—Commencement des massacres.—
Mort de l'archevêque d'Arles.—Simulacre de jugement et
extermination des prêtres.—Les tueurs ont les vêtements des
morts.—Liste des victimes.—Saint-Firmin.—Cet ancien séminaire existe encore, rue Saint-Victor.—Pourquoi on y avait
réuni des prêtres.—Préparatifs de leur massacre.—Délibération de la section à leur sujet.—Arrivée d'un commissaire de
la Commune qui invite les citoyens à massacrer les prêtres.
—La section accepte la mission et l'exécute.—Massacre
général.—Liste des victimes.

I

MASSACRES DES CARMES.

L'ancien couvent des Carmes réformés, dits Déchaussés, situé au coin de la rue Cassette et de la rue de Vaugirard, n'a nullement été détruit, ainsi que l'affirme un historien des massacres de septembre[1]. Il existe encore, à peu près tel qu'il était en 1792, avec sa belle église, son vaste jardin, et son oratoire au sanglant souvenir.

[1] Barthélemy Maurice, *Histoire politique et anecdotique des prisons de la Seine*, p. 263.

Acheté en 1793, comme propriété nationale, par un menuisier nommé Foraison, il fut revendu, en 1797, pour cent vingt mille francs, à madame de Soyecourt, religieuse carmélite, qui y réunit, en 1805, vingt autres religieuses du même ordre. Sous l'archiépiscopat de Monseigneur Affre, le couvent des Carmes devint la propriété du diocèse de Paris, et il se trouve maintenant divisé en deux parties. L'une renferme une école consacrée aux hautes études théologiques, sous la direction de M. l'abbé Cruice ; l'autre est occupée, depuis dix ans, par une congrégation de Dominicains, dont le R. P. Lacordaire est le prieur.

Ce fut dès le 11 août que les prêtres, objets de la haine commune des philosophes et des révolutionnaires, furent mis en arrestation. Deux anciennes maisons religieuses furent destinées spécialement à les recevoir : le couvent des Carmes, rue de Vaugirard, et le séminaire de Saint-Firmin, rue Saint-Victor. Les prêtres envoyés aux Carmes furent enfermés dans l'église actuelle, où ils restèrent plusieurs jours, couchant sur les dalles de marbre, n'ayant pour tous meubles que quelques mauvaises chaises, et pour toute nourriture que du pain et de l'eau.

« Là, dit l'abbé Berthelet de Barbot, vicaire général du diocèse de Mende, mort à Paris, le 5 décembre 1818, il nous fut défendu de nous parler ;

un garde fut mis à côté de chacun de nous, et l'on nous apporta, pour toute nourriture, du pain et de l'eau. C'est ainsi que nous passâmes la première nuit; et jusqu'au cinquième ou sixième jour, nous couchâmes sur le pavé de l'église. Il fut ensuite permis à ceux qui en avaient les moyens de se procurer des lits de sangle et des paillasses. Le lendemain du jour où nous avions été enfermés étant un dimanche, nous demandâmes la permission de dire ou d'entendre la messe; et cette consolation nous fut refusée, non-seulement ce jour-là, mais encore pendant tout le temps de notre détention... Cependant notre prison se peuplait tous les jours davantage; et, comme c'était la nuit principalement qu'arrivaient d'autres prisonniers, nous étions fréquemment troublés dans notre sommeil par les propos outrageants et le cliquetis des armes des gardes qui les amenaient [1]. »

Ainsi furent amenés successivement à l'église des Carmes environ cent soixante-treize prêtres, et ce ne fut qu'après avoir rempli cette église et le séminaire de Saint-Firmin, que l'on conduisit les derniers à l'Abbaye et à la Force.

Le prétexte mis en avant, dans cette arrestation générale des prêtres, était leur refus de prêter serment à ce qu'on appelait la Constitution civile du

---

[1] L'abbé Guillon, *les Martyrs de la foi*, t. 1er, p. 163.—*Récit de l'abbé Berthelet.*

clergé, monstrueuse conception des philosophes, des protestants et des jansénistes de l'Assemblée constituante. La raison sérieuse, et à peine dissimulée, c'était le dessein de les comprendre dans le massacre général de tous les hommes qui faisaient obstacle aux révolutionnaires. Ainsi, le décret sur la déportation des prêtres fut voté le 26 août ; les arrestations générales, opérées à l'aide des visites domiciliaires, furent exécutées dans la nuit du 28 au 29 ; et, dès le 31, le massacre des prêtres était publiquement mis en délibération dans les sections de Paris.

Saint-Firmin dans la section des Sans-Culottes, et les Carmes dans la section du Luxembourg, étant les deux maisons où le plus grand nombre des prêtres avaient été enfermés, ce furent ces deux sections qui trahirent les desseins de la Commune.

Dans la section des Sans-Culottes, un nommé Félix, professeur de musique, fit, le 31 août, la motion de procéder à une sorte de choix parmi les prêtres de Saint-Firmin : « M. Félix, dit le procès-verbal, a observé que, relativement aux prêtres détenus à Saint-Firmin, il serait à propos de nommer des commissaires pour examiner la distinction que l'on doit faire entre les uns et les autres, et prendre des tempéraments pour n'y retenir que ceux que la loi désigne[1]. » A la section du Luxembourg, la même

---

[1] *Registre des délibérations de la section des Sans-Culottes*, Séance du 31 août. (*Archives de la Préfecture de police.*)

motion dut être faite et adoptée, car un commissaire de cette section se rendit aux Carmes et fit subir un interrogatoire aux prisonniers. « Sur la fin du mois d'août, dit l'abbé Berthelet, un commissaire vint faire aux Carmes un appel général des prisonniers, et l'on demanda successivement à chacun en particulier s'il était prêtre, ou dans les ordres sacrés. On écrivit nos réponses, et l'on élargit deux prisonniers qui déclarèrent n'être pas liés aux ordres [1]. »

Le 2 septembre, les desseins de la Commune s'expliquèrent mieux encore ; un commissaire de la section vint retirer aux prêtres leurs couteaux, leurs ciseaux et leurs canifs [2]. Dès le 30, on avait eu soin de donner quelques heures aux prêtres, afin qu'ils pussent faire rentrer tout leur argent ; on tenait aux dépouilles. « Vers minuit, dit l'abbé Berthelet, un commissaire, accompagné de gendarmes, nous lut le décret sur la déportation et le laissa affiché dans le sanctuaire. Dès le lendemain, nous nous hâtâmes de recueillir le plus d'argent qu'il nous fut possible, pour des voyages dont nous ne connaissions ni le terme ni la durée [3]. »

Ce fut, comme nous l'avons dit, après le meurtre des personnes amenées de la mairie dans la cour de

---

[1] L'abbé Guillon, *les Martyrs de la foi*, t. 1er, p. 165.—*Récit de l'abbé Berthelet.*
[2] *Ibid.*, p. 166.
[3] *Ibid.*

l'Abbaye, et vers quatre heures, le 2 septembre, que Maillard et sa bande se portèrent aux Carmes. Là, comme à Saint-Firmin, comme partout, les autorités de la section présidèrent aux préparatifs des massacres. Ce fut le juge de paix, Joachim Ceyrat, qui vint faire le dernier appel [1].

« A deux heures, dit l'un des prisonniers, le commissaire du comité de la section, Joachim Ceyrat, vint faire précipitamment un appel individuel de toutes nos personnes, et nous envoya dans le jardin où nous descendîmes par un escalier à une seule rampe, qui touchait presque à la chapelle de la Sainte-Vierge, comprise dans l'église où nous étions prisonniers. Nous arrivâmes dans ce jardin au travers de gardes nouveaux, qui étaient sans uniformes, armés de piques et coiffés d'un bonnet rouge ; le commandant seul avait un habit de garde national.

« A peine fûmes-nous dans ce lieu de promenade, sur lequel donnaient les fenêtres des cellules du cloître, que des gens placés à ces fenêtres nous outragèrent par les propos les plus infâmes et les plus sanguinaires. Nous nous retirâmes au fond du jardin, entre une palissade de charmilles et le mur qui le sépare de celui des dames religieuses du *Cherche-Midi*[2]. Plusieurs d'entre nous se firent un refuge

---

[1] Joachim Ceyrat, juge de paix de la section du Luxembourg en 1792, logeait rue Férou, n. 1016. (*Almanach national* de 1793, p. 291.)

[2] C'étaient les dames dites *Bénédictines du Saint-Sacrement*.

d'un petit oratoire placé dans un angle du jardin, et ils s'y étaient mis à dire leurs prières de vêpres, lorsque tout à coup la porte du jardin fut ouverte avec fracas. Nous vîmes alors entrer en furieux sept à huit jeunes gens, dont chacun avait une ceinture garnie de pistolets, indépendamment de celui qu'il tenait de la main gauche, et en même temps que de la droite il brandissait un grand sabre [1]. »

Toutes ces dispositions intérieures, tout ce théâtre du crime et du martyre existent encore à peu près en l'état où les décrivait l'abbé Berthelet. Le passage qui mène de la chapelle de la Vierge à l'escalier du jardin a été clos par un châssis vitré, à l'époque où les Carmélites de madame de Soyecourt habitaient le couvent; l'escalier, qui n'avait qu'une rampe, a été refait, et offre un petit palier, à deux versants latéraux; c'est celui auquel on arrive directement lorsqu'on pénètre, par la cour de l'église, dans la communauté des Pères Dominicains, et qu'on suit la galerie placée en face de la porte. Le petit oratoire, situé à l'extrémité du jardin, à gauche, est devenu une chapelle expiatoire. Le sanctuaire primitif a été conservé, et l'on y a joint, à l'entrée, comme une grande nef, qui double la capacité du bâtiment. Un plancher, en bois de chêne, recouvre les anciennes dalles de l'oratoire; et un parquet

[1] L'abbé Guillon, *les Martyrs de la foi*, t. Ier, p. 177.—Récit de l'abbé Berthelet.

mobile, placé devant l'autel, permet, quand on le soulève, de voir encore les larges taches de sang qui témoignent du courage et de la piété des martyrs.

Indépendamment de Maillard, qui commandait la bande, huit assassins notables concouraient au massacre des prêtres détenus aux Carmes : — Jean-Denis Violette, membre de la section du Luxembourg, rue du Cherche-Midi; Berthelot, tailleur d'habits; Martin Froment; Joachim Ceyrat; Étienne Coutarel; Louis Juchereau; Nicolas Paris et Louis Chemery.

Jean-Denis Violette régularisa le massacre des prêtres, et les envoya, deux à deux, à la mort, après leur avoir fait subir une sorte d'appel nominal, à l'aide du registre d'écrou [1].

Berthelot tua l'évêque de Beauvais et son frère, l'évêque de Saintes [2].

Martin Froment, âgé de vingt-deux ans, né à Villers-Allerand, département de la Marne, marchand de vins, rue de Seine, n° 1477, les mutila à coups de sabre [3];

Joachim Ceyrat, juge de paix de la section, donna une sorte de caractère légal au massacre.

Étienne Coutarel, âgé de quarante-cinq ans, né à

---

[1] L'abbé Guillon, *les Martyrs de la foi*, t. Ier, p. 179.—*Récit de l'abbé La Pize de la Pannonie.*

[2] Mathon de la Varenne, *Histoire particulière des événements*, etc., p. 326.

[3] *Ibid.*

Genève, serrurier, demeurant rue de l'Égout, n° 521 ;

Louis Juchereau, âgé de trente-cinq ans, né à Préaux, département de l'Indre, ébéniste, demeurant Préau de la Foire-Saint-Germain, n° 130 ;

Nicolas Paris, âgé de trente-quatre ans, né à Nancy, cordonnier, demeurant rue Neuve-Guillemin, n° 398 ;

Louis Chemery, demeurant rue de Chaillot, section des Champs-Élysées ;

Concoururent diversement aux massacres. Poursuivis, à la suite de l'enquête commencée le 20 germinal an III, ils profitèrent de l'amnistie prononcée par la Convention, avant de se séparer, le 4 brumaire, et furent acquittés par le tribunal criminel de la Seine, comme plusieurs autres assassins, dont les reçus de vingt-quatre livres étaient pourtant au dossier. Joachim Ceyrat et plusieurs autres furent déportés, par un acte du Sénat conservateur, du 4 janvier 1801, à l'île d'Anjuan, où ils moururent.

Ce fut dans ce vaste jardin des Carmes, sous les allées qui le bordent encore, et dans l'Oratoire situé à son extrémité, à l'angle de gauche, que le massacre des prêtres commença, vers quatre heures.

« Le premier ecclésiastique qu'ils rencontrèrent et qu'ils frappèrent, dit l'abbé Berthelet, fut M. de Salins, qui, profondément occupé d'une lecture, avait paru ne s'apercevoir de rien. Ils le massacrèrent à coups de sabre, et tuèrent ensuite, ou blessèrent mortellement tous ceux qu'ils abordaient, sans se donner le temps de leur ôter entièrement la vie, tant ils étaient pressés d'arriver au groupe d'ecclésiastiques réfugiés au fond du jardin. Ils en approchèrent en criant : *l'archevêque d'Arles? l'archevêque d'Arles?* Ce saint prélat nous disait alors ces mots, inspirés par une foi vive : « Remercions Dieu, « Messieurs, de ce qu'il nous appelle à sceller de « notre sang la foi que nous professons; demandons- « lui la grâce que nous ne saurions obtenir par nos « propres mérites, celles de la persévérance finale. »

« Alors, M. Hébert, supérieur général de la congrégation des Eudistes, demanda, pour lui et pour nous, d'être jugés. On lui répondit par un coup de pistolet qui lui cassa une épaule, et l'on ajouta que nous étions tous des scélérats, en criant derechef : *l'archevêque d'Arles? l'archevêque d'Arles* [1]*?* »

Jean-Marie Duleau, né en 1738, dans le diocèse de Périgueux, et nommé, en 1775, au siége d'Arles, avait subi, dès le 1ᵉʳ septembre, comme les préparatifs de sa mort. Un gendarme vint s'asseoir insolemment auprès de lui, et, lui donnant les titres honorifiques de noblesse, que l'Assemblée constituante avait abolis, lui dit : « Monseigneur, c'est donc demain que l'on tue Votre Grandeur ? »

Lorsque les assassins arrivèrent à l'oratoire, en l'appelant, « il s'y trouvait avec environ trente pré-

---

[1] L'abbé Guillon, *les Martyrs de la foi*, t. Iᵉʳ, p. 178.—*Récit de l'abbé Berthelet.*

tres, parmi lesquels était l'abbé La Pize de la Pannonie, que la Providence sauva des massacres, et par qui l'on a su la plupart des détails de cette scène affreuse. Il dit alors à l'archevêque : « Pour le coup, « Monseigneur, je crois qu'ils vont vous assassiner. » — « Eh bien! répliqua l'archevêque, si c'est le mo- « ment de notre sacrifice, soumettons-nous, et re- « mercions Dieu d'avoir à lui offrir notre sang pour « une si belle cause. » A l'instant, il pria le plus âgé des prêtres de lui donner l'absolution.

« Déjà les assassins s'approchent de notre prélat, en criant de plus en plus : *l'archevêque d'Arles? l'archevêque d'Arles?* Il est encore à genoux, au pied de l'autel; mais, quand il s'entend nommer, il se lève pour aller s'offrir aux assassins. Les prêtres l'entourent, pour le cacher et le retenir : « Laissez-moi pas- « ser, leur dit-il; si mon sang peut les apaiser, qu'im- « porte que je meure!... » Les mains croisées sur la poitrine, et les yeux fixés vers le ciel, il marche gravement vers les assassins qui le réclament, et leur dit, comme autrefois le Sauveur à ceux qui venaient pour le saisir : « Je suis celui que vous cherchez. »

« C'est donc toi, s'écrient ces furieux, c'est donc « toi, vieux coquin, qui es l'archevêque d'Arles? » — « Oui, Messieurs, c'est moi qui le suis. » — « Ah! scélé- « rat, c'est donc toi qui as fait verser le sang de tant « de patriotes dans la ville d'Arles? » — « Je n'ai jamais « fait de mal à personne. » — « Eh bien! moi, répliqua

« l'un de ces forcenés, je vais t'en faire. » Et, à l'instant, il lui assène un coup de sabre sur le front.

« L'archevêque ne profère aucune plainte, et, presque au même instant, sa tête est frappée par derrière d'un autre coup de sabre qui lui ouvre le crâne; il porte sa main droite pour couvrir ses yeux, et elle est abattue à l'instant par un troisième coup; un quatrième le fait tomber assis, et un cinquième l'étend par terre sans connaissance, une pique lui est enfoncée dans la poitrine avec tant de violence que le fer n'en peut être retiré, et le corps du saint prélat est foulé aux pieds par les assassins [1]. »

L'archevêque d'Arles était à peine mort que les assassins se retournèrent vers le groupe de prêtres dont il était environné; des coups de feu tirés à bout portant en tuèrent et en blessèrent plusieurs; et c'est là que François-Joseph de La Rochefoucauld, évêque de Beauvais, eut la cuisse cassée d'un coup de feu.

Cependant, les *dames* du quartier, accourues à ce spectacle, se plaignirent des coups de feu tirés dans le jardin; et il fut résolu que les prêtres seraient ramenés dans l'église pour que le massacre s'exécutât avec moins de bruit et avec plus de méthode.

« Le commandant du poste, dit l'un des prisonniers, nous ordonna de rentrer dans l'église, et nous

[1] L'abbé Guillon, *les Martyrs de la foi*, t. II, p. 39.

nous acheminâmes, avec plus ou moins de peine, vers l'escalier par lequel nous étions sortis ; mais des gendarmes y plongeaient leurs baïonnettes. Nous nous amoncelions vers cet endroit, sans pouvoir passer ; les hommes à piques vinrent y croiser aussi leurs armes d'une manière effrayante ; nous y eussions tous été tués, si, par des prières réitérées, le commandant n'eût enfin obtenu que ces assassins nous laisseraient entrer dans l'église [1]. »

Lorsque les prêtres furent de nouveau réunis dans l'église où l'on porta l'évêque de Beauvais, on organisa dans le corridor du cloître qui mène au jardin, et près de l'escalier, une sorte de tribunal, dont toutes les fonctions se bornèrent à faire un appel des victimes et à constater leur identité. Cette vaine forme de justice rentrait dans l'esprit de l'arrêté de la Commune du 30 août, qui avait ordonné aux sections de juger, sous leur responsabilité, les citoyens arrêtés dans les visites domiciliaires [2].

La personne qui organisa ce tribunal avait été envoyée par la section du Luxembourg, sous le prétexte d'arrêter les massacres. « C'était, dit l'abbé La Pize de la Pannonie, un commissaire de la section, envoyé avec la mission apparente d'empêcher le massacre des prisonniers. Ce commissaire, nommé

---

[1] L'abbé Guillon, les Martyrs de la foi, t. Ier, p. 178.—Récit de l'abbé Berthelet.
[2] Procès-verbaux de la Commune de Paris, Séance du 30 août 1792.

Violette, l'aîné, vint s'établir avec une table et le registre d'écrou de la prison des Carmes, auprès de la porte par laquelle on descendait dans le jardin. Là il appelle et fait venir les prêtres devant lui, deux par deux, pour constater l'identité de leurs personnes et s'assurer qu'ils persévéraient dans le refus du serment. Il les fait passer ensuite dans le corridor qui aboutit à l'escalier par lequel on descend au jardin; ils y sont attendus par les assassins qui les y égorgent aussitôt qu'ils paraissent, et font entendre à chaque fois des hurlements affreux entremêlés du cri de : *Vive la nation* [1] ! »

Au pied de cet escalier périrent tous les prêtres ramenés à l'église. Ils entendaient très-distinctement du sanctuaire les gémissements des victimes et les cris des assassins; aucun d'eux n'en fut et n'en parut troublé. A l'appel de leur nom, fait par le commissaire, ils se levèrent tous avec la sérénité d'âme la plus pure, et marchèrent à la mort, leur livre de prières à la main. Lorsque ce fut le tour de l'évêque de Beauvais, comme il ne paraissait pas à l'appel de son nom, un des assassins entra et alla droit à lui. Il le trouva gisant sur un mauvais matelas, la cuisse cassée, et ne pouvant se lever : « Je ne refuse pas, dit M. de La Rochefoucauld, d'aller mourir comme les autres, mais vous voyez que je ne puis marcher.

---

[1] L'abbé Guillon, *les Martyrs de la foi*, t. Ier, p. 179.—*Récit de l'abbé La Pize de la Pannonie.*

Ayez, je vous prie, la charité de me soutenir et de m'aider vous-même à me porter où vous voulez que j'aille. » Deux hommes le portèrent devant le commissaire Violette, qui l'envoya à l'escalier du jardin, où il fut égorgé. La calme et noble résignation de ces victimes remplit d'admiration ce commissaire, tout philosophe et révolutionnaire qu'il fût; et, deux jours après, il disait à l'abbé de la Pannonie, au comité de la section, en parlant de Louis Menuret, ancien curé de Montélimart : « Je m'y perds; je n'y connais plus rien, et tous ceux qui auraient pu le voir n'en seraient pas moins étonnés que moi; vos prêtres allaient à la mort avec la même joie que s'ils fussent allés à des noces [1]. »

Les détails relatifs aux massacres des prêtres détenus aux Carmes sont dus aux récits qu'en ont fait quelques-uns des prêtres qui furent sauvés. Le récit le plus circonstancié et le plus complet est celui de l'abbé Berthelet, qui dut son salut à quelques-uns de ses voisins mêlés aux égorgeurs. Conduit pendant la nuit à la section du Luxembourg, réunie dans l'église de Saint-Sulpice, et de là dans une salle du séminaire, il assista au débat suivant, qui eut lieu entre un commissaire de la section et un égorgeur :

« A une heure du matin, dit-il, l'un des égorgeurs vint se plaindre à haute voix, tant en son nom qu'en celui de ses camarades, qu'on les avait trompés,

---

[1] L'abbé Guillon, *les Martyrs de la foi*, t. Ier, p. 180.

qu'on leur avait promis trois louis, et qu'on ne voulait leur en donner qu'un seul. Le commissaire répondit qu'ils avaient encore dans les prisons de Saint-Firmin, de la Conciergerie et autres, de l'ouvrage pour deux jours, ce qui ferait les trois louis promis ; que d'ailleurs on ne s'était pas engagé à donner nos dépouilles ; et que, croyant devoir être déportés, *nous nous étions presque tous fait habiller de neuf.*

« L'égorgeur répliqua que, *ne sachant pas qu'ils auraient nos habits,* ils tailladaient les prisonniers à coups de sabre ; que, dans cet état de choses, les fossoyeurs ne voulaient donner des dépouilles que quatre cents francs ; qu'au surplus, il allait vérifier avec le commissaire si les prisonniers qui avaient été préservés, étaient ou non habillés de neuf ; et il entra aussitôt, avec le commissaire, dans la salle où nous étions. Heureusement, *nos habits, examinés de près, se trouvèrent usés,* et les deux hommes sortirent ensemble.

« Il m'est impossible, encore en ce moment, de penser sans frémir à cette appréciation de ce que nous pouvions valoir d'après nos vêtements, faite au milieu de la nuit, après ce que nous avions vu, et ce que nous devions craindre encore [1]. »

---

[1] L'abbé Guillon, *les Martyrs de la foi,* t. I*er*, p. 200, 201.—*Récit de l'abbé Berthelet.*

II

Il n'existe dans les dépôts publics aucun registre d'écrou de la maison des Carmes pour l'année 1792. C'était la première fois que cette maison recevait des prisonniers; ils y étaient temporairement déposés; et ce fut seulement en 1793 qu'il y eut une prison dite des Carmes, avec un geôlier, des guichetiers et des livres d'écrou.

Cependant, le récit des prêtres qui échappèrent au massacre des Carmes établit qu'il y avait alors ce qu'ils nomment un *registre d'écrou*. C'était probablement un état pur et simple des prêtres prisonniers, sur lequel on les inscrivait au fur et à mesure de leur arrivée, écrit sur des feuilles volantes, et dont la liste, déposée à *l'État civil* de la ville de Paris, aura été la reproduction.

C'est aussi une question de savoir où furent déposés les cadavres des prêtres égorgés aux Carmes. Des pièces comptables, qui indiquent avec toute certitude le lieu de sépulture des victimes de la plupart des autres prisons, se taisent sur celle-ci.

Nous verrons que les cadavres de la Force furent en partie jetés dans une carrière de Charenton. Nous avons, à ce sujet, la réclamation de Jacques Roch, d'Edme et de Joseph Vingdelet, frères, auxquels la municipalité de Paris alloua, le 25 juillet 1793, une indemnité de 11,900 livres, pour perte de pierres extraites[1]. Les factures du voiturier Noël établissent que les cadavres de l'Abbaye furent portés au cimetière de Vaugirard[2]. Un certificat du 4 septembre, signé de quatre commissaires de la Commune, et de Coulombeau, greffier, prouve que les cadavres entassés sur le pont au Change, et provenant du Châtelet, furent portés au cimetière de Clamart par le voiturier Parrain fils[3]. Un mandat de Moulineuf, commissaire de la Commune, dit que les cimetières de Clamart, de Montrouge et de Vaugirard servirent à l'inhumation des cadavres apportés *des différentes prisons*[4]. Enfin l'ordonnance suivante complète la série des divers lieux qui servirent à l'inhumation des cadavres, et indique le vaste ossuaire de Paris, connu sous le nom des Catacombes, ou de la Tombe-Isoire :

« Ordonnance du 1er octobre, signé Fa..., Da... et Le..., au profit de Cha..., entrepreneur des carrières, pour journées des ouvriers employés, tant à dépouiller les cadavres qui ont été apportés dans le lieu appelé la Tombe-Isoire, au Petit-Mont-Rouge, que pour les descendre par un puits de service dans la carrière existante sous cet emplacement; les

---

[1] *Archives de l'Hôtel de ville de Paris*, carton n. 312.
[2] *Dossier des massacres de septembre.*—État des frais.—Pièce à l'appui, n. 34. (*Archives de la Préfecture de police.*)
[3] *Mémoires sur les journées de septembre 1792.*—État des sommes payées par le trésorier de la Commune, etc., p. 313.
[4] *Ibid.*, p. 312.

transporter ensuite à bras dans la partie de cette carrière qui a été disposée à usage de cimetière pour le gouvernement, et pour faire les fouilles nécessaires pour l'inhumation desdits cadavres, les couvrir de lits de chaux pour prévenir les effets de la putréfaction ; pour fournitures faites aux ouvriers pendant le travail, et augmentation de salaire qu'il a été nécessaire d'accorder auxdits ouvriers, à cause des dangers qu'ils ont courus lors de cette inhumation ; enfin pour fourniture de chaux, ci. 1,120 l. 5 s. 6 d.[1] »

Ainsi, les carrières de Charenton, les cimetières de Clamart, de Vaugirard et de Montrouge, et l'ossuaire de la Tombe-Isoire, voilà les cinq dépôts où furent envoyés les cadavres des victimes de septembre. Dans lequel de ces dépôts la section du Luxembourg fit-elle inhumer les cadavres des prêtres tués aux Carmes ? — C'est un point sur lequel nous ne connaissons aucun document explicite, ou aucune tradition digne de foi ; seulement une partie de ces cadavres furent jetés dans un puits, dépendant du jardin des Carmes, à quelques pas de l'Oratoire, à gauche. Ce puits, qui est comblé et surmonté d'une croix de bois, porte encore le nom de *Puits des Martyrs*.

Néanmoins, il nous semble résulter assez nette-

---

[1] *Mémoires sur les journées de septembre* 1792.—État des sommes payées par le trésorier de la Commune, etc,, p. 319.

ment de quelques faits certains, que les cadavres des prêtres tués aux Carmes furent portés à l'ossuaire de la Tombe-Isoire.

En général, les sections de Paris qui firent exécuter les massacres, et qui y présidèrent, gardèrent les vêtements des victimes; elles firent dépouiller les cadavres, dressèrent procès-verbal des dépouilles, les envoyèrent à la mairie, ou les vendirent, et employèrent l'argent à payer leurs dettes, à équiper des compagnies de volontaires, ou à solder les frais. Le procès-verbal d'inventaire de l'Abbaye est aux Archives de la Préfecture de Police; ceux de la Force, du Châtelet et de Saint-Firmin sont aux Archives de l'Hôtel de ville; et il résulte des procès-verbaux de la section des Sans-Culottes, déposés aux Archives de la Préfecture de Police, que les prisonniers détenus au cloître des Bernardins furent également dépouillés par les soins de la section.

Restent donc les prisonniers des Carmes, de la Conciergerie, de Bicêtre et de la Salpêtrière, dont les dépouilles furent abandonnées aux égorgeurs.

Cela n'est pas douteux pour les Carmes; nous savons par le récit de l'abbé Berthelet que les tueurs vendirent les vêtements des prêtres au fossoyeur, moyennant quatre cents livres, parce qu'ils étaient *tailladés* de coups de sabre; et l'on a vu que l'un des assassins vint faire, sur la personne même de l'abbé

Berthelet et de cinq de ses compagnons, l'estimation de ce que pouvaient valoir leurs habits.

Le fait est également certain pour la Conciergerie; car un procès-verbal dressé par le commissaire de la section du Pont-Neuf, le 3 septembre, établit que les cadavres provenant de cette prison furent dépouillés au cimetière[1] :

L'absence de tout inventaire pour la Salpêtrière et pour Bicêtre semble prouver que les vêtements des victimes de ces deux prisons furent abandonnés aux égorgeurs, et l'on doit croire, au moins pour la Salpêtrière, qu'on n'eut pas l'abomination de mettre les femmes nues, après les avoir tuées.

Ainsi, les cadavres des Carmes et de la Conciergerie furent portés vêtus au lieu de la sépulture, cela est certain ; cela n'est que probable pour ceux de la Salpêtrière et de Bicêtre. Or, l'ordonnance qu'on vient de lire plus haut, sur le payement des ouvriers employés à la Tombe-Isoire, parle de ceux qui travaillèrent *à dépouiller les cadavres*. D'un autre côté, le procès-verbal du commissaire Barabé constate que les cadavres de la Conciergerie furent apportés au cimetière de Clamart. Il résulte donc de tous ces faits rapprochés qu'il est à peu près certain que ces cadavres, *dépouillés* à la Tombe-Isoire,

---

[1] Procès-verbal signé BARADELLE, président, BARABÉ, commissaire.—Collection des procès-verbaux. (*Archives de la Préfecture de police.*)

étaient ceux des prêtres égorgés aux Carmes.

Voici maintenant la liste de ces victimes, nous l'avons prise à l'État civil de Paris, sur le procès-verbal authentique dressé par Daubanel, greffier de la justice de paix de la section du Luxembourg, le 18 octobre 1792, et par Lemaître, secrétaire de la section, le 18 mars 1793. Nous nous sommes borné à la rédiger par ordre alphabétique, en y ajoutant des rectifications dont la source est indiquée et justifiée.

SECTION DU LUXEMBOURG.

Tableau des prêtres et autres personnes détenus au couvent des Carmes le 2 septembre 1792; indicatif de ceux qui ont péri et de ceux qui ont été soustraits à la sévérité du peuple.

1 Abraham (Vincent).
2 Angar, *ou* Augeard.
3 Aubert.
4 Auzuret [1].
5 Balmain, *ou* Blamin.
6 Barreau (Louis), bénédictin, neveu de M. Chevreux.
7 Barret, *ou* Barré.
8 Baugué.
9 Beaulieu.
10 Becavin (Joseph).

---

[1] L'abbé Auzuret, porté à tort sur la liste des morts, parvint à s'évader.

« Retiré, pendant la Révolution, à Saint-Maixent (Deux-Sèvres), nous écrit M. Paul Taunay, avocat à Poitiers, il s'y tint longtemps caché, et devint curé de cette ville après le concordat.

« C'est là que je l'ai personnellement connu, et que plusieurs personnes, encore existantes, ont reçu de sa bouche les détails de son incarcération aux Carmes et de sa fuite.

« M. Auzuret mourut en 1832, à Saint-Maixent, où sa mémoire est encore en vénération. »

» Bérauld-Duperron, *voyez* Duperron.
» Blamin, *voyez* Balmain.
11 Bonneau (Jacques-Jules).
12 Boubert (Louis-Alexis-Mathias).
13 Boucharelle (Jean-Antoine-Hyacinthe).
14 Bousquet, *ou* Dubousquet (Jean-François).
15 Breillot [1].
» Breton, *voyez* Le Breton.
16 Burté (Jean-François).
17 Chaudet.
18 Chevreux (Ambroise).
19 Cléret, *ou* Clairet.
20 Collin (A.).
21 Cussac.
22 Dardan, *ou* Dardon (Pierre).
23 De Launay.
24 Delfault.
25 De Millon.
26 De Ruelle.
27 Des Granges (Claude-François Gagnière).
28 Després (Gabriel), vicaire général de Paris.
» Dubousquet, *voyez* Bousquet.
29 Dubray.
30 Dubuisson (Thomas-René).
31 Dufour.
32 Duleau, *ou* Du Lau (Jean-Marie), archevêque d'Arles.
33 Dumas.
34 Dumas-Rambaud (François).
35 Duperron (Bérauld).
36 Durvé (Jacques-Friteyre).
37 Duteille, *ou* Duteil (Vareille).
38 Erniès.
39 Estard, *ou* Estrade (Joseph).
» Fargues, *voyez* Méallet-Fargues.

---

[1] Il s'évada.—Voyez l'abbé Guillon, *les Martyrs de la foi*, t. Ier, p. 199.

40 Foucault (Armand).
41 Gallet, *ou* Gallais.
42 Gaultier, *ou* Gauthier (Louis-Laurent).
43 Giraud.
44 Gognin.
45 Goiret, *ou* Goiset (Jean).
46 Grasset de Saint-Sauveur (André).
47 Guérin.
48 Guesdon.
49 Guillaumeau, *ou* Guillaumot.
50 Guilmenet, *ou* Guillemenet (Jean-Antoine).
51 Hébert (François-Louis), général de la congrégation des Eudistes.
52 Hourier.
53 Jamin, *ou* Jannin (Jean-Baptiste).
54 Lacan (Jean).
55 Landry (Pierre).
56 Langlade (Pierre-Alexandre).
57 Laporte.
58 La Rochefoucauld (François-Joseph), évêque de Beauvais.
59 La Rochefoucauld (Pierre-Louis), évêque de Saintes.
60 Laugier, *ou* Logier.
61 Le Bis (Robert).
62 Le Breton, *ou* Breton.
63 Leclerc.
64 Lefèvre (Olivier).
65 Lefèvre.
66 Lefranc (François), *ex-vicaire général de Coutances, âgé de 53 ans, natif de Vire, fils de Guillaume Lefranc et de Catherine Desert, domicilié à Paris, avant son arrestation, rue des Postes, section de l'Observatoire.*

L'addition en caractères italiques a été faite en vertu d'un jugement du tribunal civil de la Seine, 1re section, en date du 24 nivôse an VI.

67 Legué (Charles-François).

68 Le Jardinier des Landes (Jacques-Joseph).
69 Lemercier (Michel-Joseph).
70 Lemeunier.
71 Londiveau.
72 Longuet.
73 Lubersac (de).
74 Luzeau.
75 Maignien.
76 Marchand (Jean-Philippe).
77 Massey.
78 Massin.
79 Mauduit.
80 Méallet-Fargues (François).
81 Menuret.
82 Monge (Jean-Alexandre).
83 Morel (Jean-Jacques).
84 Nativel (Jean-Baptiste). } [1]
85 Nativel (René).

---

[1] Ils étaient frères, et s'appelaient Nativelle, ainsi que cela résulte de la réclamation suivante :

Aux citoyens maire et officiers municipaux de Paris.

« Citoyens,

« La citoyenne veuve Nativelle, sage-femme, demeurant rue de Bussy, maison du boulanger, n° 20, vous expose que depuis quinze mois elle n'a cessé de réclamer à la section de *Mucius-Scævola*, ci-devant Luxembourg, tant les effets qu'elle avait prêtés à deux frères incarcérés aux Carmes, qu'une somme de 1,400 livres dont ils étaient propriétaires, pour s'en aider et servir en route lors de leur exportation; cette somme a été vue et connue par deux témoins, la veille du malheur qui leur est arrivé le 2 septembre 1792. Depuis ce temps, elle n'a cessé cette réclamation sous deux qualités, la première en qualité de créancière, leur ayant prêté une somme de 400 livres qu'elle-même avait empruntée, et la seconde comme mère et tutrice de son enfant. A force de sollicitations, vous avez nommé deux commissaires qui se sont transportés au comité de la section de Mucius-Scævola, dite Luxembourg. La demande d'après les preuves n'a pas souffert de difficultés, et elle s'attendait de jour à

86 Nezel, *ou* Nizel.
87 Nogier (Antoine-Augustin).
88 Pazeri.
89 Pellier (Louis).
90 Ploquin.
91 Pontus (Jean-Michel).
92 Poret (René-Nicolas).
93 Porlier, *ou* Portier (Augustin).
94 Psalmon, *ou* Spalmon.
95 Queneau.
96 Ravinel (Antoine-François).
97 Robert.
98 Rochemur (de)[1].
99 Rosé (Louis-François).
100 Rostaing (Jean-César de).
101 Rousseau.
102 Rousseau.
103 Saint-Remy (de).
104 Saint-Sauveur.
105 Salins (François-Urbain de).
106 Samson.
107 Saurin [2].
108 Savine (Jean-François).
109 Seguin.

autre à avoir toute satisfaction. Elle ignore le motif du retard (par respect pour les comptables de ladite section). Aujourd'hui qu'il se trouve une somme de 15,000 liv. déposée en votre Commune, décret du 8 nivôse l'an IIe de la Répub. une, indivisible, elle réclame son dû de votre justice, aux offres de remettre toutes les pièces probantes et d'affirmer la sincérité de sa demande.

« Signé : VEUVE NATIVELLE. »

(*Archives de l'Hôtel de ville de Paris*, cartón n. 312.)

[1] Il s'évada.—Voyez l'abbé Guillon, *les Martyrs de la foi*, t. Ier, p. 199.

Il fut sauvé par un tueur marseillais, avec lequel il engagea une conversation en patois.—Voyez l'abbé Guillon, *les Martyrs de la foi*.

110 Tessier (Jean-Baptiste).
111 Texier (Joseph-Martial).
112 Thierry (Jean-Joseph).
113 Thomas.
114 Thoranne (Jules-Honoré-Cyprien).
115 Thoranne (Joseph-Thomas).
116 Valfons (Charles-Régis de), ancien officier au régiment de Champagne.
117 Verrier.
118 Vialard[1].
119 Villecrochin.
120 Valondat.

Soustraits à la sévérité du peuple et conduits ensuite au comité de la section, d'où ils ont été remis en liberté :

1 Pradignac (Pierre).
2 Grayot (Pierre-Joseph).
3 Berton (Nicolas).
4 Bardez (Jean-Baptiste).
5 Martin (Pierre).
6 Le Roux (Julien).
7 Suglard-Dutillet (Alexandre).
8 Leturc (Jean-Joseph).
9 Camoussary (Pierre).
10 Chiron (Jean-Baptiste).
11 Berthelet (Jean-Marie).
12 Allais de l'Épine (Jean-Baptiste-François).
13 Forestier (Joseph).
14 Estevé (Jean-Baptiste).
15 Duplain (Joseph), libraire.
16 Letellier (Honoré-Joseph).

[1] Il se sauva par-dessus les murs.—Voyez l'abbé Guillon, les Martyrs de la foi, p. 195.

17 Ferrière (Pierre-Dominique).
18 Lostende (François - Joseph - Benoît de).
19 Montfleury.
20 De Douay.
21 Miquel (Claude-Jean-François).
22 Barbe.
23 Fronteau.
24 Tellier.
25 Drest.
26 Lambertiny.
27 Vigouroux.
28 Guyard (Charles-Antoine).
29 La Pize de la Pannonie (Pierre-François).
30 Guinat.

On a appris depuis peu que ces derniers s'étaient évadés par-dessus les murs, et avaient ainsi échappé à la mort. (*Cette note se trouve sur l'état que nous copions.*)

« Certifié l'état de l'autre part sincère et véritable, par moi, secrétaire-greffier de la justice de paix de la section du Luxembourg, et commissaire nommé par l'assemblée générale de la section pour procéder à l'inhumation desdites personnes.

« A Paris, ce dix-huit octobre mil sept cent quatre-vingt-douze, le premier de la République.

« Signé : Daubanel. »

« Les noms de baptême ajoutés à ce tableau l'ont été par moi, soussigné, secrétaire de la section du Luxembourg, pour les avoir extraits de l'état laissé en mes mains par le citoyen Daubanel, greffier de la justice de paix de ladite section, que j'ai représenté en due forme au garde du registre de l'État civil des citoyens et reporté à ladite section.

« Fait le dix-huit mars mil sept cent quatre-vingt-treize, deuxième de la République.

> « Signé : LEMAITRE, *secrétaire de ladite section et greffier de la justice de paix par intérim.* »

III

MASSACRES DE SAINT-FIRMIN.

Saint-Firmin n'était pas, comme l'a cru un historien des massacres de septembre, un couvent de la rue de Vaugirard, aujourd'hui détruit [1]. C'était un séminaire appartenant aux Pères de la Mission de la maison de Saint-Lazare, fondée au faubourg Saint-Denis; et il était rue Saint-Victor, où il existe encore aujourd'hui, portant le n° 68, et servant de caserne à la gendarmerie.

Ce fut la section du Jardin-des-Plantes, appelée, depuis le 10 août 1792, section des Sans-Culottes, et dont l'assemblée générale se tenait dans l'église de Saint-Nicolas-du-Chardonnet qui fut chargée de l'exécution des prêtres réunis à Saint-Firmin. Indépendamment de ceux qui appartenaient au séminaire,

---

[1] Barthélemy Maurice, *Histoire politique et anecdotique des Prisons de la Seine*, p. 263.

on y avait réuni un bon nombre de ceux qu'on avait arrêtés le 11, le 12 et le 13 août, et qu'on paraissait destiner à la déportation. Tous ces prêtres s'élevaient, au moment des massacres, au nombre de quatre-vingt-treize [1].

S'apprêtant, comme ceux des Carmes, à partir pour un long voyage, ils avaient réuni toutes leurs ressources, et il y parut bien, quand on dressa l'inventaire de leurs dépouilles, qui se trouvèrent relativement très-riches. Ces prêtres attendaient depuis le 13 août, qui est la date de l'écrou de la plupart d'entre eux, qu'on disposât de leur sort. Ils avaient obtenu de se procurer, à leurs frais, quelques matelas et quelques paillasses sur lesquelles ils couchaient fort entassés. Il y avait alors à Paris un grand nombre d'hommes de couleur de Saint-Domingue, venus à la suite des troubles qui désolaient cette colonie ; et ce furent ceux de ces hommes de couleur que la municipalité mit à la charge de la section des Sans-Culottes, qui héritèrent de cette partie de la dépouille des prêtres massacrés. Nous trouvons, en effet, la mention suivante dans un procès-verbal, à la date du 7 février 1793.

« ... Nous ont représenté un procès-verbal, en date du 8 septembre dernier, souscrit par le citoyen

---

[1] Ce chiffre est celui qui résulte de la liste ci-après ; il est d'ailleurs constaté par un procès-verbal du comité de la section des Sans-Culottes, en date du 7 septembre 1792. (Carton 312. — *Archives de l'Hôtel de ville de Paris.*)

Leclerc, en vertu des pouvoirs qui lui avaient été donnés par le Conseil général de la Commune, le 7 dudit mois de septembre, et des citoyens Eynaud, Ramier, Lefèvre, Trinquesse, Lebroc, Meunier et Orban, lequel procès-verbal coté par nous, commissaire, n° 1, relate que les scellés apposés sur la principale porte du bâtiment que les prêtres défunts occupaient, se sont trouvés sains et entiers, qu'ils ont été levés, et qu'il a été pris cinquante-huit paillasses et soixante-quatre matelas, qui ont été envoyés à Saint-Victor, pour y coucher nos frères de couleur [1]. »

Le 2 septembre, vers quatre heures de l'après-midi, sous la présidence de Robert-Guillaume Dardel, sculpteur statuaire, âgé de quarante-trois ans, demeurant quai Saint-Bernard, à l'Écu, n° 102 [2], l'assemblée générale de la section des Sans-Culottes se tenait dans l'église de Saint-Nicolas du Chardonnet, noble et simple édifice du XVIIe siècle, où se voient encore les tombeaux du peintre Lebrun et du poëte Santeuil. L'assemblée fut informée des massacres qui avaient déjà commencé aux prisons, et son attention se porta aussitôt sur les prêtres détenus à Saint-Firmin. Voici comment s'exprime à cet égard le procès-verbal de la séance, l'un des plus précieux

---

[1] Procès-verbal d'inventaire concernant Saint-Firmin, carton n. 312. (Archives de l'Hôtel de ville de Paris.)
[2] Almanach national de 1793, p. 384.

documents qui existent sur les massacres et qui avait échappé jusqu'ici aux investigations des historiens :

« Un membre fait part de tout ce qui se passait à l'Abbaye et ailleurs, où sont détenus des contre-révolutionnaires. Voyant le peuple disposé à venir à Saint-Firmin, l'assemblée a avisé aux moyens de préserver ceux qui ne se sont pas rendus coupables du crime de contre-révolution.

« Le citoyen Thomas, commissaire de la Commune, a rendu compte de ce qu'il y avait appris, et notamment des mesures que M. Manuel a prises pour l'élargissement des prisonniers pour dettes [1]. »

Quelques instants après, le poste de Saint-Firmin, qui gardait le séminaire dans la rue Saint-Victor, à peu de distance de l'église Saint-Nicolas, envoya une députation à l'assemblée générale pour la consulter au sujet des détenus. Le procès-verbal s'exprime ainsi :

« Députation du poste de Saint-Firmin, sur le parti à prendre relativement aux canons, dans la crainte que l'on se porte au séminaire pour favoriser les prêtres qui y sont détenus. L'assemblée a décidé que les canons et drapeau seraient rentrés dans le jardin et seraient gardés par des citoyens armés [2]. »

Ainsi, l'assemblée générale de la section, informée des massacres déjà commencés dans les prisons, s'oc-

---

[1] *Registre des délibérations de l'assemblée générale de la section des Sans-Culottes*, commencé le 10 août 1792, Séance du 2 septembre 1792, feuillet 50. (*Archives de la Préfecture de police.*)

[2] *Ibid.*, feuillet 57, verso.

cupe d'en préserver quelques personnes, et prend des mesures pour qu'on ne puisse pas *favoriser les prêtres détenus au séminaire.* On ne saurait accepter plus hautement, comme on le voit, la solidarité du sang qui va être versé.

Toutes les sections n'étaient pas aussi complétement dévouées à la Commune que celle des Sans-Culottes ; aussi fut-elle la seule à laquelle le Comité de surveillance proposa nettement et fit accepter la mission de massacrer elle-même les prisonniers. Voici ce passage curieux et décisif du procès-verbal, qui prouve que les massacres de septembre furent exécutés au nom de l'autorité municipale, et par voie administrative :

« Un citoyen s'est présenté *au nom et de la part du Comité de surveillance;* et après avoir fait part de son *laissez-passer* en forme, a demandé le chef de la légion, et, à son défaut, le commandant de Saint-Victor, *à l'effet de lui communiquer quelque chose d'important et de secret, relatif à l'ordre public.* Il a dit qu'il était chargé de *la recherche des traîtres à la patrie,* et que, *pour son exécution, il venait de requérir la force publique au poste de Saint-Firmin.* Il a même ajouté qu'il pouvait déposer son secret dans le sein du président, promettant de le communiquer ensuite à l'assemblée *aussitôt l'exécution commencée.*

« La proposition a été acceptée. Ce citoyen, après

avoir conféré avec le président, *a demandé douze citoyens armés pour joindre à ceux qui l'accompagnaient.*

« Dans ce moment, le citoyen Decuve a présidé la séance, et l'assemblée a arrêté que *le président accompagnera les douze citoyens armés jusqu'à la porte du lieu de ses séances, d'où personne ne pourrait sortir jusqu'au moment de la fin de l'expédition du citoyen député par le Comité de surveillance*[1]. »

Certes, nous avions déjà très-clairement établi comment les massacres de septembre étaient la pensée et l'œuvre de la Commune du 10 août. Cependant, nous avions gardé pour la dernière la preuve la plus concluante, et celle qui n'admet pas de réplique. Ainsi, voilà un citoyen, député par le Comité de surveillance, qui vient, en son nom, communiquer à une section l'ordre qu'il a d'exterminer les prêtres de Saint-Firmin ; il demande l'assistance du commandant de la légion ; et le président, auquel il fait part de cet ordre secret, lui donne douze gardes nationaux armés pour contribuer à cette expédition sanglante. Ces douze assassins vont joindre les autres dans la rue, et les portes de l'assemblée générale sont fermées, afin que personne ne sorte, jusqu'à ce que le crime soit consommé.

---

[1] *Registre des délibérations de l'assemblée générale de la section des Sans-Culottes,* Séance du 2 septembre 1792, feuillet 52, *verso.* (*Archives de la Préfecture de police.*)

Pendant ce huis-clos imposé à l'assemblée, un membre, moins féroce que les autres, fit la motion inutile d'excepter du massacre les laïques mêlés aux prêtres de Saint-Firmin.

« Un citoyen, dit le procès-verbal, a fait la motion que les individus non prêtres qui se trouvent à Saint-Firmin, en qualité de contre-révolutionnaires, soient séparés des prêtres. La motion a été discutée. Il a été arrêté que ces individus laïques, ayant fait cause commune avec les prêtres réfractaires, n'étaient point dans le cas de fixer l'attention de l'assemblée, et qu'ils resteraient détenus avec ces derniers, sans en être séparés [1]. »

Cependant, si l'on ne sortait pas de l'assemblée de la section des Sans-Culottes, on y entrait; et voici la mission qu'y vinrent remplir deux des assassins :

« Deux des douze citoyens *armés pour l'expédition secrète ci-dessus énoncée* se sont présentés à la séance, demandant un gendarme. Sur l'impossibilité d'en trouver un, il a été arrêté que MM. Pigal et Labrosse suppléeraient le gendarme, à la charge par eux de rendre compte à leur retour des missions dont ils auraient été chargés.

« Les sieurs Pigal et Labrosse, fidèles à leur mission, ont présenté à l'assemblée une lettre qui leur a

---

[1] *Registre des délibérations de l'assemblée générale de la section des Sans-Culottes.* Séance du 2 septembre 1792, feuillet 52, verso. (*Archives de la Préfecture de police.*)

été remise par le citoyen député du Comité de surveillance, pour la porter au sieur Sergent, ou autre administrateur dudit comité, et ont demandé l'aveu de l'assemblée de remettre cette lettre à son adresse [1]. »

On voit que le comité de la mairie surveillait l'exécution des massacres, après les avoir ordonnés. D'abord, le commissaire chargé de ses pouvoirs faisait porter à Sergent, ou à tout autre membre du comité, le 2 septembre, un rapport sur l'état de l'expédition ; ensuite le Conseil général de la Commune recevait, le 3 septembre, le procès-verbal en forme des massacres, ordonné en ces termes par l'assemblée de la section :

« Un membre a fait la proposition :

« 1ᵉ Que l'expédition des procès-verbaux des noms et effets appartenant aux prêtres réfractaires sera communiquée et envoyée à la maison commune ;

« 2° Que tous les effets trouvés sur les prêtres réfractaires resteront déposés au greffe du comité ;

« 3° Qu'il sera nommé des commissaires pour prendre connaissance des dépouilles et effets.

« Adopté.

« Elle a de plus arrêté qu'il sera nommé huit

---

[1] *Registre des délibérations de l'assemblée générale de la section des Sans-Culottes*, Séance du 2 septembre 1792, feuillet 53, recto. (*Archives de la Préfecture de police.*)

commissaires pour communiquer le présent arrêt aux quarante-sept autres sections [1]. »

On le voit, la Commune de Paris envoyait un commissaire pour exécuter les massacres ; elle recevait de ce commissaire, resté au milieu des assassins, un rapport sur les résultats de l'opération, et, le crime consommé, il lui était rendu compte des dépouilles.

Peut-être remarquera-t-on que le nom de Saint-Firmin est à peine prononcé dans les documents qui précèdent, et que le procès-verbal du 2 et du 3 septembre s'exprime en termes vagues sur une expédition secrète et évidemment sanglante, qu'il semble craindre de préciser. Le procès-verbal du 4 septembre est moins circonspect, car il contient ce qui suit dans le compte rendu de la séance du matin :

« Quatre citoyens, qui ont servi à l'expédition des prêtres de Saint-Firmin, sont venus réclamer le payement de leurs salaires, qu'ils estiment 12 livres pour deux jours chacun, savoir : Gilbert Petit, Nicolas Guy, Michel Lepage et Pierre-Henri Corsin. L'assemblée a ordonné qu'il leur serait donné des mandats sur le ministre de l'intérieur pour toucher leurs 12 livres chacun [2]. »

---

[1] *Registre des délibérations de l'assemblée générale de la section des Sans-Culottes,* Séance du 3 septembre 1792, feuillet 54, *recto.* (*Archives de la Préfecture de police.*)

[2] *Ibid.,* feuillet 60, *recto.*—Ces quatre mandats furent payés par le trésorier de la Commune de Paris, ainsi que cela résulte de l'*État des frais de la Révolution du 10 août,* dressé par Guenot, membre de la Commission des contributions, p. 314.

Il faut, avant de publier la liste des prêtres égorgés à Saint-Firmin, faire connaître les principaux directeurs du massacre.

Quel était ce citoyen, arrivé au nom du Comité de surveillance, réclamant le concours du chef de la légion de la garde nationale, et prenant dans l'assemblée de la section douze gardes nationaux pour l'aider? Quel était ce chef de légion, invité officiellement à commander le massacre, et traînant dans le ruisseau, fumant du sang de quatre-vingt-treize prêtres, son uniforme d'officier?

D'abord, ni l'un ni l'autre n'étaient Maillard, qu'un historien des massacres de septembre a mêlé à l'expédition de Saint-Firmin [1], à laquelle il resta complétement étranger.

Le premier était Charles-Louis-Mathias Hû, âgé de trente-six ans, natif d'Armentières, demeurant à Paris, rue de la Tournelle, n° 1, juge de paix de la section du Panthéon.

Le second était François Hanriot, mort le 10 thermidor an II, général de la garde nationale de Paris. Il avait été nommé commandant de la force armée, le 2 septembre, un moment avant les massacres, ainsi que le constate le procès-verbal de l'assemblée générale de la section des Sans-Culottes, où il est dit :

« Lamarck et Deschamps sont nommés commis-

---

[1] Barthélemy Maurice, *Histoire politique et anecdotique des prisons de Paris*, p. 270.

saires à la Commune, en remplacement de Hanriot et Duricux, nommés commandants en 1ᵉʳ et en 2ᵉ de la force armée [1]. »

Un document authentique semble constater que l'architecte Palloy, celui-là même que la démolition de la Bastille rendit diversement célèbre, ne resta pas complètement étranger au sang versé à Saint-Firmin. C'est l'inventaire des dépouilles des prêtres, dressé le 11 septembre 1792, par le comité de la section des Sans-Culottes, et dans lequel nous lisons ce qui suit :

« Les commissaires déclarent qu'ils ont payé ce-jourd'hui, d'après l'arrêté de l'assemblée générale de la section, mille livres à M. Palloy [2]. »

Un autre procès-verbal d'inventaire, vacation du 16 mars 1793, contient le passage suivant :

« En plus, deux mille cent trente-sept livres deux sols, payés à divers particuliers par le citoyen Ramier, président du comité de la section des Sans-Culottes, où ces particuliers rapportaient différents effets trouvés sur les prêtres décédés à Saint-Firmin, et ce, suivant un acte certifié par les citoyens commissaires de l'assemblée générale de la section, en tête duquel état se trouve pour premier article une

---

[1] *Registre des délibérations de l'assemblée générale de la section des Sans-Culottes*, Séance du 2 septembre 1792, feuillet 50, recto. (*Archives de la Préfecture de police.*)

[2] *Procès-verbal d'inventaire de Saint-Firmin*, carton n. 312. (*Archives de l'Hôtel de ville de Paris.*)

somme de mille livres, payée au citoyen Palloy, capitaine de la 2ᵉ compagnie, conformément à un procès-verbal du 11 septembre dernier, approuvé par le citoyen Leclerc, membre du Conseil général de la Commune du 10 août [1]. »

A quel titre Palloy, capitaine de la garde nationale, recevait-il *mille livres* prises sur la dépouille des prêtres de Saint-Firmin?—Les pièces que nous avons ne le disent pas expressément; mais ce fait ne laisse pas que de donner à réfléchir.

Voici enfin la liste des victimes égorgées à Saint-Firmin ; elle est relevée, comme les autres, sur la pièce officielle déposée à l'état civil de Paris :

IV

État du nombre des Prêtres réfractaires détenus à Saint-Firmin et péris le 3 septembre 1792.

Observation.—Nous donnons cette liste telle qu'elle se trouve dans les Archives de l'Hôtel de ville de Paris [2]; le seul changement que nous nous permettions d'y faire, c'est de placer les noms par ordre alphabétique.

Nᵒˢ.	Noms de famille et de baptême, âges et demeures.	Jours d'arrestation.
»	Adam (Philippe-Bernard), 40 ans, séminaire Saint-Firmin [3].	13 août.

[1] *Procès-verbal d'inventaire de Saint-Firmin,* p. 17, carton n. 312. (*Archives de l'Hôtel de ville de Paris.*)

[2] Cette pièce est cotée n. 6 et porte, sur chaque feuille, le timbre de la section du Jardin-des-Plantes. Elle est la première du registre D, n. 78, des Archives de l'Hôtel de ville de Paris.

[3] *Réclamé par le sieur Vallé, il lui a été remis par le Département*

1 Alricy (André-Abel), 84 ans, rue Neuve-Saint-Étienne. 13 août.
2 Andrieux (René-Marie), 50 ans, supérieur du séminaire de Saint-Nicolas-du-Chardonnet. 13 août.
3 Balzac (Pierre-Paul), 42 ans, séminaire de Saint-Nicolas-du-Chardonnet. 13 août.
4 Beaupoil de Saint-Aulaire (Antoine-Claude-Auguste), 27 ans, au collége de Navarre. 30 août.
5 Bernard (Jean-Charles-Marie), 33 ans, bibliothécaire de Saint-Victor, rue des Mathurins. 13 août.
6 Binard (Michel-André-Silvestre), 50 ans, professeur de 3e au collége de Navarre. 23 août.
7 Bize (Nicolas), 53 ans, séminaire de Saint-Nicolas-du-Chardonnet. 13 août.
8 Bochot (Claude), 72 ans, à la Doctrine-Chrétienne. 26 août.
9 Bonnel de Pradales (Jean-François), 60 ans, à Sainte-Geneviève. 31 août.
» Bouchard (Jean-Charles), 72 ans, séminaire Saint-Nicolas-du-Chardonnet [1]. 13 août.
» Boullangier (Joseph-Mansuit), 34 ans, Saint-Firmin [2]. 13 août.
10 Bouzé (Pierre), 73 ans, Saint-Firmin. 13 août.
11 Briquet (Pierre), 50 ans, professeur de théologie au collége de Navarre, collége de Boncourt. 23 août.
12 Brisse (Pierre), 59 ans, Saint-Firmin. 13 août.
13 Cannis *ou* Carnus (Charles), 44 ans, séminaire des Trente-Trois. 23 août.

sous sa responsabilité; il demeure dans l'arrondissement de la section des Droits de l'Homme.—Cette note se trouve sur l'état du registre D, n. 78.

[1] Sorti le 3 septembre, par ordre du Département.
[2] Il s'est sauvé le 3 septembre 1792.

14 Caron (Jean-Charles), 59 ans, séminaire
   Saint-Firmin. 13 août.
15 Collin (Nicolas), 59 ans, séminaire Saint-
   Firmin. 13 août.
16 Costa (Sauveur), 39 ans, passage des Bernardins. 27 août.
17 De Brielle (Sébastien), 54 ans, à la Pitié. 13 août.
18 De Copenne (Bertrand-Antoine), 40 ans,
   Montagne-Sainte-Geneviève. 30 août.
19 De Lalande (Jacques), 60 ans, Nouveaux-
   Convertis. 13 août.
» De Langres (Étienne), 38 ans, Saint-Firmin [1]. 13 août.
20 De Lavèze (Jean-Jacques), 49 ans, Saint-
   Firmin. 13 août.
21 De Lezan (Jean-Pierre), 38 ans, Saint-
   Firmin. 13 août.
22 De Lezan (Julien), 31 ans, Saint-Firmin. 13 août.
» Desmoulins (Pierre-Denis-François), 33 ans,
   rue Saint-Victor [2]. 13 août.
23 Dufour (Jacques), 49 ans, Saint-Firmin. 13 août.
24 Duval (Denis-Claude), 58 ans, rue Bordet,
   n° 18. 30 août.
25 Duval (Jean-Pierre), 52 ans, à la Pitié. 13 août.
26 Falcoz (Joseph), 66 ans, à la Pitié. 13 août.
27 Fangousse de Sartret (Jacques), 60 ans, place
   Maubert. 30 août.
» Faucillon-Ferrières (François-Alexandre),
   26 ans, Navarre [3]. 30 août.
28 Fauconnet (Marc-Antoine-Philippe), 37 ans,
   séminaire des Trente-Trois. 30 août.
29 Fautrel (Gilbert-Jean), 62 ans, Saint-Nicolas-
   du-Chardonnet. 13 août.
30 Félix (Eustache), 56 ans, à la Doctrine-
   Chrétienne. 26 août.

[1] Il s'est sauvé le 3 septembre 1792.
[2] Il est sorti le 3 septembre, par ordre du Département.
[3] Sauvé le 3 septembre 1792.

31 Fougères (Philibert), 59 ans, Vieille-Estrapade. 17 août.
32 François (Louis-Joseph), 42 ans, Saint-Firmin. 13 août.
33 Garrigues (Pierre-Jean), 69 ans, rue Copeau. 14 août.
34 Gaudreau (Nicolas), 48 ans, rue Charretière, n° 14. 30 août.
35 Gillet (Étienne-Michel), 34 ans, Saint-Nicolas-du-Chardonnet. 13 août.
36 Giroust (George-Jérôme), 27 ans, Saint-Firmin. 13 août.
» Gomer (Nicolas), 47 ans, séminaire de Saint-Firmin [1]. 13 août.
37 Gros (Jean-Marty), 50 ans, Vieille-Estrapade, n° 4. 17 août.
38 Guérin-Durocher (Pierre), 61 ans, Nouveaux-Convertis. 13 août.
39 Guérin-Durocher (Robert-François), 56 ans, aux Nouveaux-Convertis. 13 août.
40 Guillier (Jean-Henri), 59 ans, Saint-Firmin. 13 août.
41 Guillon (Yves-André), 44 ans, collége de Boncourt. 23 août.
42 Hédouin (Julien-François-Jean), 32 ans, rue des Fossés-Saint-Victor. 13 août.
43 Hénoque (Pierre-François), 42 ans, Cardinal-Lemoine. 13 août.
44 Herque du Roule (Eloy), 52 ans, à la Pitié. 13 août.
» Imberty (Joseph), 30 ans, Navarre [2]. 23 août.
45 Joret (Pierre-Louis), 31 ans, rue des Fossés-Saint-Victor. 13 août.
46 Kervisie (Yves-Jean-Pierre), 31 ans, collége de Boncourt. 23 août.
» Lafontan (Jean-François), 67 ans, Saint-Nicolas-du-Chardonnet [3]. 23 août.

[1] Il s'est sauvé le 3 septembre 1792.
[2] Sauvé le 3 septembre 1792.
[3] Conduit le 4 septembre à la Charité, pour cause d'infirmités. Il est sorti par ordre du Département.

47 Lanchon (Gilles-Louis-Symphorien), 39 ans, rue Neuve-Saint-Étienne.	26 août.
48 Lanier (Louis-Jean-Mathieu), 39 ans, séminaire de Saint-Nicolas-du-Chardonnet.	13 août.
» Laurent (Claude-Ignace), 31 ans, Navarre [1].	30 août.
49 Le Ber (Michel), 64 ans, faubourg Saint-Honoré.	30 août.
50 Leclercq (Pierre-Florent), 23 ans, séminaire de Saint-Nicolas-du-Chardonnet.	13 août.
» Ledoux (Étienne-Casimir), 45 ans, rue de la Clef [2].	27 août.
51 Le Grand (Jean-Baptiste), 47 ans, rue Saint-Jean-de-Beauvais.	31 août.
52 Le Maître (Jean), 25 ans, séminaire Saint-Louis.	13 août.
53 Le Roy (Jean-Thomas), 54 ans, rue de Bièvre.	31 août.
» L'Etang (Pierre-Alexandre), 38 ans, rue des Bernardins [3].	13 août.
» Lhomond (Charles-François), 65 ans, Cardinal-Lemoine [4].	13 août.
54 Loublier (Martin-François-Alexis), 59 ans, collége de Boncourt.	23 août.
» Magnelin (Charles-François), 58 ans, rue Neuve-Saint-Étienne [5].	17 août.

---

[1] Réclamé par la section du Panthéon français. Il lui a été remis, et il demeure maintenant dans l'arrondissement de ladite section.

[2] Sorti le 3 septembre, par ordre du Département.

[3] Sorti le 3 septembre, comme malade. Nous présumons qu'il demeure rue des Bernardins. Par ordre du Département.

[4] Sauvé le 3 septembre 1792.—C'est le Rollin du xviiie siècle, auteur des meilleures grammaires qui existent encore.

[5] Il est maintenant à Saint-Firmin. Il réclame son élargissement.

Au-dessous de cette mention, on lit la suivante, écrite par une autre main :

55 Marmottan (Claude-Louis), 44 ans, rue des Fossés-Saint-Victor. 13 août.

» Martin (Jacques-Pierre), 29 ans, rue Neuve-Saint-Étienne [1]. 13 août.

56 Maynaud (Claude-Sylvain), 42 ans, rue des Fossés-Saint-Victor. 13 août.

57 Meunier (François-Joseph), 29 ans, rue du Plâtre-Saint-Jacques. 30 août.

58 Millet (Henri-Jean), 32 ans, collége de Navarre. 18 août.

59 Mouffé (Marie-François), 38 ans, Saint-Firmin. 13 août.

60 Oviefve (Joseph-Louis), 44 ans, Saint-Nicolas-du-Chardonnet. 13 août.

61 Phelipot (Jean-Michel), 49 ans, collége de Navarre. 23 août.

62 Ponse (Claude), 63 ans, Sainte-Geneviève. 31 août.

63 Pottier (Pierre), 49 ans, aux Eudistes. 26 août.

64 Rabé (Jacques-Léonor), 42 ans, Saint-Firmin. 13 août.

65 Régnier (Pierre-Robert-Michel), 37 ans, rue des Fossés-Saint-Victor. 13 août.

66 Rigot (Louis-François), 41 ans, à la Pitié.' 13 août.

67 Roussel (Nicolas-Charles) 62 ans, Saint-Nicolas-du-Chardonnet. 13 août.

68 Saint-James (Pierre), 48 ans, rue des Fossés-Saint-Victor. 13 août.

69 Schmid (Jacques-Louis), 40 ans, collége du Cardinal-Lemoine. 13 août.

70 Seconds (Jean-Antoine), 58 ans, à la Pitié. 13 août.

71 Thurmenyes (Pierre-Jacques), 48 ans, collége de Navarre. 23 août.

72 Véret (Charles-Victor), 29 ans, Saint-Nicolas-du-Chardonnet. 13 août.

« *Mit* en liberté par délibération de *lassèmblée général*, le 7 septembre 1792. »

[1] Sorti le 3 septembre. Il demeure maintenant rue Neuve-Saint-Étienne. Par ordre du Département.

73 Verron (Nicolas), 54 ans, rue Neuve-Sainte-
   Geneviève. 18 août.
74 Villette (Jean-Antoine-Joseph), 61 ans,
   Saint-Firmin [1]. 13 août.
75 Violard (Guillaume), 32 ans, place Cambray. 13 août.
 » Vivoix (René-Joseph), 26 ans, séminaire des
   Trente-Trois [2]. 30 août.
76 Vourlat (Jean-François-Marie-Benoît), 62
   ans, aux Eudistes. 30 août.

Au bas de cet état, qui occupe neuf pages, on lit la mention suivante :

« Nous, commissaires provisoires soussignés de la section des Sans-Culottes, ci-devant du Jardin-des-Plantes, certifions la présente sincère et véritable. Au comité de la *ditte* section, le douze octobre mil sept cent quatre-vingt-douze, l'an Ier de la République française.

« Ont signé : MEUNIER, ORBAN, THIERRÉ,
   commissaires à l'arrestation des prêtres, et RAMIER, président. »

Le procès-verbal d'inventaire, vacation du 16 mars 1793, constate, en outre des noms qui précèdent, le décès de M. l'abbé Gruyer, et dans la vacation du 19 du même mois, celui de M. Grimaldy, dont on a trouvé le testament [3].

[1] Chevalier de Saint-Louis, pensionné depuis sept années.
[2] Sauvé le 3 septembre.
[3] *Inventaire des effets provenant des prêtres de Saint-Firmin, dressé par les commissaires de la section des Sans-Culottes, p. 17 et 19, carton n. 312. (Archives de l'Hôtel de ville de Paris.)*

LIVRE DIX-NEUVIÈME

MASSACRES DES VOLEURS. — LA CONCIERGERIE. — LE CHATELET. — LA FORCE.

La Conciergerie. — Historiens qui ont nié les massacres de la Conciergerie. — Preuves officielles qui en établissent la réalité. — Détail de ces preuves. — Il n'y en a pas de plus authentiques pour aucune des neuf prisons. — Massacre des officiers suisses. — La bouquetière du Palais-Royal. — Liste authentique des victimes égorgées à la Conciergerie. — Le Chatelet. — Ce qu'il était à l'époque des massacres.—Motifs qui déterminèrent les auteurs des massacres à y comprendre les voleurs. — Témoignage de Prudhomme. — Il se rend chez Danton avec Théophile Mandar. — Séance au ministère de la justice. — Liste des malfaiteurs égorgés au Châtelet. — La Force.—Les massacres de la Force commencent dans la nuit du 2 au 3. — Ce qu'était la prison de la Force. — Prêtres et personnages de la Cour qui s'y trouvaient. — Écrou de la princesse de Lamballe. — Récit du massacre fait par Mathon de la Varenne, Wéber et les agents du duc de Penthièvre.— Tribunal du peuple.—Huit juges;—leurs noms,—leur témoignage. — Bourreaux de la Force; — leurs noms.—Mathon de la Varenne devant le tribunal. — Jugement de Wéber.—Mort de la princesse de Lamballe. — Horrible mutilation. — Liste authentique des victimes.

I

MASSACRES DE LA CONCIERGERIE.

Un des historiens de la Révolution française se fait la remarque suivante sur les massacres de la Conciergerie :

« Nous rapportons ceci d'après la tradition. Il ne

reste, je crois, aucune trace authentique du massacre de la Conciergerie[1]. »

Peu d'épisodes de la Révolution ont laissé, au contraire, des traces aussi nombreuses et aussi profondes que les massacres de la Conciergerie; et il faut d'étranges préoccupations d'esprit pour n'avoir point vu ce qui est partout. Il suffit néanmoins qu'un écrivain d'une aussi grande autorité ait douté des massacres de la Conciergerie pour que nous devions en établir la réalité avant d'en faire le récit.

Le *Bulletin du Tribunal révolutionnaire*, publié par Clément, cour des Barnabites, près le Palais-de-Justice, s'exprime ainsi, dans son numéro du lundi 3 septembre 1792 :

« Le retard occasionné dans nos numéros nous engage à prévenir nos abonnés qu'il est la suite nécessaire des événements imprévus, et que le bien de la chose publique a malheureusement rendus indispensables.

« Les premiers immolés à la justice du peuple, tirés des cachots de la Conciergerie, étaient les nommés : Gerdroux, Labonne, Jouan, Bassignot, Pelletier, Noblet, Thuret, Fournier, Réal, ci-devant garde du roi; les frères Séguyer et Caudebert; les frères Houblon et Portier, assassins; Grégoire, assassin; Marie-Madeleine-Josèphe Grederer, femme

---

[1] Michelet, *Histoire de la Révolution française*, t. IV, p. 156.

Baptiste, *bouquetière,* âgée de trente-deux ans, ci-devant condamnée à mort par les premier et deuxième tribunaux d'arrondissement[1]. »

Certes, on trouvera sans doute qu'un journal judiciaire, publié près du Palais-de-Justice, racontant le 3 septembre le massacre de la Conciergerie, qui avait commencé le 2 au soir, et qui durait encore, en donnant les noms des premiers prisonniers égorgés, est un document authentique.

En voici un second, c'est le procès-verbal officiel de l'Assemblée législative, rédigé par les membres du bureau :

« Du lundi 3 septembre 1792, un membre fait le rapport des événements qui ont eu lieu dans la journée d'hier et pendant la nuit dernière dans les prisons de Paris. L'Assemblée décrète que ce rapport sera inséré au procès-verbal. (Suit la teneur de ce rapport.)

« La commission assemblée pendant la suspension de la séance de la nuit a été instruite par plusieurs citoyens que le peuple continuait à se transporter dans les différentes maisons d'arrêt et y exerçait sa vengeance. La commission a jugé qu'il était nécessaire d'écrire au Conseil général de la Commune, pour connaître officiellement la véritable situation des choses. La Commune a répondu qu'elle allait

---

[1] *Bulletin du Tribunal révolutionnaire,* 1re partie, n. 9.

envoyer une députation pour rendre compte du fait à la commission.

« A deux heures, la députation, composée de trois commissaires, MM. Tallien, Truchon et Guiraut, a été introduite. Voici, Messieurs, le rapport littéral de MM. les commissaires, d'après la déclation verbale qu'ils ont faite :

« ... M. Guiraut, troisième commissaire, a dit : *Les prisons du Palais sont absolument vides, et fort peu de prisonniers ont échappé à la mort...* M. Guiraut a ajouté que le peuple faisait, sur le Pont-Neuf, la visite des cadavres, et déposait l'argent et les portefeuilles [1]. »

Ainsi, les *prisons du Palais,* c'est-à-dire les prisons de la Conciergerie, étaient absolument vides le lundi 3 septembre, et fort peu de détenus avaient échappé à la mort, d'après le rapport fait à l'Assemblée législative par un commissaire de la Commune de Paris. On ne saurait souhaiter, sur ce point, un document plus explicite et plus positif.

Le procès-verbal des délibérations du Conseil général de la Commune porte également, en trois endroits, la trace évidente des massacres exécutés à la Conciergerie. Voici l'un de ces passages, extraits de la séance du soir, le 2 septembre :

« Sur l'observation de M. Coulon que plusieurs

---

[1] *Procès-verbaux de l'Assemblée nationale,* t. XIV, p. 219.

effets étaient détournés à la Conciergerie, le Conseil général arrête que MM. Coulon, Cochois et Charles se transporteraient à la Conciergerie, à l'effet d'y poser les scellés et d'empêcher les déprédations[1]. »

Comment des effets auraient-ils été détournés à la Conciergerie et comment une apposition de scellés y aurait-elle été nécessaire, si ce n'est à la suite du désordre amené par le massacre des prisonniers ? D'ailleurs, voici un mandat acquitté par le trésorier de la Commune, qui ne laisse subsister aucun doute à cet égard :

« Mandat du 3 septembre, signé Ni....., Pa....., officier municipal, au profit de Noiste, marchand fripier, pour fourniture d'un gilet, veste et pantalon, pour un citoyen qui a travaillé à porter les cadavres de la Conciergerie[2]. »

II

Voilà donc quatre documents authentiques, établissant de la manière la plus certaine que les prisonniers de la Conciergerie furent égorgés le 2 septembre, comme les autres ; et, ce qui rend d'autant plus étrange le scepticisme de l'historien de la Révolution dont nous avons parlé, c'est que ces quatre

---

[1] *Procès-verbaux de la Commune de Paris*, Séance du 2 septembre au soir.
[2] *État des sommes payées par le trésorier de la Commune de Paris, pour frais de la Révolution du 10 août*, p. 320.

documents sont imprimés depuis longtemps, et à la portée, sinon de tout le monde, du moins de tous les hommes d'étude, curieux de savoir et désireux d'écrire la vérité.

Indépendamment de ces quatre documents imprimés, il y en a plusieurs autres inédits que nous allons placer sous les yeux du lecteur. Le premier est un procès-verbal du 3 septembre signé du président et du commissaire de police de la section du Pont-Neuf, et ainsi conçu :

« Du lundi trois septembre mil sept cent quatre-vingt-douze, l'an IV de la liberté et le Ier de l'égalité, trois heures de relevée.

« Par-devant nous, commissaire de la section du Pont-Neuf, est comparu Pierre Plançon, fort de la Halle, demeurant rue de la Tannerie, lequel nous a dit qu'ayant été chargé d'un ordre signé de M. Santerre, président de la section des Gobelins, de venir avec sa voiture, cour du Palais, pour enlever les corps morts des prisonniers qui ont été tués à la Conciergerie ; qu'étant arrivé à Clamart avec une voiture desdits cadavres, il a trouvé dans la poche d'un dit corps mort, et en le dépouillant, un portefeuille ; que, l'ayant ouvert, il a vu qu'il contenait un assignat de cinquante francs et trois de cinq livres ; qu'il les a fait voir au public. Il a été interpellé par un particulier de lui donner communication dudit portefeuille, ce qu'il a fait à l'instant, en leur disant : « Je suis de bonne foi, faites de même. »

« Que le dit particulier a, en ce moment, été joint par un homme revêtu de l'uniforme de canonnier, ayant un pistolet à son côté gauche et la main droite en écharpe, qui était un mouchoir rouge, et qui s'est dit commandant du détachement de service à Clamart, lequel a fait charger à six heures du matin les corps qui étaient dans la cour du Palais, laquelle voiture était la première de l'enlèvement des cadavres ; et qu'à l'instant où le portefeuille venait d'être remis, un détachement est venu relever le premier.

« Que le particulier désigné ci-dessus a profité de cette circonstance pour s'évader avec le canonnier soi-disant chef du détachement ; que le sieur Plançon s'étant aperçu de la disparition de ces deux hommes, et ayant besoin de conducteurs, les a vainement cherchés, ils se sont retirés par devers le comité de la section des Gobelins ; il ont annoncé le dépôt des cadavres au cimetière de Clamart, et qu'ils étaient actuellement chargés des hardes provenant desdits cadavres ; qu'ils ont reçu une lettre de M. Santerre, annonçant que lesdits effets seraient remis à la section où est située la Conciergerie ; que le comparant a demandé qu'il lui soit donné acte de sa déclaration.

« Signé : Plançon.

« Sur quoi nous, commissaires soussignés, disons qu'expédition de la présente déclaration sera remise au sieur Plançon, pour lui valoir ce que de raison. —Fait au comité, les jour et an que dessus.

« Signé : BARADELLE, président ;
BARADÉ, commissaire[1]. »

La seconde pièce inédite, servant à établir la réalité des massacres de la Conciergerie, est datée de la *Municipalité de Paris, le 26 septembre* 1792, et porte pour titre : « Réclamation de la veuve Jourdain, dont le mari, Pierre-Claude Jourdain, cordonnier, a été tué à la Conciergerie[2]. »

La troisième pièce inédite est un jugement du 21 floréal an IV, rendu par le tribunal criminel de Paris, au profit de Gaspard Durand, né à Lyon, et de Joseph Château, né à Paris, accusés d'avoir fait partie des massacreurs de septembre, et dans lequel la déclaration du jury porte « qu'il est constant que des personnes ont été homicidées dans les journées de septembre, dans les prisons de la Conciergerie[3]. »

La quatrième pièce inédite est la liste officielle,

---

[1] Procès-verbal du commissaire de police de la section du Pont-Neuf, en date du 3 septembre.—Collection des procès-verbaux. (*Archives de la Préfecture de police.*)

[2] Réclamations des familles des victimes, pièce n. 1, carton n. 312. (*Archives de l'Hôtel de ville.*)

[3] Greffe du Palais-de-Justice. — *Dossier des septembriseurs.*

avec procès-verbal authentique, des trois cent soixante dix-huit personnes égorgées à la Conciergerie, liste que nous publierons plus bas, et qui est déposée comme les autres aux Archives de l'Hôtel de ville, pour servir à l'état civil des habitants de Paris à cette époque.

On le voit, aucune des neuf prisons de Paris, où les massacres furent commis, ne présente une plus grande masse de documents certains, officiels, que la Conciergerie, et l'on s'étonne à bon droit de la légèreté avec laquelle les historiens ont passé sur des événements si complétement hors de doute et si lamentables.

III

A l'époque des massacres de septembre, et pendant la Révolution, la Conciergerie s'appelait encore prison du Palais. Elle fut, dès son origine, le palais même qu'occupèrent, pendant leur séjour à Paris, les premiers rois de la troisième race ; le Parlement de Paris, devenu sédentaire, s'y établit ; et les cachots qui avaient primitivement servi de geôle à la juridiction royale servirent de maison de justice au Parlement pour tous les prévenus dont le procès s'instruisait à la Tournelle. Depuis 1791 et l'établissement des nouveaux tribunaux criminels, la Conciergerie conserva la même destination.

On entrait à la Conciergerie, à cette époque, par la grande cour du Palais, en prenant l'arcade qui existe encore à gauche, au bas du grand escalier. C'est même au pied de cet escalier que s'établit le simulacre de tribunal qui présida au massacre des prisonniers. Voici comment s'exprime à ce sujet le journal de Prudhomme, à la date du 8 septembre :

« Le peuple, qui avait placé l'un de ses tribunaux en dernier ressort au pied même du grand escalier du ci-devant Palais-de-Justice, y exerçait les mêmes vertus et les mêmes vengeances : le pavé de la cour était baigné de sang. Les cadavres amoncelés présentaient l'horrible image d'une boucherie d'hommes. Pendant un jour entier, du dimanche au lundi, on y jugea à mort, et les sentences étaient aussitôt exécutées que rendues ; mais à travers mille traits de barbarie on observa la plus sévère équité ; on se fit un devoir de consulter le livre des écrous ; et ces mêmes bras qui frappaient sans miséricorde la tête du brigand, de l'assassin, du faussaire, du traître à la patrie, s'ouvraient fraternellement pour serrer le débiteur de bonne foi mis en liberté. A sa sortie de la prison, on lui prodiguait tous les secours, on le faisait manger, et on ne lui demandait, pour prix de tous ces soins, que de crier *Vive la nation*[1] ! »

Il serait inutile de faire observer que cette apo-

---

[1] Prudhomme, *Révolutions de Paris*, t. XIII, p. 423.

logie des assassins de septembre, écrite pendant que les massacres duraient encore, sous le poids de la terreur qui glaçait toutes les âmes, et par un journaliste qui assistait lui-même, en qualité de membre du comité des Quatre-Nations, aux exécutions de l'Abbaye, perd singulièrement, par toutes ces circonstances, de sa sincérité et de son autorité.

Voici, du reste, comment le même Prudhomme s'exprimait à une autre époque, lorsqu'il n'y avait plus aucun danger à être honnête et sincère, sur ces mêmes prisonniers de la Conciergerie mis en liberté par le tribunal de sang :

« Trente-six prisonniers ont été mis en liberté, dans lequel nombre *il y avait beaucoup d'assassins et de voleurs;* la compagnie des tueurs se les associa. Soixante-quinze femmes furent aussi mises en liberté ; elles étaient en partie détenues pour vol, mais elles promirent de bien servir leurs libérateurs. Elles furent, par la suite, les tricoteuses des tribunes de la société des Jacobins et des Cordeliers.... Tous les cadavres de la Conciergerie, réunis à ceux du Grand-Châtelet, étaient amoncelés sur le pont Notre-Dame ; spectacle effroyable ! surtout de voir des femmes, ou plutôt des furies, retourner ces cadavres, leur faire les attouchements les plus indécents, aider à charger les voitures, monter dessus, et, tout le long de la route, jusqu'aux carrières de Montrouge, frapper sur les fesses des cadavres. Le cœur se soulève à ces affreuses images[1] ! »

C'est entre quatre et cinq heures, un peu avant la nuit, que les massacres de la Conciergerie commencèrent. Le lendemain à quatre heures tout était fini, et les prisons étaient vides ; c'est ce qui résulte de la déclaration suivante, faite par la femme du concierge Richard :

« Cejourd'hui, 22 mars 1793, deuxième de la République ; en conséquence de l'arrêté du Conseil général de la Commune du 10 août dernier, délibérant sur les comptes, en date du 20 de ce mois et en présence des commissaires d'icelle, *supposé* à cet effet. La citoyenne *Marie-Anne Barasaint, épouse de Toussaint Richard,* concierge des prisons de la Conciergerie du Palais, *a déclaré que le peuple s'était porté aux prisons dans la nuit du 2 septembre dernier,* en *avaient* fait sortir les prisonniers, dont *ils avaient* massacré le plus grand nombre et élargi les autres. *Qu'après l'expédition faite, les commissaires de la section s'étant rendus, sur les quatre heures de l'après-midi, aux prisons,* avaient mis les scellés sur toutes les chambres pour conserver les objets qui y étaient ; mais que le lendemain *le peuple* étant encore venu aux prisons, avait brisé tous les scellés, dans la persuasion qu'ils renfermaient encore des

---

[1] Prudhomme, *Hist. impartiale des Révolutions,* t. III, p. 272, 273.

prisonniers, *et s'emparait de tout ce qui lui paraissait propre à emporter*. Que de nouveaux commissaires de la section du Pont-Neuf étant survenus, avaient fait entendre raison au peuple, l'avaient..... (*ce blanc existe sur les registres*), et qu'ensuite ils avaient de nouveau apposé les scellés sur les portes des chambres.

« Qu'environ huit ou dix jours après, les mêmes commissaires s'étaient rendus aux prisons, avaient levé les scellés et avaient dressé procès-verbal de tout ce qui s'était trouvé dans les chambres, qu'ils firent ensuite emporter à leur section.

« Observe la déclarante que tous ces objets étaient de peu de valeur, appartenant à des malheureux.

« Observe encore la déclarante qu'il lui avait été déposé en main cinq louis en or, deux louis et demi et un écu de trois livres en argent blanc, la nuit du dimanche au lundi, provenant des Suisses massacrés, dont le citoyen Richard, son mari, avait fourni un reçu, mais que cet argent lui avait été retiré en vertu d'une ordonnance dont la teneur suit :

Municipalité de Paris.

« Extrait des délibérations du Conseil général des commissaires des quarante-huit sections du 2 septembre 1792, l'an quatrième de la liberté et premier de l'égalité.

« M. Richard, greffier de la Conciergerie, remettra à M. Boulanger les cinq louis en or et deux louis et demi et un écu de trois livres en argent blanc, saisis sur un Suisse.

« Signé : HUGUENIN, *président.*

« Pour copie conforme :

« Signé : TALLIEN, *Secrétaire-greffier.* »

« Affirme aussi la déclarante qu'il y avait dans le greffe de la Conciergerie une cassette, avec un procès-verbal, scellés et cachetés, que les commissaires de la section du Pont-Neuf n'avaient pas voulu emporter, et que le citoyen *Duffort* était venu chercher; que, l'ayant ouverte, elle contenait des assignats; que le citoyen Duffort, après en avoir fait l'ouverture, avait voulu les laisser au greffe, la déclarante s'y était opposée et l'avait obligé de l'emporter, ce qui s'était passé en présence des commissaires de sections, qui en avaient dressé procès-verbal, ce que la déclarante atteste véritable, et a signé avec les commissaires :

« GOUDICHEAU, commissaire; CHAMPEAUX, commissaire; femme RICHARD [1]. »

L'une des premières victimes des assassins fut Louis-Victoire-Luce de Montmorin, âgé de trente ans, maire et ancien gouverneur de Fontainebleau. Traduit devant le tribunal révolutionnaire

---

[1] Copie littérale de la copie de la déclaration de la femme Richard, transcrite sur le registre des comptes de la Commune du 10 août, volume n. 39, carton O. 13. O. (*Archives de l'Hôtel de ville de Paris.*)

institué le 17 août, M. de Montmorin fut acquitté le dimanche 2 septembre, à peu près à l'heure où commençaient les massacres ; mais les spectateurs présents à l'audience forcèrent le président Osselin de ramener M. de Montmorin en prison.

« De violents murmures se font entendre, dit le *Bulletin du Tribunal révolutionnaire*. Saisis de toute l'instruction du procès, les citoyens ont cru que la déclaration du jury était injuste... M. Osselin harangue les citoyens au nom du tribunal, il est entendu avec ce silence admiratif, expression de la confiance. « Ce « n'est point au tribunal, lui dit-on, que nous avons « des reproches à faire. Dépositaire de la confiance « publique, on le voit tous les jours gagner un « degré ; mais, dans le nombre des jurés, il y en a « que l'on reconnaît pour avoir appartenu à la mai- « son Montmorin. Leurs opinions ont pu être in- « fluencées. Nous demandons que ce procès soit « revisé par un autre jury. » M. Osselin rétablit le calme, en se chargeant de conduire lui-même le sieur Montmorin aux prisons de la Conciergerie, et de le faire écrouer de nouveau au nom du peuple: On applaudit. M. Osselin donne le bras au sieur Montmorin qui, au milieu des huées, parvient auxdites prisons, où il est remis à la responsabilité du concierge[1]. »

[1] *Bulletin du Tribunal révolutionnaire*, 1re partie, n. 8.

C'était donc un innocent régulièrement acquitté, que ses propres juges ramenaient en prison, sur l'injonction de la multitude ; et quelques instants après, au lieu de reviser son procès, on l'égorgea.

Puis vinrent sept officiers suisses transférés de l'Abbaye à la Conciergerie, le 24 août, pour être traduits au tribunal révolutionnaire, MM. de Salis, Witz, Allemann, Zimmermann, Chollet, et de Maillardoz, père et fils. Seul, le major Bachmann fut interrogé par le tribunal et condamné, le 3 septembre, à la peine de mort, sous la pression des tueurs de la Conciergerie, qui avaient envahi l'audience.

« Ici est entré dans l'audience, dit le *Bulletin du Tribunal révolutionnaire,* un grand nombre de gens armés, qui, adressant la parole au tribunal, demandèrent Bachmann, en disant que c'était le jour des vengeances du peuple, et qu'il fallait leur livrer l'accusé.

« Ces paroles jetèrent la consternation dans l'esprit des Suisses qui déposaient au procès, et qui étaient prisonniers à la Conciergerie. Ils se couchèrent dans l'audience, afin de n'être point aperçus des hommes armés. Bachmann seul, lui qui n'avait pas dormi depuis plus de trente-six heures que durait l'audience, conserva la plus grande tranquillité. Son visage n'en fut pas altéré. Il descendit du fauteuil où il était assis et se présenta à la barre, comme pour dire au peuple : *sacrifiez-moi!*

« Le président, M. Mathieu, harangua le peuple, en l'exhortant à respecter la loi et l'accusé qui était sous son glaive. Ces mots, dits avec énergie, furent écoutés en silence par la multitude, qui sortit pour aller achever l'œuvre qu'elle avait commencée dans les prisons de la Conciergerie et dont vingt-deux prisonniers étaient déjà les victimes en ce moment[1]. »

En dehors de M. de Montmorin et des officiers suisses, la Conciergerie ne contenait que des prisonniers obscurs, des malfaiteurs condamnés, ou des prévenus en jugement. Aucun d'eux n'a laissé dans l'histoire d'autres traces que son nom inscrit sur le procès-verbal des victimes, à l'exception d'une femme connue sous le nom de *la Bouquetière du Palais-Royal*.

Marie-Madeleine-Josèphe Gredeler, âgée d'environ trente ans, mariée à un nommé Baptiste, dont elle vivait séparée, entretenait, en 1791, des relations avec un nommé Joseph Pringot, garde française, caserné à la rue Verte. Le 6 juin 1791, cette femme entraîna son amant dans les champs, du côté de Monceau, et, dans un accès de jalousie, le mutila avec un couteau. Arrêtée le 10 juin, Marie Gredeler fut condamnée à être pendue, par le tribunal du premier arrondissement de Paris. Un appel en cassation amena l'annulation du jugement qui la

---

[1] *Bulletin du Tribunal révolutionnaire*, 1ʳᵉ partie, n. 10.

condamnait, et son renvoi au tribunal d'une autre section. Elle attendait ce nouveau jugement à l'époque des massacres.

La malignité des oisifs et le scandale du procès avaient donné une assez grande réputation à Marie Gredeler, déjà fort connue par son dépôt de cannes et de parapluies qu'elle tenait dans la cour du Palais-Royal ; son nom, trouvé sur l'écrou, frappa les assassins réunis dans la cour du Palais, et cette femme qui passait pour avoir fait de son amant un nouvel Abeilard, fut la seule de toutes les prisonnières que l'on garda pour la juger.

La plus vulgaire pudeur de langage nous empêche de raconter les abominables cruautés que l'on fit subir à cette malheureuse ; les bourreaux, lassés à la fin, lui remplirent le ventre de paille, et y mirent le feu!

IV

État nominatif, par ordre alphabétique, des prisonniers mis à mort à la prison de la Conciergerie, les 2 et 3 septembre 1792; établi d'après les trois listes dressées par le concierge de la prison, certifiées par lui, ainsi que par le commissaire de police de la section du Pont-Neuf, et faisant partie du volume D, n. 78, des Archives de l'Hôtel de ville de Paris.

La première liste dressée par le concierge de la prison a pour titre : *Liste des prisonniers péris à la Conciergerie dans les journées des 2 et 3 septembre 1792.*

Nos.	Noms et prénoms.	Dates des entrées.	
1	Allemann, *officier suisse* [1].	14 août	1792.
2	Aubert (Pierre).	25 juin	1792.
3	Aubry (Antoine-Augustin).	25 juill.	1792.
4	Barisson (Claude).	14 juin	1792.
5	Bossignot (Pierre-Joseph).	15 juin	1792.
6	Beauvalet (François).	27 mars	1791.
7	Bernier (François).	22 août	1792.
8	*Besland* (Jean-Baptiste-Nicolas) [2].	12 mars	1792.
9	Bidault (Etienne).	30 avril	1791.
10	Bimbault (Pierre).	24 sept.	1791.
11	Blancpain (Christophe-Hubert).	26 juin	1791.
12	Blandin (Louis).	16 août	1792.
13	Bonaventure (Claude).	id.	
14	Borgue, *ou* Bargue (Chevalier).	26 juin	1792.
15	Bouvier (Antoine).	6 juin	1792.
16	Brisondart (Antoine).	3 mars	1792.
17	Camus (Nicolas).	18 févr.	1792.
18	Chevalier (Jean).	26 juin	1792.
19	Chevrier (Charles).	26 juill.	1792.
20	Cholet (Jacques).	20 juin	1792.
21	Cholet (Jean).	4 juill.	1792.
22	Cholet (François).	29 mai	1792.
23	Chollet, *officier suisse*.	24 août	1792.
24	Chrétien (Bastien).	30 mai	1792.
25	Clément (Charles-Nicolas-Jean-Baptiste).	7 août	1792.
26	Coindé (Alexandre).	26 mars	1792.
27	Conard (Jacques-René).	23 sept.	1791.

[1] Les mots imprimés en caractères italiques ont été ajoutés par nous et puisés à des sources authentiques; ils complètent les listes de l'état civil des victimes.

[2] Ce nom a été substitué à celui de *François* ORRY, qui se trouve sur le registre des entrées des prisonniers de la Conciergerie, en vertu d'un jugement du tribunal du premier arrondissement de Paris, en date du 19 frimaire an IV.

28 Courot (Charles).	26 janv.	1791.
29 Dartois (Xavier) [1].	11 juin	1792.
30 Debure (Jean).	14 mai	1792.
31 Decharette de la Colinière (Louis-François).	19 août	1792.
32 De la Bourdine (Louis-Antoine-Rodier).	6 mai	1792.
33 Delasus (Charles).	9 août	1792.
34 Delorme (Paul-Claude).	17 mars	1792.
35 Descharmes (Claude).	18 avril	1792.
36 Desportes (Jean).	3 juill.	1792.
37 De Witz, *officier suisse.*	24 *août*	1792.
38 Devolse (L.-*Philippe-Auguste*-César).	24 juill.	1792.
39 Dumont (Jean-Pierre).	11 juill.	1792.
40 Dumont (Jean-Baptiste).	20 août	1792.
41 Dupécher (Nicolas).	14 août	1792.
» Durand (Pierre) [2].		
42 Faifeux (Jean-Jacques).	27 juin	1792.
43 Faifeux (Jean-Jacques-Louis).	29 avril	1792.
44 Fourneau (Médard).	9 janv.	1792.
45 Fournier (Jean-Baptiste).	29 juin	1792.
46 Gaudebert (Jean-François-Claude).	22 juin	1792.
47 Gaudebert (François).	20 août	1792.
48 Gillet (Alexandre).	16 août	1792.
49 GREDELER (*Marie-Madeleine-Josèphe*) femme BAPTISTE [3].	8 *juin*	1791.
50 Grégoire (François).	22 juin	1792.
51 Guerdoux (Jean-Baptiste).	14 janv.	1792.
52 Henedoux (Jacques).	26 juill.	1792.
53 Hervy (Michel).	1er mars	1792.
54 Joly (Accueil).	15 juill.	1792.

[1] Une note mise dans la colonne des observations par le concierge de la prison, porte que le véritable nom de Dartois est PAYEN.

[2] *Voyez* PÉRÉE, n. 80.

[3] Connue sous la qualification de *la Bouquetière du Palais-Royal.*

55 Jouy (Noël).	17 févr.	1791.
56 Labonne (Philippe).	14 janv.	1792.
57 Lalivrée, *ou Lalevrie, dit Fontaine,* (Pierre).	30 mai	1792.
58 Lebeau (*Pierre*) [1].	8 juill.	1792.
59 Lebœuf (Jacques).	25 octob.	1791.
60 Lebrun (Jacques).	26 juin	1791.
61 *Ledinard, ou* Ludinar (Guillaume).	17 juin	1791.
62 Legros (Pierre).	14 juin	1792.
63 Lelarge (Jean).	27 août	1792.
64 Le Roux (Jean).	27 avril	1792.
65 Lhotellier (Casimir).	17 janv.	1792.
66 Machurot (Philibert).	8 mars	1792.
67 Maillardoz (marquis de), *officier suisse.*	24 *août*	1792.
68 Maillardoz cadet (de), *officier suisse.*	24 *août*	1792.
69 Masson (Georges).	6 avril	1791.
70 Merget (Benoît).	6 juill.	1792.
71 Merlin (François).	6 juin	1791.
72 Michel (Jean-François).	23 nov.	1791.
73 Montmorin (Louis-Victoire-Hippolyte-Luce de).	31 août	1792.
74 Morel (François).	26 janv.	1792.
75 Muguet (François).	20 août	1792.
76 Noblet (Pierre).	27 avril	1792.
» Orry (François) [2].		
77 Payen (Charles-Marcel-Joseph).	1er août	1792.
78 Pelletier (Jean-Pierre).	31 mai	1792.
79 Péquignon (Joseph-Philippe).	22 avril	1792.

[1] Un jugement du tribunal du sixième arrondissement de Paris, en date du 4 frimaire an IV, rendu à la requête d'Anne Binet, épouse de Pierre Lebeau, a ordonné la rectification des prénoms de Lebeau, indiqué sur l'état des victimes de septembre sous les prénoms de *Jean-Baptiste,* en y substituant celui de *Pierre.*

[2] *Voyez* BESLAND, n. 8.

80 Pérée (*Henri-Nicolas*) [1].	23 févr.	1792.
81 Pérignon (Henri).	7 mai	1792.
82 Prin.	17 déc.	1791.
83 De Réal DE LA PERRIÈRE (Geoffroy-Marie).	29 août	1792.
84 Renault (Jean).	7 juill.	1792.
85 Reversis (Jean).	23 nov.	1791.
86 Richard, dit Saint-Martin (Thomas).	21 juin	1792.
87 Ropette.	25 sept.	1791.
88 Salis, *officier suisse*.	24 août	1792.
89 Salomon ou Sallemont (Alexis-Jacques).	28 juin	1792.
90 Saulle (Jean-Jacques).	4 févr.	1792.
91 Sellier (Antoine-François).	13 mai	1792.
92 Sellier (François).	22 juin	1792.
93 Séron (Joseph-Nicolas).	27 sept.	1791.
94 Thuret (Jean-Louis).	2 juin	1792.
95 Vallé (Edme).	14 janv.	1792.
96 Verdier (Jean).	27 juill.	1792.
97 *Vernier (Joseph)* [2].	4 nov.	1791.

[1] Agé de 19 ans, fils de Jean et de Henriette Aleron-Billon, substitué au nommé Pierre Durand, en vertu d'un jugement.

[2] Nous ajoutons ce nom à son ordre alphabétique en vertu de la pièce ci-dessous, annexée à la liste que nous reproduisons :

« Section du Pont-Neuf.

« *Moy*, commissaire de police soussigné certifie à qui appar-
« tiendra que, par un procès-verbal dressé par le C. Letellier,
« un de mes prédécesseurs, en date du 23 novembre 1792 (V. S.),
« signé par le d. Letellier, femme Richard, Richard, concierge,
« et Bernier, que ledit procès-verbal fait mention, sur la réqui-
« sition du nommé Jean-François Faumont, que Joseph Ver-
« nier, entré le 4 novembre 1791, a été tué, dans la journée du
« 3 septembre, dans la cour d'avant de la prison de la Concier-
« gerie.

« En *foy* de quoi j'ai délivré le présent pour servir et valoir
« ce que de raison.

« Fait en mon bureau de police, le 14 nivôse an 3ᵉ de la Ré-
« publique française, une et indivisible.

« Signé : BEQUET, *commissaire de police.* »

98 Vincent (Joseph).	9 août	1792.
99 Vincent (Claude-Philippe).	22 juin	1792.
100 Zimmermann, *officier suisse*.	24 août	1792.

Au bas de cet état se trouve la mention ci-dessous, qui prouve l'authenticité de ce document :

« Les femmes, excepté la bouquetière [1], ont toutes été mises en liberté.

« Je soussigné déclare que la liste ci-dessus contient vérité, et qu'elle est dressée d'après les plus exactes recherches. Fait au greffe de la Conciergerie, ce cinq mars mil sept cent quatre-vingt-treize, l'an deux de la République, et signé par nous.

« Ont signé : LETELLIER, *commissaire de police*; RICHARD, *concierge*. »

La deuxième liste dressée par Richard, concierge, contenant les noms des prisonniers mis en liberté par le peuple, sera placée la dernière, afin de ne pas interrompre la nomenclature des victimes de ces journées sanglantes. Nous allons donc placer ici la troisième liste, qui contient les noms des prisonniers sur lesquels le concierge n'a pu donner aucun renseignement précis, quoique leur mort ne puisse être mise en doute. En disant qu'*il n'a aucuns renseigne-*

---

[1] C'est Marie-Madeleine-Josèphe Gredeler que l'on désigne ainsi. (*Note de l'auteur.*)

ments à donner, lors du 2 septembre, Richard veut dire seulement qu'il ne les a pas vu tuer, ou qu'il ne les a pas reconnus pendant qu'on les tuait. Ainsi, *Pierre Jourdain,* cordonnier, porté sur la liste qu'on va lire, a été tué, comme on l'a vu par la réclamation de sa veuve.

D'ailleurs, le concierge Richard fut arrêté et transféré à l'Hôtel de ville, vers quatre heures, ainsi que cela résulte du procès-verbal du Conseil général de la Commune, séance du 3 septembre, et de la déclaration suivante de Richard :

« Le 20 mars 1793, l'an II de la République française une et indivisible, je soussigné citoyen Toussaint Richard, concierge de la maison de justice du Palais, section du Pont-Neuf, déclare que le 3 septembre dernier, il a été transféré à la ville et mis en état d'arrestation à ladite section, et qu'il y est resté jusqu'au 20 septembre dernier, et qu'à l'égard des effets des prisonniers tués, les scellés ont été apposés par les commissaires de ladite section du Pont-Neuf, et que lesdits effets ont été transportés à ladite section. En foi de quoi j'ai fait la présente déclaration et a signé.

« *Signé :* Richard [1]. »

Le concierge Richard n'a donc pas vu complète-

---

[1] Déclaration n. 428, p. 211, vol. 39, carton O. 13. O. (*Archives de l'Hôtel de ville de Paris.*)

ment le massacre de la Conciergerie ; sans compter que l'on tua trois cent soixante-dix-huit prisonniers en vingt-quatre heures, et qu'on les tua partout, dans les corridors et dans les cours, ce qui dut nécessairement produire une effroyable confusion.

Les recherches auxquelles nous nous sommes livré pour arriver à constater si les personnes comprises dans cette liste avaient échappé aux massacres, nous permettent d'affirmer qu'elles ont toutes péri, sauf un très-petit nombre. Nous indiquerons d'ailleurs, en note, le résultat de ces recherches, que des motifs de haute convenance nous font un devoir de ne pas détailler.

Nous avons cru devoir compléter cette liste par divers renseignements relatifs aux personnes qui y sont inscrites. D'un autre côté, l'orthographe des noms n'ayant pas toujours été conservée, nous pensons que nos lecteurs nous sauront gré de leur faire connaître, en regard des noms de cette liste, l'orthographe qui se trouve sur le registre d'entrée des prisonniers [1]. Enfin, nous indiquerons la page du

---

[1] Nous devons dire qu'il existe dans les Archives de la Préfecture de police deux registres d'inscription de prisonniers : l'un a pour titre *registre d'écrou*, il contient seulement les noms des prisonniers qui étaient détenus à la Conciergerie, et dont le jugement devait avoir lieu au criminel ; l'autre est le *registre des entrées*, sur lequel tous les prisonniers (accusés au criminel ou au correctionnel) sont inscrits. C'est ce dernier registre qui nous a servi à rectifier les noms des personnes portées dans la liste qui va suivre, comme étant le plus complet en renseignements.

registre d'entrée dans la prison, sur laquelle se trouve inscrit chaque individu nommé dans cette liste; il sera facile alors de s'assurer qu'il n'existe aucune mention de leur sortie ou de leur transfèrement dans une autre prison, autres que celles que nous indiquerons, et que par conséquent ces individus ont bien réellement péri dans les massacres.

Voici cette troisième liste, qui a pour titre :

NOMS DES PERSONNES SUR LESQUELS ON A AUCUNS RENSEIGNEMENTS A DONNER LORS DU 2 SEPTEMBRE 1792 [1] :

Nos du registre d'entrées.	Noms et prénoms.	Dates des entrées.	
50	Dubois, dit Ouen (François) [2].	26 nov.	1791.
72	Loucet (Louis-Charles) [3].	3 avril	1792.
87	Fiévé (Claude-André).	19 mai	1792.
31	Le Blanc (Paul) [4].	27 juill.	1791.
34	Jean-Baptiste, dit François.	26 août	1791.
57	Chevalier (Pierre).	13 sept.	1791.
»	Lecoq (Charles).	20 sept.	1791.
99	Guillemin (Étienne) [5].	29 juin	1792.
118	Varrey (Jean-Baptiste).	26 août	1792.
108	Sibier (Jean).	30 juill.	1792.
102	Cany (Charles) [6].	6 juill.	1792.
118	Trébont (Martin-François) [7].	26 août	1792.

[1] Nous conservons à ce titre l'orthographe qu'il a sur la minute qui nous a été communiquée. (*Note de l'auteur.*)

[2] Inscrit sur le livre d'entrée à la date du 25 novembre 1791.

[3] Inscrit sous le nom de LOUSSELLE.

[4] Inscrit avec l'orthographe LEBLANC.

[5] Inscrit avec l'addition du surnom *Bourguignon*.

[6] Inscrit sous le nom de CANIÉ.

[7] Le registre porte : dit *Flamand*.

73 Fréron (Louis) [1].	4 avril	1792.
119 Jourdain (Pierre) [2].	26 août	1792.
75 Caquois (Jean) [3].	8 avril	1792.
106 Crosy (François) [4].	24 juill.	1792.
87 Fournier (François).	18 mai	1792.
4 Dubois (Marc).	18 janv.	1792.
117 Lafosse (Robert).	23 août	1792.
117 Mangin (Jean-Baptiste).	23 août	1792.
117 Colombier (Pierre).	23 août	1792.
117 Garçon (François) [5].	23 août	1792.
» Delahaye (Alexandre).	23 août	1792.
21 Flamand, dit Beauvais (François).	29 avril	1791.
54 Thellier (Jean-Michel).	25 déc.	1791.
95 Marteaux (Eustache) [6].	16 juin	1792.
2 Martaut (François-Antoine) [7].	10 janv.	1792.
115 Lutto (Jean) [8].	15 août	1792.
77 Desmurs (François).	18 avril	1792.
34 Giroux (Charles-Antoine).	26 août	1791.
20 Legras (Jacques-Jean).	6 avril	1791.
77 Painlevin (Pierre).	18 avril	1792.
1 Lehideux (*Jean-Baptiste*) [9].	6 sept.	1791.
77 Languedoc (Nicolas-François) [10].	18 avril	1792.
103 Boquet (François).	11 juill.	1792.
76 bis Dorlier (Nicolas).	14 avril	1792.
108 Duboux (Claude).	30 juill.	1792.
72 Meret (Anne) [11].	31 mars	1792.

[1] Le registre ajoute : dit *Frédéric*.
[2] Inscrit sous les prénoms de : *Claude-Pierre*.
[3] Inscrit sous le nom de CAQUOIN.
[4] Inscrit sous le nom de CROISSY.
[5] Inscrit sous le nom de GAVRON.
[6] Inscrit sous le nom de MARLOT.
[7] Inscrit sous les nom et prénoms : MATHIEU, (*Antoine-François.*)
[8] Inscrit avec l'orthographe LUTEAU.
[9] Inscrit sur le livre d'entrée, à la date du 6 sept. 1792, sous les prénoms de *Jean-Baptiste*.
[10] Inscrit avec l'ordre des prénoms : *François-Nicolas*.
[11] Inscrit sous le nom de MIREY, à la page 72, et sous les nom

74	Eudeline (Jacques).	7 avril	1792.
58	Général (Pierre).	10 fév.	1792.
66 bis	Adet (Robert).	22 fév.	1792.
90	Mazelot (François).	30 mai	1792.
37	Mille (Jean-Simon).	12 sept.	1791.
76 bis	Raimond (Pierre).	18 avril	1792.
9	Du Peret (Louis-Henri) [1].	23 janv.	1792.
1	Peroussi (Jean-Baptiste) [2].	9 août	1792.
120	Daumageon (Jean-Georges) [3].	31 août	1792.
120	Tixier (Jean-Baptiste).	31 août	1792.
120	Guérin (Jean).	31 août	1792.
120	Hardy (Melchior) [4].	31 août	1792.
41	Toque (François) [5].	15 octob.	1791.
116	Dubuisson (Pierre).	17 août	1792.
117	Duménil (François).	24 août	1792.
99	Place (Laurent) [6].	28 juin	1792.
109	Luard (Louis).	3 août	1792.
103	Forgemot (Nicolas) [7].	9 juill.	1792.
76 bis	Jamelle (Jérôme) [8].	14 avril	1792.
93	Despréaux (Pierre).	11 juin	1792.
90	Ramousse (Louis) [9].	27 mai	1792.

et prénoms de MIRET (Jacques-Anne), à la page 1 du registre d'entrée.

[1] Inscrit sous le nom de DUPERAY.—Sorti, puis *réintégré sous le même nom, le 21 juin 1792* *.

[2] Inscrit avec l'orthographe PEROUSY, à la date du 9 janvier 1792.

[3] Inscrit avec l'orthographe DOMAGEON.

[4] Un jugement, en date du 18 juillet 1793, prouve son existence à cette époque.

[5] Inscrit sous le nom de FOCQUE.

[6] Nous devons faire remarquer que nous avons trouvé, à la date du 24 août 1792, un jugement qui acquitte Laurent Place de l'accusation pour laquelle il était détenu; cependant il n'a point été mis en liberté.

[7] Inscrit avec l'orthographe FORGEMAUX.

[8] Inscrit avec l'orthographe JAMET.

[9] Réintégré sous le nom de Vincent Rotange. (Cette note se

* Les mots en italiques se trouvent sur l'état fourni par le sieur Richard.

107 Barré (Silvain).	27 juill.	1792.
107 Guillot (Jean) [1].	29 juill.	1792.
26 Noblet (Pierre) [2].	18 juin	1791.
43 Desandré (Joseph).	22 octob.	1791.
94 Colibeau (François).	16 juin	1792.
54 Bonet (Jean-Charles) [3].	18 déc.	1791.
107 Tristan (Jean-Baptiste).	27 juill.	1792.
61 Guyon (Thomas) [4].	23 févr.	1792.
6 Beurdiot (Henri) [5].	22 janv.	1792.
119 Bellavoine (Pierre).	28 août	1792.
119 Chevin (Denis).	28 août	1792.
119 Chansel (Jean).	28 août	1792.
119 Jacob (David) [6].	28 août	1792.
119 Gautier (Jean-Baptiste).	28 août	1792.
93 Hargar (Pierre) [7].	11 juin	1792.
117 Levassor (François).	24 août	1792.

trouve sur l'état que nous copions; comme nous n'avons pas trouvé cette réintégration, nous ne compterons pas Rotange parmi les victimes, parce qu'il est probable que sa rentrée dans la prison est postérieure au 3 septembre 1792.)

[1] Inscrit sous le nom de GUYOT.

[2] A la date du 18 juin 1791, il n'est entré que le nommé Jacques NOBLET, et non point Pierre Noblet. Jacques NOBLET a été écroué de nouveau le 27 février 1792.

[3] Inscrit : BONNET (Jean-Charles-Gabriel) sur le registre d'écrou.

[4] Inscrit avec l'orthographe GUILLON.

[5] Inscrit sous le nom de BURDIAT, et réintégré dans la prison le 4 juillet 1793.

[6] Inscrit ainsi sur le livre : Jacob DAVID.

[7] Il est inscrit sur le registre avec l'orthographe HARGARD. Nous trouvons, à la date du 23 août 1792, sur le registre de Bicêtre un nommé HAREGARD (Pierre), qui a été tué et qui avait été transféré le 1er septembre à la Conciergerie, d'où il est revenu le 2 du même mois.

Une note du concierge mise sur l'état que nous reproduisons est ainsi conçue :

« Réintégré sous le nom de Joseph BERTRAND. » Malgré cette note, nous ne compterons point Hargar au nombre des victimes de la Conciergerie.

101	Boucher (Jean).	3 juill.	1792.
16	Vialat (Jean-Philippe).	23 janv.	1790.
13	Coutchet (Villerme) [1].	26 janv.	1792.
101	Garisson (Jean-Jacques).	5 juill.	1792.
43	Amovette (François) [2].	22 octob.	1791.
55	Leblanc (Joseph).	3 févr.	1792.
108	Fusil (Louis) [3].	29 juill.	1792.
16	Brion (Henry).	23 janv.	1790.
33	Charlier (Jean-Baptiste).	17 août	1791.
36	Barbet.	3 sept.	1791.
72	Bailly (Jean-Adam).	3 avril	1792.
61	Tardy (Joseph).	25 févr.	1792.
105	Leblanc (François).	20 juill.	1792.
93	Jouvet (Pierre).	9 juin	1792.
105	Parisel (Jean-Baptiste) [4].	20 avril	1792.
110	Lefranc (Pierre).	7 août	1792.
117	Lefèvre (Pierre-Charles) [5].	23 févr.	1792.
50	Hubert (François).	29 nov.	1791.
54	Livouge (Ferdinand).	21 déc.	1791.
16	Hénocque (Marc).	14 sept.	1790.
39	Couchaut (François) [6].	25 sept.	1791.
65	Gaignan (Edme) [7].	8 mars	1792.
92	Legros (Dominique) [8].	8 juin	1792.
73	Michault (Claude-François).	4 avril	1792.
92	Feron (Jean-François).	7 juin	1792.
104	Lebeau (Pierre) [9].	13 juill.	1792.

[1] Inscrit sur le registre sous le nom de Wuilhem COWTCHIL.
[2] Inscrit avec l'orthographe AMAUVET.
[3] Inscrit FUSI.
[4] C'est à la date du 20 juillet 1792, et non pas à celle du 20 avril qu'il est inscrit sous l'orthographe PARISELLE.
[5] Ce n'est qu'à la date du 23 août 1792 qu'on le trouve inscrit.
[6] Le nom est écrit COUCHOT sur le registre d'écrou.
[7] Inscrit sous le nom de GUÉGNIOT.
[8] Dit *Famain*, suivant l'inscription sur le livre d'entrée.
[9] Un jugement du 8 floréal an II s'occupe du nommé LEBEAU (Pierre); la qualification de contumax qui lui est donnée dans

93	Tabourin (Louis) [1].	3 juin 1792.
115	Grandcoin (Antoine).	13 août 1792.
105	Jeando (Pierre) [2].	16 juill. 1792.
17	Gravelle (Louis) [3].	26 janv. 1791.
103	Mas (Jacques) [4].	11 juill. 1792.
104	Bourbier (Henri).	11 juill. 1792.
104	Vergnes (Antoine).	11 juill. 1792.
105	Aubin (Jacques).	20 juill. 1792.
105	Grivar (Joseph) [5].	19 juill. 1792.
119	Massin (Pierre) [6].	29 août 1792.
76	Sulero (Antoine) [7].	12 avril 1792.

ce document ne peut prouver qu'il existait à cette époque.— Un autre Pierre Lebeau est entré le 29 juin ; et enfin Jean-Baptiste Lebeau, devenu Pierre Lebeau par le jugement rectificatif du 4 frimaire an IV (voir le n. 58 de la première liste), est entré à la Conciergerie le 8 juillet de la même année. Le jugement du 8 floréal peut donc s'appliquer à l'un comme à l'autre, puisque les renseignements que donne le registre d'écrou ne permettent pas de vérifier auquel des trois ce jugement se rapporte.

[1] Un nommé *Louis* TABOURIN est inscrit sur le registre des galères, à la date du 27 août 1792 ; mais les listes et les procès-verbaux concernant les décès de la prison des Bernardins ne font aucune mention de ce Tabourin, de sorte qu'on est induit à conclure que l'inscription sur les registres de cette prison, qui était le lieu où l'on préparait les chaînes, a précédé l'arrivée du nommé Tabourin, qui serait resté à la Conciergerie. Quoi qu'il en soit, comme nous n'avons aucune preuve de son existence, nous le compterons parmi les victimes de la Conciergerie, et nous le négligerons dans la liste relative à la prison des Bernardins, bien qu'il figure sur le registre des galériens. —Nous devons faire remarquer que Louis Tabourin n'est inscrit sur le livre de la Conciergerie qu'à la date du 9 juin 1792.

[2] Inscrit sous le nom de JENDOL.

[3] Inscrit avec l'orthographe GRAVEL.

[4] Le registre des entrées porte, à la date du 11 juillet, un nommé *Jacques* MASSOT, *dit* PÉTIOLLE. Il est à croire que l'on n'a pas fini le nom sur les listes que nous reproduisons. Il est inscrit sur le registre d'écrou sous le nom de MASSE-PÉTIOLLE.

[5] Inscrit avec l'orthographe GRIVARD.

[6] Inscrit sous le nom MAZAIN.

[7] Inscrit avec l'orthographe SULLEROT.—Le 23 février 1793,

37 Benard (Pierre) [1].	13 sept.	1792.
106 Legrand (Mathieu).	24 juill.	1791.
50 Beson (Étienne) [2].	1ᵉʳ déc.	1791.
84 Thomas (Antoine).	9 mai	1792.
84 Redoux (Robert) [3].	9 mai	1792.
107 Hardy (Joseph-Christophe).	25 juill.	1792.
115 Fourneray (Louis) [4].	16 août	1792.
103 Navelle (George) [5].	11 juill.	1792.
119 Mauny (François-Denis) [6].	29 août	1792.
16 Franche (Jean-Baptiste).	26 janv.	1791.
16 Leroy (Pierre-Claude).	26 janv.	1791.
101 Dupont (Pierre).	5 juill.	1792.
15 Pidansa (Charles-Frédéric).	31 janv.	1792.
72 Mallet (Marion).	29 mars	1792.
64 Aloi (Jean-Baptiste) [7].	25 févr.	1792.
58 Grumot (Pierre-Antoine) [8].	9 févr.	1792.
85 Langot (Jean-Charles) [9].	12 mai	1792.
29 Poirier (François) [10].	9 juill.	1791.
85 Ennebert (Jean-Charles) [11].	12 mai	1792.
17 Gari (André) [12].	17 févr.	1791.

réintégré sous le même nom. (Les mots en caractères italiques se trouvent sur la liste signée du citoyen Richard.) Transféré aux Madelonnettes le 1ᵉʳ mai 1793.

[1] Inscrit avec l'orthographe BESNARD. — Réintégré sous le nom de *Jacques* BESNARD. (Note du concierge de la prison.)

[2] Inscrit sous le nom de BESSAULT.

[3] Le registre porte : RETOUT, ou REDON (*Robert-Barthélemy*).

[4] Le nom est écrit FOURNERET sur le livre d'écou.

[5] Inscrit avec l'orthographe NAVEL.

[6] C'est le dernier inscrit avant le *ne varietur* apposé sur le livre des entrées.

[7] Le nom s'écrit ALLOY, ainsi qu'il est établi par le registre d'écrou.

[8] Inscrit avec l'orthographe GRUMEAUX.

[9] Inscrit sur le registre : LANGAUT.

[10] Inscrit, à la date du 8 juillet 1791, sous les prénoms de *Joseph-François*.

[11] Le livre des entrées porte HERBERT, et non pas ENNEBERT.

[12] C'est GARRY que l'on a inscrit sur le registre des entrées.

89 Pochot (Simon) [1].	26 mai	1792.
16 Girot (Jean-Baptiste) [2].	26 janv.	1792.
45 Mirolles (Jean).	26 octob.	1791.
109 Duteuil (Jean-Pierre) [3].	4 août	1792.
20 Méline (Jean-Baptiste) [4].	6 avril	1791.
51 Foübert (Jacques).	1er déc.	1791.
110 Vouarnier (Joseph-Florent) [5].	7 août	1792.
49 Bloque (Étienne) [6].	23 nov.	1791.
44 Suisse (Charles) [7].	8 octob.	1791.
96 Mesure (Joseph).	19 juin	1792.
101 Gafret (Jacob) [8].	6 juill.	1792.
93 Faussé (Pierre) [9].	12 juill.	1792.
44 Panyen (François) [10].	26 octob.	1791.
88 Jourdain (Pierre).	20 mai	1792.
120 Chantel (François) [11].	7 août	1792.
68 Baudin (François) [12].	19 mars	1792.
42 Lhardy (Michel).	21 octob.	1791.
27 Richard (Pierre).	1er juill.	1791.
108 Lerot (Louis).	1er août	1792.
51 Petit (Pierre).	1er déc.	1791.
19 Claudel (Charles-Philippe).	24 mars	1791.

[1] Le registre d'écrou porte l'orthographe Pochaut.

[2] Le nom est écrit : Giraud, sur le livre des entrées.

[3] Ou Dutheuil, ainsi que l'indique le livre des entrées.

[4] Réintégré et mis en liberté par jugement. (Cette note est écrite sur la liste que le concierge Richard a fournie, et qui est celle que nous reproduisons.) Il faudrait : Réintégré, le 7 août 1792, après avoir été mis en liberté, ainsi que le prouve le registre des entrées.

[5] Inscrit sur le livre d'entrée : Florent-Joseph Wouarnier.

[6] A la date du 23 novembre 1791, on ne trouve que le nommé Blot (Étienne-Charles).

[7] Inscrit sous le nom de Lesuisse.

[8] Le registre porte, à la date du 5 juillet 1792, le nom de Gaffrey, et non Gafret.

[9] Inscrit sur le livre des entrées sous le nom de Fauchet.

[10] Inscrit sous le nom de Panguin.

[11] C'est Cholet que porte le livre des entrées.

[12] Inscrit avec l'orthographe Bodin.

61	Chartier (André).	28 févr.	1792.
23	Jamin (Joseph).	23 mai	1794.
»	Guay (Jean-Jacques) [1].	5 juill.	1794.
94	Gambar (Pierre) [2].	15 juin	1792.
105	Brandon (Jean) [3].	18 juill.	1792.
108	Simon (Louis).	29 juill.	1792.
85	Leroy (Jean).	12 mai	1792.
51	Belle (Antoine).	1er déc.	1791.
54	Chevalier (Pierre) [4].	20 déc.	1791.
25	Ancerne (Pierre) [5].	6 juin	1794.
66	Vialat (Pierre) [6].	9 mars	1792.
78	Aubery (Alexandre) [7].	20 avril	1792.
71	Gruyer (Gabriel) [8].	28 mars	1792.
102	Legris (Jean-Baptiste).	6 juill.	1792.
»	Mallet (Étienne).	29 févr.	1791.
111	Dessaint (François-Louis).	9 août	1792.
115	Lonpré (Antoine) [9].	12 août	1792.

[1] Inscrit sur le *registre d'écrou*, au folio 182, avec les prénoms de *Jean-Baptiste-Jacques*.

[2] Inscrit avec l'orthographe GAMBARD.

[3] Le nommé Brandon (Jean), que l'on trouve sur le *registre d'écrou*, feuillet 34, n'est pas le même que celui qui se trouve sur la liste des galériens. Ce dernier est entré le 27 juin à la Conciergerie (page 98), écroué le même jour (page 27 du registre d'écrou). Celui qui est ci-dessus n'a été porté sur le livre d'écrou qu'à la date du 26 juillet (page 34).
Le 8 floréal an II, un jugement l'a acquitté ; il était contumax ainsi que le porte le jugement que nous citons, de sorte qu'on ne peut en induire qu'il vécût à cette époque.

[4] Il ne faut pas le confondre avec le nommé JEAN CHEVALIER, porté sur la première liste, attendu que ce sont deux personnes, ainsi que le prouve le registre des entrées.

[5] Inscrit sur le registre des entrées sous les nom et prénoms de AUXERNE (*Pierre-Charles*).

[6] Le 25 floréal an II, poursuivi et acquitté comme contumax. Cette qualification qui lui est donnée ne prouve point son existence à l'époque du jugement.

[7] Le nom est écrit AUBRY sur le registre des entrées.

[8] Inscrit sous le nom de GUYER.

[9] Inscrit sur le livre d'entrée : LOMPRÉ, *dit La Violette*.

115 Simon (Jacques).	12 août	1792.
115 Garnier (Jacques).	13 août	1792.
64 Gérard (Pierre).	23 févr.	1792.
109 Vidar (Bernard) [1].	30 juin	1792.
71 Leroy (Jacques).	27 mars	1792.
41 Jouan (Jean-Baptiste).	7 octob.	1791.
78 Courbet [2].	20 avril	1792.
25 Hular (Jean-Baptiste) [3].	6 juin	1791.
70 Charpentier [4].	24 mars	1792.
60 Maréchal.	18 févr.	1792.
37 Ladré (Pierre) [5].	sept.	1791.
54 Gréville (Jean) [6].	1er déc.	1791.
100 Boussiard (François).	1er juill.	1792.
103 Pouterelle (Pierre) [7].	11 juill.	1792.
78 Royer (Nicolas) [8].	20 avril	1792.
48 Colombet (Nicolas) [9].	19 nov.	1791.
2 Brouin (Louis).	10 janv.	1792.
45 Paschal (François) [10].	28 octob.	1791.
» Barre (Claude).	29 nov.	1791.
110 Vignot (Pierre) [11].	6 août	1792.
71 Quatrevaux (François-Louis) [12].	27 mars	1792.
74 Prestat (Joseph) [13].	15 juin	1792.
94 Rebours (Pierre-François).	15 juin	1792.

[1] Ou mieux : VIDARD, ainsi que l'indique le livre des entrées.
[2] Inscrit avec le prénom : *Ignace*.
[3] Inscrit sur le registre d'entrée : HUILLARD, ou HUGARD (*Jean Baptiste*).
[4] On ne trouve à cette date que le nommé CARPENTIER (*Nicolas*).
[5] Inscrit avec l'orthographe LADRÉE.
[6] Inscrit sur le registre sous le nom de GRIVEL.
[7] Ou POUTRELLE, suivant le registre des entrées.
[8] Inscrit avec les prénoms de *Nicolas-Firmin*, sur le livre d'entrée.
[9] Ou COLOMBE, d'après le registre d'entrée.
[10] Ou PASCAL, suivant l'inscription sur le livre des entrées.
[11] Ou VIGNEAULT, ainsi écrit sur le livre des entrées.
[12] Inscrit avec les prénoms de *Jean-Louis*.
[13] Inscrit avec l'orthographe PRÉTAT.

106 Gournet (Jean-Jacques) [1].	8 juin	1792.
13 Maumire (Jean) [2].	26 janv.	1792.
19 Brunet (Jacques).	28 mars	1791.
116 Fleuret (François) [3].	20 août	1792.
b Richard (Jean-Baptiste).	11 juill.	1792.
87 Gabriel (Liénard) [4].	18 mai	1792.
100 Dubar (Guillaume) [5].	2 juill.	1792.
78 Boucher (Antoine).	21 avril	1792.
98 Lebeau (Pierre).	24 juin	1792.
76 bis Dumoulin (Pierre).	14 avril	1792.
21 Picard (Louis).	6 mai	1791.
120 Develette (René) [6].	1er sept.	1792.
23 Leclerc (Médard-Joseph).	23 mai	1791.
110 Robert (Fidel-Amant) [7].	7 août	1792.
15 Bénard (Étienne).	3 févr.	1792.
23 Lepellé (Louis) [8].	23 mai	1791.
68 Renault (Pierre-André).	19 mars	1792.

[1] Ce n'est pas à la date du 8 juin qu'on le trouve inscrit, mais bien à celle du 28 juillet.

[2] Inscrit sous le nom de MONNY. — On lit dans la colonne d'observations du livre d'entrées cette mention : « S'il ne répondait pas, il serait transféré à Bicêtre, du 30 avril 1792, sous le nom de MONIER. » — Nicolas Monny et Jean Monny, écroués le même jour à la prison de la Conciergerie, étant joints par une accolade, on ne peut affirmer d'une manière positive que cette mention s'applique à *Jean* plutôt qu'à *Nicolas*. Le registre d'écrou de la prison de Bicêtre, ne contenant point d'inscription sous le nom de Monny, il faut conclure que le transfèrement n'a pas eu lieu.

[3] Inscrit sous le nom de FLORET.

[4] Inscrit sur le registre d'entrée sous les nom et prénom de LÉONARD (*Gabriel*).

[5] Ou DUBARD, suivant l'inscription qui est sur le livre d'entrée.

[6] Ou DEVELET, ainsi que le constate l'inscription sur le registre d'entrée.

[7] Inscrit sur le livre des entrées dans l'ordre suivant : AMANT, (*Fidèle-Robert*).

[8] Inscrit sous le nom de LEPLÉE.

116	Mercier (Jean-Jacques-François).	20 août	1792.
116	François (Jean).	20 août	1792.
107	Soudain (François) [1].	28 juill.	1792.
120	Reverchon (Jean-Claude) [2].	10 févr.	1792.
116	Liber (Charles-Joseph) [3].	20 août	1792.
103	Destigny (Martin) [4].	11 juill.	1792.
105	Dubu (Pierre).	16 juill.	1792.
108	Pelletier (Jean-Baptiste).	31 juill.	1792.
106	Monfroy (Pierre) [5].	21 juill.	1792.
98	Guillaume (Claude).	28 juin	1792.
30	Chancelay (François) [6].	23 juill.	1791.
84	Bor (Pierre) [7].	9 mai	1792.
107	Buisson (Thomas).	28 juill.	1792.
102	Paty (Jean-Baptiste).	6 juill.	1792.
90	Salzar (Nicolas) [8].	27 mai	1792.
100	Fleury (Charles).	2 juill.	1792.
96	Francar (Jean-Baptiste) [9].	11 juin	1792.
20	Marquet (Jean).	5 avril	1791.
»	Baradelle (Louis).	4 juin	1792.
46	Gachet (François).	2 nov.	1791.
45	Mercier (Grégoire).	30 octob.	1791.
»	Fromenteaux (Jean).	3 mai	1792.
109	Fauvel (Guillaume) [10].	2 août	1792.
107	Gardel (François).	26 juill.	1792.

[1] Il est inscrit sur le livre d'entrée des prisonniers sous les prénoms de *François-Célestin*.

[2] Inscrit à la date du 1er septembre 1792.

[3] Ou LIBERT, comme il porté sur le registre d'entrée.

[4] Inscrit DESTEIGNY sur le livre.

[5] Il est poursuivi, le 26 septembre 1793, comme contumax, ce qui ne prouve pas son existence à cette époque.

[6] L'orthographe du nom porté sur le livre d'entrée est : CHANSELET.

[7] Ou BORD, ainsi qu'il est indiqué par le livre d'entrée.

[8] Ou SALZARD, suivant l'inscription qui est sur le registre d'entrée.

[9] Ou FRANCART (voir le registre d'entrée).

[10] Inscrit sous le nom de FAUVELLE sur le registre d'entrée.

53 Maillart (Pierre)[1].	16 déc.	1791.
106 Godard (Jean-Louis)[2].	11 juill.	1792.
105 Desmoully (Joseph)[3].	21 juill.	1792.
104 Langlier (Jean-François).	5 juill.	1792.
67 Chigant (François).	14 mars	1792.
107 Mélinot (Louis)[4].	26 juill.	1792.
110 Moindrot (Jean).	4 août	1792.
109 Dartois (Jean-Pierre)[5].	2 août	1792.
5 Veron (Pierre)[6].	19 janv.	1792.
53 Langlois (Jean).	16 déc.	1791.
55 Grangé[7].	5 févr.	1792.
100 Touzet (Claude)[8].	2 juill.	1792.
» Renard (François).	18 octob.	1791.
100 Chatel, ou Chalet (Jean-Nicolas)[9].	2 juill.	1792.
54 Béoux (Louis)[10].	1er déc.	1791.
102 Langlois (Jacques).	6 juill.	1792.
3 Caron (François).	14 janv.	1792.
76 Piot (Pierre).	12 avril	1792.
34 Auger (Jean).	24 août	1791.
22 Martin (Guillaume).	13 mai	1791.
25 Delivet (Daniel).	5 juin	1791.
108 Ballet (François)[11].	1er août	1792.

[1] Mis en liberté le 17 avril 1793, ainsi que le constate le registre d'entrée.

[2] Le registre d'entrée porte le surnom de DUPONT.

[3] Un jugement du 26 septembre 1792 le qualifie de contumax, ce qui ne prouve pas qu'il existait à cette époque.

[4] L'inscription sur le livre des entrées porte le surnom de *La Jeunesse*, ou MÉLINON, suivant le même registre.

[5] L'inscription du livre d'entrée porte le seul prénom de *Pierre*.

[6] Le 17 avril 1793, mis en liberté, ainsi que le constate le livre des entrées.

[7] Le registre d'entrée porte le prénom *Jean*.

[8] Inscrit sous les prénoms de *Claude-Nicolas*.

[9] Il est inscrit sous le nom de CHALLETTE sur le livre d'entrée.

[10] Voici l'inscription du registre des entrées :« ROUSSEL (*Pierre*), dit *Michel* MORIN, se prétendant nommer *Louis* BÉHOUT. »

[11] Il y a un François Ballet, inscrit le 11 août sur le registre

96 Ademmensin [1].	19 juin	1792.
47 Lenoir (Louis) [2].	12 nov.	1791.
105 Desmoulins (Antoine-Nicolas) [3].	21 juill.	1792.
45 Lauret [4].	29 octob.	1791.
109 Fourelle (Jacques) [5].	2 août	1792.
89 Gandelier, ou *Gaudelier* (Denis) [6].	26 mai	1792.
111 Galonde (Claude) [7].	9 août	1792.
110 Mongès (Denis) [8].	7 août	1792.
116 Hécart, ou *Huart* (François) [9].	20 août	1792.
86 Tixier (Jean-Antoine) [10].	16 mai	1792.
89 Havenar (François-Nicolas) [11].	26 mai	1792.
19 Lucar (Michel-Gilbert) [12].	5 avril	1791.
88 Viol (Jean).	22 mai	1792.

de la prison de la Force. C'est le même, attendu que le registre d'entrée de la Conciergerie porte qu'il a été transféré à la Force, mais la date du transfèrement étant rayée, il s'ensuit qu'il a pu être réintégré à la Conciergerie.

[1] Inscrit sur le registre des entrées : *Adem* MENSIN.
[2] Inscrit sous les prénoms de *François-Louis*.
[3] Inscrit sous les prénoms de *Nicolas-Jacques*.—« Réintégré sous le même nom*, et mis en liberté le 28 septembre 1793, ainsi que le constate le livre des entrées. »
[4] L'inscription sur le livre d'entrée porte les prénoms de *Jean-François*.
[5] L'orthographe constatée par l'inscription est FOUREL.
[6] Inscrit : GODELIER sur le livre d'entrée.
[7] On lit sur la liste du concierge de la prison : « Réintégré sous le même nom. »—Un jugement, en date du 23 mars 1793, constate sa présence ; par conséquent, il n'y a pas lieu de le compter parmi les victimes.
[8] Ou MONGET, comme il est porté sur le livre d'entrée.
[9] Le livre d'entrée étant détérioré à la page où se trouve inscrit ce prisonnier, il est impossible de constater le véritable nom du prisonnier.
[10] Inscrit avec l'orthographe TICIER.
[11] L'inscription porte : AVENARD (*Nicolas-François*).
[12] Ou LACARD, suivant le livre d'entrée.

* Cette mention se trouve sur la liste que nous reproduisons, écrite de la main du concierge de la prison ; mais il n'y a aucune mention en marge du *registre d'écrou*.

59	Clémendau [1].	14 févr.	1792.
96	Fœty (Nicolas).	19 juin	1792.
96	Chapuisot (Nicolas).	19 juin	1792.
115	Villefroy (François) [2].	13 août	1792.
»	Roussel (Jean-Louis).	16 juin	1791.
39	Balen (Gérôme) [3].	1er octob.	1791.
77	Clinchant (François).	18 avril	1792.
13	Mauny (Nicolas) [4].	26 janv.	1792.
92	Bourgeois (Étienne).	7 juin	1792.
97	Quiévant (Pierre).	23 juin	1792.
110	Chartier (Antoine).	7 août	1792.
119	Frizar (Jean-Claude) [5].	29 août	1792.
31	Fort (Julien) [6].	30 juill.	1791.
109	Guillot (Jean-Denis).	2 août	1792.
24	Jacques-Louis, *dit* Cochois [7].	23 mai	1791.
6	Maudi (Jean-Baptiste) [8].	22 janv.	1792.
27	Bordier (Étienne).	23 juin	1791.
79	Motet (François) [9].	26 avril	1792.

[1] Le livre d'entrée porte CLÉMENDOS (*Pierre-Philippe*) *dit Auguste*.

[2] Dit *Lenormand*, ainsi que le prouve le livre d'entrée.

[3] Le livre d'entrée le désigne sous l'orthographe BALLEU.

[4] Le registre des entrées porte : MONNY. — On lit dans la colonne des observations de ce même registre la note ci-après : « S'il ne répondait pas, il serait transféré à Bicêtre, du 30 avril 1792, sous le nom de MONIER. » — Mais comme Jean Monny et Nicolas Monny ont été écroués le même jour et sont joints par une accolade, on ne peut affirmer que cette observation concerne l'un plutôt que l'autre. Comme il n'existe point, sur le registre de Bicêtre, d'individu du nom de Monny, il faut en conclure qu'ils n'y ont point été transférés.

[5] Ou FRIZARD, suivant le registre d'entrée.

[6] On lit la note suivante sur la liste du concierge de la prison : « Réintégré sous le même nom, en ajoutant *Pierre* DÈGLE. »

[7] Il est inscrit dans l'ordre suivant, sur le registre d'entrée : LOUIS-JACQUES *dit* COCHOIS.

[8] Le registre porte : MANDY.

[9] Ou MOLLETS, ainsi que l'indique l'inscription sur le livre des entrées.

23 Vergis (Jean)[1].   23 mai 1794.
20 Masson (Jacques).   12 avril 1791.

Au bas de cette troisième liste du concierge, devenue deuxième par le classement que nous avons adopté, se trouve la déclaration suivante :

« Toutes les femmes ont été mises en liberté. Il y en avait soixante-et-quinze, et la bouquetière[2] seule a péri. »

« Nota. On ne peut également donner la liste des femmes, le registre qui contient leurs noms ayant été enlevé, le 3 septembre dernier, du greffe, et depuis ce temps, malgré les instances du citoyen Richard, il n'a pu parvenir à l'avoir[3]. »

« Je certifie le présent tableau de liste véritable, au greffe de la maison de justice au Palais, le cinq mars 1793, l'an deux de la République, et avons signé.

« Signé : LETELLIER, *commissaire de police*, RICHARD, *concierge*. »

Enfin, pour terminer ce qui est relatif à la prison de la Conciergerie, nous allons mettre sous les yeux

---

[1] Ou VERGER, suivant le registre d'entrée.
[2] C'est Marie-Madeleine-Josèphe Gredeler, femme Baptiste, que l'on désigne ainsi.   (*Note de l'auteur.*)
[3] Les noms des femmes se trouvent sur le même registre d'entrée que ceux des hommes. C'est ce registre qui nous a servi à contrôler les noms des prisonniers contenus dans la liste qui précède.

de nos lecteurs la liste des prisonniers mis en liberté par le peuple. Nous donnons cette liste telle qu'elle est dressée par Richard, en y ajoutant seulement la première colonne.

Noms des prisonniers mis en liberté le 2 septembre 1792.

Nos.	Noms et prénoms.	Dates des entrées.	
1	Vimon (Jacques)[1].	20 avril	1792.
2	Levert (Pierre-Nicolas).	28 janv.	1792.
3	De la Motte (Marc-Antoine).	21 janv.	1792.
4	Guillaume (François)[2].	5 avril	1792.
5	Lavalette (Antoine-Toussaint-Amable).	13 juill.	1792.
6	Fayelle.	13 août	1792.
7	D'Affry.	24 août	1792.
8	Lebeau (Charles)[3].	11 févr.	1792.
9	Delflaches, *ou dit* Flache (Pierre-Adrien).	31 mai	1791.
10	Mettre (Pierre)[4].	18 mai	1791.
11	Dainville (Hivert)[5].	12 juill.	1791.
12	Bocart (Henri-Charles)[6].	30 août	1791.
13	Treuil (Dominique)[7].	22 févr.	1792.

[1] L'inscription, qui est du 1er avril 1792, porte que le nom est : VIMONT; qu'après avoir été mis en liberté, il a été réintégré le 13 août 1792.—La liste que nous reproduisons porte cette mention : « Réintégré sous le nom de *Jacques* SÉRANS. » Mais nous n'avons point trouvé ce nom sur les registres d'entrée et d'écrou.

[2] Il a été réintégré le 15 fructidor an IX, et mis en liberté le 15 vendémiaire an X.

[3] Réintégré sous le même nom.

[4] Inscrit sous le nom de Métraux.

[5] Réintégré sous le nom de Hivert et sous le nom de Deroches pour la troisième fois.

[6] Réintégré sous le nom de Gigardel.

[7] Réintégré sous son nom.

14 Guillemin (Louis) [1].	5 avril	1791.
15 Lhivert (Jean-Pierre).	26 janv.	1791.
16 Grimoin (Antoine) [2].	11 janv.	1792.
17 Grimoin (Pierre).	11 janv.	1792.
18 Lebrun (Louis) [3].	18 avril	1791.
19 Mariolle (Jean) [4].	9 juill.	1791.
20 Jaquet (Jean).	23 sept.	1791.
21 Leroy (Hippolyte-Stanislas-Xavier).	5 juill.	1791.
22 Flon (Antoine) [5].	28 octob.	1791.
23 Jouanne (François).	28 octob.	1791.
24 Gilbert (Jean-Jacques) [6].	24 juill.	1792.
25 Lami-Evette [7].	8 mai	1792.
26 Douligny (Joseph) [8].	3 août	1792.
27 Aufroy (Girard) [9].	13 juill.	1791.
28 Pagès (Rémond) [10].	13 juill.	1791.
29 Clairin (Louis-Edme-Claude).	26 août	1791.
30 Latour (Antoine).	18 sept.	1791.
31 Papon (Claude).	8 août	1792.
32 Dunand [11].	8 mai	1792.
33 Robert (Étienne) [12].	30 août	1791.
34 Sibillot (Henri-Nicolas) [13].	19 juin	1792.
35 Després (Hippolyte).	12 juill.	1791.
36 Sachés (Jean-Nicolas) [14].	4 juin	1792.

[1] Réintégré sous son nom.
[2] Réintégré sous son nom.
[3] Réintégré sous le nom de RÉMOIS.
[4] Réintégré.
[5] Réintégré et mis en liberté par jugement.
[6] C'est sans doute Jean-Joseph ou Jacques-Joseph.—Réintégré.
[7] Réintégré.
[8] Réintégré.
[9] Inscrit sur le livre des entrées sous les noms de Gérard Offroy.
[10] Inscrit sur le livre des entrées avec l'orthographe : RAYMONT PAJÈS.
[11] Réintégré sous le même nom.
[12] Réintégré sous le même nom.
[13] Réintégré sous le même nom.
[14] Réintégré sous le même nom.

« Je certifie ladite liste faite après les plus exactes recherches, et qu'il n'est porté en cette liste que les noms de ceux qui avaient été connus pour avoir été mis en liberté par le peuple ; ayant été réintégrés depuis, ils sont portés en observation. Au greffe de la Conciergerie, le cinq mars 1793, l'an deuxième de la République, et signé par nous.

« Signé : LETELLIER, *commissaire de police,* RICHARD, *concierge.* »

V

MASSACRES DU CHATELET.

Le Châtelet était l'antique tribunal de la Prévôté et Vicomté de Paris, et avait, comme juridiction civile et criminelle, précédé le Parlement. C'était une justice seigneuriale tenue, au nom du roi, par un officier portant le titre de *Prévôt de la Ville, Prévôté et Vicomté de Paris.* Le temps avait peu à peu étendu ses attributions ; et le Châtelet possédait en 1789 cinq genres de juridictions : le *Parc civil,* tenu par le lieutenant civil ; le *Présidial,* tenu par un lieutenant particulier ; la *Chambre du conseil,* où se jugeaient les affaires de rapport, tenue par un lieutenant particulier ; la *Chambre criminelle,* tenue par le *lieutenant criminel*; et l'*Audience de police*, tenue par le lieutenant général de police [1].

Le Châtelet était supprimé, comme tribunal, depuis environ une année, à l'époque des massacres; ses bâtiments existaient encore, ainsi que sa prison; et deux de ses anciennes salles servaient alors aux tribunaux de première instance et d'appel du premier arrondissement de Paris [2]. La démolition du Châtelet, requise par Manuel, procureur de la Commune, le 8 septembre, fut opérée après les massacres [3].

Les bâtiments du Châtelet, situés sur la place actuelle de ce nom, entre le Pont-au-Change et la rue Saint-Denis, faisaient exactement face à cette dernière. Ils étaient compris entre la *rue Trop va qui dure*, du côté du quai; la *rue de la Joaillerie*, au sud-est; la *rue de la Triperie*, à l'est; et la *rue Pierre-à-Poisson*, au nord, encore existante il y a cinq ans. Au bas de cette dernière, avant d'arriver à l'eau, était placée la Morgue, séparée du marché au Poisson, à l'est, par la diagonale du Châtelet.

C'est seulement la prison du Châtelet, couvrant une grande partie de la place actuelle du Châtelet, qui fut démolie; les bâtiments du Châtelet, proprement dits, séparés de la prison par la rue Saint-

---

[1] *Almanach royal* de 1789, p. 398 et suivantes.
[2] *Almanach national* de 1792, p. 326, 327.
[3] *Moniteur* du 9 septembre 1792.

Leuffroy, existaient encore, il y a cinq ans, quoique un peu modifiés et appropriés à d'autres usages ; ils formaient tout l'îlot compris entre le quai de la Mégisserie, la place du Châtelet et la rue Pierre-à-Poisson. La Chambre des notaires de Paris y avait pris la place de l'ancien Syndicat des notaires du Châtelet.

Ce fut dans la soirée du 2 septembre que la prison du Châtelet fut attaquée. Elle ne contenait que des voleurs.

Par quelle combinaison monstrueuse des maîtres sanglants de la France, les malfaiteurs furent-ils compris dans l'égorgement général, organisé en vue des prêtres, des nobles et des royalistes ?

Ce fut uniquement dans le but de dérouter l'opinion publique, et afin de faire croire à un soulèvement spontané et tumultueux de la populace, laquelle aurait tout confondu et tout égorgé dans l'emportement de sa fureur. Au fond, Danton, la Commune et leurs complices, voulaient seulement déblayer, par un vaste égorgement, le terrain politique conquis par le pouvoir insurrectionnel du 10 août; les voleurs du Châtelet, de la Conciergerie, de Bicêtre, du Cloître Saint-Bernard et de la Salpêtrière furent massacrés uniquement pour la mise en scène, et par-dessus le marché.

Cette explication est la vérité même; elle ressort du témoignage de tous les contemporains bien informés, et elle est évidemment au fond de la scène suivante, dans laquelle les auteurs des massacres révèlent leurs affreux secrets.

« Le 3 septembre, dit Prudhomme, environ vers six heures du soir, Théophile Mandar, homme de lettres, vice-président de la section du Temple, me pria de l'accompagner chez Danton, ministre de la justice, pour l'aider à le conjurer, au nom de l'humanité, de faire cesser les horribles massacres. Malgré ma répugnance à retourner dans cette maison, connaissant le courage et les grands moyens oratoires de Théophile et sa probité, je consentis à l'accompagner.

« Nous trouvâmes rassemblés tous les ministres, Roland seul excepté ; là, vinrent encore Lacroix, président, et les secrétaires de l'Assemblée législative ; Petion, maire de Paris; Robespierre, Camille Desmoulins, Fabre d'Églantine, Manuel et plusieurs membres de la commission dite du 10 août. Les présidents et les commandants de chacune des quarante-huit sections s'y étaient rendus.

« Sur les sept heures et demie du soir tout le monde s'étant assis dans le grand salon du ministre de la justice, la présidence de cette réunion fut accordée à Danton, non par un scrutin, mais pour abréger, car les moments étaient orageux. Ce ministre était vêtu d'un habit de drap écarlate.

« On agita la grande question d'aviser aux moyens

de sauver Paris, et d'en éloigner le roi de Prusse, qui n'en était pas à soixante lieues. Verdun venait d'être pris par les Prussiens. Servan, ministre de la guerre, n'arriva que bien tard : il y parut accablé d'inquiétude ; le seul Danton montra de la fermeté.

« Théophile Mandar, naturellement orateur, osa interrompre la délibération ; il était alors neuf heures et demie du soir ; il dit à Danton : — « Toutes les « mesures de salut extérieur sont-elles prises ? — Oui. « — Occupons-nous donc à l'heure même de l'inté- « rieur. » Et, élevant la voix, il proposa d'assembler sur-le-champ toute la force armée ; il demanda que les citoyens présents se formassent en autant de groupes qu'il y avait de prisons où l'on massacrait. Il exigea et conjura pour que chacun de ces groupes, composé de citoyens bien connus, se chargeât, soit par le seul ascendant de l'éloquence et de la raison, soit par tous les moyens de l'autorité, réunis à la force, de faire cesser à l'heure même ce torrent de sang qui, disait-il, souillerait pour jamais la gloire du nom français. Sa proposition fut écoutée avec beaucoup d'intérêt ; mais tous les citoyens ne purent y prendre une part égale, tant on était effrayé sur l'issue des grandes mesures qui venaient d'être prises. Danton les regardant froidement, leur dit : « *Sieds-toi : c'était nécessaire.....* »

« Je me retirai aussitôt avec Théophile Mandar

dans une seconde pièce, où étaient Lebrun, Clavière, Grouvelle, secrétaire du conseil exécutif; Petion, maire de Paris, et Robespierre, officier municipal, y vinrent aussi. Plein de son idée, Théophile prit Robespierre et Petion à part, et leur fit cette seconde proposition. Danton et Servan vinrent alors dans cette seconde pièce, mais le premier se livra tout entier à ce que disaient Lebrun et Clavière; Servan se retira pour aller donner des ordres.

« Théophile dit : « Robespierre, te souviens-tu
« que, le 17 août, tu prononças à la barre de l'As-
« semblée législative un discours au nom de la Com-
« mune? Tu demandas, *sous peine d'insurrection*,
« que l'on organisât le tribunal qui devait juger les
« accusés dans l'affaire du 10 août? — Oui. — *Tu*
« *n'as pas oublié* que Thuriot écarta la proposition,
« par la seule raison qu'elle était accompagnée
« d'une menace; il observa que tu avais parlé de
« l'insurrection comme d'une chose qui dépendait
« de la volonté de la Commune et qui était à tes
« ordres? — Je m'en rappelle, dit Robespierre, tu
« vins à la barre de l'Assemblée, au nom du jury
« d'accusation; Thuriot fut interrompu, tu impro-
« visas une harangue très-véhémente; tu obtins la
« création du tribunal dont j'avais sollicité l'établis-
« sement. — Ainsi, dit Mandar, tu peux juger de
« mes moyens oratoires. — Oui, tu obtins les hon-
« neurs de la séance; bientôt tu fus rappelé à la

« barre. Hérault de Séchelles était à la tribune, tu
« demandas la modification de quelques articles du
« décret. Au fait ! — Eh bien ! Si M. le maire de
« Paris et toi êtes de mon avis, Lacroix, président
« de l'Assemblée législative, et les secrétaires sont
« de l'autre côté, nous allons les prévenir ; si
« demain vous consentez à m'accompagner à la
« barre de l'Assemblée, je prends sur moi de pro-
« poser à l'Assemblée d'imiter les Romains dans ces
« temps de crise qui menacent la patrie ; et afin
« d'arrêter sur-le-champ, à l'heure même, ces
« effroyables massacres qui se commettent dans les
« prisons, je demanderai qu'il soit créé un dicta-
« teur : je motiverai ma demande ; ma voix retentira
« comme un tonnerre ; oui, pour faire cesser ces
« épouvantables massacres, j'aurai l'audace de le
« proposer : il ne le sera que pour vingt-quatre
« heures, il ne sera tout-puissant que contre le
« crime ; la dictature arrêtera le sang, et les massa-
« cres cesseront..... Ils finiront à l'instant même.
« — *Garde-t-en bien, Brissot serait dictateur !* —
« O Robespierre, lui dit Mandar, ce n'est pas la
« dictature que tu crains, ce n'est pas la patrie que
« tu aimes ! C'est Brissot que tu hais. — Je déteste
« la dictature et je déteste Brissot. » Petion ne pro-
féra pas une seule parole.

« Nous nous retirâmes avec la douleur de n'avoir
pas entendu prononcer un mot sur les massacres....

Tous les ministres étaient parfaitement d'accord pour laisser continuer les égorgements [1]. »

VI

Voici la liste des prisonniers tués au Châtelet ; elle est précédée et suivie du procès-verbal du commissaire de la section du Louvre, duquel elle tire son authenticité :

« *L'an mil sept cent quatre-vingt-douze,* quatrième de la liberté, premier de l'égalité, *le dimanche seize septembre,* neuf heures du matin, nous, commissaire de la section du Louvre, assisté du secrétaire-greffier provisoire, en conséquence de l'arrêté pris par le comité général des quarante-huit sections, réuni à la Maison commune, en date du dix du présent mois, nous sommes transportés ès-prisons du ci-devant Châtelet, où étant, nous y avons trouvé les sieurs Louis-Christophe Agy, membre du Conseil général de la Commune, et Étienne-Henry Delaunay, aussi membre du Conseil général, lesquels nous ont représenté ledit arrêté pris par le Conseil général, et nous ont requis de procéder à la reconnaissance et levée des scellés, d'emporter les effets étant tous iceux au comité de

---

[1] Prudhomme, *Histoire impartiale des Révolutions*, tome III, p. 259, 260, 261, 262, 263 et 264.

notre section, de faire le relevé des registres du concierge de ladite prison, et de faire la mention des particuliers morts et de ceux qui se sont évadés de ladite prison, ce à quoi nous avons procédé de la manière et ainsi qu'il suit, savoir : »

(Suit le procès-verbal relatif à la levée des scellés et aux déclarations des guichetiers, relativement aux effets trouvés dans la prison et appartenant aux victimes des massacres.)

« Ce fait, et après avoir vaqué à ce que dessus, nous avons laissé les habits, linges et autres hardes, appartenant aux prisonniers qui ont été tués, attendu qu'ils étaient dans une malpropreté qui ne permettait pas de les emporter, à l'effet d'être nettoyés et de suite portés au comité de ladite section, et avons remis et indiqué la vacation à demain, huit heures du matin, à l'effet de constater le décès de chaque prisonnier, constater leurs nom, surnoms, âge, qualités, profession, pays de naissance et demeure, et nous nous sommes retirés après avoir été, de ce que dessus, fait et dressé le présent procès-verbal, et avons signé avec les sieurs Agy et Delaunay, commissaires, le secrétaire-greffier, et le sieur Soudin, gardien desdits scellés. »

Ont en effet signé, sur la minute que nous avons sous les yeux, MM. *Agy ! Delaunay ! Soudin ! Goust !*

secrétaire-greffier provisoire, et *Le Maire*, commissaire.

« Et le lundi dix-sept septembre mil sept cent quatre-vingt-douze, quatrième de la liberté, premier de l'égalité, neuf heures du matin, nous, commissaire de la section du Louvre, assisté du secrétaire-greffier provisoire, en conséquence de l'indication à ce jour, lieu et heure portés en notre procès-verbal du jour d'hier, nous sommes transportés ès-prisons du Châtelet, où étant, nous y avons trouvé lesdits sieurs Agy et Delaunay, commissaires de la municipalité, en présence desquels nous avons reçu la déclaration du sieur Nicolas-Joseph *Watrin*, concierge desdites prisons, lequel, après serment par lui fait de dire la vérité, nous a dit qu'autant que le désordre a pu le lui permettre, il a recueilli les noms de ceux qui ont été mis à mort par le peuple, desquels prisonniers les noms suivent [1] : »

Nos.	Noms et prénoms.	Dates des écrous.	
1	Ambroise (Nicolas).	4 déc.	1791.
2	Arnaud (Étienne).	23 sept.	1791.
3	Arnoud (Pierre-Joseph).	6 sept.	1791.
4	Aubert (François).	13 juin	1792.
5	Auvret, *ou* Auvray (Edme-Charles).	28 juill.	1792.

[1] La liste contenue au procès-verbal ne portant que les noms et prénoms des victimes sans autre indication, nous croyons devoir dresser cette liste par ordre alphabétique, et y ajouter la date de l'écrou et tous les autres renseignements que nos recherches nous ont procurés.

6 Bahy (Jean-Joseph).	4 janv.	1792.
7 Bayette, ou Baillet (Charles).	3 déc.	1791.
8 Beaumetz (Pierre-André) [1].	14 août	1792.
9 Belair (François).	24 févr.	1792.
10 Belhomme (Louis).	6 octob.	1791.
11 Bellanger (Jean-Baptiste).	9 août	1792.
12 Bellanger (Pierre).	19 août	1792.
13 Belloy (Jean-Baptiste).	5 août	1791.
14 Benoist (Jean-Baptiste).	21 nov.	1791.
15 Benoist (Jean-Charles).	2 avril	1791.
16 Berlucy (Edme-Jean).	20 juin	1791.
17 Berthelier (Louis-Michel).	3 juill.	1791.
18 Bertholini (Augustin).	28 août	1791.
19 Bertrand (François).	27 avril	1791.
20 Bessan, ou Bessault (Antoine).	28 déc.	1791.
21 Billard (Jean-Baptiste).	20 févr.	1791.
22 Bilot (Nicolas-Charles).	20 déc.	1791.
23 Bionon (Pierre).	9 juin	1791.
24 Boby (Charles).	4 janv.	1792.
25 Bonnard (Joseph).	6 déc.	1791.
26 Bordier (Simon) [2].	23 nov.	1791.
27 Bosse (Pierre).	12 sept.	1791.

[1] Doreur, sans domicile. (Cette indication se trouve au procès-verbal, 5ᵉ page, 1ʳᵉ colonne.)

[2] Le procès-verbal qui nous sert à dresser cette liste ne porte point le nommé BORDIER (Simon) au nombre des victimes; il le place au contraire, suivant la déclaration de Watrin, au nombre des prisonniers qui furent mis en liberté par le peuple; mais Bordier se retrouve au nombre des victimes sur une liste trouvée dans les *Papiers de Petion*, maire de Paris, et que la Bibliothèque impériale possède aujourd'hui; section des manuscrits, S. F. n: 3274. Cette liste, provenant des *Papiers de Petion*, est la copie littérale d'un état des victimes, dressé par le *Comité d'exécution*, certifié par Jourdeuil et Duffort, et déposé aux *Archives de l'Hôtel de ville*.

Le registre d'écrou porte en regard du nom de BORDIER cette mention : *mis à mort par le peuple le 3 septembre*. En présence de ces deux témoignages, nous croyons devoir placer BORDIER (*Simon*) au nombre des victimes.

28 Bouchet (Edme).	4 déc.	1791.
29 Bourdillon (François) [1].	19 avril	1791.
30 Bourdin (Pierre).	24 mai	1791.
31 Bourgeois (Claude-Antoine).	13 octob.	1790.
32 Bourier (Claude-François) [2].	20 août	1792.
33 Boursier (Thomas).	15 nov.	1791.
34 Bouton (François-Amable).	9 nov.	1791.
35 Bouvée, *ou* Bourcé (Nicolas-Aubin).	29 avril	1791.
36 Bressan (Valentin).	13 sep.	1791.
37 Brulard (Remy-Antoine-Guillotin) [3].	10 août	1792.
38 Burel (Jean-Baptiste).	27 déc.	1791.
39 Buret, *ou* Burel (Antoine).	16 juin	1792.
» Bussy (Jacques). *Voyez* Culoteau.		
40 Caillac (Jean).	17 déc.	1791.
41 Callot, *ou* Cailiot (Pierre).	5 mai	1791.
42 Chapelle (Philippe).	4 déc.	1791.
43 Chapuy (Pierre).	4 janv.	1792.
44 Charlemagne (Jean, *dit* Saint-Jean) [4].	17 sept.	1791.
45 Charost (François).	29 mars	1791.
	et 23 juill.	1791.
46 Chenet (Nicolas-Stanislas).	11 nov.	1791.
47 Chesne (Jean).	9 déc.	1791.
48 Chinox (François).	4 janv.	1792.
49 Choiselat (Charles) [5].	1er juin	1792.
50 Christot (Louis-Alexandre).	22 juill.	1792.
51 Clément (Joseph-Louis).	23 avril	1790.

[1] Inscrit sous le nom de BORDILLON.

[2] On le trouve encore sous le nom de DORANGE (*Pierre*).

[3] Auteur dramatique âgé de vingt-six ans, natif de Reims. (Cette annotation se trouve au procès-verbal du commissaire de police.)

[4] Nous n'avons trouvé sur les registres d'écrou que le nommé Charlemagne (*Joseph*), tué dans les massacres.

[5] Choiselat est compris, dans le procès-verbal du 17 septembre 1792, parmi les prisonniers mis en liberté par le peuple; mais le registre d'écrou porte, en regard de son nom, la mention : *mis à mort par le peuple, le 3 septembre;* il est de plus compris dans la liste trouvée dans les *Papiers de Petion*.

52 Collet (Jacques) [1].	3 mai	1790.
53 Collot (Antoine).	30 sept.	1791.
54 Constant (François).	11 août	1791.
55 Cosme (François).	20 octob.	1790.
56 Courcy, *ou* Courey (Honoré).	9 sept.	1790.
57 Couverset, *ou* Couversac (Joseph).	2 juill.	1791.
58 Culoteau (Jacques-Charles), *dit* Bussy [2].	2 juill.	1791.
59 Dallamp (Gabriel).	6 mars	1791.
60 Darécart, *ou* Dérécart (François) [3].	28 août	1792.
61 David (Louis) [4].	28 août	1792.
62 Delachapt (Jean-Aimé).	6 juin	1791.
63 Demortreux (Jacques) [5].	15 octob.	1790.
64 Deméromont (Louis-Étienne).	3 janv.	1791.
65 Desmaisons (Joseph).	13 mars	1791.
66 Desmarets (Pierre).	6 sept.	1791.
67 Desmontreux (Pierre).	23 juill.	1790.
68 Desrazoirs (Charles-Joseph).	7 sept.	1791.
69 Dubarcq (Jean-Baptiste).	6 sept.	1791.
70 Dubaux (François).	8 août	1792.
71 Dubois (Louis).	2 nov.	1790.

[1] Le registre d'écrou porte l'indication de *mort*; puis, en tout petits caractères, on a écrit le mot *ici*, comme pour démentir la première indication; mais nous pensons que le mot *ici* s'applique plutôt à un transfèrement que l'on a rayé après une réintégration.

[2] Il est inscrit sur le procès-verbal du commissaire de la section du Louvre et sur le registre d'écrou sous le nom de *Jacques* Bussy; mais un jugement rendu par le tribunal de première instance de la Seine, le 25 brumaire an XIII, a ordonné la rectification du nom tel que nous venons de l'indiquer ci-dessus.

[3] Agé de vingt-huit ans, cordonnier de Clermont-en-Beauvoisis. (Ainsi indiqué dans le procès-verbal du commissaire de police de la section du Louvre, 5e page, 2e colonne.)

[4] Boulanger, âgé de trente-quatre ans, natif de Mâcon. (Voir le premier procès-verbal ci-dessus mentionné, 5e page, 2e colonne.)

[5] Même observation qu'à Collet (*Jacques*).

72 Dubuc, *ou* Du Bucq (Pierre).	26 nov.	1791.
73 Dubuisson (Louis).	15 nov.	1791.
74 Dudoit (Antoine).	23 avril	1791.
75 Duhet, *ou* Duet (Louis).	31 octob.	1791.
76 Dumets, *ou* Dumetz (Charles-Louis)[1].	14 août	1792.
77 Dumont (Louis).	3 mai	1790.
78 Duny (Claude).	21 sept.	1791.
79 Durand (André).	3 janv.	1792.
80 Durand (François-Nicolas).	22 déc.	1791.
81 Duranda (Gratien), *dit* Berger.	1er octob.	1791.
82 Elsenay (Jacques-Jean).	29 août	1791.
83 Engé (Louis-Marie).	9 nov.	1791.
84 Fabre (André).	27 nov.	1791.
85 Fabre (Gaspard).	8 août	1792.
86 Fauguel (François)[2].	16 octob.	1791.
87 Fauquet (Charles-François)[3].	20 juill.	1792.
88 Fauvet (Jean-Jacques).	20 févr.	1792.
89 Fayard (Pierre).	25 octob.	1791.
» Fleury (Augustin). *Voyez* Pampin.		
90 Fleury (Germain).	28 déc.	1791.
91 Fouchet (Jacques)[4].	20 avril	1791.
92 Fouquet (Denis-François).	17 août	1792.
93 Fournel (Aymard).	9 sept.	1791.
94 Frémont (Claude).	21 mai	1791.
95 Gallot, *dit* Sommet (Jean).	3 août	1792.
96 Gauthier (Jean-Baptiste).	16 août	1791.
97 Genisson (Louis).	2 sept.	1791.
98 Gerval (Jean-Jacques).	20 août	1792.

[1] Colporteur de parfumerie, demeurant à Paris, rue Saint-Honoré, au coin de celle Saint-Nicaise. (Ce renseignement se trouve consigné dans le procès-verbal du commissaire de la section du Louvre, 5e page, 1re colonne.)

[2] Même observation qu'à Jacques Collet.

[3] Un jugement du tribunal du 5e arrondissement de Paris, en date du 27 messidor an II, a ordonné la réformation du nom de FAUQUET, inscrit sur le registre d'écrou sous le nom de FOUQUET, *ou* FAULQUET.

[4] Le nom de Fouchet ne se trouve pas sur les listes de Petion.

99 Girard (Pierre)¹.	17 déc.	1791.
100 Goruchon (Gilbert).	28 déc.	1791.
101 Gosset (Charles-Louis).	5 juill.	1791.
102 Graindesel (Pierre).	25 juin	1791.
103 Gravier (Mathieu).	23 juill.	1791.
104 Grublet (Louis).	16 octob.	1791.
105 Guesnard (François).	23 avril	1790.
106 Gueudrel (Jean-Baptiste)².	16 sept.	1792.
	et 30 mai	1792.
107 Guillemain (René).	1ᵉʳ août	1792.
108 Guillot (Laurent-Urbain)³.	6 janv.	1792.
109 Hénaud, ou Enos (François).	7 juill.	1792.
110 Hervy (Pierre).	3 mai	1792.
111 Houdard, ou Oudard (Jean-Antoine).	10 sept.	1791.
112 Houdin, ou Oudin (Denis).	15 août	1792.
113 Houroux (Étienne)⁴.	9 déc.	1791.
114 Jacob (Antoine).	28 juin	1792.
115 Jacob (Nicolas).	7 nov.	1791.
116 Jarier, ou Jarrié (René-Louis).	29 juill.	1792.
117 Julien (Jean-François).	16 août	1791.
118 Julien (Louis-François).	20 mars	1791.
119 Kergain, ou Quergain (Jean).	17 juill.	1791.
120 Labarre (Pierre)⁵.	12 janv.	1792.
121 Labarre (Pierre).		1791.
122 Lahaye (Jean).	7 sept.	1791.
123 La Morlière (François-Adrien).	2 août	1791.

¹ Le registre d'écrou ne porte pas la mention de *mort*.

² Venant de Bicêtre.

³ Marchand forain, âgé de vingt-six ans. (Cette indication ne se trouve pas au procès-verbal.)

⁴ Le nommé Houroux ne figure pas sur les listes de Petion.

⁵ Imprimeur en lettres, âgé de quarante ans, demeurant au coin de la rue du Puits. Labarre se trouve inscrit avec les autres renseignements, par un renvoi placé après le nom du nommé Piquet, sur le procès-verbal du commissaire de police de la section du Louvre, 3ᵉ page, 1ʳᵉ colonne. Ce renvoi est de la même écriture que le corps du procès-verbal.

124 La Motte-Duchesne (Blaise-Louis) [1].	10 juin	1792.
125 Landois (Louis-François).	2 mars	1792.
126 Lavoinier, ou Lavonnier (Jean-Baptiste).	16 déc.	1791.
127 Lecomte (Jean-Pierre-François).	6 juin	1792.
128 Lecoq (Barthélemy).	9 nov.	1791.
129 Le Dernez (Claude-Louis) [2].	27 juill.	1792.
130 Lefèvre (Jean-Baptiste).	24 octob.	1791.
131 Legris (Nicolas).	28 déc.	1791.
132 Lemaigre (Léonard).	3 oct.	1791.
133 Lemoine (Michel-Marin).	23 août	1792.
134 Leroy (Louis-Jean-Baptiste).	30 août	1792.
135 Leroux (Pierre).	2 août	1792.
136 Lexcellent (Claude-François).	5 juill.	1791.
137 Lexcellent (Henri).	5 juill.	1790.
138 Linant (Jean-Pierre).	2 déc.	1791.
139 Mainbournel (Nicolas) [3].	29 nov.	1791.
140 Manteau (Eustache-François).	20 avril	1791.
141 Marcant (Denis).	31 déc.	1791.
142 Mariette (Jacques).	31 juill.	1792.
143 Martin (Jean-François).	7 août	1792.
144 Martin (Louis-Augustin).	12 déc.	1791.
145 Martin (Pierre).	3 déc.	1791.
146 Martinville (Joseph).	2 déc.	1791.
147 Mathieu (François) [4].	18 juill.	1791.
148 Mathieu (Jean).	20 juin	1792.
149 Mathieu (Joseph) [5].	15 déc.	1791.
150 Médard (Joseph).	23 fév.	1791.

[1] Ou DUCHESNE-LA MOTTE, ainsi qu'il est écrit sur le livre d'écrou.

[2] Agé de vingt-neuf ans, éventailliste, de Gray-en-Brie. (Cette indication se trouve au procès-verbal du commissaire, 5e page, 1re colonne.)

[3] Il est connu sur le registre d'écrou sous le nom ci-dessus et sous celui de DOLLINVILLE (*Alexandre*).

[4] Le registre d'écrou ne porte pas la mention : *mort*.

[5] Ce nom ne se trouve pas sur les livres provenant des *Papiers de Petion*.

151 Ménard, *ou* Mesnard (Pierre).	26 sept.	1791.
152 Ménil (Michel).	5 août	1791.
153 Menson, *ou* Menesson (Jean-Julien)[1].	24 mai	1791.
154 Mercy (Henri).	18 oct.	1791.
155 Méricourt (Michel-Dominique).	20 août	1792.
156 Mestre, *ou* Lemaître (Jean-François).	31 déc.	1791.
157 Minguet (Pierre) [2].	28 mai	1791.
158 Molière (Joseph) [3].	27 sept.	1791.
159 Momme (Édouard, *dit* Jackson).	30 avril	1792.
160 Monier (Marius) [4].	12 octob.	1791.
161 Morlot (Louis-Antoine).	15 janv.	1791.
162 Moulin (Nicolas).	2 sept.	1791.
163 Moutot, *ou* Mouton (Étienne).	24 mai	1791.
164 Muguet (Jean-Baptiste).	23 avril	1792.
165 Nollent, *ou* Lainé (Pierre).	3 août	1792.
166 Pampin (Guillaume) [5].	12 mars	1791.
167 Pâques (Pierre-Antoine-Victor).	19 juill.	1791.
168 Paré (Edme-Germain) [6].	26 nov.	1791.
169 Paris (Noël).	19 août	1791.
170 Pascal (François) [7].	15 déc.	1791.
171 Pelletier (Jean).	1er août	1791.
172 Pelletier (Louis) [8].	3 mai	1790.

[1] Inscrit sur le livre : MENNESON.

[2] Inscrit sur le livre d'écrou avec l'orthographe MAINGUET.

[3] Le nom est écrit : MOLLIER sur le registre d'écrou.

[4] Le registre d'écrou ne porte pas la mention : *mort*.

[5] Un jugement du tribunal du deuxième arrondissement de Paris, en date du 15 février 1793, a ordonné la rectification du nom de *Augustin* FLEURY, et de le remplacer par ceux de *Guillaume* PAMPIN.

[6] L'orthographe du nom indiqué par le registre d'écrou est : PARRÉ.

[7] Le procès-verbal du commissaire de la section du Louvre le compte au nombre des prisonniers mis en liberté par le peuple, tandis que les listes provenant des *Papiers de Petion* le portent au nombre des victimes. Le registre d'écrou contient en marge et en regard du nom la mention : *Mis à mort par le peuple, le 3 septembre*.

[8] Même observation qu'à Jacques Collet.

173 Peret (Pierre) [1].	25 juin	1791
174 Perrier (Pierre).	24 mai	1792.
175 Perrault, *ou* Perrot (François) [2].	3 mai.	1790.
176 Petit (Pierre).	22 sept.	1791.
177 Picard (Pierre).	4 avril	1791.
178 Pierron (François).	17 déc.	1791.
179 Piquet (Jean-Joseph) [3].	24 nov.	1791.
180 Pitoin (Sébastien-Edme).	15 sept.	1791.
181 Porte (Mathieu) [4].	5 mars	1791.
182 Potteret (Mathurin).	18 juill.	1791.
183 Pottier (Joseph) [5].	6 août	1791.
184 Pouilly (Nicolas-François) [6].	17 juill.	1792.
185 Prévot (Nicolas).	12 déc.	1791.
186 Prévot, *ou* Provot (François).	20 mai	1791.
187 Puteau (Claude-Robert).	30 avril	1792.
188 Quentin (Antoine).	22 octob.	1791.
189 Queruelle (Alexandre).	7 mars	1791.
190 Raimond (Pierre-Étienne).	20 août	1791.
191 Rembeveau (Antoine).	9 déc.	1791.
192 Renard (Pierre).	30 octob.	1791.
193 Robert (François).	24 déc.	1791.
194 Rochet (Jacques).	2 août	1791.
195 Rogot, *ou* Rougeon (Pierre).	6 mars	1791.
196 Rousseau (Louis) [7].	23 déc.	1792.
197 Rousseau (Nicolas).	1er sept.	1792.

[1] Inscrit avec l'orthographe Perrey sur le livre d'écrou.

[2] Même observation qu'à Jacques Collet.

[3] Il ne se trouve pas sur les listes qui proviennent des *Papiers de Petion*.

[4] Même observation qu'à Jacques Collet.

[5] Inscrit sous le nom de Poitiers sur le livre d'écrou.

[6] Agé de cinquante ans, cuisinier, de Rebay-en-Brie. (Ce renseignement est consigné au procès-verbal du commissaire de la section du Louvre).

[7] Il ne figure par sur les listes provenant des *Papiers de Petion*.—Nous pensons même qu'il fait double emploi avec Rousseau (Louis), tué à Bicêtre. Ce prisonnier est âgé de quinze ans et demi, natif de Paris; celui de Bicêtre est du même âge,

198 Roussel (Pierre) [1].	16 août	1790.
199 Ruffier (Jean-François).	12 juin	1791.
200 Salabry (Philippe) [2].	25 juin	1792.
201 Santuari (Jean-Suzanne).	26 août	1792.
202 Seigneur (Pierre-Charles).	17 déc.	1791.
203 Simonet (Antoine).	11 août	1792.
204 Six, *dit* Saint-Omer (Noël-Joseph).	30 nov.	1791.
205 Tardy (Victor).	26 nov.	1791.
206 Tarré, *ou* Tarret (Martial).	16 octob.	1791.
207 Taté (Jean-Baptiste) [3].	22 nov.	1791.
208 Thierry (Jean-Baptiste).	24 mars	1791.
209 Thionville (Jean-Baptiste).	6 août	1792.
210 Thomas (Antoine-François).	30 juin	1791.
211 Tissot (Alexandre).	12 mai	1792.
212 Tremblaux (Étienne).	9 sept.	1791.
213 Trezel (Jean-Baptiste).	14 nov.	1791.
214 Vandermasen (Louis-René).	22 mars	1792.
215 Vantalon (François).	8 juin	1791.
216 Vauvillat, *ou* Vauvilliers (Edme).	27 août	1791.
217 Verdier (François).	12 déc.	1791.
218 Vèze (Pierre).	9 juin	1792.
219 Victor (Jean-Alexandre).	4 avril	1791.

Nous devons joindre à cette liste les quatre noms qui suivent, inscrits sur le registe d'écrou, avec la mention commune à toutes les victimes de cette prison : *mis à mort par le peuple, le 3 septembre,* et qui ne figurent pas dans le procès-verbal du commissaire de la section du Louvre :

du même lieu, et le registre de la prison porte qu'il a été transféré du Châtelet le 22 janvier 1792.

[1] Venu de Bicêtre le 26 août 1792, où il était détenu.

[2] Agé de 31 ans, chirurgien, natif de Rofet (Yonne). (Cette indication se trouve consignée au procès-verbal du commissaire de la section du Louvre, page 5e, 1re colonne.)

[3] Il ne figure pas sur les listes trouvées dans les *Papiers de Petion*.

1 Duban (Pierre)¹. 27 déc. 1791.
2 Germain (Edme)². 16 nov. 1791.
3 Morange (Samuel). 12 octob. 1791.
4 Villard (Louis). 23 août 1791.

Le total des victimes de cette prison est donc de 223.

Liste des prisonniers mis en liberté.

Nous reprenons le procès-verbal du commissaire de la section du Louvre, à la vacation du 17 septembre³ :

« Nous déclare ledit sieur Watrin que, quant à ceux qui ont été mis en liberté, il en a également recueilli les noms autant que sa mémoire a pu le lui permettre, attendu que le peuple seul, sans ordre, a opéré dans ladite prison. »

Suivent les noms de ceux qui ont été mis en liberté :

1 Martin (Jean-Baptiste).
2 Thibaux (Nicolas).
3 Prélat (Étienne).
4 Racine, *ou* Ramme (Barthélemy).
5 Pinget (Joseph).
6 Bertrand (Lambert).
7 Léobard (François).

---

[1] Il se trouve sur les listes provenant des *Papiers de Petion.*
[2] *Idem.*
[3] Pages 5 et 6 du procès-verbal. (*Archives de l'Hôtel de ville de Paris,* registre D, n. 78.)

8 Heusser (Jean-Georges).
9 Chastellier (Michel).
10 Aubry (Jean-François).
11 Flé (Charles-Jacques).
12 Honoré (Barthélemy), nègre.
13 Gage (Joseph), *dit* l'Italien.
14 Dufour (Charles-François).
15 Dion (Pierre), *dit* Lavigne.
16 Boulard (Joseph).
17 Saunier (Louis).
18 Lire (Louis).
19 Cotteray (Martin).
20 Dallégre (Ambroise).
21 Soupe (Eustache).
22 Berrier (Pierre).
23 Tellier (Léonard).
24 Le Guet (Jacques).
25 Ion, *ou* Yon (Guillaume).
26 Broche (Jacques-André).
27 Giroux (Jean-Maximilien).
28 Rouillé (Pierre-Alexis).
29 Delassalle (Joseph-Auguste).
 » Bordier (Simon)[1].
30 Tremon (Jean-Baptiste).
31 Maurice (Jean-Claude).
 » Pascal (François)[2].
32 Avenel (Jean-Pierre).
33 Dumas (Pierre).
34 Molière (Claude-François).
35 Paguet (Léonard).
36 Trécourt (Joseph).
37 Ducroc (Jean-Joseph).
38 Duval (Louis-François).

[1] Le registre d'écrou porte la mention : *Mis à mort par le peuple, le 3 septembre.*
[2] *Idem.*

39 Philipponeau (Jacques).
40 Dollé (François).
» Choiselat (Charles)[1].
41 Sauvanon (Pierre).
42 Simonet (Antoine).
43 Darenne-Vaudricourt (Antoine).
44 Bonard (Pierre)[2].
45 Naudet (Henry).
46 Renaudin (François).
47 Alègre (Jean-Baptiste).
48 Glasson (François).
49 Catre (Jean-François).
50 Messin (Claude).
51 Léger (Pierre-Gabriel).
52 Marchand (Jean).
53 Girault (Claude-Jean).
54 Augé (Pierre-Rigobert).

« Ce fait,—continue le procès-verbal,—avons ensuite fait comparaître par-devant nous le sieur Pierre Soudin, gendarme national; Michel-Louis Nécart, Antoine Dehay, François Desrochers, Joseph Vassel, Étienne Daude, Jean-Baptiste Plé, tous six concierges de la prison du ci-devant Châtelet. Lesquels, après avoir pris connaissance des noms de ceux qui ont été mis à mort et de ceux qui ont été mis en liberté, nous ont déclaré, après serment par eux fait de dire la vérité, qu'ayant été présents à l'enlèvement desdits prisonniers, tant pour être mis à mort que pour

---

[1] Le registre d'écrou porte la mention : *Mis à mort par le peuple, le 3 septembre.*

[2] Agé de quarante ans, né à Persey en Normandie.

être mis en liberté, les noms de ceux inscrits au présent procès-verbal sont véritables.

« Ils nous ont déclaré en outre,—c'est le procès-verbal qui parle,—savoir :

« Le sieur Vassel, qu'il lui a été pris, lorsqu'on le conduisait à la Ville, son portefeuille, dans lequel étaient un assignat de cent livres, sept de cinq livres, un billet de vingt sols et un de dix ; — une montre en or de forme ancienne, à laquelle pendaient une chaîne d'acier et une clef de cuivre ; deux mouchoirs de Rouen marqués J. V., et un chapeau ; et que, par suite des mauvais traitements qu'il a essuyés, on lui a déchiré un habit de drap Silésie gris qu'il avait sur le corps ; qu'étant au corps-de-garde du Pont-au-Change, on lui a retiré l'habit d'uniforme qu'il avait sur le corps, lequel habit ne lui a pas été rendu, ainsi que son sabre ; qu'on lui a même dit, depuis ce temps, que son habit avait été volé au corps-de-garde ; que, lorsqu'on le conduisait à la Ville, le peuple, en voulant lui arracher la vie, menaçait en même temps le sieur Watrin, concierge, de l'amener à la Ville, mais qu'ils le tueraient avant de monter ;

« Ledit Desrochers, qu'on lui a volé une veste, un gilet de soie rayée, une paire de bas de coton à côtes ;

« Ledit Daude, qu'on lui a également volé deux chemises et un chapeau neuf, et un fusil qu'il avait, auquel il manquait un chien ;

« Ledit Deshayes, qu'on lui a également volé son chapeau et sa canne.

« Et nous ont tous déclaré qu'on leur avait volé, dans un tronc qui leur était commun et qui n'avait pas été ouvert depuis le mois de janvier, une somme d'environ quatre cent cinquante livres, provenant des avances qu'ils faisaient en commun, et dont ils déposaient le montant aussitôt qu'ils l'avaient reçu, et de gratifications qui leur étaient accordées tous les trois mois par la Compagnie de charité, et de pourboires ; qu'on leur a volé, en outre, deux cochons en vie et quatre lapins ; nous observant encore que plusieurs citoyens se sont transportés chez les sieurs Robin, Genty et Cochin, marchands de vin, et y ont pris pour *trente livres cinq sols de vin*, qu'ils ont fait apporter au Châtelet, dans le guichet, et l'ont bu pendant la nuit du 2 au 3 de ce mois, et dont lesdits marchands de vin ont présenté les mémoires auxdits guichetiers, qui ne doivent pas payer ce qu'ils n'ont pas bu.

« Quant au sieur Watrin, il nous a déclaré que le peuple s'est porté dans toutes les parties de la prison ; qu'on y a cassé les différents meubles qui les garnissaient ; qu'on lui a volé beaucoup de draps qui étaient dans les lits, déchiré des couvertures qui garnissaient les lits au point qu'il vient d'en vendre cent vingt-huit pour la malheureuse somme de quatre cents livres ; qu'on a aussi enfoncé la porte de sa cave et bu son vin; que quoiqu'il ait été menacé à différentes reprises de perdre la vie, et qu'une partie du public lui ait conseillé de sortir, il a constamment resté à son poste; qu'en présence de M. Panis, l'un des administrateurs au département de police, survenu à l'effet de mettre l'ordre, on est venu prévenir le comparant qu'un particulier, qui était dans les guichets, s'était armé d'une bouteille avec laquelle il a dit qu'il allait lui fendre le crâne; que lui, comparant, étant descendu, avait demandé quel était celui qui l'avait menacé; un particulier à lui inconnu répondit : *C'est moi;* que lui ayant demandé s'il le connaissait et s'il lui avait fait du mal, ledit particulier lui a répondu qu'il ne le connaissait pas, qu'il ne voulait lui ôter la vie que parce qu'il venait d'apprendre qu'il était le concierge.

« Nous observant, ledit sieur Watrin que le lundi 3 de ce mois, MM. les officiers municipaux, au nombre de deux, se sont transportés dans ladite prison, et après une exacte perquisition faite en icelle, ont attesté sur son registre qu'il n'existait plus un seul prisonnier dans ladite prison.

« Et ont lesdits sieurs Watrin et les sushommés signé.

« *Signé sur la minute du procès-verbal* : Watrin, Déroché, Plé, Soudin, Vassel, Daude.

« Ce fait, après avoir vaqué à ce que dessus depuis

ladite heure de neuf jusqu'à celle de trois heures sonnées, tant à la réception des déclarations du sieur Watrin et des guichetiers et du gardien Soudin qu'à l'arrangement des hardes et effets des prisonniers qui ont été mis à mort, nous avons fait enlever six malles remplies de tous ces effets, à l'effet de les faire nettoyer par nous-mêmes, et être présents à la visite des poches des effets ; nous avons ensuite fait enlever six paquets d'autres linges, hardes, chapeaux, pour faire transporter le tout en notre comité jusqu'à ce qu'il en soit autrement ordonné, et nous nous sommes retirés après avoir de ce que dessus fait et dressé le présent procès-verbal, et avons signé avec lesdits sieurs Agy, Delaunay, et le secrétaire-greffier provisoire. Et avons emporté deux gros registres : le premier, commençant à la date du 27 décembre 1788, et finissant le 31 mars 1791 ; le second, commençant le 1ᵉʳ avril de la même année, et finissant le 2 septembre présent mois.

« Signé : AGY, *commissaire de la Commune;* DELAUNAY ; GOUST, *secrétaire-greffier provisoire;* LEMAIRE, *commissaire.*

« Et, comme nous étions prêts à nous retirer, le sieur Étienne Daude, l'un des guichetiers, nous a déclaré que s'étant transporté dans une chambre sur la terrasse, où étaient beaucoup de chemises et de hardes provenant des cadavres déposés à la basse-geôle, notamment de ceux qui ont péri dans la journée du 10, et qui avaient été apportés à la basse-geôle, il s'est aperçu qu'on avait enlevé tous les effets, tant chemises que des habits de gardes nationales, de Fédérés, et autres effets de ceux qui ont été apportés à la basse-geôle depuis le 1ᵉʳ juillet de cette année, de laquelle déclaration il nous a requis acte, à lui octroyé et signé.

« Signé : Daude [1]. »

Le prétendu peuple qui *travaillait* aux prisons par ordre de la Commune de Paris, et avec l'aveu du gouvernement, n'était donc pas seulement une bande d'assassins ; c'était aussi, et naturellement, une bande de voleurs !

VII

MASSACRES DE LA FORCE.

Ce fut dans la nuit du 2 au 3 septembre, et à peu près vers minuit, que le massacre de la Force commença. Truchon, commissaire de la Commune à l'Assemblée nationale, fit son rapport au bureau, vers deux heures du matin, en disant « que la plu-

---

[1] Procès-verbal du commissaire de la section du Louvre, p. 6, 7 et 8. (*Archives de la Préfecture de la Seine*, registre D, n. 78.)

part des prisons étaient actuellement vides ; qu'environ quatre cents prisonniers avaient été détruits ; qu'à la maison de la Force, où il s'était transporté, il avait cru devoir faire sortir toutes les personnes détenues pour dettes ; qu'il en avait fait autant à Sainte-Pélagie ; que, revenu à la maison commune, il s'était rappelé qu'il avait oublié, à la maison de la Force, la partie où sont renfermées les femmes ; qu'il y était retourné aussitôt et en avait fait sortir vingt-quatre ; qu'il avait principalement mis sous sa protection et celle de son collègue madame et mademoiselle Tourzel et madame Sainte-Brice, observant que cette dernière était enceinte ; qu'ils ont conduit ces deux dames à la section des Droits de l'Homme, en attendant qu'on les jugeât [1]. »

La prison de la Force, située entre la rue du Roi-de-Sicile, la rue Neuve-Sainte-Catherine, la rue Culture et la rue Pavée, servait, en 1792, de supplément aux prisons de l'Abbaye et du Châtelet, devenues insuffisantes. Indépendamment des malfaiteurs qu'elle renfermait, elle contenait encore un nombre assez considérable de personnes arrêtées depuis le 10 août. On y avait également conduit dix ou douze prêtres, quoique l'écrou n'en indique que cinq. Ce nombre de dix à douze se trouve exprimé dans une lettre de l'abbé Flaust, curé de Maisons, adressée à l'abbé Boullangier, échappé au massacre

[1] *Procès-verbaux de l'Assemblée nationale*, t. XIV, p. 218.

de Saint-Firmin, et dans laquelle il lui dit : « Vous savez sans doute que je suis dans la volière de la Force, où il y a beaucoup de pigeons. Nous voltigeons le jour dans la cour, et la nuit nous sommes encagés dans notre réduit, bien verrouillés. Nous sommes ici dix à douze pigeons noirs de votre race, et beaucoup de pigeonneaux qui voltigeaient jadis dans la volière des Tuileries[1]. »

Sur ces dix ou douze prêtres, trois seulement se trouveront dans la liste des victimes : Jean-Baptiste Bottex, Michel-François Lagardette et Henri Lelivec.

C'est à la Force qu'avaient été conduites les dames de la reine, ainsi que la gouvernante, la sous-gouvernante et les dames du service des Enfants de France ; madame de Navarre, première femme de chambre de Madame Élisabeth ; madame Bazire, femme de chambre de Madame Royale ; madame de Sainte-Brice, attachée au service du prince royal ; madame de Tourzel et mademoiselle Pauline de Tourzel, sa fille, sortirent, comme on l'a vu, dans la nuit du 2 au 3 septembre, sur l'ordre des commissaires municipaux Truchon et Duval d'Estaing. L'écrou de toutes ces dames, à la colonne intitulée : *Motifs,* porte cette mention : *De l'ordre de M. Petion, maire, et de messieurs les commissaires des quarante-*

---

[1] Mathon de la Varenne, *Histoire particulière des événements,* etc., p. 372.

huit sections. Madame de Mackau, sous-gouvernante des Enfants de France, entrée le 2 septembre, pendant que les massacres étaient déjà commencés aux prisons, sortit également le 3 septembre, avec Adélaïde Rotin, sa femme de chambre, qui l'avait suivie en prison par dévouement.

L'écrou de madame la princesse de Lamballe est ainsi conçu : Marie-Thérèse-Louise DE SAVOIE DE BOURBON-LAMBALLE [1], conduite le 3 septembre 1792 au grand hôtel de la Force. Ainsi, au moment même où les dames de la reine étaient mises en liberté et sortaient de la partie des bâtiments nommée la petite Force, la princesse de Lamballe était retenue, conduite et écrouée au grand hôtel de la Force. Son sort était donc décidé dès ce moment.

Le récit intime des massacres de la Force repose sur trois autorités et hors de discussion : l'autorité de Mathon de la Varenne et de Weber, prisonniers échappés par miracle ; et l'autorité de quelques agents secrets de M. le duc de Penthièvre, chargés de veiller sur le sort de madame de Lamballe.

Quoique la Force n'ait été attaquée que fort tard dans la nuit, les apprêts des massacres y furent faits vers sept heures. « Sur les sept heures, dit Mathon de la Varenne, on en appelait très-fréquemment, et ils ne reparaissaient plus. Chacun raisonnait à sa

---

[1] Ces noms se trouvent écrits ainsi en gros caractères sur l'écrou.

manière sur cette singularité... Relégués dans nos chambres, nous entendions sans cesse ouvrir le guichet qui donne sur le jardin, et le guichetier Baptiste venait tantôt dans l'une, tantôt dans l'autre, chercher des prisonniers qui en sortaient avec mille démonstrations de joie..... J'essayais de trouver le sommeil, lorsque la porte de ma chambre s'ouvrit avec un bruit effroyable et qu'on en fit sortir Delange, détenu correctionnellement... Vers minuit, un nommé Barat, qui, par la situation de son local, était à portée d'entendre ce qui se passait, appela Gérard, mon camarade de chambre, et lui dit ceci, que je n'oublierai jamais : « Mon ami, nous sommes « morts ; on assassine les prisonniers à mesure qu'ils « comparaissent ; j'entends leurs cris. » A peine Gérard eut-il appris cette fatale nouvelle qu'il nous dit : « Notre dernière heure est venue, nous n'avons plus « aucune ressource. « J'avais quitté mon lit pour être à portée d'observer et d'écouter [1]. »

Weber raconte ainsi de son côté les apprêts mystérieux et menaçants des massacres : « Le 2 septembre, à quatre heures de l'après-dînée, des guichetiers appellent les prisonniers, sous prétexte d'aller parler au commissaire ou de se faire inscrire pour les frontières. Cet appel dura jusqu'au soir, et on nous dit

---

[1] Mathon de la Varenne, *les Crimes de Marat ou ma Résurrection*, p. 60 à 66.

que les prisonniers qui ne rentraient plus avaient été transférés dans une autre maison d'arrêt.

« L'air inquiet, le ton sérieux et embarrassé des guichetiers qui allaient et venaient continuellement, accompagnés de gendarmes nationaux, nous donnèrent assez d'inquiétude pour ne pas nous déshabiller. Enfin, fatigués d'entendre du bruit dans la rue, sans pouvoir distinguer ce que c'était, nous nous jetâmes, vers une heure du matin, sur nos lits, pour y prendre un peu de repos.

« J'étais à peine sur mon grabat, en face de la croisée, que mes yeux furent éblouis tout à coup par une grande clarté, produite par une quantité de flambeaux qui précédaient une bande armée. Cette troupe, conduite par des guichetiers, se porta avec rapidité vers le corridor de notre prison. La porte fut ouverte avec fracas ; six hommes à piques se présentèrent et demandèrent M. de Rhulières, un de ceux qui se trouvaient dans ma chambre. Ce prisonnier, s'étant mis sur son séant, répéta deux fois : « C'est moi, Messieurs, c'est moi [1]. »

On voit, par la concordance qui existe entre les témoignages du commissaire Truchon, de Mathon de la Varenne et de Weber, que le massacre de la Force commença le 3 septembre, vers une heure du matin, et non point le 2 au soir, comme dans les autres prisons de Paris.

---

[1] Weber, *Mémoires*, t. II, p. 255 et 256.

Il y avait aussi à la Force un tribunal dit *du peuple;* il siégeait dans la chambre du concierge Bault. Ce tribunal fut même le plus complet de tous : il avait son président, son accusateur public et ses juges.

Le président du tribunal de la Force changea plusieurs fois; les forces humaines n'auraient pas suffi à cette besogne sanglante, qui dura quatre jours et quatre nuits. Ce fut tantôt un nommé Chépy, fils d'un ancien procureur [1], tantôt Lhuillier [2], tantôt quelque autre.

L'accusateur public était un nommé Pierre Chantrot, avocat, rue de la Coutellerie, 3, natif de Paris. Il déclara lui-même, dans le procès qui fut fait aux septembriseurs, en 1796, qu'il avait fait les fonctions de juge à la Force, et qu'il avait lu les écrous sur les registres, mais que c'était après y avoir été contraint au nom de la loi [3].

Les juges étaient au nombre de huit, tous commissaires de la Commune de Paris, ceints de leurs écharpes, et présidant aux massacres, quoiqu'ils eussent été envoyés par le Conseil général pour calmer le peuple qui avait envahi les prisons. C'étaient

---

[1] Mathon de la Varenne, *les Crimes de Marat ou ma Résurrection*, p. 84.

[2] Peltier, *Histoire de la révolution du 10 août 1792*, t. III, p. 378.

[3] Jugement contre Pierre Renier, précédé des actes d'accusation, 23 floréal an IV. (*Greffe du tribunal criminel, au Palais-de-Justice.*)

Marino, Dangé, Monneuse, Michonis, Jams, Lesguillon, Rossignol et René Jolly. La municipalité de Paris ne nia pas, du moins à cette époque, la présence de ces commissaires à la prison de la Force, pour prendre part au jugement des prisonniers. Nous trouvons, en effet, dans un dossier contenant diverses réclamations relatives aux affaires des prisonniers égorgés, une pièce administrative intitulée : « État d'effets à réclamer par le sieur Flaust, en état d'arrestation à la Force, mis en liberté le lundi soir trois septembre par MM. les officiers municipaux, SÉANTS AU TRIBUNAL ÉTABLI AUDIT LIEU. » Cette réclamation est visée du 26 septembre, et signée COULOMBEAU, secrétaire-greffier par intérim [1].

Lorsque les massacres eurent été exécutés, tous ces commissaires eurent à rendre compte à la Commune des différentes missions dont ils avaient été chargés ; et c'est dans ces déclarations que se trouve la preuve de leur participation aux jugements des victimes.

La déclaration de Marino, du dix-huit octobre mil sept cent quatre-vingt-douze, porte ce qui suit : « Je soussigné Jean-Baptiste Marino, membre du Conseil général, section de la Butte-des-Moulins, déclare n'avoir eu d'autre mission que d'avoir été, par arrêt du Conseil général, dans les prisons, le

---

[1] *Archives de l'Hôtel de ville de Paris*, carton n. 312 pièce n. 14.

trois septembre, à l'effet de faire mon possible pour arrêter l'affaire malheureuse qui s'est passée, et ramasser tous les effets qui pouvaient s'y trouver [1]. »

La déclaration de Dangé est ainsi conçue : « Je soussigné, François Dangé, membre du Conseil général, de la section de Popincourt, déclare n'avoir eu d'autre mission que celle qui m'a été donnée par le Conseil général, de me transporter dans les prisons avec le citoyen Marino, pour la mission ci-dessus, dont nous avons rendu compte [2]. »

En marge de la déclaration de Monneuse se trouve la mention suivante : « Quant à sa mission concernant la Force, conjointement avec les citoyens Marino, Jams, Lesguillon, Michonis, Dangé, il annonce qu'il en a été rendu compte par le citoyen Marino [3]. »

L'acte d'accusation dressé contre Monneuse est beaucoup plus explicite. Le directeur du jury déclare : « Qu'il résulte de l'examen des pièces, et notamment d'un extrait des délibérations de l'assemblée générale de la section des Droits de l'Homme, du 5 prairial (an IV), que ledit Monneuse est un assassin, et qu'il a été jugé à la Force, au mois de septembre mil sept cent quatre-vingt-douze [4]. »

---

[1] *Registre des comptes de la Commune du 10 août*, vol. 39, carton O. 13. O, p. 42, déclaration n. 102. (*Archives de l'Hôtel de ville de Paris.*)

[2] *Ibid.*, p. 42, déclaration n. 103.

[3] *Registre des comptes de la Commune du 10 août*, vol. 39, carton O. 13. O, p. 27, déclaration n. 60.

[4] Jugement contre Pierre Renier, précédé des actes d'accu-

La déclaration de Michonis ne contient rien qui fasse allusion à sa présence à la Force; mais sa participation résulte de la déclaration de Monneuse.

La déclaration de Jams est formulée ainsi : « Je soussigné, Charles Jams, du Contrat-Social, membre du Conseil général de la Commune, déclare avoir été un des commissaires dans la mission de l'autre part, conjointement avec le citoyen Marino, pour la partie des prisons dont il a été rendu compte aujourd'hui [1]. »

La déclaration de Lesguillon porte ce qui suit :

« Je soussigné, Jean-Baptiste Lesguillon, membre du Conseil général, section de la Cité, déclare n'avoir eu d'autre mission que celle portée à la déclaration des citoyens Marino et Dangé, d'aller à la Force et faire pareille mission [2]. »

La déclaration de Rossignol, le compagnon orfévre dont la Terreur fit un général, est plus explicite : « Je soussigné, dit-il, section du *Philistère* (sic), demeurant à Paris, rue d'Orléans, faubourg Saint-Marcel, déclare..... Par suite de ma déclaration ci-dessus énoncée, j'observe de plus, citoyen Rossignol, qu'ayant été nommé par le Conseil général de la Commune, le 2 ou 3 septembre dernier, pour aller

---

sation, 23 floréal an IV. (*Greffe du tribunal criminel, au Palais-de-Justice.*)

[1] *Registre des comptes de la Commune du 10 août*, vol. 39, carton O. 13. Θ, p. 43, déclaration n. 105.

[2] *Ibid.*, p. 42, déclaration n. 104.

aux prisons de la Force, avec le citoyen Lavaux et deux autres, dont je ne me rappelle pas les noms, avoir trouvé dans la chambre du sieur Rhulières plusieurs citoyens de garde, les uns ayant une montre d'or, les autres des couverts d'argent et vingt-quatre louis en or, qu'ils nous ont déclaré appartenir au sieur Rhulières... Observe encore que le citoyen Lavaux a chargé un des membres du Conseil dont je ne connais pas le nom de porter ladite boîte au Comité de surveillance ; que j'ai resté à la maison de Force pour interroger les prisonniers, jusqu'au quatre dudit septembre dernier, ayant donné ma démission pour cause de maladie [1]. »

Enfin la présence de René Jolly au tribunal de la Force, est constatée par l'acte d'accusation dressé contre les septembriseurs en 1796, dans lequel le directeur du jury déclare : « Qu'il résulte de l'examen des pièces, et notamment d'une pièce signée par les membres du Comité civil de la section de l'Arsenal, à la date du 21 thermidor dernier, laquelle est jointe au présent acte, que ledit René Jolly est prévenu d'avoir dit qu'il avait pris part au jugement des personnes qui ont été sacrifiées le deux septembre mil sept cent quatre-vingt-douze et jours suivants, à la maison de la Force, comme ayant assisté à ces jugements pendant plus d'une heure [2]. »

[1] *Registre des comptes de la Commune du 10 août*, vol. 39, carton O. 13. O, p. 236, déclaration n. 465.
[2] Jugement contre Pierre Renier, précédé des actes d'accu-

On vient de voir les juges de la Force; en voici les bourreaux :

Nous l'avons déjà dit, et on en verra la preuve dans le dénombrement des assassins de septembre, par lequel se terminera cette lugubre histoire des prisons, sous la victoire des Girondins, le nombre des égorgeurs n'était pas considérable. Lorsque la Convention, cédant aux mouvements de l'indignation publique, décida, en 1795, qu'on leur ferait leur procès, une enquête minutieuse n'en fit découvrir que treize pour la Force; c'étaient les nommés Jean-Pierre Gonord, Jean-Gratien-Alexandre Petit Manin, Pierre Renier, dit le Grand-Nicolas, Claude-Antoine Badot, Jean-Nicolas Bernard, Michel Marlet, Antoine-Victor Crappier, François-Baptiste-Joachim Bertrand, Pierre Caval, François Lachèvre, Simon-Charles-François Vallée, Jacques Laty, et enfin une horrible mégère, nommée Angélique Voyer. Nous n'insisterons pas ici sur la participation au crime de ces misérables; leur histoire sera faite avec détail dans la liste des assassins.

C'est dans la rue des Ballets, à l'entrée du guichet de la Force, que les massacres eurent lieu; on *poussait* dehors, comme à l'Abbaye, les victimes qui devaient être immolées; et les cadavres étaient traînés ensuite, à quelques pas du guichet, dans le ruis-

sation, 22 floréal an IV. (*Greffe du tribunal criminel, au Palais-de-Justice.*)

seau de la rue Saint-Antoine. Deux prisonniers passèrent devant *ce tribunal du peuple*, et eurent, quoique honnêtes gens, la bonne fortune d'être épargnés. Ils ont écrit l'un et l'autre l'histoire de leur délivrance; c'étaient Mathon de la Varenne, avocat au Parlement de Paris, et Weber, frère de lait de Marie-Antoinette, venu avec elle en France, à l'époque de son mariage avec le Dauphin.

Il était à peu près sept à huit heures du matin lorsque Mathon de la Varenne fut conduit devant le tribunal. Voici en quels termes il raconte lui-même les phases diverses de ce drame :

« A une heure du matin, dit-il, le guichet qui conduisait à notre quartier s'ouvrit de nouveau ; quatre hommes en uniforme, tenant chacun un sabre nu et une torche ardente, montèrent à notre corridor, précédés d'un guichetier, et entrèrent dans une chambre attenante à la nôtre..... J'entendis en même temps appeler Louis Bardy, dit l'abbé Bardy, qui fut amené et massacré sur l'heure, ainsi que je l'ai su..... On peut juger de la frayeur où m'avaient jeté ces mots : *Allons le chercher dans les cadavres!* Je ne vis d'autre parti à prendre que celui de me résigner à la mort. Je fis donc mon testament, que j'ai terminé par cette phrase : « Je demande comme une
« grâce à ceux qui me dépouilleront, je les somme
« même par le respect dû aux morts, et au nom des
« lois qu'ils violent par des assassinats dont un jour

« la nation leur demandera compte, de faire passer
« à leurs adresses mon testament et la lettre qui y
« est jointe. »

« A peine quittais-je la plume, que je vis de nouveau paraître deux hommes aussi en uniforme, dont l'un, qui avait un bras et une manche de son habit couverts de sang jusqu'à l'épaule, ainsi que son sabre, disait : *Depuis deux heures que j'abats des membres de droite et de gauche, je suis plus fatigué qu'un maçon qui bat le plâtre depuis deux jours.*

« Ils parlèrent ensuite de Rhulières, qu'ils se promirent de faire passer par tous les degrés de la plus cruelle souffrance. Ils jurèrent, par d'affreux serments, de couper la tête à celui d'entre eux qui lui donnerait un coup de pointe. Le malheureux militaire leur ayant été livré, ils l'emmenèrent en criant : *force à la loi !* puis le mirent nu et lui appliquèrent de toutes leurs forces des coups de plat de sabre qui le dépouillèrent bientôt jusqu'aux entrailles et firent ruisseler le sang de tout son corps. Enfin, après une demi-heure de cris terribles et une lutte des plus courageuses contre ses assassins, il expira.....

« .....Entre sept et huit heures, quatre hommes armés de bûches et de sabres vinrent nous déclarer qu'il fallait les suivre. Un d'eux, haut d'environ six pieds, et dont l'uniforme me parut celui d'un gendarme, tira à quartier Gérard : ils causèrent à voix très-basse et firent des gestes qui me firent soupçonner une corruption..... Pendant le colloque, je cherchais partout des souliers pour quitter les pantoufles du Palais que je portais. Forcé de renoncer à ma recherche, je descendis avec les autres et vêtu comme je l'ai dit précédemment. Constant, dit *le Sauvage,* Gérard et un troisième dont le nom échappe à ma mémoire, étaient libres de tout leur corps ; quant à moi, quatre sabres étaient croisés sur ma poitrine. Mes camarades obtinrent leur élargissement sans paraître au bureau du concierge Bault ; je fut traduit devant le personnage en écharpe qui y siégeait.

« Il était boiteux, assez grand, fluet de taille. Il m'a reconnu et parlé sept ou huit mois après. Quelques personnes m'ont assuré qu'il était fils d'un ancien procureur et se nommait Chépy.....

« Arrivé au tribunal terrible, j'y fus interrogé ainsi : « Comment vous nomme-t-on ? Quelle est votre « qualité ? Depuis quand êtes-vous ici ? » Mes réponses furent simples : « Mon nom est Mathon de la « Varenne ; je suis ancien avocat, et détenu ici de- « puis huit jours sans savoir pourquoi..... » J'entendais un homme qui disait derrière moi, sans me connaître : *Va, monsieur de la peau fine, je vas me régaler d'un verre de ton sang.*

« Le soi-disant juge du peuple cessa ses questions, mais il ouvrit le registre de la prison, et, après l'avoir examiné, il dit : *Je ne vois absolument rien contre lui.* Alors il s'éleva un cri de *Vive la nation!* qui fut le signal de ma délivrance. Je fus enlevé sur-le-champ, et conduit hors du guichet, par des hommes qui me soutinrent sous les aisselles.....

« Je traversai ainsi la rue des Ballets, qui était couverte de chaque côté d'une triple haie de gens des deux sexes et de tous les âges. Parvenu au bout, je reculai d'horreur en apercevant dans le ruisseau un monceau de cadavres nus, souillés de boue et de sang, sur lesquels il me fallut prêter un serment. Un égorgeur était monté dessus et animait les autres. J'articulais les paroles qu'ils exigeaient de moi, quand je fus reconnu par un de mes anciens clients, qui sans doute passait par hasard. Il répondit de moi, m'embrassa mille fois, et apitoya en ma faveur les massacreurs mêmes. Son nom est Colange, Napolitain, fabricant de cordes à violons, rue de Charonne[1]. »

Mathon de la Varenne était délivré depuis quelques moments, lorsque Weber fut conduit devant le tribunal.

« Il était dix heures du matin, dit-il, lorsque je fus introduit. Je vis un homme fort replet, à l'uniforme de garde national et décoré d'une écharpe tricolore, assis près d'une grande table, sur laquelle étaient placés les registres de la prison de l'hôtel.

---

[1] Mathon de la Varenne, *les Crimes de Marat ou ma Résurrection*, p. 67 à 88.

A côté de l'homme à écharpe, qui faisait les fonctions de président du tribunal populaire, siégeait le commis des prisons, et, autour de la table, deux grenadiers, deux fusiliers, deux chasseurs et deux forts de la halle. Voilà quels étaient les personnages qui composaient ce tribunal. Enfin, beaucoup de Marseillais et d'autres Fédérés remplissaient la chambre d'audience comme spectateurs.

« Le président commença ainsi son interrogatoire : « Votre nom ? votre âge ? votre pays ? » Il se mit ensuite à regarder dans le registre l'article qui me concernait, appelé, en terme de prison, l'écrou. Le commis de l'hôtel le lui montra du doigt ; il me parut contenir une vingtaine de lignes. Après l'avoir parcouru des yeux, il se borna à me faire cette question : « Pourquoi avez-vous été, le 9 et le 10 août, aux « Tuileries ? » Je répondis..... Le président m'ayant écouté avec beaucoup d'attention, adressa aux assistants les paroles suivantes : « Quelqu'un de vous « a-t-il connaissance des faits que le citoyen Weber « vient d'énoncer pour sa justification ?... » Un petit chasseur surtout confirma par ses paroles et par ses gestes l'exactitude de toutes mes réponses.

« Je ne vois donc plus, dit le président en se le-« vant de son siége et en ôtant son chapeau, la « moindre difficulté de proclamer l'innocence de « Monsieur. » Et il se mit à crier avec tous les spectateurs : *Vive la nation !* Il m'ordonna d'en faire autant ; j'obéis, et je criai comme eux : *Vive la nation !* Cette seconde cérémonie terminée, le président proclama mon innocence en ces termes : « Vous « êtes libre, citoyen ; mais la patrie est en danger ; « il faut vous faire enrôler, et partir sous trois jours « pour les frontières..... » Je répondis avec une sérénité affectée: « Puisque vous avez besoin de moi, « Monsieur, j'irai aux frontières quand il vous « plaira. »

« Deux hommes armés, au fait de la cérémonie, m'ayant donné le bras, me conduisirent avec force, au cri de : *Vive la nation !* à la porte qui aboutit sur la rue. Là, ils me firent faire halte et passèrent les premiers par le petit guichet..... Lorsque je fus dans la rue, ils me prirent de nouveau par le bras et continuèrent, en élevant et en tournant leurs chapeaux sur la pointe de leurs sabres, leur cri de : *Vive la nation !*.... Je passai ensuite de bras en bras à plus de cent pas, toujours embrassé par les gardes nationaux du faubourg Saint-Antoine et par une infinité d'autres gens presque tous ivres. Délivré enfin de toutes ces caresses, les deux hommes armés qui me donnaient le bras me conduisirent dans une église où se trouvait réuni le petit nombre de personnes que le tribunal populaire avait épargnées [1]. »

Ainsi échappa aux assassins de la Force le frère de lait de la reine ; mais le récit de Weber ne s'ar-

[1] Weber, *Mémoires*, t. II, p. 260 à 266.

rête pas là, il contient les sérieuses difficultés qu'il eût encore à vaincre pour échapper à la frénésie de Marie-Joseph Chénier, président de la section de la Bibliothèque.

Il était également environ deux heures du matin, le 3 septembre, lorsque madame la princesse de Lamballe fut conduite devant le tribunal.

VIII

Madame la princesse de Lamballe était née le 8 septembre 1749 ; elle avait par conséquent quarante-trois ans. Veuve depuis vingt-quatre ans de Stanislas de Bourbon, prince de Lamballe, fils du duc de Penthièvre, elle était restée étroitement unie d'affection à Marie-Antoinette, qui l'avait faite surintendante de sa maison. Lorsque la famille royale tenta de sortir de France, au mois de juin 1791, madame de Lamballe partit pour l'Angleterre et fut assez heureuse pour y parvenir. La fatale issue du voyage de Varennes la décida à revenir auprès de la reine, dont elle voulut partager toute la fortune.

Vers huit heures du matin, le 3 septembre, on vint lui annoncer qu'elle allait être transférée à l'Abbaye. Elle refusa d'abord de sortir, mais elle dut céder aux instances brutales des gardes nationaux ; elle s'habilla et descendit. Sa famille fit recueillir, immédiatement après sa mort, tous les détails relatifs à ses derniers moments. Ce fut de cette sorte d'enquête, faite avec tout le soin possible, que Peltier reçut communication ; et voici en quels termes cet écrivain si exact, qui était à Paris à l'époque des massacres de septembre, raconte la comparution de la princesse devant le tribunal du *peuple :*

« Arrivée dans ce tribunal effroyable, la vue des armes ensanglantées, des bourreaux dont les mains, les vêtements et le visage étaient teints de sang, lui causa un saisissement tel qu'elle s'évanouit à plusieurs reprises. Lorsqu'elle fut en état de subir son interrogatoire, on eut l'air de le commencer. Voici quel fut, à peu de mots près, cet interrogatoire, recueilli par la famille de la princesse, de la bouche d'un témoin oculaire :

« Qui êtes-vous ? — Marie-Louise, princesse de
« Savoie. — Votre qualité ? — Surintendante de la
« maison de la reine. — Aviez-vous quelque con-
« naissance des complots au 10 août ? — Je ne sais
« pas s'il y avait des complots au 10 août, mais je
« sais que je n'en avais aucune connaissance. — Jurez
« la liberté, l'égalité, la haine du roi, de la reine
« et de la royauté. — Je jurerai facilement les deux
« premiers ; je ne puis jurer le dernier, il n'est pas
« dans mon cœur. »

« Ici un assistant lui dit tout bas : *Jurez donc ! si vous ne jurez pas, vous êtes morte !* La princesse ne répondit rien, leva ses deux mains à la hauteur de ses yeux et fit un pas vers le guichet. Le juge dit alors : *Qu'on élargisse Madame!* On sait que cette phrase était le signal de mort.

« Les uns disent que lorsqu'on ouvrit le guichet on lui avait recommandé de crier : *Vive la nation!* mais qu'effrayée à la vue du sang et des cadavres, elle ne put répondre que ces mots : *Fi! l'horreur!* D'autres prétendent qu'elle ne dit à la porte du guichet que ces seuls mots : *Je suis perdue!*

« Deux hommes la tenaient fortement sous le bras, et l'obligèrent de marcher sur des cadavres. Elle s'évanouissait à chaque instant. Lorsqu'enfin elle fut tellement affaiblie qu'il ne lui fut plus possible de se relever, on l'acheva à coups de pique sur un tas de corps morts. On l'eut bientôt dépouillée de ses vêtements ; on exposa ensuite son cadavre à la vue et aux insultes de la populace. Elle resta plus de deux heures dans cette position. Vers midi, on détermina de lui couper la tête et de la promener dans Paris. Les autres membres, dispersés, furent également livrés à une troupe de cannibales qui les traînèrent dans les rues[1]. »

La plume se refuse à décrire les abominables atrocités qui furent commises sur le cadavre de la princesse de Lamballe. Cependant l'histoire a ses devoirs qu'elle est obligée de remplir, et il ne faut pas s'en

---

[1] Peltier, *Histoire de la révolution du 10 août* 1792, t. II, p. 379 à 381.

prendre à elle des taches qui lui restent aux mains, quand elle touche aux souillures humaines. Voici donc comment s'exprime un témoin oculaire :

« Lorsque madame de Lamballe fut mutilée de cent manières différentes, lorsque les assassins se furent partagé les morceaux sanglants de son corps, l'un de ces monstres lui coupa la partie virginale et s'en fit des moustaches, en présence des spectateurs saisis d'horreur et d'épouvante [1]. »

La tête de madame de Lamballe fut placée au bout d'une pique et promenée dans Paris. La tradition a longtemps varié sur le nom de l'homme qui porta cette tête. Weber, si bien placé pour être informé avec exactitude, fait connaître le nom de cet homme : il s'appelait Charlat [2].

Charlat porta d'abord cette tête à l'abbaye Saint-Antoine, dont l'abbesse, madame de Beauvau, était l'amie particulière de la princesse ; il la porta ensuite au Palais-Royal, puis à l'hôtel de Toulouse, chez le duc de Penthièvre, puis enfin au Temple, dans la cour intérieure, et jusque sous les murs de la tour qui renfermait la famille royale. La reine et Madame Royale s'évanouirent. « Le commandant de la garde nationale avertit le roi de se présenter à la fenêtre ; ce prince, qui dut croire que sa dernière heure était arrivée, se prépara à mourir, comme il le fit depuis.

---

[1] Roch Marcandier, *Histoire des hommes de proie*, p. 34.
[2] Weber, *Mémoires*, t. II, p. 350.

Cachant sa douleur sous sa dignité, il répondit avec courage à son geôlier, qui lui faisait à ce sujet un discours dans le sens de la Révolution : *Vous avez raison, Monsieur.* Il se présenta à la fenêtre et se retira presque aussitôt[1]. »

Des émissaires fidèles de M. le duc de Penthièvre suivirent Charlat, qui portait la tête de madame de Lamballe. Ils le firent, après bien des courses, entrer dans un cabaret du quartier Saint-Antoine, où ils l'enivrèrent. L'un d'eux profita d'un moment favorable, enleva la tête, l'enveloppa dans une serviette, et la porta à la section de Popincourt, où il demanda l'autorisation de la déposer au cimetière des Quinze-Vingts. Le lendemain, un agent du prince se rendit, avec un plombier, au cimetière, fit mettre la tête et ce qu'on avait pu recueillir des lambeaux du corps de madame de Lamballe, dans une boîte de plomb. Ces restes furent immédiatement envoyés à Dreux et déposés dans le caveau de la maison de Penthièvre[2].

Voici maintenant la liste alphabétique des victimes égorgées à la Force. Elle est formée avec l'état officiel, dressé en vertu du décret de l'assemblée générale de la Commune du 10 septembre 1792, et porte le titre suivant :

Liste des prisonniers morts à la Force dans les

---

[1] Peltier, *Histoire de la révolution du 10 août* 1792, t. II, p. 384.
[2] Weber, *Mémoires*, t. II, p. 352.

journées des 3, 4, 5, 6 et 7 septembre 1792, *que le citoyen Hayet, gardien de ladite prison, atteste avoir vus mourir. Ladite liste, copiée sur celle à nous remise le* 11 *de ce mois par le citoyen Bault, concierge à la Force, et certifiée par ledit Hayet.*

En marge de la liste se trouve ce qui suit :

« Liste des prisonniers morts à l'hôtel de la Force, envoyée, le 13 fevrier 1793, au citoyen Chaumette, procureur de la Commune, par le commissaire de police de la section des Droits de l'Homme. »

Les apologistes des massacres de septembre et quelques historiens ayant nié que les massacres aient duré pendant cinq jours à la prison de la Force, c'est-à-dire que, commencés à une heure du matin, le 3 septembre, ils n'aient fini que le 7 du même mois, nous croyons de notre devoir d'historien fidèle et impartial de transcrire ici le procès-verbal du commissaire de police de la section des Droits de l'Homme et la lettre d'envoi aux officiers publics de l'État civil, par le secrétaire-greffier de la Commune de Paris. Ces deux pièces, qui sont aujourd'hui dans les Archives de l'Hôtel de ville de Paris [1], sont ainsi conçues :

---

[1] Registre D, n. 78.

COMMUNE DE PARIS.

Le 18 *février* 1793.

L'AN DEUXIÈME 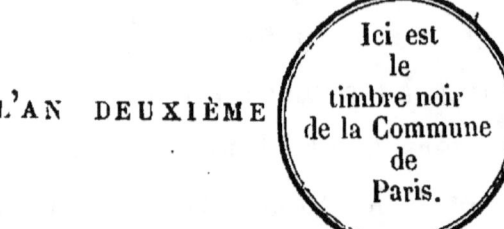 DE LA RÉPUBLIQUE FRANÇAISE.

« Secrétaire-greffier.

« Citoyens,

« Je vous envoie la liste des prisonniers morts à l'hôtel de la Force les 2, 3, 4, 5, 6 et 7 septembre dernier. J'y joins le procès-verbal dressé par le commissaire de police de la section des Droits de l'Homme de la remise à lui faite par le citoyen Bault, concierge de la prison de la Force, de la liste y annexée ; je vous prie de m'en accuser réception, et je vous observe que vous ne m'avez pas encore donné le récépissé du procès-verbal dressé au Châtelet par les commissaires de la section du Louvre.

« Signé : Méhée. »

Cette pièce, qui est écrite sur deux pages, dont la première finit avec le mot *remise* et la seconde commence à : *à lui faite*, porte la suscription suivante :

« Aux citoyens officiers publics pour constater les décès. »

Voici le procès-verbal du commissaire de police :

« Le lundi onze février mil sept cent quatre-vingt-treize, l'an deuxième de la République française, heure de midi, par-devant nous Pierre Auzolles, commissaire de police de la section des Droits de l'Homme, est comparu le citoyen Bault, concierge de la prison de la Force, lequel nous a dit qu'il avait épuisé toutes les recherches pour parvenir à s'assurer du nombre des prisonniers morts dans ladite prison, les *trois, quatre, cinq, six et sept septembre dernier;* mais que vu la frayeur et la consternation répandues sur tous les gens attachés à la maison de la Force, les prisonniers n'avaient eu en général d'autres témoins de leur mort que les auteurs de leur massacre; qu'il était impossible alors de tenir registre de ceux qu'on sacrifiait, attendu que, d'une part, on ignorait le nom du prévenu et le jugement qui allait être porté, et que, de l'autre, on prononçait et on exécutait avec trop de célérité. Déclaré le comparant qu'il a fait une liste du petit nombre de ceux qui sont morts sous les yeux du citoyen Huyet, gardien de ladite prison, et dont la mort est certifiée par lui comme témoin oculaire; qu'il y a inséré ceux dont l'écrou, joint aux dispositions des juges à leur égard, ne permet pas de douter qu'ils n'aient éprouvé le même sort; nous remet entre les mains, ledit citoyen Bault, ladite liste composée de cinq feuillets grand papier, dont quatre et demi pleins, commençant par *Nicolas* Verrier et finissant par Demasure.

« Nous, commissaire susdit, donnons acte de ce requis au citoyen Bault de sa déclaration et de la remise qu'il fait entre nos mains de ladite liste que nous disons devoir être annexée au présent procès-verbal et être, par nous, transcrite, pour l'expédition en être envoyée au citoyen procureur de la Commune dans le plus bref délai.

« Fait et clos, lesdits jour et an. Signé à la minute, Auzolles, commissaire de police ; Bault, concierge de la Force.

« Pour copie conforme :

« Signé : Auzolles, *commissaire de police.* »

Ainsi, par ces deux pièces d'une authenticité incontestable, il est parfaitement établi que les massacres des prisonniers ont eu lieu pendant cinq jours consécutifs à la prison de la Force. Voici maintenant, par ordre alphabétique, les noms de ceux qui ont succombé sous les coups des assassins et dont la mort est authentique, ainsi que cela résulte de la liste remise par le concierge de la prison au commissaire de police de la section des Droits de l'Homme :

1 Abraham (Henri).
2 Anciaume, *ou* Ansianne (Jacques-Étienne).

3 Avenelle (André), père.
4 Avenelle (André), fils.
5 Bardy (L'abbé).
6 Bergé (Edme).
7 Berger (Pierre-Étienne).
8 Boivin (Pierre).
9 Bottex (Jean-Baptiste), abbé.
10 Caracot (François-Léonard).
11 Castellasse.
12 Chalier (Étienne).
13 Chavannes (Jean-François).
14 Cochery (Louis-Éloi).
15 Crépin (Louis).
16 Cuissard.
17 Danzelle.
18 David (Moïse).
19 Baudin de la Chesnaye (André) [1].
20 De Touzé de la Neuville (Louis).
21 Desmazures, ou Demasure.
22 Doligny, dit Rouennais (François).
23 Dorange.
24 Dubois (François).
25 Dubois (Jean-Pierre), dit Bosse.
26 Duval (Nicolas).
27 Gentilhomme (René-François).
28 Gollier.
29 Hochard.
30 Jandelle (Jean-Michel).
31 Lagardette (Michel-François), abbé.
32 Lamballe (la princesse de) [2].

[1] Le nom de M. André Baudin de la Chesnaye a été rectifié ainsi en vertu d'un jugement du tribunal du 3ᵉ arrondissement de Paris. Il était marié à Anne-Louise Jeuneux, ainsi que le constate le jugement ci-dessus cité.

[2] Nous devons dire que madame la princesse de Lamballe ne figure point sur les listes des victimes de la prison de la Force, du moins sur celles dont parle le procès-verbal que nous avons

33 Lambert.
34 Lavau (Thibault-Martin).
35 Lebreton (François).
36 Lélivet (François-Hyacinthe).
37 Letrône.
38 Lévêque (Henri) [1]
39 Lévy (Jean-Baptiste).
40 Lévy (Gabriel).
41 Lévy (Simon).
42 Mayer, *ou* Mayon (Godichoux).
43 Ménil (Louis-Nicolas).
44 Moreau (Étienne) [2].
45 Moreau (Joseph).
46 Mouthe (Nicolas).
47 Oustal (Jean-Baptiste).
48 Penton, *ou* Pretou (Jacques).
49 Pérault (Antoine).
50 Pérignon (Alexis).
51 Pinthièvre (Jean-Baptiste), nègre.
52 Pradier (François).
» Pretou, *Voyez* Penton.
» Rault, *dit* Cadet, *Voyez* Rode-Cadet.
53 Robert (Joseph) père.
54 Robert (Nicolas), fils.
55 Rode-Cadet, *ou* Rault, *dit* Cadet (Jean).
56 De Ronsière (Jean-Étienne) [3].

donné plus haut. Mais elle est comprise sur les listes trouvées dans les *Papiers de Petion*. La notoriété publique de sa fin tragique nous faisait un devoir, d'ailleurs, de la comprendre sur cette liste, à défaut de toute autre preuve.

[1] Le nommé Henri Lévêque a été ajouté à la liste du concierge de la prison de la Force, en vertu d'un jugement du tribunal du 2e arrondissement de Paris, en date du 27 thermidor, an II, par l'officier public de l'état civil.

[2] Le nommé Moreau (Étienne) ne figure pas sur la liste trouvée dans les *Papiers de Petion*, et qui fait partie des documents de la Bibliothèque impériale, section des manuscrits.

[3] Un jugement en date du 1er mai 1812 a ordonné la rectifi-

57 Rousseau (Louis).
58 De Rulhières.
59 Sappe, *ou* Sap (Michel).
60 Servais.
61 Stande de Vollemard, *ou* Stande, *dit* Lallemand (Jean-René).
62 Tardieu.
63 Tessier (Bernard).
64 Tribert, *ou* Tripert.
65 Vigneron (Louis).

A la fin de cette première liste se trouve la déclaration suivante du commissaire de police de la section des Droits de l'Homme :

« Certifié conforme à la liste qui m'a été remise par le citoyen Bault, concierge de la prison de la Force, le onze de ce mois, en mon bureau de police de la section des Droits de l'Homme. »

A la suite de cette liste se trouve la suivante, ayant pour titre :

Liste des prisonniers dont la mort a la même époque parait certaine, quoiqu'on n'en ait point la preuve authentique.

Nous devons faire remarquer que toutes les listes que nous avons publiées sont transcrites sur un registre *ad hoc* pour le service de l'État civil à l'Hôtel de ville de Paris. Cette transcription, qui nous pa-

cation du nom écrit Roussières, et prescrit la transcription de l'acte de décès sur les registres de l'état civil de la mairie du 7ᵉ arrondissement de Paris, sous le nom de Jean-Étienne de Ronsière.

raît remonter à une époque rapprochée de ces journées néfastes, porte en tête de la liste de la prison de la Force cette déclaration, qui est une affirmation précise du décès des ci-après nommés : « *La mort des personnes ci-après*, QUOIQUE CERTAINE, *n'est pas authentique.* » Indépendamment de cette preuve, ils sont encore compris parmi les victimes sur les listes trouvées dans les *Papiers de Petion :*

1 Aubert (François).
» Balmont, *Voyez* Bellemont.
2 Bellemont, *ou* Balmont (Louis).
3 Benoist (Joseph).
4 Bernier (Jean-Baptiste).
5 Bertrant (Pierre).
6 Bonnet (Louis-Denis).
7 Bouchard (Hubert).
8 Boulanger (Michel).
9 Bouquet (Jean-Baptiste).
10 Bouvier (Libert).
11 Brive (Pierre).
12 Brun (Antoine).
13 Cazot-Cartry (Charles).
14 Chandellier (Jean-Marie).
15 Chevreaux, *dit* l'Aveugle (François).
16 Chevrelle, *ou* Chevrette (Pierre).
17 Clairon (Simon).
18 Cocheux, *ou* Cocheau (Jean).
19 Conord, *ou* Conard (Jean-Jacques).
20 Corente, *ou* Cornette, *dit* l'Italien (Pierre).
21 Cuvillier (François).
22 Denin, *ou* Denis (Augustin).
23 Deport (Georges-Paul).
24 Durand (Charles).
52 Durand (Jean).

26 Faillet, *ou* Fayet (Jean-Marie).
27 Fauvelle, *ou* Fieuville (François).
» Fayet, *Voyez* Faillet.
» Fieuville, *Voyez* Fauvelle.
28 Fouray (Vincent).
29 Fournier (Charles).
30 Gardier, *ou* Gardien (Nicolas).
» Gault, *Voyez* Greault.
31 Gillet, *ou* Jillet (Sébastien).
32 Gillet, *ou* Jillet (Denis).
33 Gouy (François-Xavier).
34 Greault, *ou* Gault (Pierre).
35 Grivault, *ou* Grivotte (Claude Mathieu).
36 Haïon, *ou* Hayon (Nicolas).
37 Hubert (Charles).
38 Jacob, *dit* Jomard (Michel).
39 Janin, *ou* Jeannin (Pierre-François).
» Jillet, *Voyez* Gillet (Sébastien).
» Jillet, *Voyez* Gillet (Denis).
40 Jullien (Sébastien).
41 Labotière (Jean-Baptiste).
» Labbé, *Voyez* Lebec.
42 Lagrange.
43 Larose (François).
44 Larue (Joseph).
45 Lastru, *ou* Lestru (Louis).
46 Laurent (Dominique).
47 Laurent (Louis).
48 Laviolette (Jean-Baptiste).
49 Lebec, *ou* Labbé (Louis-Hilaire).
50 Lefort (Antoine) [1].
51 Legrand (Em.).
52 Legros (Pierre).
53 Leroux (Jean).

---

[1] Le nommé LEFORT (Antoine) ne figure pas sur les listes trouvées dans les *Papiers de Petion*.

54 Levacher, *ou* Levéché (Alexis).
55 Liévin (Antoine).
56 Louvier (Louis).
57 Lozier (Pierre).
58 Maindolphe, *ou* Marin-Dolphe (Joseph). Inscrit sur la liste du concierge de la Force, avec l'orthographe MINDOLF.
59 Maître (Louis).
60 Maréchal (François).
61 Marillen, *ou* Mariller.
62 Marignier, *ou* Marinier (Jean-Vincent-Joseph).
» Marin-Dolphe, *Voyez* Maindolphe.
63 Mariolle, *ou* Mariotte (Joseph).
64 Martille (Marin).
65 Matelle, *ou* Mathel (Joseph).
66 Miette (Pierre).
67 Mollet, *ou* Mottet (Charles-François).
68 Monais (Noël, *ou* Jean-Victor).
69 Monie, *ou* Mony (Jean-Victor).
» Mottet, *Voyez* Mollet.
70 Nicole, *ou* Miol (Jean).
71 Poul, *ou* Paller (Jean).
» Pavarin, *Voyez* Savarin.
72 Pestre (Jean-Pierre).
73 Philibert (Louis).
74 Pinon (Jean).
75 Potier (Pierre).
76 Quehard, *ou* Quillard (François).
77 Ray, *ou* Roy (Antoine).
78 Ray, *ou* Roy (Michel).
79 Richard (Louis).
80 Roly, *ou* Roy (Pierre).
81 Rossignol (François).
82 Rousseau (François-Gaspard).
83 Roussay (André).
» Roy, *Voyez* Ray et Roly.
84 Savarin, *ou* Pavarin.

85 Serrière (Jean-Nicolas).
86 Sigault, *ou* Sigot (Claude-Joseph).
87 Simonot, *ou* Simonet (Guillaume).
88 Sommier (Pierre-Nicolas) [1].
89 Tapage, *ou* Tapaye.
90 Thierry (Joseph).
91 Tigosier (Pierre)..
92 Toussaint (François).
93 Vasseur, *ou* Vasseau (Marin).
» Verdier, *Voyez* Vervier.
94 Vernier (Pierre).
95 Vervier, *ou* Verdier (Nicolas).
96 Viret (Pierre).

Cette liste, dressée ici par ordre alphabétique sur celle du concierge de la Force, porte sur l'expédition fournie par le commissaire de police Auzolles l'attestation qui suit :

« Certifié conforme à la liste qui m'a été remise par le citoyen Bault, concierge de la Force, le 11 février; en mon bureau de police, le 13 février 1793, l'an deuxième de la République française.

« Signé : Auzolles,
« *Commissaire de police de la section des Droits de l'Homme.* »

Les listes trouvées dans les *Papiers de Petion* por-

---

[1] Le nommé Sommier (Pierre-Nicolas) a été substitué au nom de Sannier ou Sommier (Joseph), qui se trouvait inscrit sur le livre d'écrou à la date du 22 avril 1792, en vertu d'un jugement rendu par le tribunal du 4ᵉ arrondissement du département de Paris, le 12 messidor, an II, lequel est inscrit sur les registres de l'état civil.

tent encore au nombre des victimes de la prison de la Force les individus dont les noms suivent, qui ne sont pas mentionnés dans les deux listes du concierge de la prison, et pour lesquels nous n'avons trouvé aucune preuve d'existence postérieurement au 7 septembre 1792 :

1 Bertrand (Jean-Claude).
2 Boyard (Pierre), écroué le 18 juillet 1792.
3 Chevalier (François), écroué le 11 août 1972.
4 Clausé (François), écroué le 28 juillet 1792.
5 Delfort (Antoine).
6 Després (Louis), écroué le 14 juillet 1792.
7 Gosset (Claude-Denis).
8 Levesque (François).
9 Lexcellent (Claude), écroué le 21 juillet 1792.
10 Vignet, *ou* Vignot (Antoine), écroué le 20 août 1792.

TOTAL DES VICTIMES DE CETTE PRISON : 171.

LIVRE VINGTIÈME

**MASSACRES DES PAUVRES, DES FOUS ET DES GALÉRIENS.
— BICÊTRE. — LA SALPÊTRIÈRE. — LES BERNARDINS.**

BICÊTRE.—Ce qu'était cette maison en 1792. — Les massacres y commencent le 2 au soir.—Les sections méditent le massacre et aident à l'exécuter. — Hanriot et son bataillon. — Tribunal des assassins. — La boucherie dure deux jours et demi.—Les enfants étaient surtout lents à mourir.—Liste des victimes. — LA SALPÊTRIÈRE. — Ce qu'était cette maison. — Genre de femmes qu'on y enfermait. — La garde nationale assiste au massacre.—Horreurs commises avant le massacre. — Indignation de Madame Roland.— Les folles sont assommées.—Témoignage d'un témoin oculaire. — Inertie de l'autorité. — Liste des victimes. — CLOÎTRE DES BERNARDINS. — Prison des galériens.—Ce qu'étaient les *chaînes* à cette époque. —Procès-verbal de la boucherie.—Liste des morts.— Salaire des assassins. — On leur abandonne aussi les dépouilles des victimes. — MASSACRES DE VERSAILLES.—Récapitulation générale du nombre des victimes de septembre 1792.

I

MASSACRES DE BICÊTRE.

La maison de Bicêtre était, depuis 1705, ce qu'on nommait à cette époque un *hôpital,* c'est-à-dire une sorte de prison, où le gouvernement et les tribunaux envoyaient, un peu pêle-mêle, des pauvres, des fous, des vagabonds, des prostituées, des criminels soustraits à des condamnations infamantes ou capitales par des lettres de cachet, et enfin des enfants condamnés à quelques années de correction. Assurément rien ne ressemblait moins à des aristocrates que de pareils détenus ; on les égorgea néanmoins, pour simuler une insurrection générale du peuple, attaquant toutes les prisons à la fois.

La plupart des historiens ont cru et ont dit que les massacres de Bicêtre n'avaient commencé que le 3 septembre ; c'est une erreur, détruite par un rapport fait à l'Assemblée nationale, le 3 septembre, à deux heures du matin, au nom de la Commune de Paris, et duquel il résulte que Bicêtre fut attaqué le 2 septembre au soir. « M. Guiraut, troisième commissaire, dit le procès-verbal de l'Assemblée nationale a dit : « On est allé à Bicêtre avec sept pièces de « canon. Le peuple, en exerçant sa vengeance, ren« dait ainsi sa justice[1]. » Ce texte officiel prouve, en outre, comme on voit, que Bicêtre fut réellement attaqué avec du canon, circonstance qu'un historien des massacres a niée[2].

Le massacre de Bicêtre fut concerté entre les sections de Paris, et exécuté par elles. On comprend que le peuple, ameuté tout à coup, n'a pas des canons à son service. Les sections seules en avaient, elles les donnèrent.

---

[1] *Procès-verbaux de l'Assemblée nationale*, t. XIV, p. 219.
[2] Barthélemy Maurice, *Histoire politique et anecdotique des prisons de la Seine*, p. 310.

Le 3 septembre, au matin, l'assemblée générale de la section des Sans-Culottes, siégeant dans l'église de Saint-Nicolas-du-Chardonnet, envoya des secours aux assassins. « Des citoyens de la section armés, dit le procès-verbal, se sont présentés, pour inviter leurs frères à marcher sur Bicêtre[1]; » à la séance du soir, Hanriot, qui était sur le théâtre du massacre avec son bataillon, envoie un député à l'assemblée : « M. Barrillac, dit le procès-verbal, est venu en députation de Bicêtre de la part du commandant. Il demande à être autorisé à prendre une voiture. L'assemblée l'y autorise[2]. »

A l'entrée de la nuit, les assassins d'Hanriot, lassés d'égorger, envoient chercher du renfort : « On est venu, dit le procès-verbal, demander un service d'hommes armés pour aller prêter main-forte à Bicêtre, et relever ceux qui y sont. L'assemblée arrêta que, sur-le-champ, il serait battu un rappel, afin que les citoyens se rendissent à l'instant en armes à Saint-Firmin (où était le poste)[3]. »

Le 4 septembre, on voit la section de Mauconseil s'occuper de projets sinistres, au sujet des économes de Bicêtre. « Sur la proposition de M. Dusautoy, dit le procès-verbal, que l'on nom-

---

[1] *Registre des délibérations de la section des Sans-Culottes*, Séance du 3 septembre 1792, feuillet 53, *verso*. (*Archives de la Préfecture de police.*)
[2] *Ibid.*, feuillet 55, *verso*.
[3] *Ibid.*, feuillet 57, *recto*.

merait des commissaires à l'effet de se transporter chez le sieur Lemaire, commis aux postes, rue Saint-Sauveur, 49, pour prendre tous les renseignements quelconques au sujet des économes de la maison de Bicêtre; à cet effet, l'assemblée a nommé pour commissaires MM. Dusautoy, Monty, Rolt et Letellier, qui ont accepté leurs nominations[1]. » Le même jour, M. Bechet, économe de Bicêtre, était tué par les ordres de Louis-Michel Musquinet de la Pagne, condamné d'abord à être rompu vif, puis à être détenu perpétuellement, et devenu chef des égorgeurs [2].

Le tribunal des tueurs de Bicêtre s'était établi dans un dortoir; on a vu par la fatigue du poste de Saint-Firmin, que la besogne fut rude et longue. Elle dura depuis le 2 septembre au soir jusqu'au 4 dans l'après-midi. Dans la nuit du 3 au 4, il y eut parmi les égorgeurs une orgie homérique, dont les moutons et les caves de l'hôpital firent les frais.

Ce qu'il y eut de spécialement horrible à Bicêtre, ce fut le massacre des enfants. Il y en avait de douze ans, qui furent impitoyablement égorgés; et, plus de quarante ans après, un ancien gardien de Bicêtre racontait ainsi cette abomination :

---

[1] *Registre des délibérations de la section de Mauconseil*, Séance du 4 septembre 1792. (*Archives de la Préfecture de police.*)
[2] Mathon de la Varenne, *Histoire particulière des événements*, etc., p. 421, 422.

« Ils nous en ont tué trente-trois, les malheureux ! Ils nous disaient, les assommeurs, d'ailleurs nous l'avons pu voir par nous-mêmes, que ces pauvres enfants étaient bien plus difficiles à achever que les hommes faits. Vous comprenez, à cet âge, la vie tient bien. Ils nous en ont tué trente-trois ! On en avait fait une montagne, là dans ce coin où l'on démolit, à votre droite. Le lendemain, quand il a fallu les enterrer, c'était un spectacle à fendre l'âme ! Il y en avait un qui avait l'air de dormir, comme un ange du bon Dieu ; mais les autres étaient horriblement mutilés [1]. »

Voici le procès-verbal et la liste dressés à la suite des massacres de Bicêtre :

Liste alphabétique des victimes massacrées à Bicêtre.

La liste des prisonniers mis à mort dans la prison de Bicêtre, qui se trouve dans les Archives de l'Hôtel de ville de Paris, est dressée sur sept pages, divisées en deux colonnes : celle de gauche contient les noms des victimes ; celle de droite était réservée aux noms de ceux qui ont été mis en liberté ; mais on n'a rempli que les deux premières pages, plus quatre noms, qui se trouvent sur la troisième page, 2e colonne.

---

[1] Barthélemy Maurice, *Histoire politique et anecdotique des prisons de la Seine*, p. 329.

Comme cette liste ne contient que les noms et prénoms, par ordre d'inscription sur le registre d'écrou de cette prison, nous croyons devoir y ajouter les renseignements propres à édifier nos lecteurs sur l'état des prisonniers qui ont succombé sous les coups des assassins. Nous placerons les noms par ordre alphabétique, afin de faciliter les recherches.

Cette liste, certifiée et signée par l'économe de la prison porte pour titre :

Bicêtre, maison de force. État des prisonniers morts dans l'affaire du 3 au 4 septembre dernier, l'an II de la République française.

Nos.	Noms, prénoms, âges et professions.	Dates des entrées.	
1	Allein, *ou* Allien (Jean-Nicolas), 20 ans, bourrelier.	9 mai	1792.
2	Aubert (Pierre), 23 ans, cordonnier.	3 août	1792.
3	Auvrard, *ou* Ouvrard (Jean-Baptiste), 13 ans.	27 fév.	1792.
4	Baillon (François), 18 ans, boulanger [1].	6 août	1792.
5	Baria (Jean), 20 ans, garçon de chantier.	9 fév.	1792.
6	Baur (Jean), 18 ans, tailleur de pierres.	22 juin	1792.
7	Benost, *dit* Gaillard (Charles-Jérôme), 40 ans, marchand forain.	6 juin	1792.
8	Bernard (Pierre), 17 ans, faiseur de bas au métier.	30 juill.	1792.
9	Bernin (Antoine), 18 ans, domestique.	9 juill.	1792.

[1] Le registre d'écrou et la liste de l'économe de Bicêtre portent cette mention : *Mort ou sorti*.

10 Beroux (Antoine-Charles), 24 ans, cordonnier. 28 juill. 1792.
11. Bertrand (Louis-Marcel), 18 ans, compagnon menuisier. 28 juill. 1792.
12 Biardot (Jean-Baptiste), 19 ans, charpentier. 9 août 1792.
13 Bidault (Pierre), 17 ans, parcheminier. 3 mai 1792.
14 Billate (Jacques), 36 ans, compagnon tourneur. 17 juin 1792.
15 Billot (Pierre-Antoine), 33 ans, cuisinier. 7 déc. 1791.
16 Blachet (Joseph), 20 ans, perruquier. 9 août 1792.
17 Boisseau (Jean-Pierre), 18 ans, blanchisseur. 19 juin 1792.
18 Bouchard (Jean-François-Louis), 25 ans, marchand forain. 9 juill. 1792.
19 Boucon, *dit* Dubourg (Étienne), 38 ans. 31 déc. 1777.
20 Bourcier, *ou* Boursier (Ambroise-Nicolas), 19 ans 1/2, commissionnaire. 11 janv. 1792.
21 Bourdon (Jean-Pierre), 20 ans, charpentier en bateaux. 1er mai 1792.
22 Boutot (Jacques), 23 ans, terrassier. 6 août 1792.
» Bray (François), *Voyez* Montignard.
23 Bruyère (Louis-Étienne), *ou* Bruyer (Laurent), 23 ans, tapissier. 12 mai 1792.
24 Camuset (Pierre), 16 ans, compagnon menuisier. 11 août 1791.
25 Catalan (Jean-François), 20 ans, imprimeur en lettres. 28 mars 1792.
26 Chabet (Jean-Pierre), 22 ans, terrassier [1]. 7 août 1792.

---

[1] Le registre d'écrou porte la mention : *Mort ou sorti*. La liste de l'économe se tait à ce sujet.

27 Charbonnier (Gilbert), 15 ans, commissionnaire. 1er sept. 1792.
28 Charles (Jacques-Thomas), 14 ans. 3 mai 1792.
» Charnet, *Voyez* Profant.
29 Charrière (François), 52 ans, domestique. 13 juin 1792.
30 Chartier (Jean-Baptiste), 27 ans, cuisinier. 4 mai 1792.
31 Chopelin, *ou* Choplin (Jean-Baptiste-François), 21 ans. 16 mai 1792.
32 Christian (Louis), 22 ans, domestique. 8 juill. 1792.
33 Clausse (François, *ou* Louis-François), 28 ans, marchand forain. 23 déc. 1791.
34 Cocambray (Emmanuel), 17 ans, relieur. 26 avril 1792.
35 Colin (Jean-Jacques), 22 ans, brocanteur. 18 juill. 1792.
36 Compion *ou* Compoin (Louis), 15 ans, couverturier. 23 octob. 1788.
37 Contat (Edme-Sébastien), 36 ans, maître tisserand. 8 janv. 1790.
38 Copeaux (Louis), 25 ans, garçon cordonnier. 29 octob. 1791.
39 Coquet (Charles-Antoine), 15 ans, colporteur de papiers publics. 28 juin 1792.
40 Cottineau (Noël), 23 ans, papetier. 9 juill. 1792.
41 Crété (Jacques-Sylvestre), 26 ans, gaînier. 11 mai 1792.
42 Cuny (Pierre), 18 ans, cordonnier. 9 août 1792.
43 Dalmont (Louis-Nicolas), 12 ans, commissionnaire. 11 janv. 1792.
44 David (Edme), 26 ans, commissionnaire. 27 mars 1792.
45 Dedoyard (Jean-Théodore), 22 ans, bijoutier. 3 mai 1792.
46 Delahaye (Jacques), 36 ans, terrassier. 2 juill. 1791.

47 Delaseiglière (Léonard-Charles-Martin), 23 ans, soldat au 6e régiment des chasseurs à cheval.	5 mai	1792.
48 Desmarets (Alexis *ou* Charles), 46 ans, carrier.	9 juill.	1792.
49 Desserlins (Jean-Claude), 38 ans, chapelier.	25 mai	1792.
50 Diardot, *ou* Tillardot (Nicolas), *dit* le Sourd, 26 ans, matelassier.	16 août	1792.
51 Diot (François), 16 ans, imprimeur de papiers peints.	10 janv.	1792.
52 Domin (Julien), *dit* Paillasse, 33 ans, boulanger [1].	9 juill.	1792.
53 Dominique (Pierre), 18 ans 1/2, gagne-deniers.	2 juin	1792.
54 Dommange (Jean-François), 42 ans, fabricant de sangles.	7 août	1792.
55 Dubois (François-Nicolas), 17 ans, berger [2].	10 juill.	1792.
56 Dubray (Pierre), 15 ans, marchand de rubans.	3 mai	1792.
57 Dubuisson (Louis), 49 ans, marchand de chevaux.	12 mai	1792.
58 Dumet (Nicolas), 34 ans, marchand forain [3].	9 août	1792.
59 Dupechez (Michel), 33 ans, tailleur de pierres.	1er juin	1792.
60 Duport (Jean-Baptiste), 24 ans, boucher.	24 juill.	1792.
61 Durand (Edme), 26 ans, menuisier.	1er sept.	1792.

[1] Le registre d'écrou porte cette mention : *Mort ou sorti;* mais la liste fournie par l'économe ne la reproduit point.

[2] Le registre d'écrou porte la mention : *Mort ou sorti;* mais l'économe de Bicêtre ne l'a point reproduite dans la liste qu'il a fournie.

[3] Le registre d'écrou et la liste fournie par l'économe de la prison de Bicêtre portent la mention : *Mort ou sorti.*

62 Duvernay, *dit* Jobligneau, *dit* Laroche, *dit* Caracot (Vincent), 30 ans, terrassier. 27 fév. 1781.
63 Ernoult (François), 41 ans, terrassier. 16 août 1792.
64 Farcy (Jean-Baptiste), 32 ans, marchand fripier [1]. 23 août 1792.
65 Félix (Joseph-Antoine), 24 ans, commissionnaire. 19 avril 1792.
66 Félix (Symphorien), 20 ans, fileur de coton. 2 janv. 1790.
67 Féron (Pierre), 19 ans, cordonnier. 17 mars 1792.
» Fouchet, *Voyez* Souchard.
68 François (Nicolas), 21 ans, couvreur [2]. 26 juill. 1792.
69 Gallois (François), 17 ans, paveur. 17 juin 1792.
70 Gaulin (Étienne), 50 ans, marchand de chevaux. 12 mars 1792.
71 Gauthier (Pierre-François), 23 ans, teinturier. 9 août 1792.
72 Gentien (Jacques-François), 26 ans, tailleur. 11 janv. 1792.
73 Geoffroy (Guillaume-Aubin), 16 ans, chapelier. 11 juin 1792.
74 Gervilliers (Jean-André), *dit* Jean-Jacques Rousseau, 17 ans, manœuvre. 26 avril 1792.
75 Gobet (Noël), 43 ans, dégraisseur. 5 janv. 1792.
76 Godard (François), 31 ans, charretier. 23 fév. 1792.
77 Goisset, *ou* Gosset (Charles), 20 ans, palefrenier. 27 mars 1792.

---

[1] Le registre d'écrou porte la mention : *Mort ou sorti*; mais la liste de l'économe ne la reproduit pas.

[2] Le registre d'écrou et la liste de l'économe portent la mention : *Mort ou sorti*.

78 Grand (François), 27 ans, boulanger [1].	9 juill.	1792.
79 Greneiche, *ou* Grenache (Jean), 22 ans, tisserand.	30 août	1792.
80 Grode, *ou* Gras (Louis), 19 ans, limonadier [2].	31 juill.	1792.
81 Grosjean (Dominique-Toussaint), 22 ans, cordonnier [3].	10 fév.	1792.
82 Guérin (Laurent), 41 ans, manœuvre.	21 août	1792.
83 Guillaume (Edme), 19 ans, compagnon menuisier [4].	22 janv.	1790.
84 Guillié (Jean-Denis), 32 ans, porteur d'eau [5].	12 avril	1792.
85 Hansberg (Marie), 17 ans, marchand mercier.	30 juill.	1792.
86 Haregard (Pierre), 20 ans, menuisier [6].	23 août	1792.

[1] Les dix noms ci-dessus ne sont pas dans la liste trouvée parmi les *Papiers de Petion*, et faisant partie des documents manuscrits que possède la Bibliothèque impériale.

[2] Ce nom n'est pas sur la liste de Petion.

[3] Ce nom ne se trouve pas dans les *Papiers de Petion*.—Nous devons ajouter ici que les listes remises par l'économe de Bicêtre portent, page 2, un nommé *Charles* Grosjean et un nommé *Dominique* Toussaint. Nous avons vérifié scrupuleusement le registre d'écrou; mais nous n'y avons point trouvé inscrits d'individus portant ces deux noms. Il y a donc évidemment une erreur sur les listes. Aussi ne compterons-nous qu'une seule victime au nom qui se trouve sur le registre d'écrou de la prison, c'est-à-dire : *Dominique-Toussaint* Grosjean.

[4] Ce nom ne se trouve pas sur les listes provenant des *Papiers de Petion*.

[5] *Idem.*

[6] Le nommé Haregard se trouve porté sur la liste de la prison de la Conciergerie. C'est une erreur que nous avons déjà rectifiée ; mais nous devons mentionner ici la preuve que Haregard était à Bicêtre, et non pas à la Conciergerie au moment des massacres. Voici ce qu'on lit en marge de son écrou, sur le registre de Bicêtre, folio 147 :

», Heldeu, *Voyez* Ledeu.

87 Herlatte (Toussaint), 20 ans, colporteur de papiers publics.   10 janv. 1792.

88 Houpain (François), 42 ans, voiturier.   7 août 1792.

89 Hourdin, *ou* Houdin (Nicolas), 45 ans, cocher bourgeois.   11 août 1790.

90 Hua (Jean-Baptiste), 14 ans, marchand forain.   11 juin 1792.

91 Huré (Martin), *ou* Uret (Martin-Elie), 17 ans, commissionnaire.   13 fév. 1792.

92 Jacobée (Jean-Baptiste), *ou* Jean-Baptiste-Marie), 35 ans, bourgeois de Paris.   24 fév. 1792.

93 Joseph (Jean-Jacques), 16 ans, limonadier.   6 août 1792.

94 Lalande (François), 17 ans, marchand de cannes.   17 juin 1792.

95 Lambert (Joseph), 24 ans, compagnon ferblantier.   7 mars 1792.

96 Landier (Etienne), 25 ans, cordonnier.   9 juill. 1792.

97 Lanoue (Pierre-Louis-François), 15 ans, colporteur.   8 juill. 1792.

» Laseiglière, *Voyez* Delaseiglière.

98 Leblond (Jean-Charles), 14 ans, domestique.   8 juill. 1792.

« J'ai reçu de M. Letourneau [*] ledit Haregard pour le conduire à la Conciergerie, en vertu d'un mandat de M. Frémyn, greffier du tribunal criminel du département de Paris, en date de ce jour.

« Ce 1er septembre 1792.

« Signé : BOUHELIER, *gendarme.* »

« RAMENÉ LE 2 DUDIT. »

---

[*] C'était alors l'économe du château royal de Bicêtre.

99 Lecerf (Pierre), 20 ans, commissionnaire.	1er sept.	1792.
100 Ledanois (François), 19 ans, apprenti tonnelier.	10 janv.	1792.
101 Ledeu, *ou* Heldeu (Pierre), 28 ans, couvreur.	28 juin	1792.
102 Lefèvre (Pierre-Antoine), 17 ans [1].	3 mai	1792.
103 Lefranc (Jean-François), 36 ans, gagne-deniers.	27 juill.	1792.
104 Leloup (Jérôme-Charles), 15 ans, colporteur de papiers publics.	7 mars	1792.
105 Lemarchand (Joseph), 21 ans, commissionnaire.	13 fév.	1792.
106 Lenoir (Antoine), 16 ans, boucher.	7 avril	1792.
107 Lepage (Claude), 22 ans, commis marchand.	11 juill.	1792.
108 Lerouge (Pierre), 24 ans.	25 janv.	1792.
109 Leroy (Pierre), 16 ans, commissionnaire.	13 juin	1792.
110 Lescot (Jean-François), 54 ans, maître brodeur.	12 mars	1792.
111 Lorey (Louis-Joachim), 17 ans, compagnon bonnetier.	23 janv.	1790.
112 Lorré (Pierre), 29 ans, domestique [2].	9 août	1792.
113 Louis (Jean), 27 ans, manœuvre.	12 mai	1792.
114 Manteaux (Jean-Baptiste), 21 ans, coiffeur de femmes.	11 juill.	1792.
115 Maraine (Louis), 22 ans, tailleur.	12 déc.	1792.
116 Marant (Laurent), 34 ans, cuisinier.	15	1788.
117 Marchand (Jean-Guillaume), 23 ans, marbrier-polisseur.	12 juin	1792.
118 Margon, *ou* Magon (Louis), 29 ans, coiffeur.	11 juin	1792.

[1] Il ne se trouve pas sur les listes provenant des *Papiers de Petion*.

[2] Le registre d'écrou et la liste de l'économe portent la mention : *Mort ou sorti*.

119 Marinel, *ou* Marinet (Jacques), 29 ans, couvreur.	3 juill.	1792.
120 Martin (Pierre), 26 ans, imprimeur en indienne.	23 juin	1792.
121 Martin (Pierre-François), 18 ans, marchand d'habits.	24 juill.	1792.
122 Mérard (Jean-Nicolas), 16 ans, gagne-deniers.	5 fév.	1789.
123 Meuvray (Louis), 35 ans, terrassier.	16 mars	1792.
124 Mialet (Jean-Baptiste), 16 ans, commissionnaire.	11 janv.	1792.
125 Mirtil (Jean-Pauly, *ou* Pauly-Mirtil-Jean), 15 ans, perruquier.	25 octob.	1791.
126 Mollet (Nicolas), 15 ans, colporteur de papiers publics.	19 mai	1792.
127 Montignard (François-Baptiste), *ou* Bray (François), 15 ans, commissionnaire.	28 juill.	1792.
128 Montvoisin (François), 15 ans, vigneron.	4 janv.	1788.
129 Morel, *ou* Moret (Antoine-Nicolas), 16 ans, relieur.	16 fév.	1792.
130 Morel (Jean-Baptiste), 23 ans, architecte.	1er août	1792.
131 Muller (Pierre), 16 ans, commissionnaire.	11 janv.	1792.
132 Oudot (Nicolas), 36 ans, employé à la pharmacie de l'Hôtel-Dieu.	1er août	1792.
» Ouvrard, *Voyez* Auvrard.		
» Pauly-Mirtil, *Voyez* Mirtil.		
133 Pavilliers (Pierre-Nicolas), 16 ans, colporteur de papiers publics.	11 juin	1792.
134 Pérès (Arnaud), 36 ans, marchand bijoutier.	18 juill.	1792.
135 Perron (Louis), 22 ans, maçon.	28 mars	1792.
136 Petit (Pierre-François), 15 ans, jardinier.	1er sept.	1792.

137 Pierre (François-Marie), 15 ans, marchand de peaux de lapins. 12 juill. 1792.
138 Pierron (Henri-Michel), 25 ans 1/2, cuisinier. 7 avril 1792.
139 Pinon (Simon), 17 ans 1/2, jardinier. 17 mars 1789.
140 Pinson (Christophe - Théodore); 36 ans, sellier. 18 août 1792.
141 Plantier (Jean-Baptiste), 13 ans, boutonnier. 23 mars 1792.
142 Pouligny (Pierre-Christophe), 18 ans, tisserand. 22 janv. 1790.
143 Profant (Rose-Elie), *ou* Charnet (François), 28 ans. 7 sept. 1791.
144 Quentin (Pierre-Louis), 33 ans, tapissier. 1er sept. 1792.
145 Radon (Nicolas), 19 ans 1/2, filassier. 17 mars 1789.
146 Renoir (François-Thomas), 25 ans, limonadier. 1er sept. 1792.
147 Rose (Nicolas-Gobinet), *ou* Gobinet-Rose (Nicolas), 31 ans. 25 janv. 1792.
148 Roty (Jean-Baptiste), 28 ans, tisserand. 17 juin 1792.
149 Rousseau (Louis), 23 ans, imprimeur en papiers peints. 11 janv. 1792.
150 Rousseau (Louis), 15 ans 1/2, colporteur de papiers publics. 22 fév. 1792.
151 Saint-André (Pierre), 17 ans, garçon tailleur. 10 juill. 1790.
152 Sainville (Jean-Baptiste), 24 ans, tailleur. 7 août 1792.
153 Salbry (Pierre), 19 ans, fabricant d'huiles. 4 août 1792.
154 Saphir (Jean-Baptiste), 21 ans, cordonnier. 27 mars 1792.
155 Seel (Pierre), 23 ans, manouvrier. 20 janv. 1792.

156 Sellier (Pierre), 19 ans, marchand
de cannes. 28 mars 1792.
157 Sené (Jacques), *dit* Lafeuillade,
68 ans, marchand de cannes. 3 juill. 1792.
158 Simonet (Guillaume), 39 ans, ébéniste. 18 août 1792.
159 Souchard, *ou* Fouchet (Jacques),
15 ans, colporteur de papiers publics. 30 août 1792.
160 Tardy (Jean-Pierre, *ou* Antoine),
41 ans, maçon. 28 fév. 1792.
161 Thibault (Jean-Baptiste), 24 ans,
cordonnier. 8 octob. 1791.
162 Thomas (François-Charles), 61 ans,
gagne-deniers. 13 juill. 1792.
163 Thomas (Louis-Antoine), 21 ans, doreur. 16 janv. 1792.
164 Thuillier (Pierre), 25 ans, bourre-
lier. 26 juill. 1792.
» Tillardot, *voyez* Diardot.
165 Tournoy (Damiens), 40 ans, commissionnaire. 7 avril 1792.
» Toussaint (Dominique) 1.
166 Toutain (Pierre), 21 ans, commissionnaire. 27 avril 1792.
» Uret, *Voyez* Huré.
167 Usse (Jean-Baptiste), 47 ans, domestique. 8 juill. 1792.
168 Varin (Louis-François), 16 ans, ap-
prenti bonnetier. 11 janv. 1792.
169 Viette (Maximin), *dit* Maximin,
24 ans. 22 juin 1792.

1 Ce nom se trouve porté sur la liste de l'économe; mais le registre ne contient aucune inscription sous ce nom, c'est une erreur que nous devons rectifier.—Voir GROSJEAN (*Dominique-Toussaint*).

170 Vissière (André), 23 ans, marchand
   forain.   22 mai 1792.

A la fin de la liste fournie par l'économe de Bicêtre se trouve cette mention :

« TOTAL : 173 MORTS. »

Nous pensons que c'est là une erreur, car sa liste ne contient que 171 noms, et l'un d'eux, Dominique Toussaint, fait double emploi avec Charles Grosjean, ce qui réduit le chiffre vrai à 170 victimes ; et malgré nos recherches pour constater la sincérité de cette mention, nous devons à la vérité de déclarer que nous n'avons rien trouvé, si ce n'est le témoignage des historiens contemporains, qui affirment que le massacre s'étendit jusque sur les employés de cette prison.

Voici l'attestation qui se trouve à la suite de la mention que nous venons de rapporter :

« Je, économe de la maison de Bicêtre, certifie que le présent état est conforme aux registres de ladite maison.

« Signé : JULIEN LEROY. »

Liste des prisonniers mis en liberté par le peuple dans les journées des 3 et 4 septembre 1792, ainsi qu'il résulte de la liste de l'économe de la maison de Bicêtre.

Nos.   Noms et prénoms.

1 Pontay (André).
2 Joly (Pierre-François).

3 Pruneau (Nicolas).
4 Blanchet (Victor).
5 Bernard (Alexandre).
6 Grezelle (Louis-Jacques).
7 Beaumont (Joseph).
8 Berthé (Étienne).
9 Ravaux (Jean-Baptiste).
10 D'Or (Jean-Baptiste).
11 Pilla (Claude).
12 Zacharias (Abraham).
13 Mercier (Cyprien).
14 Coutard (Guillaume-Marcel), *dit* Pitard.
15 Paulin (Michel).
16 Petit-Didier (Louis).
17 Descombes (Étienne).
18 Prévôt (Étienne).
19 Verdure (Sénateur).
20 Bertrand (François-Élisabeth).
21 Rasson (François).
22 Blondot (André), dont le véritable nom est Richard.
23 Mellinger (Louis).
24 Poté (Louis-Nicolas).
25 Dailly (Jean-Baptiste).
26 Delbois (Jacques-François).
27 Chevillard (Joseph), *dit* Pivard, lequel a dit s'appeler Pivard (Simon).
28 Flore (Jean).
29 Redoriau, *ou* Redeveau (Jacques).
30 Baron (Jean-François).
31 Carrier (Jean-François).
32 Billion (Louis-Charles-Maurice).
33 Simeur (Jean).
34 Grotte (Alexandre).
35 Mille (Marc).
36 Jughon (Gabriel).
37 Lebrun (Jean-Mathias).
38 Lefèvre (François).

39 Vidalin (Claude).
40 Lévi (Cerf).
41 Chopotin (Edme).
42 Massin (Pierre-Joseph-Anastase), lequel a dit s'appeler Chambreuille.
43 Leblanc (Jacques).
44 Cuchot (Antoine).
45 Gavard (Pierre).
46 Mercier (Louis-Joseph).
47 Delume (Jean-Baptiste).
48 Hugnein (Joachim).
49 Botine (Jean-Louis).
50 Resse (Jean-Baptiste).
51 Fougue (Pierre-François-Ferdinand).
52 Pitard (Jean).
53 Ducand (Nicolas).
54 Chantelot (Pierre), *dit* Pierrotin.
55 Quiette (Auguste).
56 Duveaux (Pierre-Florent).

II

MASSACRES DE LA SALPÊTRIÈRE.

La Salpêtrière était pour les femmes ce que Bicêtre était pour les hommes, c'est-à-dire un vaste dépôt, à la fois hôpital et maison de force, où étaient enfermées des voleuses, des prostituées, des filles mises en correction, des femmes détenues pour quelque grand scandale, à la demande de leurs familles. Nul n'aurait pu croire que les assassins de septembre auraient eu la pensée d'aller égorger ces malheureuses ; ils l'eurent cependant, et ils l'exécutèrent.

Ce fut la garde nationale de la section Mauconseil qui assista, l'arme au bras, à cette tuerie de femmes, et qui la régularisa par sa présence. On lit dans les délibérations de cette section : « L'assemblée, sur la proposition et le rapport de M. Le Simple, nommé commissaire, a arrêté que deux cents hommes armés et une pièce de canon partiront sur-le-champ pour la maison de la Salpêtrière, et renforceront la garde nationale qui s'y trouve [1]. »

Les tueurs, arrivés le 3 septembre au soir, se contentèrent d'abord de mettre en liberté toutes les femmes jeunes, et principalement celles avec lesquelles ils avaient eu des liaisons. La nuit fut horrible : ils la passèrent à visiter les dortoirs des pauvres jeunes filles en correction. La plume se refuse à retracer les abominations dont des enfants de dix à quinze ans furent victimes [2] !

« Si vous connaissiez les affreux détails des expéditions, écrivait madame Roland à Bancal des Issarts ; les femmes, brutalement violées avant d'être déchirées par ces tigres ; les boyaux coupés, portés en rubans ; des chairs humaines mangées sanglan-

---

[1] *Registre des délibérations de la section Mauconseil*, Séance du 3 septembre 1792. (*Archives de la Préfecture de police.*)

[2] Prudhomme, *Histoire impartiale des Révolutions*, t. III, p. 782.

tes !... Vous connaissez mon enthousiasme pour la Révolution ; eh bien ! j'en ai honte ! elle est ternie par des scélérats ! elle est devenue hideuse !... Dans huit jours... que sais-je ? il est avilissant de rester en place, et il n'est pas permis de sortir de Paris. On nous enferme pour nous égorger à l'instant le plus propice [1]. »

Ce fut à cinq heures du matin que la tuerie régulière commença. Dans les autres prisons on avait égorgé : à la Salpêtrière on assomma.

Un employé de la maison, nommé M. Denis, fut obligé par les assassins d'appeler les femmes et de donner des éclaircissements sur les écrous. Voici le récit qu'il en fit plus tard à M. Basse, le directeur actuel de la Salpêtrière :

« En 1823, j'ai eu pour collaborateur au bureau de la boulangerie générale des hospices M. Denis, qui m'a raconté que dans la triste journée du 4 septembre 1792 les massacreurs l'avaient contraint d'appeler l'une après l'autre les prisonnières et de leur donner des renseignements sur ces malheureuses, d'après la lecture du registre des écrous de la maison de force de la Salpêtrière. On assommait les femmes à quelques pas de lui ; et ces hommes féroces l'ont forcé de boire avec eux, dans un verre tout souillé du sang des victimes.

---

[1] Madame Roland, *Lettres à Bancal des Issarts*, p. 348, 349.

« Deux anciennes dames surveillantes de la Salpêtrière, témoins de ces massacres, m'ont dit plusieurs fois qu'une des prisonnières s'était enfuie de la maison de force, mais que les massacreurs, ayant couru après leur proie, l'avaient assommée à coups de bûches, sous le passage Sainte-Claire, entre la seconde et la troisième cour de l'hospice [1]. »

Le jour même du massacre, deux commissaires de la section du Finistère, Mathurin-François Brunet et Charles Goubert-Bertrand dressèrent le procès-verbal et la liste des *femmes assommées* et des femmes mises en liberté.

Nous avons déjà dit et prouvé d'une manière irrécusable que les massacres furent organisés et concertés quelques jours à l'avance ; qu'un comité directeur, siégeant à la mairie, ordonnait, encourageait et soldait les égorgements ; que les autorités constituées, les comités des sections, la garde nationale elle-même, restèrent inactifs pendant les six jours de carnage ; et s'ils ne concoururent pas toujours à l'exécution des ordres barbares qui furent donnés, l'histoire ne doit pas oublier de leur attribuer une part de responsabilité sérieuse pour l'inaction complète et pour l'indifférence qu'ils montrèrent en cette occasion.

Non-seulement il y eut inaction partout, mais en-

---

[1] *Bulletin du Bibliophile*, mars 1851, p. 119, 120. Chez Techener.

core des commissaires nommés en assemblée générale des sections assistèrent silencieusement aux massacres. Dans quelques prisons, ils firent plus que d'y assister, ils participèrent, comme juges des prisonniers, aux meurtres qui s'y commirent ; dans d'autres, ils bornèrent leur intervention à constater le nombre et les noms des victimes, ainsi qu'on va le voir dans la pièce suivante.

Nous venons de dire que des commissaires de sections avaient assisté aux massacres ; qu'ils avaient laissé passer cette justice du peuple, que l'on vante à propos de tout et de rien, sans protester, sans faire acte de courage ou d'humanité. Voici le fait prouvé encore une fois par un procès-verbal dont la copie, que nous avons sous les yeux, est certifiée conforme par huit signatures apposées sur la vingt-cinquième page, et dont chaque page porte l'empreinte noire du cachet du comité civil de la section du Finistère.

L'économe de la Salpêtrière, le sieur Dommey, prévenu que le peuple allait se porter sur cette prison, écrivit le 4 septembre au maire de Paris une lettre que nous avons citée, au sujet de Pétion[1] ; il fit part en même temps au comité de la section du Finistère des craintes qu'il avait sur la sûreté des prisonnières confiées à sa garde et placées sous sa

---

[1] Pièce n. 18 du dossier n. 312 des *Archives de l'Hôtel de ville*.

responsabilité. Ce comité députa immédiatement deux commissaires de la section, qui se transportèrent à la Salpêtrière, où ils assistèrent au massacre de trente-cinq femmes, ainsi que le prouve le procès-verbal signé par eux, que nous livrons aux méditations de nos lecteurs.

« *L'an mil sept cent quatre-vingt-douze,* quatrième de la liberté et premier de l'égalité, *le quatre septembre, quatre heures de relevée,* sur l'avis donné au comité de la section du Finistère par le citoyen Dommey, économe de la maison de la Salpêtrière, qu'une affluence d'hommes armés, qui, les 2 et 3 courant, s'étaient portés dans les prisons de la capitale et avaient tué quelques prisonniers[1], se rendaient dans ladite maison, *nous, Mathieu-François* Brunet, et *Charles* Gombert-Bertrand, commissaires députés de ladite section, *nous sommes transportés à l'instant dans la susdite maison,* où étant, avons trouvé dans la cour de la maison de force une quantité d'hommes armés de sabres, d'instruments tranchants et de gourdins, qui, après avoir forcé ledit citoyen Dommey à leur donner communication des registres concernant les prisonnières, et avoir forcé l'entrée des locaux où elles étaient renfermées, les en sortaient, et après examen par eux fait sur les dits registres de celles flétries, les assommaient et les perçaient de coups de sabres et autres instru-

[1] Quelle modestie!

ments, au point qu'il en est résulté la mort de plusieurs d'elles[1], et la sortie de la maison de force d'autres, desquelles, tant celles assommées que celles sorties, il a été, au fur et à mesure, fait mention sur les registres tant de leur mort que de leur sortie, dont les noms suivent, savoir :

Liste des femmes massacrées à la prison de la Salpêtrière, et de celles mises en liberté.

FEMMES ASSOMMÉES [2].

1 Marie-Elisabeth Massey, âgée présentement de 71 ans, native de Liége, femme de Christophe Meringer; entrée le 21 juin 1774 ; flétrie d'un *V*.

2 Marguerite Leroux, âgée présentement de 50 ans, native de Mons-sur-Seine, près Mantes, diocèse de Chartres, veuve de Jean Barbançon ; entrée le 18 mars 1774 ; flétrie d'un *V*.

3 Anne-Françoise Assaut, fille, âgée présentement de 43 ans; native de Paris ; entrée le 5 octobre 1773 ; flétrie.

4 Françoise Garnier, fille, âgée présentement de 36 ans, native de *Chalons* en Champagne ; entrée le 10 septembre 1778 ; flétrie d'un *V*.

5 Marie-Louise Nicolais, âgée présentement de 47 ans, native de Melun, diocèse de Sens, veuve d'Antoine-François Desrues ; entrée le 13 mars 1779 ; flétrie d'un *V* sur les deux épaules [3].

---

[1] Il semblerait, d'après ce préambule, que toutes les femmes flétries furent mises à mort : il n'en est pas ainsi cependant, car nous avons la preuve, par ce procès-verbal lui-même, que trois flétries furent mises en liberté, dont deux étaient condamnées à perpétuité.

[2] Le procès-verbal faisant connaître la flétrissure, nous croyons de notre devoir de ne pas reproduire toute cette partie du document, ni celle qui fait connaître la durée de la peine pour laquelle les victimes étaient détenues.

[3] C'était la veuve du célèbre empoisonneur Desrues, né à

6 Barbe Resonville, âgée présentement de 52 ans, native de la paroisse de Pressy-sous-Pagny, à deux lieues de Pont-à-Mousson, femme de Claude Renaud, *dit* Granton ; entrée le 15 février 1784 ; flétrie d'un *V*.

7 Marie-Anne Bouquet, âgée présentement de 32 ans, native de Versailles ; entrée le 12 décembre 1782 ; flétrie d'un *W*.

8 Anne Cosson, âgée présentement de 50 ans, native de la Ferté-Bernard, diocèse du Mans, femme de Jean-Pierre Brice ; entrée le 9 août 1784 [1] ; flétrie d'un *V*.

9 Marie-Thérèse Ubiez, âgée présentement de 43 ans, native de Luxembourg, fille ; entrée le 9 novembre 1784 ; flétrie d'un *V*.

10 Françoise Durier, âgée présentement de 42 ans, native de Villeneuve-la-Guyard, diocèse de Sens, fille ; entrée le 30 novembre 1784 ; flétrie d'un *V*.

11 Françoise Robineau, âgée présentement de 35 ans, native de la paroisse de Chouzé en Anjou, fille ; entrée le 14 décembre 1784.

12 Claudine Coutant, âgée présentement de 42 ans, native de la paroisse de Pain en Champagne, diocèse de Troyes, femme de Jean Barrois ; entrée le 2 août 1785 ; flétrie d'un *V*.

13 Agathe Perrotin, âgée présentement de 37 ans, native de Sens, paroisse de Saint-Savinien, femme de Nicolas Curin ; entrée le 2 août 1785 ; flétrie d'un *V*.

14 Marie Cointet, âgée présentement de 37 ans, native de la paroisse Saint-Loup, en Bourgogne, fille ; entrée le 20 août 1785 ; flétrie d'un *W*.

15 Jeanne Laval, âgée présentement de 42 ans, native de la paroisse de Cheppe-sur-Marne, diocèse de Châlons, femme de Nicolas-André Loret ; entrée le 7 septembre 1785 ; flétrie d'un *V*.

16 Anne-Nicole Chenaut, âgée présentement de 56 ans,

Chartres en 1745, marchand épicier, rompu vif et brûlé en 1777, par sentence du Châtelet, confirmée par le Parlement.

[1] Sa peine expirait au mois d'août 1793.

native de Paris, paroisse de Saint-Severin, veuve de Pierre Bonnet ; entrée le 24 octobre 1786 ; flétrie d'un *V*.

17 Marie Moufflet, se disant Amable Corbin, fille, âgée présentement de 29 ans, native de Blory, paroisse de Saint-Martin, diocèse de Chartres ; entrée le 17 janvier 1787 ; flétrie d'un *V*.

18 Marguerite Piot, fille, âgée présentement de 41 ans, native de Sommeboire en Champagne, diocèse de Troyes ; entrée le 5 février 1787 ; flétrie d'un *V* sur les deux épaules.

19 Marie-Anne Viriot, fille, âgée présentement de 29 ans, native de la paroisse de Rozière en Lorraine, diocèse de Toul ; entrée le 23 novembre 1787 ; flétrie d'un *V*.

20 Marie Coron, âgée présentement de 47 ans, native de la paroisse Sainte-Agathe, de Chavenay-en-Forêt, diocèse de Vienne, femme de Henry Mervieux ; entrée le 23 octobre 1788.

21 Toinette *ou* Antoinette Goret, âgée présentement de 52 ans, native d'Arbonnière en Picardie, diocèse d'Amiens, femme de Nicolas Pezé ; entrée le 10 mai 1790.

22 Marie-Josèphe Vatinelle, fille, âgée présentement de 29 ans, native de Paris, paroisse Saint-Martin, cloître Saint-Marcel ; entrée le 31 octobre 1783 [1] ; flétrie d'un *V*.

23 Marie-Jeanne Prilieux, âgée présentement de 29 ans, native de Vieux en Champagne, diocèse de Reims, femme de Jean Régnier ; entrée le 30 avril 1788 [2] ; flétrie d'un *V*.

24 Françoise *ou* Rose Leduc, âgée présentement de 48 ans, native d'Angers, paroisse Saint-Michel-du-Tartre, veuve de Pierre Bernard ; entrée le 28 juillet 1784 [3] ; flétrie d'un *V*.

---

[1] Sa peine expirait en octobre 1792.
[2] Sa peine expirait en avril 1793.
[3] Sa peine expirait en juillet 1793.

25 Marie-Josèphe Tardif, fille, âgée présentement de 37 ans, native d'Orléans, paroisse Saint-Pierre ; entrée le 13 avril 1785 ; flétrie d'un V.

26 Marie Foucaud, femme de Pierre Brun, âgée présentement de 40 ans, native de Lebourg en Saintonge, près et diocèse de la Rochelle; entrée le 8 février 1790[1]; flétrie d'un V.

27 Anne Lefèvre, âgée présentement de 37 ans, native de Pont-de-l'Arche, diocèse de Rouen, femme d'Antoine-Étienne Lebeaux ; entrée le 11 octobre 1787 ; flétrie d'un V.

28 Marguerite Autezat, âgée présentement de 34 ans, native de Riom en Auvergne, paroisse de Saint-Amable, diocèse de Clermont, femme de.... Lacroix ; entrée le 30 novembre 1789 ; flétrie d'un V.

29 Jeanne Bernard, âgée présentement de 61 ans, native de la paroisse de Javulhat en Périgord, diocèse de Périgueux, veuve de Jean Morisson; entrée le 28 juin 1784 ; flétrie d'un V.

30 Marie-Anne Choquenet, âgée présentement de 42 ans, native de Frémont en Picardie, près et diocèse de Laon, femme de Joseph Lerecouvreur ; entrée le 24 octobre 1784 ; flétrie d'un W.

31 Marie Piot, âgée présentement de 44 ans, native de Cholet, paroisse de Saint-Pierre, diocèse de la Rochelle, femme de René Aubron ; entré le 28 juillet 1784 [2] ; flétrie d'un V.

32 Rose Duval, âgée présentement de 39 ans, native de Graviers en Berry, diocèse de Bourges, fille; entrée le 2 avril 1788 ; flétrie d'un V.

33 Reine Loison, fille, âgée présentement de 26 ans, native de la paroisse de Saint-Jean-Baptiste, de Cucy-les-Forges en Bourgogne, diocèse d'Autun ; entrée le 10 septembre 1794 ; flétrie d'un V.

---

[1] Sa peine expirait en février 1793.
[2] Sa peine expirait en juillet 1793.

34 Marie Bertrand, âgée présentement de 17 ans et demi, d'Arrouce en Bourgogne, paroisse Saint-Martin, diocèse de Dijon ; entrée le 31 mars 1792.

35 [1] Antoinette Decruset, âgée présentement de 37 ans, native de Lons-le-Saulnier, diocèse de Besançon, femme d'André Germain ; entrée le 16 octobre 1782 ; flétrie d'un V.

FEMMES SORTIES.

1 Marie-Louise Wabe, âgée présentement de 58 ans, de la Fère en Picardie, femme de Louis Hubert ; entrée le 9 septembre 1772.

2 Catherine Roslet, âgée présentement de 55 ans, native de Vandœuvre, veuve de Joseph Bazin ; entrée le 18 novembre 1781.

3 Jeanne Chaton, âgée présentement de 33 ans, native de Genat, diocèse d'Angoulême, fille ; entrée le 14 mai 1785 [2].

4 Élisabeth Descieux, âgée présentement de 71 ans, native de Valdajon, diocèse de Besançon, veuve de Michel Vilt ; entrée le 17 mars 1787.

5 Antoinette Thevenet, âgée présentement de 44 ans, native de Lyon, femme de Joseph-Gabriel Besson ; entrée le 12 décembre 1787 [3].

6 Élisabeth Varin, ou Vterin, âgée présentement de 48 ans, native de Marseille, femme de Jean-Baptiste Lajeunesse ; entrée le 14 novembre 1766.

7 Catherine Littière, âgée présentement de 36 ans, native de Richaumont, diocèse de Laon, veuve de Albert-Joseph Dumaine ; entrée le 27 février 1786.

8 Marie-Marguerite Dieu, âgée présentement de 34 ans ;

---

[1] Ce n'est donc pas 45 femmes qui furent mises à mort, comme les historiens l'affirment, mais seulement 35, ainsi que le prouve le procès-verbal que nous reproduisons.

[2] Était détenue par commutation de peine.

[3] Détenue par commutation de peine.

native de Roquemont, diocèse de Soissons, femme de Louis Galois; entrée le 21 août 1787.

9 Marie Gracia, âgée présentement de 53 ans, de Corneil-de-la-Rivière en Roussillon, veuve de Tolligail; entrée le 1er octobre 1792, détenue comme insensée.

10 Françoise Lepreux, âgée présentement de 16 ans, native de Paris, paroisse de Saint-Nicolas-des-Champs, fille; entrée le 27 janvier 1792.

11 Marie Laureau, âgée présentement de 35 ans, native de Fleilly en Bourgogne, veuve de Claude Creuse; entrée le 20 mars 1792.

12 Adélaïde Desplantes, fille, âgée présentement de 22 ans et demi, native de Paris, paroisse Saint-Laurent; entrée le 29 mars 1792.— Malade.

13 Marie-Anne Thirel, âgée présentement de 16 ans, native d'Orléans, fille; entrée le 12 mai 1792.

14 Marie-Élisabeth Laureau, âgée présentement de 38 ans et demi, native de Paris, paroisse Saint-Paul, femme de Charles Thuzuolo, *ou* Therzuolo; entrée le 17 mai 1792.

15 Marie-Josèphe Boulogne, âgée présentement de 27 ans, native de Paris, paroisse de Saint-Germain-l'Auxerrois, fille; entrée le 25 mai 1792.

16 Madeleine Doyen, âgée présentement de 34 ans, native de Provins, diocèse de Sens, femme de Jacques Romier; entrée le 13 juillet 1792.

17 Marie-Thérèse Poulain, fille, âgée présentement de 17 ans, native de Paris, paroisse Sainte-Marguerite; entrée le 24 juillet 1792.

18 Angélique Moreau, âgée présentement de 45 ans, native de La Flèche, fille; entrée le 7 août 1792.

19 Marguerite Leclair, âgée présentement de 24 ans, native de Versailles, fille; entrée le 27 août 1792.

20 Marie-Françoise, *dite* Binon, veuve de Joseph Lefebvre, âgée présentement de 45 ans, native de Paris, paroisse Saint-Eustache; entrée le 4 septembre 1792, au matin.

21 Marie-Françoise Dorlet, dite Sophie Dufour, fille, âgée

présentement de 19 ans, native de Paris, paroisse Sainte-Marguerite; entrée le 23 avril 1792.

22 Catherine Malance, âgée présentement de 25 ans et demi, native de Compiègne, diocèse de Senlis, femme d'Ambroise Manillié; entrée le 23 avril 1792.

23 Marguerite Charpentier, fille, âgée présentement de 19 ans et demi, native de Paris, paroisse Saint-Benoît; entrée le 23 mai 1792.

24 Émélie de Saint, fille, âgée présentement de 28 ans et demi, native de Douai; entrée le 23 juin 1792.

25 Françoise Boinet, âgée présentement de 28 ans et demi, native d'Ambeville, fille; entrée le 23 juin 1792.

26 Marie-Louise-Antoinette Turpin, fille, âgée présentement de 23 ans quatre mois, native de la Chapelle-en-Serval, diocèse de Senlis; entrée le 23 juin 1792.

27 Bastienne Crocoy, âgée présentement de 53 ans, native de Saint-Nicolas en Lorraine, fille; entrée le 31 août 1792.

28 Jacquette-Perrine Hervé, âgée présentement de 36 ans, native de Rennes, fille; entrée le 24 avril 1788.

29 Marie Liger, âgée présentement de 51 ans, native de Saint-Paris-en-Vizi, diocèse de Nevers, veuve de François Lambert; entrée le 30 septembre 1789.

30 Jeanne Geneaudeau, âgée présentement de 32 ans, native de Saint-Étienne-du-Bois, diocèse de Luçon, fille; entrée le 3 avril 1790 [1].

31 Marie-Jeanne Mauger, âgée présentement de 77 ans, native de Senlis, femme de Jean-Baptiste Lesaint; entrée le 22 avril 1752.

32 Françoise Hubert, fille, âgée présentement de 54 ans, native de Chartres; entrée le 15 mars 1758.

33 Marie-Charlotte Lagrogne, âgée présentement de 58 ans et demi, native de Prouvais, diocèse de Reims, fille; entrée le 14 avril 1770.

34 Marie-Anne Adam, âgée présentement de 68 ans, native

---

[1] Était détenue par commutation de peine.

d'Amiens, veuve de Étienne de Savoye; entrée le 5 août 1781.

35 Catherine Derrue, âgée présentement de 66 ans, native de Valenciennes, diocèse de Cambrai, fille; entrée le 14 août 1780.

36 Catherine Foulet, âgée présentement de 79 ans et demi, native de Paris, femme de Benoît Helin; entrée le 2 janvier 1718.

37 Geneviève Paillet, âgée présentement de 44 ans et demi, native de Fontainebleau, fille; détenue comme insensée.

38 Agathe-Marie Gossot ou Gosserot, âgée présentement de 62 ans et demi, native d'Auxerre, veuve de Million Nollié; entrée le 10 août 1770.

39 Marie-Madeleine-Félicie Coutey, *dite* Madeleine, âgée présentement de 33 ans et demi, native de Fontainebleau, fille; entrée le 19 mars 1778[1].

40 Françoise Ristau, âgée présentement de 68 ans et demi, native de Vidaye en Limosin, veuve de François Sardrat; entrée le 30 juin 1778.

41 Marie-Nicolle Arnoud, âgée présentement de 41 ans et demi, native de Vaux, diocèse de Reims, femme de Pierre Lampson; entrée le 8 août 1781[2].

42 Marie-Anne Rolignaire, âgée de 37 ans et demi, native d'Allemagne, femme en secondes noces de Blaise Labare; entrée le 22 octobre 1785.

43 Marie-Catherine Pillot, âgée présentement de 56 ans et demi, native de Ferrières, diocèse d'Amiens, femme de Jean-Baptiste Nusse ou Nunc; entrée le 13 février 1786.

44 Anne Simon, âgée présentement de 49 ans et demi, native d'Hézeray, diocèse de Dijon, femme de Jacques Pochard; entrée le 9 novembre 1776.

45 Claudine Fayette, âgée présentement de 35 ans et demi, native de Moulins, fille; entrée le 1er février 1782.

---

[1] Sa peine avait été commuée à l'occasion de la naissance du Dauphin.

[2] Détenue par commutation de peine.

46 Jeanne-Marie Poncet, âgée présentement de 31 ans et demi, native de Saint-Guy-de-Terre-Noire, diocèse de Lyon, fille; entrée le 30 janvier 1788.
47 Catherine Grapié, âgée présentement de 43 ans et demi, native de Pomac, diocèse de Reims, fille; entrée le 29 avril 1792.
48 Marie-Jeanne Danjou, âgée présentement de 31 ans et demi, native de Belon, diocèse de Coutances, femme de Jacques Belin; entrée le 26 mai 1792.
49 Louise Souquin, âgée présentement de 36 ans et demi, native de Paris, fille; entrée le 31 mai 1792.
50 Marie-Anne Fixon, âgée présentement de 69 ans, native de Rosière, diocèse d'Amiens, femme de Didier Vimaille; entrée le 20 janvier 1792.
51 Antoine Debonnaire, fille, âgée présentement de 29 ans, native du Grand-Grisy, diocèse de Paris; entrée le 18 mars 1788 [1].
52 Marie-Jeanne Prault, âgée présentement de 37 ans, native de Joigny, diocèse de Sens, veuve de Jean-Baptiste Masselin; entrée le 28 octobre 1788.

« Ces hommes retirés [2], nous, commissaires, avons fait faire, en notre présence, sur les vêtements des cadavres, la recherche des effets qui étaient sur eux et dans leurs poches, et il s'est trouvé trente et une pièces, tant en anneaux que boucles d'oreilles, croix en or et argent, et une somme de huit cent trente-sept livres treize sols, tant en deniers comptant qu'en papier-monnaie, dont du tout nous sommes chargés

---

[1] Détenue par commutation de peine.
[2] Donc, les commissaires ont assisté au massacre, puisqu'ils ont attendu que les égorgeurs se retirassent pour fouiller les cadavres.

pour, par nous, être remis à ladite section du Finistère.

« Ce fait, nous, commissaires susdits, avons fait inhumer au cimetière de ladite maison de la Salpêtrière, les cadavres desdites trente-cinq prisonnières dénommées des autres parts, dont et de quoi avons fait et dressé le présent procès-verbal, pour constater leur décès et inhumation, en présence des citoyens Jean-François Dommey, économe; Nicolas-François Lecourtois, commis des bureaux; Charles-François Denis, aussi commis des bureaux; et Pierre Piat, fossoyeur, tous demeurant en la susdite maison.

« Signé : BERTRAND, *commissaire de section;* BRUNET, *commissaire de section;* DOMMEY, LECOURTOIS, DENIS et PIAT.

« Nous soussignés, président et commissaire du comité du Finistère, certifions la copie ci-dessus et des autres parts conforme à la minute dudit procès-verbal demeurée en notre possession.

« Paris, ce trente et un décembre mil sept cent quatre-vingt-douze, le premier de la République française.

« Ont signé sur l'expédition : BECHET, *président;* SANTERRE, *commissaire;* LORION, *commissaire;* NICOLLE, *commissaire;* NORMAND, *commissaire;* LECAMUS, *commissaire;* JACQUOT, *commissaire;* et CAREL, *commissaire.* »

III

MASSACRES DU CLOITRE DES BERNARDINS.

Le couvent des Bernardins, situé entre la Halle aux Veaux, le collége du Cardinal-Lemoine, la rue Saint-Victor et la rue des Bernardins, avait une tour qui servait de dépôt aux prisonniers condamnés aux galères. On les y transférait de la geôle du Châtelet ou de la Conciergerie, et ils y attendaient le départ de la chaîne pour Toulon, Rochefort ou Brest.

La Commune et les ministres, nous l'avons déjà dit, laissaient égorger indistinctement dans les prisons de Paris, afin que la France et l'Europe crussent à un soulèvement tumultueux et irrésistible du peuple, que rien n'avait pu prévoir ou maîtriser ; les assassins, eux, étaient guidés par la pensée du pillage ; car on leur abandonna les dépouilles des morts dans les prisons où les sections ne jugèrent pas qu'elles valussent la peine d'être rachetées par un salaire.

Ainsi fit pour les galériens de la Tour Saint-Bernard la section des Sans-Culottes, qui trempa ses mains dans le sang de ces misérables comme dans le sang des prêtres de Saint-Firmin et des prisonniers de Bicêtre.

Il n'y avait pourtant pas des trésors à espérer dans

la Tour Saint-Bernard ! Tout le monde a pu voir, avant l'invention de ces voitures mystérieuses qui entraînent nuitamment les galériens dans les bagnes, comme si la société avait peur ou honte de laisser voir qu'elle châtie sévèrement les malfaiteurs ; tout le monde a pu voir ces longues files de prisonniers enchaînés, cheminant avec un lugubre cliquetis à travers les villes et les campagnes, et quelquefois accompagnés de confréries pieuses et charitables, qui prenaient pour elles, sur une partie de la route, le poids de leurs fers. Ces prisonniers, toujours accueillis par la curiosité et la charité publiques, tendaient leur bonnet de laine aux passants, et en recevaient des monnaies et des consolations. C'est ce pauvre viatique des galériens, composé de liards dépareillés, qui tentait les assassins de Marat, de Panis et de Danton, et soixante-douze voleurs périrent pour lui, comme la victime de Sylla pour sa maison d'Albe.

Ce fut le 3 septembre que la Tour Saint-Bernard se vit forcée par les tueurs. Nous aurions pu, comme d'autres historiens, enjoliver les massacres des prisons par toutes sortes de scènes savamment disposées. Nous ne croyons pas qu'en ces matières, Bossuet lui-même s'élevât à l'éloquence d'un procès-verbal. C'est pour cela qu'à l'égard de cette prison, comme à l'égard des autres, nous croyons devoir laisser la parole au récit officiel et circonstancié du crime.

Nous avouons qu'en un pareil sujet, nous ne saurions prendre sur nous d'amuser le lecteur; nous aimons mieux l'instruire et l'épouvanter.

Voici donc le texte du procès-verbal froidement atroce, dans lequel le président de la section des Sans-Culottes raconte le massacre des prisonniers de la Tour Saint-Bernard :

« Aujourd'huy mercredi dix-sept octobre mil sept cent quatre-vingt-douze, l'an premier de la République française, en exécution de l'arrêté du Conseil général de la Commune, en date du dix septembre dernier, nous, président et membres du Comité de la section des Sans-Culottes, ci-devant du Jardin-des-Plantes, en présence du citoyen Verdier, membre du Conseil général de la Commune, avons fait inviter les concierges et greffier de la prison des ci-devant galériens de se rendre au comité, d'y apporter leurs registres, à l'effet, par eux, de nous donner connaissance des prisonniers qui ont été immolés à la juste indignation du peuple, et par nous de dresser procès-verbal de leurs décès.

« En conséquence de notre invitation sont comparus : Marie-Jeanne Rabouin, veuve de Pierre Fauquet, et Pierre Delaire, elle concierge de ladite prison, et lui son adjoint et survivancier, tous deux demeurant dans l'enclos de la ci-devant maison des Bernardins, lesquels ont déclaré que le trois septembre dernier, le matin, le peuple s'étant porté en foule à la prison confiée à leur garde, malgré leurs représentations réitérées et celles du brigadier de gendarmerie de service ce jour à ladite prison, eux comparants ont été forcés d'en remettre les clefs et d'en faciliter l'entrée ; que le peuple s'y étant introduit et s'étant fait rendre compte des causes de la détention de *soixante-quinze prisonniers qui s'y trouvaient en ce moment*, TROIS ONT ÉTÉ MIS EN LIBERTÉ, SOIXANTE-DOUZE ONT ÉTÉ IMMOLÉS, ET UN CITOYEN *reconnu pour un voleur* qui l'a été ÉGALEMENT [1].

« A l'appui des déclarations susdites, les comparants nous ont représenté un procès-verbal en date du cinq septembre dernier, dressé par nous, et constatant que, d'après les registres de la prison, il s'y *trouvaient* soixante-quinze prisonniers à l'époque du trois du même mois, que soixante-douze ont été immolés, trois relaxés, et un citoyen reconnu pour voleur, qui a également péri.

« Les comparants, pour nous faire connaître les noms, âges et époques de la détention tant des prisonniers qui ont été immolés, que de ceux qui ont été mis en liberté, nous ont représenté deux registres in-folio cotés et paraphés par première et dernière, lesquels registres nous avons trouvés en bon état.

« En conséquence des déclarations susdites, avons

---

[1] Devant un pareil témoignage, il n'est donc pas vrai de dire, ainsi que l'affirment les historiens qui nous ont devancé, que tous les prisonniers détenus aux Bernardins ont été massacrés.

procédé à l'inscription sur le présent des noms, âges, époques, et causes de détention des prisonniers susdits, et ce de la manière suivante :

PRISONNIERS MORTS [1].

1	Audrouet (Jean-Baptiste), 28 ans,	21 août	1792.
2	Beaulie (Nicolas), 32 ans.	9 juin	1792.
3	Bernard (François), 30 ans.	16 août	1792.
4	Bessel (Moïse), juif, 35 ans.	20 juill.	1792.
»	Bordier, *Voyez* Goudier (Michel).		
5	Bouge (Louis), 42 ans.	11 juill.	1792.
6	Bourgrain (Jean-François), 31 ans.	26 mai	1792.
7	Brandon (Jean), 34 ans.	27 août	1792.
8	Breton (Louis-François), 20 ans.	3 août	1792.
9	Briant (Michel), 23 ans.	26 mai	1792.
10	Brunet (André-Marie-Gabriel), 24 ans.	16 juin	1792.
11	Buzuchet (Nicolas), 24 ans.	8 août	1792.
12	Caffe (Jean-Pierre), 25 ans.	19 juill.	1792.
13	Cartemont (Louis), 34 ans.	30 août	1792.
14	Chelus (Joseph), 34 ans.	27 août	1792.
15	Chevalier (Étienne), 20 ans.	11 juill.	1792.
16	Cochoix (Charles-François), 23 ans.	7 août	1792.
17	Coffinet (Nicolas), 28 ans.	id.	
18	Copy (Louis), 27 ans.	19 juill.	1792.
19	Dascier (Jean-Jacques), 28 ans.	id.	
20	Delaistre (Thomas), 42 ans.	13 juin	1792.
21	Desclaux (Jean), 39 ans.	id.	
22	Devaux (Claude), 18 ans.	30 août	1792.
23	Dochy (Jean-Baptiste-Joseph), 55 ans.	18 août	1792.
24	Doucet (Denis), 63 ans.	23 juill.	1792.

[1] Nous mettons les victimes de cette prison par ordre alphabétique, bien qu'ils soient placés autrement dans le procès-verbal.

25 Duchanois (Laurent), 19 ans.	30 août	1792.
26 Duménil (Jean-Baptiste), 24 ans.	27 août	1792.
27 Duquesne (Natalis), 22 ans.	2 juill.	1792.
28 Flacon (Pierre), 28 ans.	7 août	1792.
29 Forget (Jacques-François), 23 ans.	1er sept.	1792.
30 François (Nicolas), 20 ans.	6 juin	1792.
31 Gaile (Joseph), 31 ans.	9 juin	1792.
32 Garnier (Pierre), 19 ans.	24 juill.	1792.
33 Gillet (Pierre-Jean-Baptiste), 23 ans.	11 juin	1792.
34 Godineau (Nicolas), 42 ans.	27 juin	1792.
35 Goudier (Michel), 27 ans [1].	11 juill.	1792.
36 Gouyet, ou Gorget (François), 28 ans.	27 août	1792.
37 Grosse (Julien), 24 ans.	id.	
38 Guérard (Étienne-François), 32 ans.	21 juill.	1792.
39 Guérin (André), 32 ans.	27 août	1792.
40 Guyot (Joseph), 36 ans.	18 août	1792.
41 Huret (Jean-Baptiste), 20 ans.	27 août	1792.
42 Krommacker (Jean-Marthe), 19 ans.	id.	
43 Lamotte (François), 19 ans.	11 juill.	1792.
44 Leclerc (Jean), 29 ans.	30 août	1792.
45 Lepine (Paschal), 35 ans.	1er juin	1792.
46 Le Roux (Pierre), 18 ans.	6 août	1792.
47 Le Roy (Pierre), 18 ans.	2 juill.	1792.
48 Le Roy (Michel), 38 ans.	24 juill.	1792.
49 Mansiot (Jean), 21 ans.	13 juin	1792.
50 Michel (Nicolas), 30 ans.	23 juin	1792.
51 Morlot (Louis-Nicolas), 23 ans.	2 août	1792.
52 Moulin (Michel), 40 ans.	16 août	1792.
53 Moussot (Pierre), 23 ans.	6 août	1792.
54 Nampon (Pierre), 30 ans.	16 août	1792.
55 Novati (Antoine), 30 ans.	27 août	1792.
56 Picquet (Jean-Joseph), 19 ans [2].	1er sept.	1792.

[1] Substitué à Nicolas-Claude Bordier, par jugement du tribunal civil de première instance du département de la Seine, en date du 2 germinal, an II.

[2] Le registre de Bicêtre porte qu'il a été réintégré aux galères le 21 juillet 1792. (*Note de l'auteur.*)

57 Poussepin (Antoine), 34 ans.	28 juill.	1792.
58 Rahault (Pierre-Anne), 26 ans.	11 juill.	1792.
59 Rensez (Pierre), 20 ans.	6 juin	1792.
60 Roty (Guillaume), 18 ans.	16 août	1792.
61 Rouchely (Pierre), 66 ans.	11 juill.	1792.
62 Roussel (Pierre), 43 ans.	12 juin	1792.
63 Royau (Germain), 43 ans.	6 août	1792.
» Thabourin (Louis) [1].	27 août	1792
64 Theduit (Jean), 20 ans.	id.	
65 Thomas (Jean), 38 ans.	31 juill.	1792.
66 Tiringère (Louis), *dit* Frédéric, 18 ans.	13 juin	1792.
67 Tisson (Michel), 24 ans.	2 août	1792.
68 Torchet (Bernard-François), 19 ans.	1er août	1792.
69 Toullotte (Louis), 27 ans.	16 août	1792.
70 Usse (Jean-Jérôme), 21 ans.	27 août	1792.
71 Vexault (Alexandre), 21 ans.	18 août	1792.
72 Vidal (Jean-Baptiste), 47 ans.	19 juill.	1792.

73 Un citoyen, mêlé parmi le peuple, ayant été reconnu pour un voleur, a été puni de mort. Personne n'a pu indiquer ses noms, âge et demeure; il a été inhumé avec les prisonniers [2].

PRISONNIERS MIS EN LIBERTÉ PAR LE PEUPLE.

1 Charles-Pierre, *dit* Lacouture, âgé de 49 ans, entré le 11 juin 1792.

[1] Le nommé Thabourin ne se trouve pas au procès-verbal des commissaires de la section des Sans-Culottes : mais il se trouve sur les listes provenant des *Papiers de Petion*, et qui sont aujourd'hui dans la section des manuscrits de la Bibliothèque impériale (S. F. n. 3,274); il est, de plus, inscrit sur le registre des prisonniers de la Tour Saint-Bernard. Nous ne le compterons pas cependant parmi les victimes de cette prison, attendu que nous l'avons compris parmi celles de la prison de la Conciergerie.

[2] *Procès-verbal de la section des Sans-Culottes*, p. 6. (*Archives de l'Hôtel de ville*, registre D, n. 78.)

2 Pillardot (Jean-François), âgé de 24 ans, entré le 2 juillet suivant.

3 Guillot (Robert-Joseph), âgé de 35 ans, entré le 11 du même mois.

« Lesquels déclarations et renseignements, — ajoute le procès-verbal, — les comparants nous ont déclaré être sincères et véritables, en ont requis acte, et ont signé : M.-J. Rabouin, veuve Fauquet, et Delaire.

« Sont aussi comparus les citoyens Jérôme Gaillard et Léonard Pimpanot, tous deux guichetiers de la prison susdite, où ils sont demeurants, lesquels ont déclaré qu'ils attestent que, ce matin du 3 septembre dernier, le peuple s'étant porté en foule à la prison, ils ont été obligés, malgré leurs représentations, et celles des concierges et du brigadier de gendarmerie de garde, d'en ouvrir les portes ; que le peuple étant entré dans la prison, s'est fait rendre compte des causes de la détention de soixante-quinze prisonniers qui s'y trouvaient en ce moment, en ont immolé soixante-douze ; trois ont été mis en liberté ; et un citoyen, venu avec le peuple, ayant été reconnu pour un voleur, a été puni de mort. Affirmant les comparants que telle est la vérité, desquelles déclarations ils requièrent acte, et ont signé, à l'exception du citoyen Pimpanot, qui a déclaré ne le savoir, a signé Gaillard.

« Sur quoi, nous, président et commissaires susdits, toujours en présence du citoyen Verdier ci-dessus qualifié, avons donné acte aux comparants de leurs déclarations, affirmations et représentations de registres, avons arrêté qu'expédition collationnée du présent sera adressée au corps municipal, dans le plus bref délai, et avons signé avec le citoyen Verdier. » (On ne rapporte pas les signatures qui se trouvent sur la minute.)

« Pour copie conforme,
« Signé : HEURIOT,
« *Greffier provisoire de ladite section.* »

Le massacre de ces SOIXANTE-TREIZE personnes fut exécuté avec une promptitude foudroyante ; à quatre heures du soir, ils étaient morts, dépouillés et chargés sur les voitures qui les conduisaient aux carrières, car le procès-verbal de la séance du soir à la section des Sans-Culottes s'ouvre par ces mots :

« L'assemblée arrête que les paquets venant des galériens seront déposés à Saint-Firmin[1]. »

Nous ne connaissons rien de plus ignoble et de plus horrible que ce partage qui fut fait, en pleine assemblée générale de la section, de la dépouille sanglante et encore chaude de ces galériens. On déposa tout sur le bureau, argent, vêtements, souliers,

---

[1] *Registre des délibérations de la section des Sans-Culottes,* Séance du 3 septembre 1792, feuillet 55. (*Archives de la Préfecture de police.*)

papiers, menu linge; et un professeur de musique, nommé Félix, partagea cet immonde butin entre les tueurs, les dépouilleurs et les charretiers. L'argent s'éleva à *cent-soixante-treize livres cinq sous trois deniers;* sur quoi il fallait prélever d'abord *dix-neuf livres, onze sous,* pour pain, vin et fromage, consommés par les tueurs [1].

Les dépouilleurs et les voituriers furent payés six livres chacun; les tueurs cinq livres; en outre, la section leur abandonna les vêtements des victimes. Ce marché ne parut pas bon à la bande; elle rendit tout. « Sur une nouvelle discussion des voituriers et ouvriers des galériens, qui n'ont pas voulu recevoir des commissaires le prix de leurs taxes, dit le procès-verbal, M. Imbert, l'un des quatre commissaires, a rapporté les effets et l'argent qui leur avaient été remis; et l'assemblée a arrêté qu'il serait donné des bons aux *ouvriers* et voituriers, sur le trésorier du ministère de l'intérieur, pour toucher ce qui serait juste pour leurs salaires.

« Et après bien des discussions de la part de ces ouvriers et voituriers, l'assemblée a décidé que la somme restante, provenant des galériens, serait partagée par égales portions entre eux, et que, pour le surplus, il leur serait délivré des mandats sur le

[1] *Registre des délibérations de la section des Sans-Culottes,* Séance du 3 septembre 1792, feuillet 55. (*Archives de la Préfecture de police.*)

ministère de l'intérieur, pour toucher l'excédant de leurs réclamations. M. Nicolas a été nommé commissaire pour distribuer l'argent aux ouvriers.

« L'assemblée a autorisé, en outre, les voituriers des cadavres à se retirer par-devant le ministère de l'intérieur, pour être payés d'une somme de trente-six livres, pour le coût de leurs voitures.

« Cette séance a été levée à une heure du matin[1]. »

Tous ces débats avaient lieu en pleine assemblée générale de la section; et c'était dans le chœur de l'église de Saint-Nicolas-du-Chardonnet, remplie des oisifs et des femmes du quartier, que l'on partageait ainsi entre les assassins les vêtements et l'argent des malheureux égorgés à quelques centaines de pas, dans la même rue !

IV

MASSACRES DE VERSAILLES.

On pourrait induire de quelques documents que le massacre des prisons se prolongea au delà du 6

---

[1] *Registre des délibérations de la section des Sans-Culottes*, Séance du 3 septembre 1792, feuillet 56, *verso*. (*Archives de la Préfecture de police.*)

septembre. Dans la séance de la Convention du 4 février 1793, Lanjuinais déclara qu'on égorgeait encore le 9. Cela peut être vrai pour des victimes isolées et oubliées ; mais les prisons de Paris étaient généralement vides le 6 septembre au soir ; et si, en effet, il y eut, le 9, de nouvelles victimes, le fait n'est complétement exact qu'au sujet des prisonniers d'Orléans et des prisonniers de Versailles.

On avait établi à Orléans, par décret du 5 mars 1791, un tribunal destiné à devenir Haute Cour de justice, pour les crimes de lèse-nation.

Dès le 9 mars quelques prisonniers, détenus à l'Abbaye, furent dirigés sur Orléans, où le tribunal s'installa oficiellement le 25.

Le 4 et le 16 décembre, six autres prisonniers y furent envoyés, et leur nombre s'éleva successivement à cinquante-trois accusés, parmi lesquels M. de Lessart, ancien ministre du roi, et M. de Cossé-Brissac, commandant de la garde constitutionnelle, étaient les plus éminents.

Les démagogues de Paris avaient les yeux sur ces prisonniers, et ils résolurent de les comprendre dans le massacre général des royalistes. Une députation de la Commune insurrectionnelle vint, en conséquence, à la barre de l'Assemblée législative, le 23 août 1792, et demanda que les prisonniers d'Orléans fussent transférés à Paris, avec ce ton de menace et d'outrage que les pouvoirs publics de ce temps souffraient dans la bouche de quiconque se disait orateur du peuple.

« Il est temps, dirent les pétitionnaires, que les prisonniers d'Orléans soient transférés à Paris, pour y subir le supplice dû à leurs forfaits. Si vous n'accordez pas cette demande, nous ne répondons plus de la vengeance du peuple. Vous nous avez entendus, et vous savez que l'insurrection est un devoir sacré [1]. »

Il y avait, pour les démagogues, mieux à faire encore que de demander que les prisonniers d'Orléans fussent amenés à Paris : c'était de les aller chercher. La Commune s'y résolut; et déjà même le Conseil général avait délivré, le 15 août, un bon de 6,000 fr. à Fournier l'Américain [2], pour les premiers frais de l'expédition. Cette expédition dut partir le 26 août, car elle arriva à Orléans le 31 ; elle se composait de deux mille hommes, infanterie et cavalerie, avec sept pièces de canon [3], le tout aux ordres de Fournier, qui reçut encore 60,000 fr. pour l'entretien de sa troupe [4].

Il semblerait résulter du procès-verbal de l'assemblée générale de la Commune de Paris, du 19 septembre, que Fournier s'était plus attribué qu'il ne l'avait reçu le commandement de ces deux mille

---

[1] *Moniteur* du 25 août 1792.
[2] *État des sommes payées par le trésorier de la Commune de Paris pour la révolution du 10 août* 1792.
[3] *Moniteur* du 14 septembre 1792.
[4] *Procès-verbal de la Commune de Paris*, du 19 septembre 1792.

hommes ; le texte le qualifie de *se disant commandant* de la garde nationale envoyée à Orléans, et il fait connaître en outre qu'il avait été mis en arrestation à son retour, car on lui rendit la liberté le 20, afin qu'il pût réunir toutes les pièces nécessaires à l'apurement de ses comptes [1].

Soit qu'il eût reçu son mandat du *comité d'Exécution*, soit qu'il eût l'encouragement secret de tel autre directeur des massacres, Fournier ne représentait, à Orléans, qu'un pouvoir révolutionnaire et intrus. En effet, en vertu de quelle raison, plus ou moins plausible, un chef de bande, parti de Paris sans caractère légal, pouvait-il réclamer, au chef-lieu d'un département voisin, la remise de prisonniers appartenant déjà à la juridiction de la Haute Cour ? Les magistrats qui avaient reçu, sous le nom de Grands Procurateurs de la nation, la garde des prévenus et la direction du procès, n'hésitèrent pas à résister aux réquisitions de l'aventurier, arrivé de Paris sans mission, et qui dut rester à Orléans avec sa troupe jusqu'à ce qu'il fût intervenu une décision régulière.

Saisie de l'incident, et mue par le désir de mettre les prisonniers en sûreté, l'Assemblée législative vota, le 2 septembre, une loi aux termes de laquelle les prisonniers devaient être transférés, sous bonne escorte, au château de Saumur, avec injonction aux

[1] *Procès-verbal de la Commune de Paris*, Séance du 19 septembre 1792.

gardes nationales parisiennes de *rentrer à Paris sans délai*.

L'Assemblée ajouta que la loi serait immédiatement transmise, par un courrier extraordinaire, au commandant de la garde nationale parisienne, en ce moment à Orléans, ainsi qu'aux Grands Procurateurs de la nation, et aux commissaires du pouvoir exécutif dans le département du Loiret.

Ainsi, la loi était claire et formelle. Les prisonniers d'État devaient être conduits au château de Saumur, sous l'escorte de la garde nationale d'Orléans ou de toutes autres forces locales disponibles; et Fournier, avec ses deux mille hommes et son artillerie, devait rentrer immédiatement à Paris.

Selon les instructions qu'il devait avoir, Fournier désobéit; il se fit délivrer, par force, les prisonniers, et les achemina sur Paris, le 4 septembre. Un nommé Bécart, commandant-adjoint, en prit vingt-huit, détenus dans la prison de Saint-Charles; Fournier prit les vingt-cinq autres, détenus dans la prison des Minimes.

Voici d'abord le reçu des vingt-huit prisonniers enlevés par Bécart, reçu qu'il remit, pour décharge, au concierge Picard :

ÉTAT DES PRISONNIERS DÉTENUS A SAINT-CHARLES :

MM.	MM.
De Pomayrol.	De Montyon le jeune.
De Montyon l'aîné.	De Lablinière.

D'Adhémar, lieutenant-colonel.	Gérard.
	Molinier.
Marchal.	Vincent Boxader.
De Montjoux.	Prats.
Dalçu.	Comellas.
Le Layroul.	Bertrand.
Dulin.	Blandinière.
D'Adhémar l'aîné.	Autier.
D'Adhémar le jeune.	François Boxader.
De Pargade.	Gauthier.
De Luppé.	Dubreuil.
De la Chasserie.	De Castellane.
De Mazelaigue.	

« Je soussigné, commandant en second de la garde nationale de Paris, reconnais que M. Picard, gardien en chef de la maison de Saint-Charles, m'a remis les vingt-huit prisonniers d'État dénommés ci-contre, et de l'autre part, précédemment détenus en cette maison, pour être conduits, *au terme* de la loi du 2 septembre présent mois, dans le château de Saumur, desquelles *dittes* personnes je me suis chargé.

« A Orléans, le quatre septembre mil sept cent quatre-vingt douze.

« Signé : Bécard.

« *Comandant congointement aveque* M. Fournier *generalle.* »

Voici maintenant le reçu des vingt-cinq prisonniers enlevés par Fournier, reçu qu'il remit, pour décharge, au concierge Birre :

LISTE DES PRISONNIERS DES MINIMES :

MM.
- Cossé-Brissac.
- Lessart.
- Malvoisier.
- Layauté.
- Silly.
- Blachère.
- Kersoflon.
- Montjustin.
- Lasseau.
- Legappe.
- La Rivière, juge de paix.
- La Rivière, officier.
- Ducloux.

MM.
- Dabancourt.
- Sisochamp.
- Descorbière.
- Pierre Pont.
- Chapoulard.
- Doc.
- Bonnafos.
- Pierre Mocette.
- Mazé, *dit* Saint-Louis.
- Deretz.
- Gonet de la Bigue.
- Marq.

« Total vingt-cinq ; reçu de M. Birre, concierge, les prisonniers ci-dessus. Orléans, le 4 septembre 1792, l'an quatrième de la liberté, pour être remis *au terme* de la loi au château de Saumur.

« Signé : FOURNIER, commandant général[1]. »

On aura remarqué qu'en donnant reçu des prisonniers, Fournier et Bécard déclaraient qu'ils allaient les conduire au château de Saumur. Mais, d'un côté, la loi, qui avait en vue de mettre les prisonniers en sûreté, en avait interdit le transfèrement à la garde nationale parisienne, envoyée, au contraire, pour les

---

[1] Nous devons ces deux documents, si dignes d'intérêt et jusqu'ici inconnus, à l'obligeance de M. Savary, procureur général près la Cour impériale d'Orléans, qui, sur notre demande, a bien voulu en faire prendre copie sur les originaux, déposés au Greffe.

faire massacrer; et, d'un autre côté, elle avait ordonné à cette garde de rentrer à Paris sans délai. Fournier violait donc la loi du 2 septembre, au moment même où il alléguait son exécution.

Une tradition révolutionnaire inventée après coup veut que Fournier, après avoir pris la route de Saumur, ait été contraint par sa troupe de diriger les prisonniers sur Versailles. Ce qu'on vient de lire a déjà ruiné à moitié cette fable. Ce qui va suivre la détruit tout à fait.

C'était pour les conduire à Paris, non à Saumur, c'était pour les faire égorger, non pour les mettre en sûreté, que Fournier s'était fait livrer, au mépris de la loi, les prisonniers d'Orléans. Plusieurs documents authentiques le prouvent.

Le premier est une lettre, datée d'Orléans, le 5 septembre, à neuf heures du matin, adressée à l'Assemblée législative par les Procurateurs de la nation, et ainsi conçue:

« Nous avons la douleur de vous envoyer notre procès-verbal, qui vous prouvera jusqu'à quel point la loi a été violée par ceux-là même à qui vous en aviez confié l'exécution.

« Les prisonniers sont en route pour Paris [1]. »

Le second document est un exploit que l'huissier Gilbert Bonnet, audiencier de la Haute Cour, tenta

---

[1] *Moniteur* du 6 septembre 1792.

de signifier, le samedi 1er septembre 1792, aux prisonniers d'Orléans, en vue d'engager l'instance, et de saisir la justice d'une manière encore plus directe. Dans cette pièce, Fournier déclara très-cyniquement ses intentions, en disant à l'officier ministériel : « *Sacré nom de Dieu,* je n'ai aucun ordre à recevoir. « Quand les *sacrés gueux* auront tous la tête coupée, « on fera le procès après. Je n'entends pas les chicanes ; *tu peux t'aller faire f.....*; ni toi ni d'autres n'entreront jamais dans les prisons tant que « je serai à Orléans avec mon armée [1]. »

Les documents les plus explicites et les plus décisifs sur cette question sont deux rapports : le premier daté d'Étampes, le 7 septembre 1792 ; le deuxième daté d'Arpajon, le 8, adressés l'un et l'autre au ministre de l'intérieur, Roland, par les commissaires du Conseil général de la Commune, chargés d'aller au-devant des prisonniers.

A l'imitation de l'Assemblée législative, qui, sur l'avis de la violation de la loi du 2 septembre, donné le 5, par les Grands Procurateurs, avait nommé des commissaires, chargés de se rendre auprès de Fournier, et de lui enlever sa proie, la Commune de Paris en nomma également cinq dans sa séance du 5 septembre. C'étaient MM. Beauvilliers, Jobert; Barrey, Roussel et Moulin; ils partirent

---

[1] *Greffe de la Cour impériale d'Orléans.*

immédiatement, et arrivèrent à Étampes le 6 septembre, à cinq heures du matin. Il n'est resté aucune trace des actes des commissaires de l'Assemblée, soit qu'ils n'aient pas rempli leur mission, soit que leur présence sur le théâtre du crime ait été ou tardive, ou impuissante.

Après s'être concertés avec les autorités d'Étampes, sur le choix d'un local propre à mettre les prisonniers en sûreté, les commissaires se rendirent auprès de Fournier, qui arrivait en ce moment avec sa troupe.

On lut à Fournier le décret, dont il ne connaissait même pas le texte, et qui le toucha peu. Les officiers, réunis et harangués, ne se montrèrent pas mieux disposés que le chef. Les soldats, auxquels on n'expliqua néanmoins la mission des commissaires qu'*à peu près,* dit le rapport, s'échauffèrent au point que les prisonniers et les commissaires eux-mêmes coururent la chance d'être massacrés immédiatement ; le meilleur résultat qu'on put obtenir, ce jour-là, ce fut, assure le rapport, d'ajourner la question au lendemain, et de faire déjeuner l'armée.

Après une nuit passée dans des alarmes continuelles, la générale battit sans ordre, et l'armée de Fournier, tumultueusement réunie, voulut partir immédiatement pour Paris avec les prisonniers. Quelqu'un, dont le nom reste ignoré, ayant proposé, comme terme moyen, de les conduire à Versailles, cette proposition apaisa le tumulte; mais les commissaires durent promettre à l'armée de Fournier qu'ils marcheraient avec elle, et qu'une fois à Versailles, *justice serait faite*[1].

On se mit en route par Arpajon, Lina, Marcoussy, Orçay et Jouy-en-Josas. Le second rapport des commissaires, daté d'Arpajon, le 8 septembre, à 3 heures et demie, fait connaître cette direction; on arriva à Versailles le 9, vers deux heures.

Roland, averti, avait écrit le 8, aux membres du Directoire de Seine-et-Oise, pour leur annoncer l'arrivée des prisonniers d'Orléans à Versailles, sans pouvoir néanmoins leur dire combien de temps ils y resteraient.

Les malheureux n'y restèrent pas longtemps; arrivés vers deux heures et demie, ils étaient massacrés à trois heures.

Les autorités du département et le maire de Versailles, M. Hippolyte Richaud, firent d'énergiques et de vains efforts pour protéger les prisonniers.

Une proclamation de la municipalité de Versailles, publiée dans les rues, par le maire en personne, avait placé les prisonniers sous la sauvegarde de la loi et de l'honneur public. Tout fut inutile; le dessein des démagogues s'accomplit, grâce à l'inertie

---

[1] Rapport des commissaires, daté d'Étampes, le 7 septembre. (*Archives de l'Empire.*)

de Fournier et de ses deux mille hommes, avec leurs sept canons [1].

Ce massacre eut lieu dans la rue de l'Orangerie, tout près de la grille du parc. On conduisait les prisonniers à l'ancienne ménagerie, disposée pour les recevoir. Trois s'échappèrent, dit-on, dans le tumulte ; tous les autres furent égorgés.

Comme la pensée qui avait dirigé les massacres à Paris les dirigeait également à Versailles, le plan suivi des deux côtés fut le même. Des hommes armés de sabres et de piques se précipitèrent sur les prisonniers et les mirent en pièces ; puis, quand les voitures arrivées d'Orléans furent complétement vides, et le pavé de la rue de l'Orangerie couvert de sang et de cadavres, les assassins se portèrent à la maison d'arrêt et aux prisons.

Là, comme à Paris, on s'empara du livre des écrous, on fit appeler les détenus, et on les livra l'un après l'autre aux égorgeurs qui les attendaient. Bien peu échappèrent ; il en périt vingt et un, détenus tant à la maison de justice qu'à la maison d'arrêt [2].

---

[1] Le récit du massacre, avec toutes ses circonstances, se trouve dans le registre des délibérations de la municipalité de Versailles, des 9, 10 et 11 septembre 1792.

[2] Ce chiffre est contenu dans une lettre des administrateurs de Versailles au ministre Roland. (*Archives de l'Empire.*)

V

Nous possédons maintenant les éléments complets d'une liste exacte et officielle des victimes de septembre 1792.

Voici ce long et douloureux martyrologe; il restera, comme une tache indélébile, sur la mémoire de ceux qui crurent nécessaire de poser dans ces flots de sang les premières assises du gouvernement révolutionnaire :

Victimes de l'Abbaye Saint-Germain-des-Prés.	216
Des Carmes.	116
De Saint-Firmin.	76
De la Conciergerie.	378
Du Châtelet.	223
De Bicêtre.	170
De la Salpêtrière.	35
Du Cloître des Bernardins	73
De l'Hôtel de la Force.	171
Prisonniers d'Orléans.	53
Prisonniers de Versailles.	21
TOTAL GÉNÉRAL.	1,532

LIVRE VINGT ET UNIÈME

LES ASSASSINS DE SEPTEMBRE.

Horreur excitée par les massacres.—Kersaint donne sa démission de député pour ne plus siéger parmi des assassins.—Barbaroux, Gensonné et Barrère font décréter qu'on poursuivra les auteurs des massacres.—Récriminations entre les partis.—Chabot accuse Gorsas, Manuel et Petion; Marat accuse et fait arrêter Fournier l'Américain; Chaumette accuse Gorsas et Brissot.—Les poursuites sont commencées.—Les sections les font suspendre en février 1793.—En 1795, les sections demandent la reprise des poursuites.—Mouvement général de l'opinion contre les septembriseurs.—En 1796, le tribunal criminel de la Seine demande des moyens légaux de poursuivre.—En 1797, un décret interprétatif rend les poursuites légalement possibles.—Elles sont commencées.—Instruction.—Procès.—Liste des assassins.

I

Tant que les Girondins conservèrent l'espoir de recueillir l'héritage de la monarchie, ils se turent sur l'indignité des moyens qui l'avaient renversée, et ils excusèrent l'horrible forfait consommé en vue d'en exterminer les défenseurs. Mais, lorsque leurs dernières illusions se furent dissipées, et que le torrent débordé de la démagogie parut clairement de force à tout entraîner dans son écume, les Girondins ne voulurent plus avoir la complicité sans les profits. Dès ce moment, les choses reprirent pour eux leur sens véritable; la théorie ridicule et mensongère qui avait fait des massacres de septembre le résultat regrettable et fatal d'un entraînement populaire fut hautement remplacée par une accusation directe de préméditation; et les journées sanglantes reçurent enfin leur vrai nom: elles furent un crime.

Guy de Kersaint, député de Seine-et-Oise, poussa, le premier, le cri accusateur. Il écrivit, le 20 janvier 1793, à la Convention nationale, pour se démettre de son mandat, ne pouvant plus, disait-il, « supporter la honte de s'asseoir dans son enceinte avec des hommes de sang, et endurer le malheur d'avoir pour collègues les promoteurs des assassinats du 2 septembre [1]. »

Écrite trois mois plus tôt, la lettre de Kersaint eût été un acte d'honnêteté et de courage; à sa date, elle n'était qu'une marque de désappointement et de dépit. Que plusieurs de ses collègues fussent des promoteurs d'assassinats, c'était incontestable; mais l'histoire a le droit de dire à Kersaint qu'il avait mis bien du temps à s'en apercevoir.

Le jour où il se démettait de son mandat, c'était, on l'a vu, le 20 janvier 1793. Le dernier scrutin de

---

Moniteur du 24 janvier 1793, Séance de la Convention du 20.

la Convention venait de donner 310 voix pour le sursis à l'exécution de Louis XVI, et 380 voix pour l'exécution immédiate[1]. Cette mort n'était qu'un crime de plus; mais on s'était borné à laisser accomplir celui du 2 septembre, tandis qu'il avait fallu tremper ses mains dans celui du 21 janvier. Les Girondins, révoltés un peu, il faut le croire, d'être réduits par la peur à faire mourir ce roi qu'ils avaient voulu servir, essayèrent la diversion d'un courage tardif, en demandant la recherche et le châtiment des assassins de septembre.

Barbaroux et Gensonné firent la motion. Barrère, qui ne s'était pas encore classé dans le parti des violents, l'appuya. Elle fut décrétée[2].

Dès le 27 janvier, les poursuites étaient commencées; et un certain nombre d'assassins des prisons étaient arrêtés à Meaux[3].

II

Les Girondins étaient encore un parti puissant à

---

[1] Pour la mort, la majorité avait été encore moindre.
Pour la mort sans condition,..... 387.
Pour la détention ou la mort conditionnelle, ... 334.
Majorité... 53.
En déduisant 28 absents, la majorité, prise sur toute la Convention, n'était plus que de..... 25.
Louis XVI eût donc été acquitté en Cour d'assises. (*Moniteur* du 22 janvier 1793.)

[2] *Moniteur* du 24 janvier 1793, Séance de la Convention du 20.

[3] *Moniteur* du 4 février 1794.

la fin de janvier 1793, quoi qu'ils dussent être proscrits en masse le 31 mai, et égorgés le 31 octobre. Il pouvait donc convenir à leur politique de se dégager publiquement de la responsabilité accablante attachée au crime le plus hideux de la Révolution, et de rester comme le centre et l'espoir des républicains modérés et honnêtes ; mais il fallait une grande somme d'inexpérience ou d'illusions pour se persuader que les auteurs directs des massacres de septembre, alors les maîtres de Paris, par la Commune, et de la France, par les clubs, consentiraient à se justifier devant les tribunaux. La plus vulgaire prudence aurait donc dû leur conseiller de ne pas engager légèrement une lutte mortelle, juste au moment où l'immolation de Louis XVI exaltait au plus haut degré les passions révolutionnaires, car il était bien clair que Marat, Danton, Panis, Billaud-Varennes, Camille Desmoulins, enfin tous les auteurs principaux des massacres, ne se laisseraient pas déshonorer sans résistance, et que les assassins soudoyés des prisons mettraient tout en œuvre pour ne pas monter sur l'échafaud.

C'est ce qui arriva. Le 4 février, la section dite de Marseille, précédemment du Théâtre-Français, envoya une députation à la barre de la Convention nationale, pour demander qu'on rapportât le décret du 20 janvier. Malheureusement pour les Girondins, l'orateur de la section de Marseille, le citoyen Roussillon, n'avait pas eu de peine à trouver contre les auteurs du décret des raisons péremptoires, c'est-à-dire les raisons mêmes des Girondins et de leurs amis, pour justifier ou pour excuser les massacres.

« Ceux qui font un crime au peuple des premières journées de septembre, dit l'orateur, sont les mêmes qui applaudissaient à celle du 17 juillet. Ils seraient déplorables, ces événements, dans un temps calme ; mais au sein d'une révolution orageuse, à la suite d'une insurrection sanglante, ne peut-on donc les excuser ?

« Si la morale les réprouve, la politique les justifie ; et comme l'a dit un de vos membres, Isnard, les vengeances populaires sont un supplément au silence des lois... Il faut toujours reprocher les écarts du peuple à ceux qui les provoquent.

« Cette procédure ridicule qu'on veut intenter contre les auteurs des journées de septembre, n'est qu'un échafaudage contre-révolutionnaire, bâti par les ennemis de la République ; c'est pour leur arracher le masque que nous venons à votre barre vous demander le rapport du décret qu'ils vous ont surpris ; vous le devez au peuple, encore plus à votre gloire ; et si ce que nous vous disons ne suffisait pas, nous citerons un rapport que vous a fait le ministre de la justice, qui a pensé comme nous [1]. »

---

[1] *Moniteur* du 10 février 1793, Séance de la Convention du 8.

III

Tout cela était accablant. Les Girondins, qui avaient fait l'insurrection du 20 juin et la révolution du 10 août, qui avaient gardé le silence pendant toute la durée des massacres, qui les avaient justifiés, par la voix de Roland, qui avaient choqué le verre avec des tueurs aux mains ensanglantées, en la personne de Petion, pouvaient-ils loyalement et raisonnablement faire un crime à qui que ce fût d'événements dont ils avaient si longtemps accepté la responsabilité et les conséquences?

Quant au ministre de la justice, Garat, il avait froidement énuméré, le 6 octobre 1792, un mois après les massacres, toutes les raisons qui devaient les faire considérer comme les conséquences naturelles d'une insurrection légitime en elle-même.

« Les prisonniers détenus dans Paris, avait dit Garat, dans un rapport à la Convention, n'étaient pas les prisonniers d'une ville, mais de la nation.

« C'est presque un crime envers la nation française de penser que les événements de septembre n'appartiennent pas à l'insurrection.

« Les glaives ne se promenaient pas entièrement au hasard, et les victimes les plus connues attestent qu'on cherchait ceux qui avaient voulu frapper eux-mêmes d'un coup mortel la liberté et les lois d'une grande nation. Ce trait, et c'est celui qui domine, est celui qui imprime leur vrai caractère à ces journées de sang, qui ont été des prolongations des combats de la liberté contre le despotisme.

« Ces considérations établissent que les événements des 2 et 3 septembre sont dans l'insurrection, et ne peuvent pas être vus et jugés hors d'elle [1]. »

Lorsqu'un homme comme Garat, grave, modéré, chef de la magistrature, confondait aussi explicitement, aussi complétement les massacres de septembre avec la révolution du 10 août, œuvre évidente et avouée des Girondins, qui donc, parmi eux, pouvait avoir le droit de les flétrir et d'en demander le châtiment?

Cette lâche Assemblée, à laquelle la peur imposera tant d'excès, et qui avait voté, par acclamation, les poursuites contre les assassins, en vota la suspension avec docilité et en silence.

IV

La pétition de la section de Marseille souleva un orage de récriminations parmi tous ceux qui, de près ou de loin, par une participation directe ou par un

[1] *Moniteur* du 13 novembre 1792.

silence pusillanime, avaient plus ou moins à se reprocher les massacres de septembre.

Chabot accusa hautement Gorsas, Manuel et Petion; Gorsas, pour avoir approuvé les massacres; Manuel et Petion, pour lui avoir envoyé l'article apologétique publié par son journal [1].

Grangeneuve constata le bruit généralement répandu et accrédité, que les massacres avaient été prémédités chez Danton, au ministère de la justice [2].

Lanjuinais, dans les détails qu'il donna, porta le nombre des victimes à *huit mille* [3], et assura qu'on avait tué dans les prisons pendant huit jours consécutifs, du 2 septembre au 9, inclusivement [4].

Il n'est pas jusqu'à Marat qui ne crut devoir rejeter sur quelqu'un les massacres de septembre. Il dénonça et fit arrêter Fournier l'Américain, qui avait, dit-il, pris part à toutes les émeutes, depuis celle du Champ-de-Mars [5].

Enfin, la Commune de Paris, fort intéressée dans la question, comme on sait, fit réimprimer et répandre des extraits du *Courrier de Versailles* et du

---

[1] *Moniteur* du 10 février 1793.
[2] *Ibid.*
[3] Il est probable que ce chiffre de 8,000 victimes, donné par Lanjuinais, aura été accepté sans examen par M. Thiers et par la plupart des autres historiens, qui l'ont répété.
[4] *Moniteur* du 13 février 1793.
[5] *Moniteur* du 15 mars, Séance de la Convention du 12.

Patriote Français, dans lesquels Gorsas et Brissot avaient approuvé les assassins [1].

En somme, le résultat de cette tardive indignation contre les crimes de septembre fut la suspension de la procédure contre les assassins, décrétée le 4 février, et la perte du parti de la Gironde, proscrit en masse le 31 mai, sous la pression de la Commune et de Marat.

Pendant deux années, en 1793 et en 1794, la justice humaine resta muette. Tallien seul, qui avait été secrétaire-greffier de la Commune de Paris pendant les massacres, se vit l'objet d'une allusion directe, qu'il ne releva pas [2]. Attaqué de nouveau le 19 janvier 1795, il déclara que les *provocateurs* des journées de septembre siégeaient, en ce moment, à la Convention, et il menaça de tout révéler [3].

Depuis la mort de Danton, de Manuel, de Robespierre, et l'exil de Billaud-Varennes, la menace de Tallien ne pouvait s'adresser qu'à Panis.

Le 3 mars 1795, l'opinion publique parut se réveiller. La section des Invalides demanda la punition des massacres de septembre [4]. Le 12 septembre suivant, une division de l'armée de Sambre-et-Meuse

---

[1] *Moniteur* du 18 mai 1793.
[2] *Moniteur* du 10 novembre 1794, Séance de la Convention du 8, Discours de Cambon.
[3] *Moniteur* du 22 janvier 1795, Séance du 19.
[4] *Moniteur* du 6 mars 1795.

signa une adresse, pour demander aussi que justice fût faite [1].

Enfin, le 10 mars 1796, le tribunal criminel de la Seine, en corps, se présenta à la barre du Conseil des Cinq-Cents, présidé par Thibeaudeau, et demanda des éclaircissements sur les moyens de poursuivre d'une manière légale les individus prévenus d'avoir trempé dans les massacres de septembre [2]. Une commission fut immédiatement nommée pour examiner cette réclamation; et, le 23 mars, sur le rapport de Colombel, un décret fut rendu qui permit au tribunal de reprendre et de poursuivre le procès des assassins [3].

V

Grâce au courant nouveau de l'opinion publique, l'instruction du procès des assassins de septembre avait pu commencer par application de la loi du 4 messidor an III, — 22 juin 1795, — qui prescrivait, dans son article 1er, la recherche *immédiate* de tous les crimes commis depuis le 1er septembre 1792 [4].

Un jugement du tribunal criminel du départe-

---

[1] *Moniteur* du 16 septembre 1795.
[2] *Moniteur* du 15 mars 1796.
[3] *Moniteur* du 28 mars 1796, Séance du Conseil des Cinq-Cents du 23.
[4] *Moniteur* du 26 juin 1795, séance de la Convention du 22.

ment de Paris, en date du 26 fructidor an III, — 12 septembre 1795, — ordonna que « les secrétaires ou autres dépositaires des comités ou commissions seraient tenus de déposer, dans le plus bref délai, au greffe du tribunal, tous registres, cahiers, notes, feuilles ou renseignements quelconques contenant des déclarations ou dénonciations contre les prévenus de ces crimes, et que le jugement serait imprimé et envoyé dans les sections, aux commissaires de police, juges de paix, et municipalités du département [1]. »

Malheureusement pour la justice, entre la loi du 22 juin 1795, qui avait ordonné les poursuites, le jugement du 12 septembre suivant qui les avait commencées, et le décret interprétatif du 23 mars 1796, qui avait tracé la marche au tribunal criminel, était venue se placer l'amnistie du 4 brumaire, an IV, — 26 octobre 1795, — dont l'article 3 abolissait « tout décret d'accusation ou d'arrestation, tout mandat d'arrêt mis ou non à exécution, toutes procédures, poursuites et jugement portant sur des faits purement relatifs à la Révolution [2]. »

Que pouvaient faire, en présence d'un texte si formel, des jurés toujours plus ou moins influencés par les passions politiques, surtout à une époque où le sol

---

[1] *Dossier de l'Abbaye*, pièce imprimée n. 112, (*Greffe du Palais-de-Justice de Paris.*)

[2] *Moniteur* du 5 novembre 1795, Séance de la Convention du 4.

tremblait encore, et où les plus clairvoyants n'apercevaient pas encore le terme de la Révolution?

Ce fut dans ces circonstances que le procès des assassins de septembre commença, après une enquête et une instruction dans lesquelles la plupart des membres des anciennes sections furent appelés en témoignage.

L'enquête et l'instruction terminées, on fit, parmi les assassins, un choix d'environ cinquante individus. Plusieurs étaient pris dans la catégorie de ceux qui, ayant demandé un salaire pour leur crime, en avaient donné des reçus, représentés aux dossiers; les autres étaient de ceux auxquels leur cynisme et leur cruauté avaient constitué une célébrité spécialement horrible. Parmi les premiers étaient Bourre, Damiens, Ledoux, Debèche, Maillet, Dubois, Lachèvre, Lafosse, Lyon, Godin; parmi les seconds étaient Jean-Pierre Gonord, Petit Manin, Pierre-Nicolas Renier, assassins de la princesse de Lamballe, et Antoine Badot, qui avait porté une oreille humaine comme cocarde à son bonnet rouge.

Sur le nombre total des assassins, le tiers environ fut poursuivi. Les autres, sans en excepter ceux dont les reçus existaient et existent encore, furent laissés dans l'oubli, après l'instruction. Sur les cinquante à peu près que le jury d'accusation renvoya devant le jury de jugement, trois seulement, Pierre-Nicolas Renier, dit Le Grand Nicolas, Pierre-François

Damiens et Antoine Bourre, furent condamnés, le 23 et le 24 floréal an IV,—12 et 13 mai 1796,— à vingt ans de fers.

Le jury déclara que Pierre Dubois, François Maillet, Nicolas Lyon, Jean Debêche, et tous les autres qui avaient, comme eux, donné des reçus aux commissaires des sections, présents au massacre des prisonniers, n'étaient pas convaincus du crime.

Le désordre moral du temps et l'amnistie du 4 brumaire an IV avaient évidemment amené ce résultat.

Cinq ans plus tard, l'arrêté des Consuls du 19 nivôse an IX, —9 janvier 1801, — fit à quelques-uns de ces misérables une plus exacte justice. Sur le rapport du préfet de police, et après l'avis du Conseil d'État, seize d'entre eux furent déportés aux îles Seychelles et à Cayenne.

C'étaient : Ceyrat, Rossignol, Monneuse, Bescher, Château, Dufour, Gabriel, Gallebois Saint-Amand, Gaspard, René Jolly, Legros, Petit Manin, Marlet, Prévost, Quinou et Fournier l'Américain.

VI

L'histoire doit à la postérité les noms de tous ceux qui se souillèrent du sang de septembre. Après avoir fait une sévère justice de tous ceux qui conseillèrent le crime, il nous est impossible d'être indulgent pour ceux qui l'accomplirent.

La liste des assassins qu'on va lire a été dressée avec un soin scrupuleux, à l'aide des nombreux documents que contiennent les Archives de la Préfecture de Police et de l'Hôtel de ville et le Greffe du Palais-de-Justice de Paris.

Nous nous sommes borné, en général, à l'indication du nom et du lieu de naissance.

VII

LISTE DES ASSASSINS QUI ONT PRIS PART AUX MASSACRES DE SEPTEMBRE [1].

(*A) Alavoine *ou* Davoine [2]. Le bon de vingt-quatre livres, qu'il a reçues, porte au dos la mention : *reçu comptant* et sa signature.

(*A) Amont, a reçu vingt-quatre livres pour sa participation aux massacres de l'Abbaye. Porté sur l'état des frais faits par la section des Quatre-Nations.

Arbulot (Jean-Baptiste), né à Sedan (Ardennes), âgé de 32 ans. Tondeur de draps, domicilié rue Tirechappe, n. 315.

A) Arnichard (Gabriel-Simon), domicilié à Paris. S'est vanté d'avoir égorgé à lui seul vingt personnes dans la journée du 2 septembre.

Badaud ou Badot (Claude-Antoine), né à Chaudron (Doubs),

---

[1] (*) indique les tueurs payés.
L'A indique les tueurs qui ont pris part aux massacres de l'Abbaye.

[2] Le bon porte le nom de DAVOINE : la signature au dos est ALAVOINE.

âgé de 35 ans, gendarme licencié, domicilié rue Saint-Paul, n. 14. L'extrait suivant de l'acte d'accusation, dressé le 23 ventôse an IV, résume en peu de mots le rôle que ce monstre a joué dans ces tristes jours. « Badot est prévenu d'avoir traîné par les pieds le corps ensanglanté de la princesse de Lamballe ; d'avoir porté une oreille d'homme à son chapeau en guise de cocarde, enfin d'avoir été vu couvert de sang et foulant les cadavres dans des charrettes où il a mangé du pain. »

(A) Baudet ou Baudette (Claude), garçon serrurier, domicilié rue Sainte-Marguerite, n. 427, dans la même maison que le septembriseur Damiens. A été blessé à la main pendant le carnage.

(A) Bazin.

(A) Bereter (Jean-François), originaire du département de la Manche, âgé de 44 ans, ancien membre du comité révolutionnaire de la section de l'Unité, domicilié rue Dauphine, n. 8. Dans l'instruction contre les septembriseurs, les témoins déclarèrent que lorsqu'on apportait, dans la cour de l'Abbaye, les cadavres des personnes assassinées, Mathys ayant dit que l'on allait pas assez vite, Bereter répondit : « *Je crains bien que ça ne cesse trop tôt.* »

(*A) Bernard, a reçu de l'argent pour sa participation aux massacres des 2, 3 et 4 septembre 1792, d'après la lettre du substitut Tripier au secrétaire-archiviste du comité de la section des Quatre-Nations.

(A) Bernaudin, horloger, domicilié rue Childebert. L'un des juges des prisonniers, a figuré en même temps parmi leurs bourreaux.

(A) Bernier, aubergiste, rue du Four-Saint-Germain, n. 156. L'un des juges des prisonniers.

Bertrand (François-Jean-Baptiste-Joachim), né Paris, âgé de 23 ans, serrurier, ex-tambour-maître, domicilié rue du Chemin de Ménilmontant.

Bertrand (Jean), né à Paris, âgé de 32 ans, imprimeur, domicilié rue Copeau, n. 199.

Bescher, rue de la Pépinière. Compris dans le décret de déportation rendu par les Consuls le 19 nivôse an IX.

Bigant (Jean-Baptiste), né à Paris, âgé de 47 ans, graveur, domicilié rue Saint-Jean-de-Beauvais. Membre du Conseil général de la Commune du 10 août, nommé par la section du Panthéon français.

Se rendit sans mission le 2 septembre dans les prisons de Paris, et y présida aux massacres.

(a) Blanchard, ciseleur, domicilié rue de Bucy. S'est fait remarquer pour les encouragements qu'il donnait aux assassins.

(a) Boinnet, tailleur d'habits, rue du Colombier. A porté plusieurs jours dans sa poche et s'est fait un trophée d'un doigt coupé à M. de Montmorin.

(a). Bouché, employé dans les charrois, domicilié rue de Thionville, n. 1749.

Bouin (Mathurin), né à la Chapelle-Hullin (Mayenne), âgé de 35 ans. Bonnetier, rue Saint-Denis, 14, membre du Conseil général de la Commune du 10 août, nommé par la section des Arcis.

C'est lui qui fut chargé avec Moulinneuf, le 15 août 1792, par la Commune, d'aller à la Poste saisir les huit mille lettres adressées de France à des personnes habitant l'étranger.

Bouin se rendit sans mission dans les prisons de Paris le 2 septembre; il assista aux tueries et y prit probablement une part active, puisque plus tard il fut poursuivi comme prévenu d'être septembriseur.

Il fut conduit le 19 nivôse an IX hors du territoire français, en exécution d'un arrêté des Consuls qui le condamnait à la déportation.

(*a) Bour ou Bourre (Antoine), né à Laigneux (Rhône-et-Loire), domicilié à Paris, cour et maison du Tribunal de l'Abbaye.

Avait été gendarme en subsistance.

S'est vanté d'avoir aidé à tuer trente détenus. Le tren-

tième était, disait-il, le juge de paix de la section de Bonne-Nouvelle.

Envoyé, le 20 frimaire an V, au bagne de Rochefort.

(A) Bouvier, compagnon chapelier, domicilié rue Sainte-Marguerite.

Brocart (Nicolas), né à Chaumont (Haute-Marne), âgé de 41 ans, doreur-argenteur sur métaux, domicilié rue Frépillon, n. 36.

(A) Brossier (Louis), cordonnier, domicilié rue de Seine, n. 1494. S'est vanté d'avoir massacré avec sa pique tous les prisonniers qui cherchaient à se sauver par-dessus le petit mur de l'Abbaye, *en les enfilant à mesure qu'ils passaient.*

(*A) Capitaine (Sébastien). Le bon des vingt-quatre livres qu'il a reçues ne porte que sa croix, avec la mention qu'il a déclaré ne savoir signer.

Caron (Philippe), né à Vêtement (Somme), âgé de 47 ans, employé, domicilié rue de la Loi, n. 55 ou 56, membre de la Commune du 10 août, nommé par la section de 1792. « Accusé d'avoir participé aux massacres des 1er et 2 septembre; s'y étant transporté de son propre aveu, et ayant même sollicité à l'avance l'arrêté de la Commune, qui ordonnait, comme moyen préparatoire, de faire sortir les prisonniers pour mois de nourrices et pour dettes. »

Caval (Pierre), né à la Bigue (Calvados), âgé de 60 ans, marchand de tabac, rue de la Réunion, n. 204. A tué avec son sabre et sa baïonnette un prisonnier qui se sauvait de la Force.

Cavaliez (Jacques-Philippe), né à Avesnes-l'Égalité[1] (Pas-de-Calais), âgé de 43 ans, vannier-fontainier, domicilié rue Saint-Germain l'Auxerrois; l'un des assesseurs de Maillard.

Cavanagh ou Cavagnac (Joseph), né à Lille (Nord), âgé de 49 ans, cordonnier et officier de paix, domicilié rue de Hurepoix, n. 7.

---

[1] Avesnes-le-Comte.

Ceyrat (Joachim), né à Clermont-Ferrand (Puy-de-Dôme), âgé de 44 ans, ex-juge de paix, président de la section du Luxembourg, employé à la Commission des secours.

Nous avons fait connaître sa participation au massacre des prêtres détenus dans la maison des Carmes.

Un arrêté des Consuls, en date du 19 nivôse an IX, l'a condamné à être déporté hors du territoire européen.

(*A) Chanson (Jean).

Chantrot (Pierre), né à Paris, âgé de 49 ans, défenseur officieux, domicilié rue de la Coutellerie, n. 3. A rempli les fonctions d'accusateur public près le tribunal sommaire établi les 1er et 2 septembre, à la Force, par Monneuse, Michonis et autres.

(A) Chapelier, domicilié à l'entrée de la rue des Boucheries. A pris part au massacre des prisonniers qui se trouvaient dans les voitures.

(*A) Chappier (Nicolas). C'est un des quatre individus qui ont dîné le 3 septembre chez le marchand de vin Lhuillier, en vertu d'un bon signé par les commissaires de la section.

Chartrain (Pierre), né à Esprit (Indre-et-Loire), maçon, domicilié rue Cloche-Perce, n. 2.

Château (Joseph), né à Paris, âgé de 46 ans, oiseleur, domicilié quai de la Mégisserie, n. 26.

Déporté comme septembriseur en exécution de l'arrêté consulaire du 19 nivôse an IX.

(*A) Chavanne.

Chémery (Louis), domicilié rue de Chaillot.

L'un des assassins de l'archevêque d'Arles.

(*A) Chevalier (François-Guillaume), né à Argentan (Orne), cuisinier, domicilié rue du Vieux-Colombier, n. 766.

(*A) Choiseul.

Choullier (Jean), né à Tonnerre (Yonne), âgé de 45 ans, menuisier, domicilié rue Coquéron, n. 412.

Cluny (Claude-Joseph). A participé aux massacres des prisonniers qui furent transférés d'Orléans à Versailles, en 1792.

Cochois (Nicolas-Étienne), né à Paris, âgé de 32 ans, marchand tapissier, membre du Conseil général de la Commune du 10 août, nommé par la section du Pont-Neuf, domicilié rue Saint-Louis, près le Palais, n. 46.

La part qu'il prit aux massacres de la Conciergerie a déjà été racontée par nous.

(A) Cognot, paraissant domicilié à Vaugirard.

(*A) Coiffé (Jean-Philippe) aîné, déchireur de bateaux.

Corlet (François-Charles-Honoré), né à Sens (Yonne), âgé de 27 ans, orfévre, rue Basseville, n. 212 ou 22. *A tué dans la Conciergerie trente-trois prisonniers.*

(*) Corsin (Pierre-Henry), l'un des massacreurs des prêtres détenus à Saint-Firmin. Se rendit à l'assemblée de la section des Sans-Culottes, avec trois autres tueurs, pour réclamer le prix *de l'expédition* des prêtres de Saint-Firmin, et obtint un mandat de douze livres.

Coujon (Charles), né à Rouchy (Calvados), âgé de 33 ans, homme de lettres, domicilié rue de Grenelle n. 7.

Courtavel (Étienne), né à Genève, âgé de 45 ans, serrurier, domicilié rue de l'Égout, n. 521. Signalé comme un des assassins des prêtres détenus aux Carmes.

Crappier (Antoine-Victor), né à Caux-en-Picardie, âgé de 28 ans, bonnetier, domicilié rue de Charonne, n. 29. Accusé d'avoir égorgé six personnes, avec un sabre de cavalerie, dans la prison de la Force. S'est vanté en outre d'avoir coupé la tête à Romainvilliers à l'Abbaye Saint-Germain.

Cronier (Pierre), né à Cauchy (Seine-Inférieure), âgé de 48 ans, employé des transports militaires, domicilié rue Jean-Fleury.

(A) Cumont, layetier, domicilié rue Guénégaud.

(*A) Dalbaret ou Albaret.

(*A) Dalongeville, domicilié enclos de l'Abbaye, cour des Moines.

(*A) Damiens (Pierre-François), vinaigrier, né à Montmarquet (Somme), âgé de 40 ans, domicilié rue Sainte-Marguerite, n. 426.

Après l'assassinat de l'adjudant-général De La Leu, Damiens enfonça son sabre dans le bas-ventre de la victime, puis plongea son bras nu dans l'ouverture qu'il avait faite, lui arracha le cœur et le mordit.

Envoyé le 14 frimaire an V au bagne de Rochefort.

Dangé (François).

Daubanel (Charles), né à Paris, âgé de 34 ans, employé dans les bureaux des Domaines nationaux, domicilié rue de Thionville, n. 57.

(A) Debêche (Jean), âgé de 45 ans, né à Paris, joaillier, domicilié rue de Bucy, n. 1507. S'est montré l'un des plus acharnés pendant les massacres : s'est vanté d'avoir *tant travaillé la marchandise, que la lame de son sabre était restée dans le ventre de ces scélérats.*

Debrenne (Jean-Charles), né à Martigny, âgé de 51 ans, orfévre, domicilié rue Thionville, n. 1738.

Depoix (Henri-Denis), né Paris, âgé de 28 ans, compagnon de rivière, domicilié rue des Fossés-Saint-Bernard, n. 36. Accusé de participation aux homicides commis en septembre 1792 sur les prisonniers détenus à Saint-Firmin, à la Salpêtrière et à Bicêtre.

Deschaux (Jacques), né à Saint-Hilaire, âgé de 37 ans, gagne-deniers, domicilié rue des Boulangers, n. 30.

Desprez (Charles), prévenu d'avoir participé aux massacres de la maison de Bicêtre, les 1er, 2 et 3 septembre 1792.

(A) Dubois (Pierre), né à Chully (Indre-et-Loire, âgé de 46 ans, domicilié rue de Nevers, n. 1807.

(*A) Dubois (Pierre), garçon charretier, domicilié rue de la Boucherie, au Gros-Caillou, section des Invalides.

Porté en outre sur l'état des frais faits par la section des Quatre-Nations.

(*A) Dufour (François).

Payé comme dépouilleur de victimes. Compris dans l'arrêté des Consuls, en date du 19 nivôse an IX, et déporté à Cayenne.

Dufresne (Augustin ou Antoine), né à Fromenthal, département de la Haute-Vienne, âgé de 43 ans, maçon, domicilié rue Jean-l'Épine.

(A) **Dufresne** (Pierre-Jean), né à Dunkerque, âgé de 52 ans, armurier, rue Saint-Dominique, n. 1146.

Dumoutiez (Jean-Jacques), né à Franciade (Saint-Denis), département de la Seine, âgé de 39 ans, serrurier, domicilié rue de l'Ourcine, n. 41. A pris une part active au massacre des prêtres détenus à Saint-Firmin.

(A) **Dunant** (Benoît), né à Paris, âgé de 40 ans, inspecteur de police.

(A) **Dupont** (Guillaume-Jean), vétéran de la garde nationale et marchand de bijoux. S'est vanté d'avoir tué douze prisonniers.

Déporté à la Guyane, en vertu d'un arrêté des Consuls en date du 19 nivôse an IX.

(*A) **Dupuis**.

Payé comme dépouilleur de victimes.

Durand (Gaspard), né à Lyon (Rhône-et-Loire), âgé de 43 ans, doreur, domicilié rue Saint-Éloi, en la Cité. Accusé d'avoir pris part aux homicides commis à la Conciergerie, en septembre 1792.

Fénot (Jean-François), âgé de 30 ans, domicilié rue de Bondy, n. 6.

(A) **Ficher**, d'origine allemande, tailleur d'habits, domicilié rue Sainte-Marguerite.

(*A) **Firmin**.

Payé comme dépouilleur de victimes.

(*A) **Florentin** (Nicolas).

(A) **Fouet** (Charles), né à Paris, âgé de 53 ans, journalier, domicilié rue de la Boucherie, au Gros-Caillou.

Fournier (Charles), *dit* l'Américain, l'un des chefs de la bande qui enleva les prisonniers traduits devant la haute Cour d'Orléans.

Compris dans l'arrêté des Consuls en date du 19 nivôse an IX, et transporté en dehors du territoire européen.

Froment (Martin), né à Villers-Alleran, âgé de 32 ans, marchand de vin, rue de Seine, n. 1477. A pris part au massacre dans la maison des Carmes.

Gabriel, condamné à la déportation hors du territoire européen de la République par l'arrêté des Consuls en date du 19 nivôse. A côté de son nom figure cette mention : *Ouvrier septembriseur.*

Gallebois Saint-Amand (Jacques), condamné, comme *septembriseur*, à la déportation par l'arrêté des Consuls en date du 19 nivôse an IX.

(A) Gariot, sergent-major des chasseurs lors des massacres, et depuis membre du Comité révolutionnaire de la section de l'Unité.

Gaspard (Gilles), condamné, comme *septembriseur*, à la déportation par l'arrêté des Consuls du 19 nivôse an IX.

Geoffroy (Jean-Baptiste), né à Paris, âgé de 38 ans, ancien journalier sur les ports, domicilié rue de Versailles, n. 11.

Georget (Claude-Martin), *dit* Guillaume, né à Paris, âgé de 21 ans, imprimeur en lettres, domicilié rue de la Calandre, n. 17. Accusé d'avoir participé aux homicides commis dans la prison du Châtelet et dans celle des Bernardins.

Giroust *ou* Giroux (Nicolas), né à Paris, âgé de 52 ans, rouleur de vins sur les ports, domicilié rue des Fossés-Saint-Victor, n. 24.

(*A) Godin (Augustin-Victor-Sébastien), âgé de 36 ans, né au Bourget (Seine), ex-boucher, conducteur de transports militaires, domicilié enclos de la ci-devant Abbaye Saint-Germain-des-Prés, n. 1097.

D'après les déclarations des témoins, il se montra l'un des plus acharnés dans la journée du 2 septembre, et on l'a vu porter de la chair humaine au bout de sa pique.

Gomant (François-Étienne), né à Conches (Eure), âgé de 25 ans, *agent télégraphe*, domicilié rue de la Coutellerie, n. 27.

Gonord (Jean-Pierre), né à Paris, âgé de 38, charron, sous-lieutenant de la 16ᵉ compagnie de la force armée de la section de l'Unité, domicilié petite rue Taranne, n. 528.

S'est vanté d'avoir pris part aux massacres de septembre et de n'être pas étranger à l'assassinat de madame de Lamballe.

Gougault.

(A) Gouin, domicilié à Paris, petite rue Taranne, n. 533.

Goussiaume (Claude-Timothée), né à Paris, âgé de 40 ans, cordonnier, domicilié rue de Versailles. Accusé d'avoir participé aux homicides commis dans les prisons de Saint-Firmin, de la Salpêtrière et de Bicêtre.

(*A) Grapin, domicilié dans la section des Postes. Envoyé par sa section pour protéger la personne de deux citoyens détenus à l'Abbaye, il déserta son mandat, s'installa à côté de Maillard pour juger les prisonniers, et réclama de lui un certificat constatant qu'il *l'avait aidé pendant soixante-trois heures à faire justice au nom du peuple.*

(A) Gratepense, canonnier.

Grenier (Pierre), né à Saint-Flour (Cantal), âgé de 30 ans, doreur et peintre, domicilié rue de la Vannerie, n. 35. Membre du Conseil général de la Commune du 10 août, nommé par la section des Arcis.

Grosfilet (Pierre-Louis), né à Gex (Ain), âgé de 35 ans, gendarme de la troisième division, domicilié rue Contrescarpe, n. 2.

Guillardon (Pierre), né à Saint-Prix-la-Prune (Rhône-et-Loire), âgé de 47 ans, marchand de cuirs, domicilié rue des Fossés-Saint-Bernard, n. 8.

(*A) Guillet (Jean).

Guinon (Joseph).

(*) Guy (Nicolas).

Hanriot (François), né à Nanterre en 1761, ancien domestique du procureur Formey, ancien commis aux barrières, commandant de la force armée de la section des Sans-Culottes au moment des massacres, puis général de la garde nationale parisienne.

Il fut un des massacreurs des prêtres enfermés à Saint-Firmin.

Son attachement à Robespierre le porta à prendre part à la journée du 9 thermidor : mis hors la loi par le décret de la Convention du même jour, il fut pris le lendemain, enfermé à la Conciergerie et exécuté le 10 thermidor.

Haqueville (Charles-Denis), né à Gonesse, domicilié rue de Seine, n. 1320. S'est vanté d'avoir tué cinq prisonniers pendant les massacres.

(A) Hardi ou Hardy, domicilié chez M. Deschamps, chirurgien-major de l'hospice de la Charité.

(*A) Hardon (Pierre).

(*A) Hallé.

(*A) Hiller ou Hilaire (Joseph).

(*A) Hubert.

(A) Husson, marchand de vin, rue Saint-Benoît, vis-à-vis la porte de l'Abbaye. L'un des plus acharnés dans le massacre des voitures, et ensuite dans celui des prisonniers de l'Abbaye.

(*A) Javon.

(A) Jouvard, boulanger, domicilié rue de l'Échaudé.

Jolly (René), compris comme *septembriseur* dans l'arrêté de déportation rendu par les Consuls le 19 nivôse an IX.

(*A) Lachèvre (François), serrurier, âgé de 36 ans, né à Huberville (Seine-Inférieure), domicilié à Paris, rue de Seine, n. 1390.

(A) Lafineur, potier de terre, domicilié rue Mazarine, près la rue de Seine. A encouragé les assassins.

(*A) Lafosse.

(*A) Lange (Nicolas).

Laty (Jacques).

(*A) Lausser ou Haussere.

(*A) Le Bègue.

(A) Leclaire ou Leclerc, membre de l'ancien Comité révolutionnaire. S'est fait remarquer parmi les plus acharnés.

(A) Lecomte, tailleur; domicilié rue de Seine. M. de Rohan-

Chabot apercevant Lecomte entre les deux guichets de l'Abbaye, s'approche de lui et lui dit : « Monsieur Lecomte, vous me connaissez, vous connaissez ma famille; vous savez que nous avons toujours fait le bien autant qu'il nous a été possible.... » Lecomte, qui savait que l'on massacrait impitoyablement tout ce qui touchait de près ou de loin à Louis XVI, l'interrompt : « Je vous connais bien, dit-il, je sais que vous êtes le comte de Chabot, que vous avez cent-cinquante mille livres de rente, que vous vous étiez mis garde du roi, et que vous étiez au château le 10 août. »

Le prisonnier fut envoyé à la mort.

(*A) Ledoux (Louis-Nicolas-Augustin), âgé de 29 ans, né à Paris, cordonnier, domicilié rue de l'Échaudé, n. 1033.

Bien qu'il ait nié, comme une grande partie de ses complices, toute participation active aux massacres de septembre, cet assassin soldé est représenté par l'acte d'accusation dressé en nivôse an IV, comme ayant été vu à l'Abbaye égorgeant et massacrant depuis quatre heures du soir jusqu'à onze heures et demie : *Avant minuit on avait compté soixante-trois prisonniers égorgés par Ledoux et ses camarades.*

Legros (aîné), compris comme *septembriseur* dans l'arrêté des Consuls du 19 nivôse an IX.

(A) Lelièvre (Charles-Nicolas), né à Paris, âgé de 36 ans, déchireur de bateaux, domicilié à Paris, rue Saint-Dominique.

(*A) Leloux ou Leroux (Marc).

(A) Lempereur, tailleur. S'est vanté d'*avoir tué trente-troi personnes pour sa part,* tant aux Carmes que dans la cour de l'Abbaye. A volé une tabatière en écaille et en or à une de ses victimes.

Assassin et voleur tout à la fois, il est resté libre cependant et n'a jamais été poursuivi pour les massacres de septembre.

(*A) Lyon (André-Nicolas), âgé de 50 ans, né à Rouen (Seine-Inférieure), limonadier, rue Sainte-Marguerite, n. 424.

(*A) Luc le Géant.

(*A) Maillard (Marie-Stanislas), président du tribunal des assassins, à l'Abbaye.

(*A) Maillet (François), âgé de 43 ans, né à Allonne-sur-Oise, près Beauvais (Oise), couverturier et tambour du bataillon de la garde nationale de l'Abbaye, domicilié rue Sainte-Marguerite.

(*A) Maingue (Jean), domicilié rue des Deux-Anges.

(*A) Malardier.

Manin (Jean-Gratien-Alexandre Petit). Compris dans l'arrêté de déportation des Consuls en date du 19 nivôse an IX.

(A) Marcuna (Étienne-Mathieu), né à Paris, âgé de 40 ans, menuisier, tambour des grenadiers du bataillon de l'Abbaye. S'est élancé, l'un des premiers, le sabre à la main, sur les voitures : on l'a vu se jeter sur l'abbé Sicard et frapper sur le dos et sur la tête plusieurs prisonniers.

Marlet (Michel), compris comme *septembriseur* dans le décret de déportation des Consuls, en date du 19 nivôse an IX.

(A) Martin (sans prénom), marchand de tabac, rue des Boucheries. S'est fait remarquer dans le massacre des voitures.

(*A) Massuet.

(A) Mathis, commandant de la force armée au moment des massacres.

(A) Mayeur (Pierre-Louis), né à Sommesous, près Châlons (Marne), âgé de 28 ans, défenseur officieux, domicilié rue des Boucheries-Saint-Germain, n. 227.

Cet individu, qui fut poursuivi pour les massacres de l'Abbaye, avait certainement pris une part très-active aux assassinats commis dans la maison des Carmes.

(*A) Mercier, fruitier et remplaçant dans la garde nationale, domicilié rue de Seine.

(A) Molier (François-Antoine), domicilié rue des Saints-Pères, n. 53, commandant le bataillon de la section des Quatre-Nations.

« Je n'ai point d'ordres », répondit ce commandant

Fac-simile du reçu de 24 livres, donné par Maingue, l'un des assassins de l'Abbaye.—T. 2. p. 514.

Fac-simile du reçu de 24 livres, donné par Coiffé, l'un des assassins de l'Abbaye.—T. 2. p. 507.

aux personnes qui l'invitaient à rassembler sa troupe et à s'opposer à la fureur des scélérats. Peut-être avait-il reçu l'invitation de protéger les assassins ; mais à coup sûr, c'est un point important à constater, qu'il fallait alors des ordres à un commandant de force armée pour empêcher des assassinats.

(A) Noblet, marchand chandelier, rue Jacob.

(A) Noblet, boucher, rue Jacob.

(*A) Noël (Charles), voiturier, domicilié à Paris, rue des Anglaises, n. 29. Il fut aussi requis pour transporter les cadavres des victimes à Clamart et à Vaugirard.

(*A) Noger.

(*A) Parmentier.

(A) Percin (Claude-Marie), cordonnier, rue de Bucy. A encouragé les assassins.

(A) Picard, garçon serrurier, domicilié rue des Boulangers. Assassin, lorsqu'il fut las de carnage, il chercha à recruter des assassins.

(*A) Picard, garçon boucher.

Prévost (Gabriel-Antoine), compris comme *septembriseur* dans l'arrêté des Consuls, en date du 19 nivôse an IX.

Quinou (Joseph), compris comme *septembriseur* dans l'arrêté des Consuls, en date du 19 nivôse an IX.

(A) Rativeau, fruitier, domicilié rue Mazarine.

(*A) Reford (Nicolas), demeurant rue des Vieilles-Thuileries.

(*A) Renault.

Renier (Pierre-Nicolas), *dit* le Grand Nicolas, assassin de la princesse de Lamballe. Condamné à 20 ans de fers, le 12 mai 1796.

(A) Riché (Jean-Baptiste), orfévre, domicilié rue de Bucy. A encouragé les assassins.

(*A) Romain.

(A) Sainte-Foy, garçon charron, domicilié rue de Seine. *S'est vanté d'avoir tué dix-sept personnes à l'Abbaye, et de n'avoir quitté que quand il a été las de tuer.*

(A) Savard.

(A) Sauvage, rôtisseur-traiteur, domicilié rue Sainte-Marguerite, en face l'Abbaye. Après avoir massacré quinze personnes, ce brigand est venu chercher sa femme pour lui faire voir les cadavres de ses victimes.

(*a) Séguin, tailleur, domicilié rue de Bucy, n. 994.

(a) Sévestre, chapelier, domicilié rue des Boucheries.

(*a) Sévin.

(a) Sleker, d'origine allemande, tourneur, domicilié rue du Colombier.

(*a) Tambuté (François).

(a) Thémister, tailleur, domicilié rue de Bucy. A encouragé les assassins.

(*a) Thomas.

(*a) Toulouze.

(a) Tourangeau, garçon maréchal à la Poste aux chevaux.

(*a) Vaudran.

(*a) Vérette.

(a) Viala (François), *dit* Ladouceur, né à Vignaud-aux-Cévennes, âgé de 36 ans, coiffeur à Vaugirard.

(a) Viller, marchand mercier, domicilié rue de Bucy. A encouragé les assassins.

(*a) Villette ou Villet.

(*a) Vincent.

VIII

Ici finit, avec la liste des assassins des prisons, l'histoire des massacres de septembre; mais avec elle ne finit pas malheureusement l'histoire des massacres de la Révolution.

En effet, aucun historien sérieux ne saurait qualifier autrement que du nom d'assassinats les condamnations par lesquelles les tribunaux, dits révolutionnaires, firent périr à Paris, à Nantes, à Arras, à Orange et dans tant d'autres lieux, des milliers d'hommes et de femmes, de vieillards, d'enfants et de prêtres, innocents de tout crime envers la société.

L'histoire des massacres de septembre appelle donc, comme un complément naturel et nécessaire, une histoire des tribunaux révolutionnaires.

La Providence permettra qu'elle soit écrite un jour!

FIN

DU SECOND ET DERNIER VOLUME.

Fac-simile de l'écriture de Maillard, président des assassins de l'abbaye.—T. 2: p. 143.

Le treize mars Mil sept cent quatre vingt treize
l'an second de la République française je
soussigné déclare au Conseil général de
la Commune que les quatre et cinq septembre
lorsque le peuple fut fait périr les
coupables qui se trouvoient dans l'abbaye
et que pour constater les effets qui avoient
pu être trouvés sur les gens qu'on envoyoit
à la mort, une vingtaine de citoyens qui
m'avoient aidé à sauver tous les effets du
pillage que des gens mal intentionnés auroient
pu commettre, Je priai le Concierge de
fermer toutes les portes des chambres
à l'effet de ne laisser entrer personne
ce Concierge, je la priai aussi que les
citoyens qui étoient là, de se charger
des clefs en général qu'il craignoit que
le peuple ne fut dans le cas
de croire qu'il profita des effets précieux
qui pouvoient être dans les chambres,
personne ne vouloit se charger des
clefs; et j'avisai à un moyen pour
ne laisser aucun doute sur la
conduite du peuple et le voici je
proposai que les effets qui étoient
en notre possession, fussent déposés
dans une chambre, et que toutes
les clefs des autres chambres
où le peuple s'étoit fait un

me devoir de ne pas entrer, pour respecter les effets qui appartenoient à qui de droit, et que la porte seroit fermée, et que des citoyens mettroient le seellé dessus, à quatre ou cinq et qu'un autre seroit chargé de la clef seul, et qu'un autre, un gendarme resteroit à coté du Concierge en Cas de emeute, nous nous donames rendez vous pour le landemain a neuf heures, pour dresser un procès verbal de les memes; Lorsque l'instant est arrivée le citoyen Lenfant accompagné du citoyen Chauvy lesquels nous dirent qu'ils venoient constater l'état de la prison. Je leurs demandai quel étoit la qualité il me repondirent qu'il étoit administrateurs de police et que le citoyen Chauvy étoit le Greffier Je demandai au Concierge si le fait étoit vrai, il me repondit que oui, il me demanda les clefs, je les lui donnai Je vis que le citoyen Lenfant vouloit faire tout enlever sans constater rien, je lui observai, qu'il étoit necessaire de dresser un procès verbal, pour faire connoitre la nature des effets, que quand avons nous voulions faire un procès

effets

verbal de ce qui etait sous notre garde
que nous ne Remettrions les effets qu'a lame
trouvés entre les guichets sur ce
qu'on envoyait a lamort, nous travaillame
a l'intant, et nous d'avons pas voulu
accompagné le Citoyen Laufaut par
lequel napprenteroit qu'a une autorité
Constitué de faire ~~la mission~~ Remplir
La mission de Constater [illeg] effets de
la prison, Le Citoyen Laufaut et Chaney
travaillerent ensemble pendant deux
Jours, et nous aussy, dans l'intention
Derapporter au Conseil général tous
les effets dont nous étions possesseur
et que le peuple avoit Conservé.
Mais le troisieme jour, Le Citoyen Laufaut
est venu Chez le Citoyen Chaney Me
Signifier De lui Remettre les effets avec
Le proces verbal j'a Consulté les
Citoyens qui tous dirent il est membre
Du Conseil et le Citoyen fera mention
que C'est nous qui avons Remis ces ~~nous~~ effets
ils leverent [illeg] les Citoyens Laufaut et Chaney
les Seellés que nous avions apposé
Sur la Cassette, je lui demandé, les
Debours que chacun de nous avoit
fait S'il Croyoit qu'il n'avoit pas
d'obstacle, il me Repondit qu'il le vouloit
bien, chaqun de nous Reppetta les
petites depenses qui Sémonterent
a deux Cents Soixante et quelques

+ qu'un Conseil
général de la
Commune

a une vingtaine que nous étions; Je
Desiquerey une partie des effets ainsy que
les citoyens dont les noms ne me sont
pas presents à l'exception de Royer
tinturier, Rue St germain L'auxerrois, ainsy
que le citoyen dutailly gendarme Rue St
thomas du louvre, de chairentier qui
est dans la même rue, et en face de
Dutailly, Je m'engage à envoyer ou à
apporter au Conseil Vendredy tous
les Renseignements que Je pourrai
prendre sur les mêmes personnes pour
Decouvrir leurs demeures de tous.
en foi de quoi j'ai Signé approuvé
neuf mots surchargés et trois de rayés

Maillard
fondé de pouvoir
de la Bastille place
de la Commune n° 94

TABLE DES MATIÈRES.

LIVRE QUATORZIÈME.
DICTATURE DE LA COMMUNE DE PARIS.—ELLE IMAGINE ET ELLE RÉSOUT LES MASSACRES.

Origine de l'organisation de la Commune de Paris.—Changements que la Révolution y apporta.—Elle usurpe tous les pouvoirs à la chute de Louis XVI.—Insolence de sa dictature. —Elle suspend le tribunal révolutionnaire du 17 août.— Opérations de ce tribunal.—Le bourreau se tue.—Émotion du peuple aux premiers supplices.—Les massacres sont résolus.—But des massacres de septembre.—Explications qu'en donnent leurs apologistes. — Opinions de Robespierre, de Petion, de Collot d'Herbois, de Barrère, de Marat.—Ils furent un acte politique et prémédité.—Preuves.—Petit nombre des tueurs.—Ils ne sont que 187.—Ceux qui ont résolu ces massacres avaient fait sortir leurs amis des prisons.—Précautions qui annoncent les massacres 1

LIVRE QUINZIÈME.
LES AUTEURS DES MASSACRES DE SEPTEMBRE.

MANUEL. Il participe directement aux massacres.—Il fait le triage des prisonniers.—Sa conduite aux prisons.—Témoignage des prisonniers. — Opinion de Collot d'Herbois. — BILLAUD-VARENNES. Son discours aux égorgeurs.—Il fixe leur salaire.— Il est approuvé par la municipalité.—Les frais sont payés par les morts.—Pièces officielles.—MARAT. Il conseilla les massacres et les dirigea.—Il nia effrontément sa participation.— Du reste, il les approuva.—Témoignage formel de Petion sur la participation de Marat.—Elle résulte de la propre signature de Marat. — ROBESPIERRE. Explications qu'il donne sur les massacres.—Il nie sa participation.— Preuves officielles qui l'établissent.—Ses mensonges prouvés par les procès-verbaux de la Commune.—Sa froide atrocité.—PETION. Sa complicité dans les massacres.—Vanité de ses dénégations.—Il sait tout et se mêle à tout.—Il laisse égorger les folles de la Salpêtrière.— ROLAND. Les massacreurs viennent lui demander leur salaire. —Madame Roland donne un grand dîner pendant les massacres.—On y parle des *événements* du jour.—On loue les massacres à la table de Roland.—Il les excuse et loue lui-même par écrit.—SANTERRE. Vie de Santerre, publiée par sa famille.—Sa participation aux massacres y est niée.—Documents officiels qui détruisent cette dénégation.—Santerre connaît les massacres.—Il n'exécute pas les ordres qu'il reçoit pour les empêcher.—Preuves authentiques.—LES SECTIONS DE PARIS.—Leur complicité dans les massacres.—Le projet des massacres y est connu dès le 23 août et commenté dès le 30.—Texte de la délibération.—Unité qu'elles mettent dans les massacres.—Comité d'exécution.—Pièce officielle instituant la commission *d'exécution*, chargée de diriger les massacres.—Prélude des massacres. 37

LIVRE SEIZIÈME.
MASSACRES DE L'ABBAYE.

Motifs de l'historien en racontant les massacres.—La prison de l'Abbaye.—Siége du comité des Quatre-Nations.—Son personnel.—Comment l'abbé Sicard est sauvé.—Exactitude de son récit.—Noms des vingt prisonniers massacrés dans la cour.—Maillard, chef des assassins.—Histoire de Maillard.—Il va faire l'expédition des Carmes avant de commencer celle de l'Abbaye.—Suite de son histoire.—Sa mort.—Il revient à sept heures à l'Abbaye.—Trois cent quarante-six pintes de vin fournies aux tueurs par un seul marchand.—Tribunal de Maillard.—Attaque de la prison.—Le concierge livre quelques prisonniers pour gagner du temps.—Formation du tribunal sur un ordre de la mairie.—Noms des assassins, dits *jurés*.—Livre d'écrou posé sur la table.—Taches de vin et de sang.—Massacre des Suisses.—Mort de M. de Reding.—M. de Montmorin devant Maillard.—Sa mort courageuse.—Mort de Thierry, valet de chambre du roi.—Arrivée des commissaires de l'Assemblée législative.—Les tueurs se moquent d'eux.—Mort des juges de paix Buob et Bosquillon.—Le comité des Quatre-Nations.—Sa participation aux massacres.—Vin demandé et accordé.—Prison supplémentaire.—Les prisonniers qui s'y trouvaient n'étaient pas portés sur l'écrou. 127

LIVRE DIX-SEPTIÈME.
ÉPISODES DES MASSACRES DE L'ABBAYE.—L'ORGIE DES TUEURS.—L'ABBÉ CHAPT DE RASTIGNAC.—L'ABBÉ LENFANT.—Mme DE FAUSSE-LENDRY.—Mlle DE SOMBREUIL. Mlle CAZOTTE.—JOURGNIAC DE SAINT-MÉARD.

Massacres dans la cour Abbatiale.—Le président du comité s'évanouit.—Paille apportée pour couvrir les cadavres.—Illumination des cadavres.—Festin des tueurs.—Les dépouilleurs des morts.—Laveuses et chargeurs de cadavres.—Factures des traiteurs.—Reprise des massacres, le 3 septembre.—Les abbés Lenfant et Chapt de Rastignac bénissent les prisonniers.—L'abbé Lenfant.—L'abbé Chapt de Rastignac.—Dévouement de sa nièce, Mme de Fausse-Lendry.—Mlle de Som-

breuil.—Son dévouement envers son père.—Le verre de sang.
—Mlle Cazotte et son père.—Agonie de Jourgniac de Saint-
Méard.— Sa délivrance.— Dépouillement des morts.— Noms
des dépouilleurs.—Dorat-Cubières et son procès-verbal.—
Détail sur les inventaires.—Lavage et vente des habits.—
Enlèvement des cadavres et le voiturier Noël.—Liste authen-
tique et détaillée des victimes de l'Abbaye.—Total : 216.   195

LIVRE DIX-HUITIÈME.
MASSACRES DES PRÊTRES.

Les Carmes.—L'ancien couvent des Carmes.—Son état actuel.
—Quand et pourquoi on y enferma des prêtres.—Projet des
massacres clairement établi par le procès-verbal des sections du Luxembourg et des Sans-Culottes.—Le professeur
Félix.—Arrivée de Maillard et de ses assassins aux Carmes.—
Assassins des Carmes.— Commencement des massacres.—
Mort de l'archevêque d'Arles.—Simulacre de jugement et
extermination des prêtres.—Les tueurs ont les vêtements des
morts.—Liste des victimes.—Saint-Firmin.—Cet ancien séminaire existe encore, rue Saint-Victor.—Pourquoi on y avait
réuni des prêtres.—Préparatifs de leur massacre.—Délibération de la section à leur sujet.—Arrivée d'un commissaire de
la Commune qui invite les citoyens à massacrer les prêtres.
—La section accepte la mission et l'exécute. — Massacre
général.—Liste des victimes.   281

LIVRE DIX-NEUVIÈME.
MASSACRES DES VOLEURS.—LA CONCIERGERIE.—LE CHATELET.
LE FORCE.

La Conciergerie. — Historiens qui ont nié les massacres de la
Conciergerie. — Preuves officielles qui en établissent la
réalité. — Détail de ces preuves. — Il n'y en a pas de plus
authentiques pour aucune des neuf prisons. — Massacre des
officiers suisses. — La bouquetière du Palais-Royal. — Liste
authentique des victimes égorgées à la Conciergerie. — Le
Chatelet. — Ce qu'il était à l'époque des massacres.—Motifs
qui déterminèrent les auteurs des massacres à y comprendre
les voleurs. — Témoignage de Prudhomme. — Il se rend chez
Danton avec Théophile Mandar. — Séance au ministère de la
justice. — Liste des malfaiteurs égorgés au Châtelet. — La
Force.—Les massacres de la Force commencent dans la nuit
du 2 au 3. — Ce qu'était la prison de la Force. — Prêtres et
personnages de la Cour qui s'y trouvaient. — Ecrou de la
princesse de Lamballe. — Récit du massacre fait par Mathon

de la Varenne, Wéber et les agents du duc de Penthièvre.—Tribunal du peuple.—Huit juges;—leurs noms,—leur témoignage. — Bourreaux de la Force;—leurs noms.—Mathon de la Varenne devant le tribunal. — Jugement de Wéber.—Mort de la princesse de Lamballe. — Horrible mutilation. — Liste authentique des victimes 327

LIVRE VINGTIÈME.
MASSACRES DES PAUVRES, DES FOUS ET DES GALÉRIENS.—BICÊTRE.—LA SALPÊTRIÈRE.—LES BERNARDINS.

BICÊTRE.— Ce qu'était cette maison en 1792. — Les massacres y commencent le 2 au soir.—Les sections méditent le massacre et aident à l'exécuter. — Hanriot et son bataillon. — Tribunal des assassins. — La boucherie dure deux jours et demi.—Les enfants étaient surtout lents à mourir.—Liste des victimes. — LA SALPÊTRIÈRE. — Ce qu'était cette maison. — Genre de femmes qu'on y enfermait. — La garde nationale assiste au massacre.—Horreurs commises avant le massacre. — Indignation de Madame Roland.— Les folles sont assommées.—Témoignage d'un témoin oculaire. — Inertie de l'autorité. — Liste des victimes. — CLOÎTRE DES BERNARDINS. — Prison des galériens.—Ce qu'étaient les *chaînes* à cette époque.—Procès-verbal de la boucherie.—Liste des morts.— Salaire des assassins. — On leur abandonne aussi les dépouilles des victimes. — MASSACRES DE VERSAILLES.—Récapitulation générale du nombre des victimes de septembre 1792 431

LIVRE VINGT ET UNIÈME.
LES ASSASSINS DE SEPTEMBRE.

Horreur excitée par les massacres.—Kersaint donne sa démission de député pour ne plus siéger parmi des assassins.—Barbaroux, Gensonné et Barrère font décréter qu'on poursuivra les auteurs des massacres.—Récriminations entre les partis.—Chabot accuse Gorsas, Manuel et Petion; Marat accuse et fait arrêter Fournier l'Américain; Chaumette accuse Gorsas et Brissot.—Les poursuites sont commencées.—Les sections les font suspendre en février 1793.—En 1795, les sections demandent la reprise des poursuites. — Mouvement général de l'opinion contre les septembriseurs.—En 1796, le tribunal criminel de la Seine demande des moyens légaux de poursuivre.—En 1797, un décret interprétatif rend les poursuites légalement possibles.—Elles sont commencées.—Instruction.— Procès.— Liste des assassins. 489

FIN DE LA TABLE DU TOME SECOND ET DERNIER.

ERRATA DU TOME PREMIER.

Page 11, ligne 10, *mettre le* guillemet *à la fin de l'alinéa*.

Page 45, avant-dernière ligne de la note, *au lieu de* : t. II, *lisez* : t. XI.

Page 107, ligne 17, n° de la maison qu'habitait Robespierre rue Saint-Honoré, *lisez* : 398, *au lieu de* : 298.

www.ingramcontent.com/pod-product-compliance
Lightning Source LLC
Chambersburg PA
CBHW051403230426
43669CB00011B/1742